摩訶止観

はしがき

天台大師智顗《ちぎ》の教学思想は、構成の面でも、また内容の面でも、壮大かつ重厚なものである。そうした智顗の思想の核心の部分が表示されている著述は、いわゆる「天台三大部」と呼ばれている著述、なかでも『摩訶止観』であり、『法華玄義』である。だから天台智顗の思想を研究しようとするとなると、これらをかならず読破しなければならない。

しかし現在それを行うことは容易ではない。ここに取り上げる『摩訶止観』には、漢文書き下しのものが三種類（国訳一切経所収　大東出版社、昭和新纂国訳大蔵経　東方書院および名著普及会、岩波文庫本）あるが、これを手掛かりとして読んでみても、内容の理解まではすぐにつながらない。そこには大きな距離がある。

『摩訶止観』は智顗の円熟期の思想が盛り込まれた著述であるだけに、先行するいろいろの系統の思想を取り込み、しかも自らの思索と実践を通じて会得した、練り上げられ教学思想を説き示す書物である。それだけに内容的にきわめて難解であり、正しく読みこなすことは本当に難しいのである。

そこで註釈書の力を借りて読んでゆくことになるのであるが、その際もっとも頼りになるのは六祖荊渓湛然《けいけいたんねん》が著わした『止観輔行《ぶぎょう》』である。正直なところ『輔行』なしでは理解できないであろう。

ただしここに問題がある。『輔行』はきわめてすぐれた註釈書であるが、しかし湛然が理解した『摩訶止観』の内容をまとめ、綴ったものである。だからときには『摩訶止観』から離れ、湛然の「解釈」が前面に出ることになる場合も認められる。従って『輔行』によりかかりすぎると、『摩訶止観』の原意を見失う結果に陥りかねない。

　こういうわけで、最後は自分の力で読みこなしてゆく態度が求められることになるが、それには原意を見失わずに読み切ろうという、原典に忠実な態度が必要である。この態度に支えられて、『摩訶止観』を、また註釈書を読んでゆけば、時間はかかるであろうが、『摩訶止観』の内容、さらには智顗の思想の全容を摑むことができるようになるであろう。

　なお『摩訶止観』を読んでゆく際に、もう一つ注意すべき事柄があるので、そのことを指摘しておこう。『摩訶止観』は、智顗が自らまとめ上げて著わした著述ではなく、弟子の章安灌頂が筆録し、しかも数度にわたって改めて完成した作品である。だからそこには章安の見解も混入しているとみなければならない。従って章安の見解と智顗自身の思想とを区別、整理して理解してゆこうとする態度も、必要なのである。この面の作業も、口でいうほどに易しいものではないが、そうした心がけがあるかないかで、研究の成果にも大きな違いが生じてくるであろう。

　なお本書は『摩訶止観』の全体を収載したものではない。「五略十広」といわれる『摩訶止観』の構成のうち、その大綱をあらかじめのべた「五略」の部分だけを取り出し、まとめたものである。本文にできるだけ沿うかたちで解釈を進めたが、紙数のことが気になり、終りの部分に近づくにつれて、本文から離れ、その本旨を伝えるというかたちをとったところもある。

　いちおう「五略」の全文に目を通してきたが、難解な書物ゆえ、意味のとりちがえなど過ちを犯したところも多々あるはずである。指弾を覚悟の上、出版へと踏み切ったが、こうすることが筆者自身にとって「つぎ」につなげるためのなにがしかの栄養になるのではと考えたからである。

本書では「天台大師全集」(日本仏書刊行会)所収の『摩訶止観』をテキストとして用いた。ほかに「大正大蔵経」所収のものを参照し、文章表現の不自然な部分を正して、解説を進めた。各種異本を対照し、底本を定めるという作業を行って、解説にとりかかるのがもっとものぞましい態度であろうが、そうしたところまでは行ってはいない。

ようやくのことで本書をまとめることができた。『摩訶止観』の難解さは、これを直接扱った専門の研究書をみても感じられる。本文を間違いを犯さず読んでゆくことは至難であり、それだけに自分が読みこなさなければならないとなると、険しい山の前に立つ思いがして、正直なところなんども投げ出したい気持に襲われた。そうした筆者が曲りなりにもここまで歩んでこれたのは、ひとえに大蔵出版の武本武憲氏、桑室一之氏の励ましのおかげである。それだけに多大のご迷惑をおかけした。とりわけ桑室氏にはお詫びの言葉もないほどである。大蔵出版の関係の方々に心より感謝の意を表したい。

摩訶止観　目次

はしがき

解　題 …… 11

第一章　『摩訶止観』の梗概 …… 13

一　止観の法および円頓止観の体系 …… 14

二　菩提心・方便行 …… 17

三　正修止観 …… 19

(一)　正修行の枠組み …… 19

(二)　一切諸法の観察——観心論 …… 20

(三)　観心の方法 …… 23

第二章　『摩訶止観』の註釈書 …… 39

一　中国撰述 …… 39

二　日本撰述 …… 42

本文解説 …… 47

第一　序　分……49
第一項　縁　起……49
㈠『摩訶止観』の講説……49
㈡付法の歴史……52
㈢付法の意味……63
㈣智者大師の求道の歩み……65
第二項　三種の止観……72
㈠その略説……72
㈡漸次止観……75
㈢不定止観……77
㈣円頓止観……81
第三項　円頓止観の輪郭……83
㈠経文による裏付け……83
㈡円の法……85
㈢円の信……86
㈣円の行……89
㈤円の位……90

㈥ 円の自在……91
㈦ 円の衆生の確立……94
㈧ 円頓止観の修習の奨励……96
第四項 経証をあげて……98
㈠ その経証……98
㈡ 三種の止観の教えとその著述……105
㈢ 教法の可説、不可説について……110
第二 本書の組織・大綱……119
第一項 組 織……119
㈠ 章の構成……119
㈡ 章の成り立ちとその内容の通観……120
㈢ 料 簡……126
第二項 五 略……131
第三 菩提心……137
第一項 訳語について……137
第二項 邪な心……138

㈠ 十種の濁心……138
㈡ 非心（濁心）の類別……145
第三項 発心の構造――感応道交……149
第四項 五略と十広……161
第四 菩提心の諸相……165
第一項 四種四諦説と菩提心……165
㈠ 四種の四諦――その意味……165
㈡ 四種の四諦と十二因縁および三諦偈……173
㈢ 発心の諸形式……179
第二項 四弘誓願の教えと菩提心……217
㈠ 四弘誓願と四諦……217
㈡ 生滅を知る発心……219
㈢ 無生を知る発心……221
㈣ 無量を知る発心……224
㈤ 無作を知る発心……234
㈥ 四種の発心の相互関係……242
㈦ 諸行の根本――菩提心……249

第三項　六即説と菩提心……254
㈠　その考察の狙い……254
㈡　六即説の構成……255
㈢　円教の発心と六即説……262
第五　大　行……267
第一項　常坐三昧……269
㈠　方　法……269
㈡　行のすすめ……279
第二項　常行三昧……281
㈠　方　法……281
㈡　行のすすめ……292
第三項　半行半坐三昧――方等三昧・法華三昧……295
〔方等三昧〕……296
㈠　方　法……296
㈡　行のすすめ……308
〔法華三昧〕……309

(一) 方　法……309
(二) 行のすすめ……317
第四項　非行非坐三昧……319
(一) 経の教える非行非坐三昧……324
(二) 善にもとづく方法……333
(三) 悪にもとづく方法……362
(四) 無記にもとづく方法……378
(五) 四種三昧――その総括……382
第六　果　報……407
第七　大綱を裂く……411
第八　帰すべき処……413
参考文献……429
索　引……435

題字　谷村憙齋

解題

第一章　『摩訶止観』の梗概

本書には『摩訶止観』の全体を収載できないので、はじめに内容の中心をなす部分を取り出し、その概要を紹介しておくことにしよう。

天台大師智顗の教学思想は、よくいわれるように、教えを組織立てて説き明かすいわゆる教相の面と、宗教的実践を経過せずしては悟りの完成ものぞまれないと教える行の側面すなわち観心門との、見事な総合の上に成り立つ教えである。ところで天台智顗が残した著述のなかにあって、上にのべたそうした教学思想の性格をもっとも鮮やかに伝える著述は、まさにここに扱う『摩訶止観』である。──こうした言い方はむしろ正確でないかもしれない。つぎのようにいうほうが相応しいであろう。すなわち、智顗に『摩訶止観』という著述があることで、かれの教風は教観雙美、教観二門の総合としてのものとなりえているのである、と。そういうわけで、本書は智顗の著述のなかでもっとも重要なものといってよい。

教相門と観心門とを総合し、しかも練り上げた自らの教学思想を教示すべく著わされた著述が『摩訶止観』であるが、それだけに本書は、宗教的実践の行がいかにあるべきかを一つの体系にまとめ上げて示し、かつそうした行の目的が諸法の「実相」の究尽にあることを明示しつつ、加えて行を修して得知される諸法の「実相」のあるべきすがたを、必要な場面場面で説き示す、という構成をもってまとめられている。こうした本書の構成をみるとき、本書の内容の概要を紹介するとなると、まずどのような行の体系が構想されているのかを見極めることからはじめるのがよいであろう。この領域が明確になれば、行を通じて得知される「実相」の内なるすがたもおのずと見通しやすくなる。

一　止観の法および円頓止観の体系

『摩訶止観』が教示する行＝宗教的実践の基本は、「止観」の行と呼ばれる実践業である。止観とは禅定の行の一つであり、なにも智顗が考え出したものではなく、インド以来実修されてきたものである。そこでこの実践法がもともといかなる実践的態度の確立を求めるものと解されてきたのかを、まず簡単にのべておこう。

「止」とは、サンスクリット語の śamatha の訳語であり、その原意は「しずまること」「心の平静な状態」「情念を去ること」などであって、禅定の行としてみたとき、情念を去って心の平静な状態を確立せしめる行法ということができる。一方、「観」とは、サンスクリット語の vipaśyanā の訳語であり、「正しい認識」といった意味を有しており、禅定の行としてみれば、対象を詳しく観察する態度、世の真実のすがたを見極め、得知せしめる行といってよい。

さて、右のような実践的態度の確立を求める実践法としての止と観とは、禅定の行の方法的態度を教える語として、仏教のなかで案出された、純粋に仏教に独自の用語であるが、これらが用いられ始めたのは、原始仏教のはじめの時期から時代的にやや下ってからのこととされる。しかも使用され始めたはじめの時期には、止・観はそれぞれ独立して用いられており、これら両語が、今日われわれが口にするようなかたちで「止観」として併称されるようなことはなかった。併称されるようになるのは、それよりもさらに時代が下ってからのことといわれている。こうした用法へと変化したのは、心を静めること（＝止）が結果的に真理をみること（＝観）に途をひらくことになる、という内面的な理由にもとづくわけであり、仏教の修行者たちの宗教経験がそうさせたのである（この部分については、中村元「原始仏教における止観」《関口真大編『止観の研究』所収》参照）。

さて、止観の法の成立的な問題はさておき、それが内包し、指示する上のような意趣は、天台智顗において忠実に継承されている。実践法としての止観の法を解説するために、智顗は『摩訶止観』の第二章「釈名」、第三章「体相」（一巻第三所収）を当て、込み入った説明を展開しているが、そこでその法が内包するもっとも基本的な実践的態度として説示されている事柄は、上にのべてきた、止観の法が内包する実践的態度に直結するものである。それらがもちあわす基本的な実践的態度として示されるものを紹介すれば、「止」という実践法は「息」の義、「停」の義として、それから「観」という実践法は「貫穿《かんせん》」の義、「観達」の義として示されるべきものといわれている。これらの規定の意味をのべると、まずはじめの「息」とは「止息」の義すなわち妄念妄想を休息させることを意味し、つぎの「停」とは「停止」の義すなわち心を一つところに集中させ、停住して動じないようにさせることという意味である。つぎに「観」についていえば、まず「貫穿」とは煩悩を貫き通して滅し尽くすことであり、あとの「観達」とは智恵を働かせて、真理に通達し、捉え尽くすことという意味である。「息」「停」、「貫穿」「観達」といった規定は、それぞれこうした意味を表わすとされるわけであるから、「止」とは、心を一つところに集中させ、対象に誘発されて散乱、動転している心を止息せしめ、平静ならしめる実践法であり、もう一方の「観」は、煩悩を滅し尽くしてくもりがなくなった智恵の眼をもって、諸法すなわち現象世界のありのままのすがたを客観的に正しく捉え出す実践法ということになる。智顗において止観の法が、基本的には、こうした実践的態度の確立を目指して修せられる実践法と解されているのを知れば、その理解が、止・観の語がもともと包含する意趣を読みとって形成されたものであることが、容易に知られる。ただここで一つだけことわっておかねばならないことは、「停」の義を「止」の語に結びつけて理解することは、一つの混乱である、という点である。śamatha という語には、実は心を一つところに集中させる「停止」とか「安止」という意味は含まれてはいないのであり、こうした意味に対応する語は sthāna である（この点については、楠山春樹「漢語としての止観」《関口真大編『止観の研究』所収》参照）。このような点についての正確な理解を欠くけれども、止観の法が求める実践的態度についての智顗の理解は、止・観の原語がもちあわす意味から大きくはずれてはおらず、それにつながるかたちで進められたものであることは、もちろん認められてよい。

ところで、止観の法をめぐる智顗の理解は、右にのべてきたそうした了解を基本に据え、その上にさらに大きな展開をみせることになる。ここに独壇場と評価される、かれの教学思想の独自の領域が切り開かれることになるのであり、この部分を直接伝えるのが『摩訶止観』にほかならない。ここでは、止と観との修習《しゅじゅう》をただ漫然と要請するレベルを超え出て、禅定の行としての止観の法を整理して

「方法」にまで高め、そしてその行法を中心に据えて、整然と整備された行の体系が構想されるのである。その体系の基本構図を示せば、菩提を求めんとする堅固な意志(=菩提心)の発起、そのあとに続く予備的行(=二十五方便)の順守、これらに導かれた正修行(=正修止観)の実修、それはこうした実践的事項の総合された体系として示すことができる。『摩訶止観』に説示されるこの行の体系は、円頓止観の名で呼ばれているものであるが、以下、体系の中心の骨組みとして取り出したこれら個々の部分に即して、円頓止観の体系の概略を述べてゆくことにしよう。

二　菩提心・方便行

天台教学における教学上の中心の関心事は、諸法の「実相」の得知にあり、そしてそのことをめぐって宗教的実践、最も直接的には正修行の修習が要請されるのも、それを欠いては「実相」の十全な把握がのぞまれないとの教学的理解が働いてのことにほかならないが、しかしだからといって、いきなり正修行の修習が勧められるわけではない。それ以前にいくつかの満たすべき条件が用意されている。まずはじめに求められる事項は菩提心の発起ということである。菩提を求めんとする意志としての菩提心が芽生え、確立していかなければ、仏道の扉も閉されたまま、一歩の前進ものぞまれない。こうしたことから、まず菩提心の発起の重要性が力説され、それの確立が求められる。

なお『摩訶止観』をみると、上記の点の指摘にとどまらず、菩提心とはどのような心をいうのかとか、それの成立の仕組み、いいかえればいわゆる構造的関係の問題など、菩提心をめぐる問題が多面的に論及されている。本文に即して理解を深められることをのぞむ。

菩提心の確立だけが正修行の修習を準備する条件ではもちろんない。このほかに、菩提を求めようと志す心の確立をまって、というよりも、その心の確立をも助け、さらに広く人間一人一人の存在の全体を仏道へと近づけるための「生き方」が求められる。この領域にかかわる規定は「二十五方便」と呼ばれるものであるが、この規定は、その響きから感じられるような、肩肘張った厳格な規律といったようなものではない。さきに予備的行法という表現で示したけれども、「行法」などというものではなく、人間生活、その存在の全体を仏道に近づけるために考えられた生活心得というようなものである。もう少し具体的に示せば、生活環境や日ごろの暮し方、それから毎日の生活のなかでの心のもち方などについて、理想と考えられる生活の仕方を定めたものである。個々の規定の求めるところを簡単に紹介すれば、まず「五縁を具えよ」。これは暮し方の大枠をごく一般的にのべたものといってよい。戒律に従って暮せ（持戒清浄《じかいしょうじょう》）、着るもの、食べものを過不足なく用意せよ（衣食具足《えじきぐそく》）、静かな場所に生活の場をもて（閑居静処《げんごじょうしょ》）、心静かな生活を送れ（息諸縁務《そくしょえんむ》）。五縁とはこうした点を定めたものである。つぎに「五欲を呵《か》せ」。色欲・声欲・香欲・味欲・触欲の五欲を棄てよというのである。感覚的生活のなかに現われる動揺を克服し、平静な心、とらわれのない心の確立が求められる。そのつぎは「五蓋《ごがい》を捨てよ」。貪りの心（貪欲《とんにょく》蓋）、いかりの心（瞋恚《しんに》蓋）、心の働きを鈍重にさせる睡眠（睡眠蓋）、空しい遊び、無益な雑談へと導く心（掉悔《じょうげ》蓋）、自らを、師を、さらに法を疑う心（疑《ぎ》）、こうした心を捨て去れ、というのである。日常生活のなかで人びとを悩ます欲望、心のくもりをはらすべく用意された規定である。第四は「五事を調えよ」。飲食、睡眠、呼吸などを調和ある状態に保ち、健全な身心の保持につとめさせようというのが、その狙いである。五番目が「五法を行ぜよ」。これは菩提を求めんと意志する心の確立をひたすら目指せと迫る規定である。

二十五方便とはこうした内容を盛り込んだ規定であるが、これから明らかなように、この規定は日常生活の全体を仏道に組み込むべく考えられた生活心得にほかならない。それゆえ、この規定の求めるところに従ってそれぞれが生活してゆけば、それこそ身も心も、すなわち存在の全体が菩提を求めるもののすがたにならずにおかない。

さてこの段階にまで到達したならば、悟りの完成に直接途をひらくものとしての「正修行」の修習へと踏み出してよい。ここに正修行の段階がひらけてくる。以下、正修行をめぐる問題へと移ることにしよう。

三 正修止観

(一) 正修行の枠組み

天台教学において(『摩訶止観』においてとしてもなんら変わるところはないが)、究極の教学上の関心事としてたえず求め続けられている事柄は、すでにことわったように、「諸法の実相」の得知ということである。この「実相」の得知を可能にする不可欠の、またもっとも直接的な宗教的事項は、これから論及しようとするこの「正修行」の修習という宗教的実践にほかならないが、この行は、もっとも基本的には、これまたさきにのべたように、心を一つところにかけてその浮動をおさえ、平静な心の確立に努めつつ（＝止）、対象をありのままに捉え尽くす実践的態度（＝観）、すなわち「止観」の行として展開されるべきものと解されている。ところで、このような見解を、たとえば観察されるものとしての「諸法」（所観の境）と、それを観察し、捉え尽くすものとしての「止観」の法（能観の法）との関係という観点から、いっそう整理して理解しようと試みたとすると、そこに新たな教学的局面が開かれてくるであろう。思いつくままのべれば、観察される対象としての諸法を、ただ諸法と呼んだとすれば、あまりにも漠然としており、それの真実のありようを究尽しようと働く能観の法がもちあわす所期の目的が、かなえられるのか、という問題がそこに生じてこよう。また視点をかえて、能観の法としての止観の行についてみたとき、所観の法としての諸法にいかにかかわり、それをどのような態度で観じとってゆくのかという問題、一語にしていえば修習方法の問題がそこにはもち上がってくる。実は智顗はこれらの点をすでに見通しており、そうした問題について『摩訶止観』のなかで自らの見解を示し、解答を与えている。「止観」の行＝正修止観が組織的な構成をもつものとなったのは、上記の問題にきちんと対応したためといってよいであろう。

止観の修し方、所観の境の問題、教学思想のこうした領域は『摩訶止観』のなかで「十観・十境」の教説として教示されている。はじめに十境の教説が説き示す領域からみてゆこう。

(二) 一切諸法の観察——観心論

究極の課題である「諸法の実相」の究尽を推し進めてゆくとき、観察の対象としての「諸法」を、ただ諸法としてのみ了解すれば、いささか漠然としていて捉えどころがない。智顗はそれを十種に類別、整理し、行の修習にはっきりとした方向性を与えている。整理して十種に類別された所観の境が十境にほかならないが、具体的には陰入界《おんにゅうかい》境・煩悩境・病患境・業相境・魔事境・禅定境・諸見境・増上慢《ぞうじょうまん》境・二乗《にじょう》境・菩薩《ぼさつ》境をいう。このうちはじめの陰入界境がとくに重視されるので、あとで少し詳しくのべるとして、のこりの九境についてはまとめてごく簡単にのべておこう。これらは全体としてみたとき、われわれ衆生がもちあわすとらわれの心、すなわち煩悩に支配されて生きる衆生の生きざまを、その特徴に応じて整理し、まとめ上げたものと解されてよいであろう。ただしこれら九境は、第一の陰入界境を観察して、修行が深まったにもかかわらず、止観が不調で、悟りの実現がのぞめそうもないときに、観境として観察を必要とされるものであり、常時その観察が要請されているものではない。

そこで所観の境として、最初に、またつねに観察が求められる陰入界境についてのべることにしよう。陰入界境とはいったいなにを表わすのか。陰入界境の「陰」とは五陰《おん》、「入」とは十二入《にゅう》、「界」とは十八界《じゅうはっかい》をいうのであるが、それぞれについて立ち入っていえば、五陰とは、われわれの存在を含めた、現象世界のあらゆる存在が、色《しき》（物質一般）・受《じゅ》（感覚作用）・想《そう》（表象作用）・行《ぎょう》（意志する心の作用）・識《しき》（認識・識別作用）の五つの構成要素より出来上がっているもの、それらの集まりであることを表わし、つぎの十二入とは、われわれの存在とそれをとりまく客観的世界、つまり一切の存在が主観的な感覚器官である眼《げん》・耳《に》・鼻《び》・舌《ぜつ》・身《しん》・意《い》の六根《ろっこん》と、それらがかかわる客観的な知覚対象としての色

・声・舌・味・触・法の六境との両者に類別、整理されうるもの、いいかえれば、そうしたものより成り立つものであることを意味し、もう一つの十八界とは、同じく一切の存在が、上記の六根と六境とに、これら六根・六境を条件として成り立つ眼・耳・鼻・舌・身・意の六識を加えた十八種の法より構成されているものであることを伝えるものである。要するにこれら三者は、より詳しくか、簡潔であるかの違いはあるにせよ、われわれの存在を含めた、あらゆる存在をその構成要素に整理、分類して示す概念にほかならない。そうであれば、陰入界境とは一切諸法を意味するということになる。

かくて陰入界境を所観の境と立てることによって、止観の行が諸法を観察し、そのあるべきすがたすなわち実相の究尽を目指す行業であることが、はっきりと示されることになったといってよい。ところでこうしたことを説き示すためだけに、諸法が陰入界境として表示されることになったのであろうか。そのような狙いもあるが、そうしたことだけのためでは決してない。本当の狙いは、諸法を観じてゆく際のいわば方法的通路の明確化、もう少しわかりやすくいえば、所観の境をよりはっきりと示すことにあるのである。教学思想のこの領域に、実は智顗の教風の特徴的な側面が表出されることになるのであり、以下この点についてのべることにしよう。

天台止観の体系をさらに突っ込んで尋ねてみると、陰入界境を観ずることが止観の行業の基本とされながらも、そこにもう一つ別の条件が附加されていることが、知られる。その条件とは、「いままさに丈を去って尺に就き、尺を去って寸に就き、色等の四陰を置いてただ識陰を観ずべし」(『摩訶止観』巻第五上、大正蔵四六・五二上―中)といわれる事柄、すなわち陰入界のなかでもとくに「識陰」をとり出し、それを所観の境としてひたすら観察せよ、というものである。識陰とは心にほかならないが、識陰すなわち心は智顗にあっては一切諸法と同じものと解されており、したがって心を観ずることも、一切法を観ずることも、内容的に同じこととなり、心を観ずること＝観心を徹底すれば、おのずとそこに一切諸法のありようの究極相は捉え尽くされる、とみられるのである。止観の行のこうした内面的な構図をできるだけはっきりと示そうとすれば、所観の境をたんに諸法としてのみ説き示すよりも、陰入界として教示する方が、はるかに理解されやすいであろう。智顗はこうした点を見通して、止観の行の所観の境を陰入界として表示するにいたったのであろう、と思われる。こうした説明にまつわる工夫はともあれ、止観の行は、上にのべたような考え方にもとづいて、もっとも基本的には「観心」に極まると解されるにいたるのである。

なおここで取り上げた教学思想のこうした領域は、『摩訶止観』巻第五以下の部分、より厳密に限定すれば、その巻第五上において詳述されている。ただし第五巻は本書には収載できなかった。

(三)　観心の方法

1　行の形態——四種三昧

正修行を修するとなると、当然のこととして、いかなる方法にしたがって修したらよいのかという修し方、修習《しゅじゅう》方法の問題が問われてこよう。智顗はこの点についてきちんとした説明を与えている。この領域に直接答える教説は四種三昧の規定であり、一心三観の教説であり、さらには四句推検の教えである。はじめに四種三昧の規定からのべてゆこう。

四種三昧の規定は、行を修する際のいわゆる身のこなし、すなわち行の外なる形式を教示すべく与えられた規定といってよいであろう。もちろんそこには行を修する場合の心のもちかたとでもいうべき内面の姿勢についての説明も与えられているが、この規定が明らかにしようとする狙いの中心は、前者の点である。

四種三昧とは、(i)常坐三昧、(ii)常行三昧、(iii)半行半坐三昧、(iv)非行非坐三昧の四種をいうのであるが、これらは、止観の行が、その形式の面で、坐禅と行道とその併修の形式と、それからそれらのいずれでもない形で、すなわち自由な形式にもとづいて修されるべきものであることを教示する。個々の関係を示せば、修行の形態が坐禅のかたちをとるべきことを教えるのが常坐三昧であり、行道のかたちをとるべきことを教えるのが常行三昧であり、併修の形態を教えるのが半行半坐三昧であり、それから形式にとらわれず、自由に修されてよいと教えるのが非行非坐三昧である。以上のように、天台においては行の方法は、その外なる形態の面からいうと、坐禅・行道・その併修の形式・どのような形式にも縛られない形のもの、これらの四種として解されているのである。

そこで正修行の基本としての「観心」の行が右にのべた四種の形態のうちのいずれに従って修せられるべきものと解されているのかを尋ねる順序となったが、ここで一つ、主題から外れることになるが、右の一連の説明のなかに誤解を招きやすい部分があるので、その点について少し木目細かくのべておこう。ことわっておかねばならない点とは、半行半坐三昧の内容の問題である。普通には、半行半坐三昧というのであるから、常行三昧と常坐三昧を半々に修する三昧と思われるかもしれないが、実際はそうではない。行道の面が内容的にまったく異なっており、行道するという修行の外の形態だけが同じであるにすぎないのである。具体的に両者の違いをのべれば、常行三昧というのは阿弥陀仏を念じつつ道場を行旋せよと求める行道三昧であるのにたいして、半行半坐三昧の場合の行道は、一つには方等呪《ほうどう》を誦しつつ、もう一つは『法華経』を読誦しつつ行道することを要請する形式をもったものである。両者の間にみられるこの点の違いは正しく理解されねばならない。

それでは、主題に戻って、正修止観の基本の行としての「観心」の行はいかなる行の形式にもとづいて修せられるべきものと解されているのか。この点を知るには、非行非坐三昧の内容を見定めるのが近道である。非行非坐三昧とは、活動し続けるわれわれ衆生の意識＝心を、衆生ひとりひとりが自覚的に取り出し、それを「反照観察」する、という組織、構造をもった三昧であるが、これは、別の呼び方で表わすとすれば、まさに「観心」の行と呼ばれてよいものである。さて、「観心」の行が非行非坐三昧の内容をなす行であることが明らかになれば、行道とか坐禅という特定の行の方法に縛られることなく、自由に行じられるのが非行非坐三昧であるわけであるから、「観心」の行は、どのような形式にも拘束されることなく、自由に、ただひたすら心を観察、究尽する努力を重ねてゆく行業であることが、知られる。

もちろん「観心」は、「坐禅」を修しながら、また「行道」の只中にあって、修されうるものである。『摩訶止観』には、この点が非行非坐三昧と関連づけて、「実には行、坐および一切の事に通ず」（巻第二上、大正蔵四六・一四中）といわれている。

正修行の基本としての「観心」の行は、従うべき行の形態の面からいうと、「坐禅」「行道」という形式にもとづこうと、またそうした定まった形式にとらわれることなく、心の観察を自由に推し進めるというかたちをとって修されようと、いずれでもよいのである。
なお、第二部の「本文解説」の部分に、四種三昧の項の全文を収載した。本文を通して、止観の行の従うべき行の形式・形態について、それぞれが理解を深められることをのぞむ。

2　一心三観と実相の把捉

「観心」の行は、特定の形式に従って進められようと、またなにものにも拘束されずに自由に進められようと、随意に修されればよいことがわかった。ところで観心が随意の仕方で深められればよいとしても、深めるにあたっては、どのような態度で心の内面を観察してゆくのかという、心のいわばかまえの問題、心の内面の姿勢の問題が、つねに付随して離れない。教学上の表現で示せば、所観の境を観じてゆく際の能観の法の問題が考えられねばならない。『摩訶止観』には、教理のこの領域に直接対応すべく用意された教説が説き示されている。それは十乗観法の教えにほかならない。

十乗観法とは、(i)不思議の境を観ぜよ、(ii)慈悲の心を起こせ、(iii)巧みに心を安んぜよ、(iv)法を破すること遍ねかれ、(v)通塞《つうそく》を識れ、(vi)道品《どうほん》を修せよ、(vii)助道をもちいて対治せよ、(viii)次位《じい》を知れ、(ix)よく安忍せよ、(x)法愛なからしめよ、以上のように示される実践的態度をいう。これらの一つ一つについてその概略でも紹介した方がよいにきまっているが、そうすれば、それに割く紙幅が大きくなるのと、またこれら十法のなかにあって最初の「不思議の境を観」ずる態度が、教学思想上もっとも中心の関心事とされる諸法の「実相」の把捉を準備するもっとも直接的な実践的態度として重視されているので、この部分だけを取り出して紹介しても、能観の法の基本構造の表出には十分であろうと考えられる。そこで、ここでは「観不思議境」だけを取り上げ、その内面的姿勢をのべてゆくことにしよう。

「不思議の境を観」じてゆく実践的態度は具体的には一心三観として、また四句推検として示されている。まずはじめに一心三観とそれに関連の、周縁の教説の方からみてゆくことにする。

一心三観の教説はなかなか組織的に整理された構成を有している。基本の構図を示せば、煩悩の対治にはじまり、それを潜《くぐ》りつつ、諸法の「実相」の得知の地平を切り拓いてゆく実践的態度が、一心三観ということができるであろう。説明をわかりやすくするために、重要な教えを個々に整理してのべてゆくことにする。

まず「実相」の得知には、煩悩の克服が必要不可欠である。天台においては煩悩は基本的に見思《けんじ》・塵沙《じんじゃ》・無明《むみょう》の三惑として整理、類別されるのであるが、それぞれがもちあわす特徴を示せば、以下のようである。まず見思の惑とは、存在するものの一切を有《う》なるものと解し、それにとらわれる態度、すなわち有への偏執ということができる。なおこの見思惑は、基本的には上のような内的構造をもち、したがって記すように併称されるのであるが、厳密にいえば、同じように有への偏執でありながら、見惑、思惑とわけて呼ばれて不自然でない性格を、それぞれがもっている。見惑とは観念的な迷い、理に迷う迷理の惑であり、一方、思惑は具体的な諸事象に迷う惑、情意的な色合いをつよく帯びた惑、迷事の惑であって、両者は基本的性格を同じくしながらも、その個性を異にしているのである。つぎに塵沙の惑。これは前者の見思の惑とは逆に、あらゆる存在を空無なるものとみてとって、その空無に一方的にとらわれる態度をいう。現象世界は塵や沙のごとく無数の差別の相をもって存在しているものであるが、現象世界のそうした無数の諸相を正しく捉える眼を失わせる障りということで、塵沙の惑といわれるわけである。最後の無明の惑とは「無知」の惑ともいわれるのであるが、知のもっとも深い部分に生起する惑のことである。すなわち、見思、塵沙の両惑を克服すれば、そこに現象世界（＝諸法）を正しく捉えることのできる智恵が確立する。具体的には、現象世界は実有ならざるものであるとみる智恵、また現象世界の多様なありようをありのままに捉える智恵、このような智恵である。ただしこうした智恵が確立しても、かりにそれぞれが自己自身で智恵として十全であると主張しあうとすれば、その状態は、偏向した状態、極端に堕した状態といわざるをえない。無明とは、このような偏向に陥った智恵、極端に堕した智恵をいうのである。

煩悩は以上のように三惑として類別されるべきものと考えられるのであるが、当然ここにそれの対治、克服の方途が考究される。その結果、それをよくするものとして示されるのが、三観である。三観とは従仮入空観《じゅうけにっくう》・従空入仮観《じゅうくうにっけ》・中道第一義観をいうのであるが、これら三観は、煩悩との関係でいうと、見思の惑に対して従仮入空観、塵沙の惑に対して従空入仮観、無明の惑に対して中道第一義観という形をとって三惑にかかわり、それらの対治、克服の実現に向って働く。煩悩の破除にあたって三観がなすべきことは三惑の内容をなす「有へのとらわれ」「空無への偏執」「極端に堕した智恵」を破し尽くすことでなければならない。これを行うのに、従仮入空観は現象世界の空を、つぎの従空入仮観はその差別的あり方を、中道第一義観は一切諸法の空でありつつ仮であるあり方、すなわち中道を開示し、それを突きつけて三惑を破除へと導く。

さて右に指摘した、三惑の克服に道を拓くいわば決定打というべき空・仮・中道は、実は智恵の明らかにしてみせてくれるものにほかならない。こういうわけで、三観はつねに三智と一体のものであるのである。ここに智の領域が開かれていることを見落してはならない。智恵とは具体的には一切智・道種智・一切種智の三智をいうのであり、そしてこれら三智は、一切智―従仮入空観、道種智―従空入仮観、一切種智―中道第一義観という形をとって、三観とそれぞれ一体の関係に立って働くのである。かくて厳密にいえば、一切智は諸法の空を、道種智はその仮なるあり方を、一切種智は中道を開示してみせてくれるということになる。

右の点を一つにまとめていうと、以下のように表わしうるであろう。行としての三観を修してゆく過程で、そのなかの智恵の面が三智として発動し、諸法のありようが得知されるようになる。そしてそれの真実のすがたに触れて、三惑が対治され、克服されてゆく、と。

さて三観を修し、三惑が破せられ、三智が開発して、空《くう》であり、仮《け》であり、中《ちゅう》である諸法のありようが得知される段階は、「諸法の実相」が把捉される段階である。この意味で三観―三智が得知し、明らかにしてみせる空・仮・中はまさに一切法の真実のありよう、すなわち「実相」にほかならない。そこでそれら三者が表出する意趣を確認し、諸法の「実相」が智顗においてどのようなものとして了解されているのかをのべることにしよう。

まず空であるが、それは、現象世界の諸事象の一切（＝一切法）が相互に条件づけられて存在しており（＝縁起の関係）、したがって滅することのない、本体をもったいわゆる実体的な存在ではないということを表わし、つぎの仮とは、それら一切法は実体的な存在ではないにしても（＝主なし、主とは本体のこと）、無量の異なったすがたをもってわれわれの眼前に現に存在しており、したがって無そのものではないということを示すいわゆる概念である。第三の中とは、一切諸法が空として、仮としてあるあり方以外に、別のあり方をもちあわしてはおらず、そうした二つのあり方をつねにひとつに統一する形で存在しているというそのあり方を表示するものである。空・仮・中の三者は教学的には三諦《さんだい》と呼ばれるのであるが、それらはそれぞれ上のような意趣を表わし、そして一切諸法がその究極にまでつきつめてみれば、結局はそうしたあり方をもつものであることを表示するものなのである。

しかもここでもう一つ以下の点を附言しなければならない。これら空・仮・中の三諦は、現にそこにある具体的な一なる存在の、具体的なあり方を、その局面に応じてまとめ上げ、示したものであり、したがって相互に結びついた関係に立つものである。すなわち、空をとれば、仮・中であり、仮をとれば、空・仮であり、中をあげれば、空・仮であって、三諦は決して相互に無関係な、バラバラの隔絶した関係に立つものではないのである。三諦のこうした関係をことばで示せば、即空即仮即中といい表わすのがもっとも相応しいであろう。かくて一切諸法の「実相」は即空即仮即中として表示されてこそ、もっとも十全に表現されうることになる。

なお空・仮・中の三諦が相互になんの関係もないものとして別々に見られたとすると、そうした場合には、三諦は隔歴の三諦、次第の三諦と呼ばれ、一方、上でのべてきたように不可分に結びついたものとして三諦が見られるとすれば、その場合には円融《えんにゅう》の三諦と呼ばれる。

そこで実相の極相が隔歴の三諦ではなく、円融の三諦として表示されるべきものであるとすれば、それを捉える三観も、空・仮・中を別々に、順序を追って捉えてゆく「次第の三観」であってはならず、三諦を即空即仮即中として一時に捉える「一心三観」でなければならない。三観は一心三観として実修されてこそ、諸法の「実相」はなんらの欠けたところもなく十全に捉えられることになる。「一心三観」を内なる心のかまえ、すなわち内面的な方法的態度として、一切法そのものである「心」を観ずる「観心」の行を修し、見思・塵沙《じんじゃ》・無明《むみょう》の三惑を破しつつ、即空即仮即中としてしか表示されえない諸法の「実相」の得知に努めること、これが正修行＝正修止観の実践業の基本なのである。

なお一心三観およびそれに関連の三惑、三智、三諦等の、この項で取り上げた諸教説が論及されている『摩訶止観』の巻数を示しておこう。ただし細かく示そうとすると、説明がみえている箇所が随所にみられ、しかも錯綜して説明がなされているので、なかなか大変である。こうしたわけで大雑把すぎるかもしれないが、その巻数だけを示すにとどめる。巻第三上および下、巻第五上および下、巻第六上および下。これらの箇所は本書には収載されていないが、なんとか本文に従って理解を確実なものとしてほしい。

3 四句推検と実相の把捉

天台智顗の教学思想の根底には、諸法の「実相」は、思想の構造的性格からして、いかなる表現をもってしても表示されえないものであるとの了解が横たわっている。もう少し詳しくいうと、「実相」は究極的には、思議分別によっても捉えられず、また言説によっても表現されえない、まさにそれらを超えた、すぐれて実践的な性格を有するものであるとの認識がある。この点からすれば、前項でのべた三諦による実相の把捉、ないし表白は、たとえそれがいかに整備された実践の体系をともなうものであっても、三諦が思議、言説に深くかかわるものであるだけに、論理の領域、概念的表示の領域を完全に出るものではなく、方便というしかない捉え方、表わし方にほかならない。「方便して三(＝三諦のこと)を説くなり」(『摩訶止観』巻第三下、大正蔵四六・二八中)。こういうわけで、正修止観はまた、よりいっそう実践的な性格を色濃くもちあわす実相の境界へと止観の行者を導き入れる実践法でもある、と解される。そこでここでは、そうした実相の境界へと行者をしてつなげるものとしての正修止観の断面に光をあて、それが有する内面的性格を少しく眺めてみることにしよう。

さて教えの内容から考えて、教学思想のこうした領域に直結する教説のうち、もっともまとまったものは一念三千の教説であろう。一念三千説とは、一般にはわれわれ衆生の一念の心に、一切法を意味する三千の法が具足されていることを教える教説であると解されているが、注意深くその教説を考察してゆくと、それは最終的にそうしたことを明らかにする教説とはどうもいいきれそうもない。この教説が説示される『摩訶止観』の当該箇所の説明を読んでゆくと、そこではたしかに「心具三千」すなわち「心が三千の法を具足する」という陳述がみえているし、そうした局面が考察されている。しかし論究はその段階で終止符を打つのではなく、さらに大きく膨《ふく》らむ。以下、一念三千説の概要をのべながら、それが教示しようとしている「実相」の捉え方、さらにはそうした方法的態度を通して捉えられる「実相」の内的性格について尋ねてみよう(「一念三千説」についての筆者なりの見方については、より詳しくは拙稿「天台実相観の一断面―『一念三千説』の解釈をめぐって―」《松ヶ岡文庫研究年報》第一号　参照)。

この教説の主題は一切法のあり方の真実のすがたを探究し、教え示すことにあるが、この主題についての解答を引きだす手順として、この教説のもとでは心と一切法との関係を問うという方法が立てられる。すなわち一切法とはいかなるものであるのかを知るために、それは心より生じたものであるのか（＝心生一切法）、それとも一切法は心に具足されているものであるのか（＝心具一切法）、こうした問いを立てて、吟味されてゆくのである。この吟味は、以下に示すような観点に立ってなされる。まず「心が一切法を生ず」という命題の場合には、一切法を生み出す心とそれによって生ぜしめられる一切法という心と一切法との関係、つまり能生の心と所生の一切法という局面から、心と一切法との関係が吟味、究明される。後者の「心が一切法を具す」という命題については、一切法を具す心とそれによって具される一切法という心と一切法との関係、つまり能具の心と所具の一切法という局面から、心と一切法との関係が問われるのである。

右の吟味、究明の過程で、四句推検と呼ばれる吟味の方法が駆使されるのであるが、この方法は、存在するものの生起関係を、自生・他生・共生《ぐうしょう》・無因生の四句に準拠して検索する龍樹の四句分別（＝四句推検）にそっくり倣ったものにほかならない。ここでは「心具一切法」という命題の吟味に即して四句推検の方法の基本構造を示しながら、「推検」の全体の推移を辿ることにしよう。

「心具一切法」という命題を吟味するとなると、まず一切法を具す能具者としての心について一つの反省を加えておかねばならない。というのは、心はそれ自身で心として成り立っているのではなく、心が心として成り立つことを許す条件（＝「縁」）を満たして、心は心でありうるのであり、したがって「心が一切法を具す」といっても、その構造はかならずしも単純ではないからである。さて心が心であるためのこうした構造が確認されると、それに沿って四句を組み立てれば、いわゆる推検式はできあがる。四句とは以下のようである。(i)心が三千の法を具すのか(自具)、(ii)縁(＝条件)が三千の法を具すのか(他具)、(iii)心と縁とが集合して三千の法を具すのか(共具)、(iv)心と縁が離反して三千の法を具すのか(離具)。「心が一切法を生ず」という命題について四句が立てられる場合には、右の四句の「具す」とある部分が「生ず」に替わるだけで、基本はなんら変わらない。ともあれ四句推検とはこのような四句に従って進められる吟味のことである。

それではこれら四句に従った吟味を通じてどのような結論がえられるのか。それら両者の命題の吟味を通じてえられる結論は、心が一切法を生じ(能生)、具す(能具)のでもなければ、一切法がそれによって生み出され(所生)、具される(所具)のでもなく、心と一切法とは不二・相即の関係にある、ということである。

こうした結論へと到達する検証の過程を、「心具一切法」を例に簡単にのべておこう。まず第一句についていえば、心が三千の法を具すと解してしまえば、心を心たらしめる不可欠の要件としての「条件」(＝縁)と三千の法との関係が見落されることになり、これでは「具三千」という関係は十分に説明されない。一方、第二句のように、縁が三千の法を具すと解すれば、今度は心が除外されることになり、ここでも「心具三千」は主張されえない。つぎの第三句。心と縁との集合によって「三千を具す」と主張するこの立場は、実は第一句の自因説、第二句の他因説が内包する難点をともにそなえもつ立場である。すなわち「集まる」以前に三千の法を具してもいない心や条件(縁)が、ただ集合するだけで「具三千」をはたしうるわけもない。第三句も立言されえない。第四句は「心を離れ、縁を離」れて、「心具三千」を主張しようとする立場であり、これは論外である。このようにして心と一切法との間に能生―所生、能具―所具の関係が成立するものでないことが、検証されるのである。

ところで、心と一切法との間に能具―所具の関係が認められないとすれば、両者の関係はいかに理解されたらよいのか。この点について智顗は

心は是れ一切法なり、一切法は是れ心なり（『摩訶止観』巻第五上、大正蔵四六・五四上）

それからまた

第一義のなかには一の法も不可得なり、いわんや三千の法をや（『摩訶止観』巻第五上、大正蔵四六・五四下）

とのべているが、これが四句推検の最終の帰結である。心も一切法も、自らを他と異なるものとして主張しうる自性（＝本体）をもたず、まさに「不可得」なるものであり、一切が「不二」の関係にあるというのが、その帰結である。

一念三千説は、四句推検の方法を通して、一切法のあり方の究極相をこうしたものとして教示してみせてくれる教説であるが、ここで注目すべきは、「不可得」とか「不二」という表現で示される一切法の究極相の捉え方である。この点については、「実相」が「不可得」「不二」として示されるときその陳述の最後に締め括りとして附言される以下の説明をあわせ理解してゆけば、明確になる。「玄妙深絶にして識の識る所にあらず、言の言う所にあらず、所以に称して不可思議境となす」（『摩訶止観』巻第五上、大正蔵四六・五四上）、「言語の道断え、心行の処滅す」（『摩訶止観』巻第五上、大正蔵四六・五四中）。「諸法の実相」が「不可得」とか「不二」として示された意味は、それらから推察するに、思議分別をもってしてはかならずしも捉え切ることができず、またいかなることばをもってしても表

示し尽くしえず、ただ諸法の奥深くに踏み入り、その真実のありようを見極め尽くさんとする実践的態度を通してのみ十全に捉えられる「実相」の内的性格を示さんとするところにある、といってよいであろう。「心は一切法であり、一切法は心である」という示し方、すなわち「不二」であるとか、また「不可得」という実相表現は、それについての説明的な表現が入りうる余地をまったく感じさせない。

ここまでのべてくれば、一念三千説とは、思議、言説を絶した、玄妙深絶なる「実相」の内的性格を教えるとともに、さらに諸法のそうした究極的ありようが四句推検を通じて捉えられるものであることを教示する教説であることが知られる。一念三千説が明らかにするこうした教えの内容を理解することができれば、正修止観とは、四句推検という吟味の方法に従って、表示しようとすれば「不二」とか「不可得」としてしか表わしようのない、思議、言説を絶する諸法の「実相」の観得の実現を期して修される行業であることが読みとられる。

智顗においては、正修行は一心三観として示されるだけではない。以上のべてきたように、一念三千説が明らかにする四句推検の方法も基本の方法的態度として教え示されているのである。

なおこの項で取りあげた教理の領域、教説でいえば一念三千説は、『摩訶止観』巻第五上において縷《る》説《せつ》されるのであり、当然のこととして、その部分は本書のなかに取り入れられてはいない。一念三千説が教える教理内容は、天台教学の重要な部分の一角を占めるものであるだけに、『摩訶止観』を扱いながら、その部分にまったく言及しないようでは、きわめて不都合であり、また不親切とさえいわざるをえないであろう。しかしその部分を包含し、かつ本書を一冊にまとめるとなると、あまりにも大きなものとなるので、どうしても取り込むことができなかった。

ただ幸いにも、一念三千説に内容的に接続する説明が、本書に取り込んだ部分にみえている。その箇所を示せば、ひとつは四種三昧のうちの非行非坐三昧に関する説明の部分、それに「五略」の第五「帰すべき処」の部分、以上の二箇所である。前の部分には四句分別の吟味の方法に従った、心のあり方の探究が詳しく説明されており、一方、後者の部分には「実相」の極至がもちあわすきわだった実践的性格がはっきりとのべられているが、これらの点は第七章正修章（『摩訶止観』巻第五以下）において取り上げられ、論究される主要なテーマにほかならない。この意味で上記の箇所の説明を注意深く読んでゆけば、正修章の主題に肉薄することができる。こうした点を念頭において上記箇所の説明を読まれることがのぞまれる。

上記の箇所との関連で、一つ附言しておきたいことがある。実は一念三千説は弟子の灌頂が説いた教説であって、智顗とは関係がないのではないか、といったその教説の智顗への帰属を疑う見解が提出されたことがある。そこでこの問題についての筆者なりの見方を簡単にのべておこう。

詳しい検討を別の機会に行ったことがあり、そのまとめも近く公刊されるので、詳細はそちらに譲るとして、ここでは結論的な点だけをのべておく。一念三千説の智顗への帰属の問題を確かめようとするとき、重要なことは、確認のための基準をどこに求めるのかということであろう。「一念三千」とか「三千」という表現が智顗のほかの著述のどこにも見出されないから、一念三千説は智顗の説き示した教説ではないと結論づけるとすれば、いささか安易すぎるのである。この教説の智顗への帰属を確認しようとするとき、もっとも注目すべきことは、そうした表現の有無ではなく、一念三千説がもちあわす思想のいわば内的論理構造の面である。

一念三千説というと、一般には一念の心に三千の諸法が具足されていることを教示する教説であるかのように理解されているが、そうした理解は必ずしも正しくない。その教説は、さきにことわったように、一法として自らの有なるあり方を主張しえず、一切が不二相即の関係にあることを、四句推検の方法に従って証示してみせる教説である。だからこの教説の骨格を形成する基本の部分を取り出せば、一切法のあり方をめぐる四句推検という吟味の方法と、それによって明らかにされる不二相即の関係にある一切諸法のあり方についての了解との、以上の二点といってよい。かくて一念三千説の智顗への帰属の問題は、上に指摘した教えの二つの面が、一切法のあり方の究尽をめぐる、『摩訶止観』以外の著述のなかでの説明の部分に、見出されるのかどうかによって、見定められる、ということになるであろう。

実は一念三千説と思想の内的論理構造の面を同じくする、一切法のあり方についての論究の態度が、確実に智顗の著述とみられる『法華三昧懺儀』や『維摩経玄疏』の、主題を同じくする陳述の箇所に、見出される。この事実は、一念三千説が智顗によって説き示された教説であることをはっきりと教える確実な証左であろう。筆者は、一念三千説の智顗への帰属の問題は疑問視されるに及ばぬ問題と考えている。最後にこの点を指摘しておこう。

第二章 『摩訶止観』の註釈書

一 中国撰述

止観輔行伝弘決 十巻

本書は天台宗第六祖荊渓湛然が著わした註釈書であるが、数ある註釈書のなかにあってもっとも頼りになるものである。正直なところ本書を手掛かりとすることによって、『摩訶止観』の本文の意味の理解が容易になる部分が非常に多い。本書の名称―「輔行伝弘《ぶぎょうでんぐ》決《けつ》」とは、『止観』の意趣の理解を助け、それを伝え弘めるという意味をあらわすが、内容からいって、本書はまさにその名称どおりといってよい。もちろん湛然の解釈の色合いが濃厚に出る箇所もないではないが、それは仕方のないところであり、注意深く読んでゆくわれわれの姿勢によって、その点の不安は和らげられるはずである。

止観輔行、止観輔行弘決、摩訶止観輔行伝弘訣の名で呼ばれもする。大正蔵四六、縮刷蔵―陽五などに収められている。

天台三大部補注 十四巻

本書は、天台三大部にたいする湛然の註釈書が略して語らざる部分を補足注解したもの。十四巻のうち一巻から三巻までは『玄義』の補注にあてられ、以下四巻から十巻までは『文句』、十一巻から十四巻までが『止観』の補注にそれぞれあてられている。『止観』に引用される経論の文の出典を知るのになかなか便利である。著者の従義（?―一〇九一）は四明知礼《しめいちれい》の教学の系統のなかから出ながら、山外派の影響をも受けた人物である。

法華三大部補注、三大部補注とも呼ばれる。卍続一・四三・五～一・四四・三所収。

摩訶止観輔行助覧　四巻

本書は『止観』の本文と『輔行』の註釈の文のうちから、難解と思われるものを取りだし、註解を施したものである。有部《うぶ》の系統の語句についてはとくに詳しい説明が与えられている。

摩訶止観輔行伝弘決助覧、止観輔行伝助覧、止観助覧。卍続二・四・三所収。作者有厳（?―一一〇二）は四明系の学者であり、著述も多い。

法華三大部読教記　二十巻

本書は三大部のなかから重要な教学的事項を拾いだし、それに解説を施したもの。一五二項が取りだされているが、そのうち『止観』に関係するものは四六項である。そして二十巻中、十四巻後半以降がそれらの論及にあてられる。

読教記とも、また天台三大部読教記とも呼ばれる。卍続一・四三・四―五に所収。作者法照（一一八五―一二七三）は趙宋天台の四明の系統につながる学者である。
中国関係のものとしてほかにもまだ註釈書はあるが、いちおうこれだけを挙げておこう。
なお『摩訶止観』の直接の註釈書ではないが、天台止観に関して論及した著述が湛然にあるので、それらも紹介しておこう。

摩訶止観輔行捜要記　十巻

湛然の作。本書の書名〈捜要記《そうようき》〉とは、『止観輔行』の要旨を捜《さぐ》る書という意味をあらわすわけであるが、『止観輔行』があまりにも内容的に広汎にわたっているために、論述の主要な点がどちらかというとぼやけてしまい。読者の理解が不鮮明になりかねない。そこでそうした不安を解消すべく、いわゆる贅肉を削り落とし、教学思想のもっとも主要かつ基本の部分、骨格をなす部分を取りだしてまとめられたのが、本書である。『輔行』の説明のわかりにくい部分を、本書を通じて明らかにすることができたり、また全体の趣意が『輔行』以上に容易に読みとられたりして、好都合な面がある。なお本書は、摩訶止観弘決捜要記、摩訶止観捜要記、止観輔行捜要記などの名で呼ばれてもいる。卍続二・四・二―三に収められている。

止観義例　二巻

湛然の作。『摩訶止観』をいわば整理・圧縮し、小さくまとめた書物が本書といってよいであろう。

『止観』は、量的にも大部であり、また内容的にも広く、かつ深いものであって、それが明らかにしようとする教旨の根幹を理解することは、容易ではない。そこで、主題と解される論点を七つに整理し、それらを柱として、『止観』の内容を簡明に説き示したのが、本書である。大正蔵四六、縮蔵—陽・七、卍三二・九などに所収。

止観大意　一巻

湛然の作。『摩訶止観』の十大章の要旨を簡潔に説き示したのが、本書である。第六方便章、第七正修章により多くの紙幅が割かれているが、なかでも正修章のうち十境の第一—陰入界境とそれの観じ方を示す十乗観法との概要説明により大きな力が注がれている。小さなものであるが、天台止観の輪郭を掴もうとするときには手ごろなものであり、入門書として悪くない。大正蔵四六、縮蔵—陽・七、卍三三・七などに収載。

二　日本撰述

止観輔行私記　十巻

宝地房証真が湛然の『止観輔行』に註釈を施したものが、本書である。解釈の態度はきわめて厳密である。解釈を進めてゆく際に、必要とみられる場合には、主張のよりどころとなる経論の文節を原文のまま引用、紹介し、その解釈をより確実なもの、より客観的なものたらしめる努力が、払われている。また、異義異説にたいして手際のよい批判が施されてもいる。それだけに教えられるところの多い註釈書といってよい。本書と『輔行』とを参照しながら、『止観』を読んでゆけば、不明の箇所を少なくすることができるであろう。

なお証真には、本書と同じ構成をもった『玄義私記』(『法華玄義』にたいする註釈)、『法華疏私記』(『法華文句』にたいする註釈)がある。これらはひとまとめにして天台三大部私記と呼ばれており、天台三大部の研究を進める上で、見逃してはならない重要なものである。大日本仏教全書第二二、仏教大系第一二所収。後者の仏教大系本は天台大師全集と名を変えて公刊されている。

証真は鎌倉時代初期の人、ただし生存年代は不明である。著述は三大部私記以外にも多い。

摩訶止観復真鈔

法華三大部復真鈔のなかの『摩訶止観』関連の部分を取りだして呼んだもの。古来の註釈者たちの間違った解釈を排除して、天台智顗の真意に復することを目的として著わしたのが本書である、という意味で、「復真鈔」という書名がつけられたのである。そういうことであるから、本書では唐の湛然も、趙宋の四明知礼も、また日本の天台の学僧たちもともに天台智顗の本意を見失っていると批判的に眺められている。ただし、本書が意図する真意に復するという目的そのものが、狙いどおりにその論述の過程で実現されているかどうかは、十分に吟味されねばならない。大日本仏教全書第二三所収。著者普寂(一七〇七—八一)にはほかにも著述が多い。

止観輔行講義　十巻

本書は、『摩訶止観』の本文および湛然の『輔行』の文章のうち難解と思われる部分を抽出し、それらに解釈を施すというかたちをとってまとめられたものである。解釈の態度はなかなか周到であるといってよい。種々の註釈書を参照しつつも、それらに一方的に従うのではなく、批判的に摂取しつつ、自らの見解を提示している。また教学上重要と考えられる事項を約五〇項目取りだし、それらについてこれまた他の見解を批判的に検討しつつ、自説を紹介している。本書は、『摩訶止観』の理解を深めるにあたって、参照されてよいものの一つといってよい。

本書の著者、慧澄《えちよう》律師痴空《ちくう》（一七八〇―一八六二）は徳川時代末期に活躍した、天台宗を代表する高僧である。その教風は四明知礼のそれにいささか傾斜しすぎた感なしとしないが、残された仕事はやはり貴重なものである。

止観輔行講述　六巻

本書は、『摩訶止観』、およびその註釈書である湛然の『輔行』を註釈した書物である。本書では、これまでに紹介した註釈書とは異なって、文章を取りだし、それを解釈し、説明を展開するという註釈の形式はとられていない。『摩訶止観』の陳述で意味のとりにくい部分について、読者が理解しやすいように、まず項目名を列挙するようなかたちで、区分けがなされる。ただ教学上とくに重要な事項が説かれている部分についてだけは、『輔行』の文章がひかれ、それをよりどころとして、詳細な註解が展開されるのである。本書のこうした註釈の態度からみて、著者の関心は天台の基本思想の解説、明確化という点にあった、と解されてよいであろう。こういうわけで、本書は、天台思想の根幹の理解には有用であるが、難解な個々の文章の理解にはさほど役立たない。ただし本書のこうした特徴をみてとって、たとえば『私記』なり、『講義』とあわせて読んでゆけば、教学上の主要問題についての解説が詳しいだけに、利用価値は倍加する。

本書の著者、守脱大宝（一八〇四―八四）は『講義』の著者、慧澄とほぼ同時代の傑出せる学僧の一人である。本書は仏教大系本『摩訶止観』、また『天台大師全集』《摩訶止観》の部に収載されている。

なおこのほかにも註釈書の類はいろいろあるが、ここに挙げたものを参考にすれば、なんとか『摩訶止観』の難解な扉を開くことができそうに思われるので、紹介はこれだけにとどめる。

補　記――一念三千説をめぐって

本書の上梓をみてから今日まで相当の時間が経過した。その間に一念三千の教法をめぐる筆者の理解も変ってきた。これは単純な内容を教示する教法ではなく、前に示したような解説ではその内容は伝わらない。重版の機会に恵まれたこの時点で一部補うこととした。版の組み替えは不可能ということで、わずかの紙幅しかとれないが、補記として現在の筆者の理解の基本を示すことにしたい。

『摩訶止観』の関連部分の議論を辿ってゆくと、まず初めに示されるのは、「心は一切法を生ず」という命題が照らし出す思想の領域の議論である。ここでの主題はわれわれを取り巻く現象世界のありかたの問題である。この世界はわれわれから独立した実在と了解されるのが普通であるが、しかしそうした見方は正しくない。この世界は素朴な実在ではなく、心＝意識が対象を読み取り描きあげたかぎりの存在すなわち表象であると了解されるべきもの、この点が「心生一切法」としてまとめられ、示される。この議論を受けてつぎの領域へと説明は展開する。つぎの議論の主題は、意識には対象を読み取るに当って秩序正しく構想しうるための必要な条件が内に具わっているという意識の構造を明らかにしてみせる、という点である。心にこうした条件のすべてが具わっているがために一切世界を構想しうる関係が示され、この点が「心具一切法」という命題にまとめられ、縷説される。このあと一切世界の真のありようを闡明する領域へと議論は展開していく。「心生」も「心具」も立言しえないというかたちで、一切の限定を拒否する存在するもののありかたが論及される。表象としての世界は意識が読み取ったかぎりの世界でしかない。「心生」「心具」は限定づける働きそのもの、従ってそれらの働きが止んで顕現する一切世界のありようこそ、それの真のありかたである、という点が詳述され、一連の議論が終了する。

こうした短い解説では一念三千の教法が明らかにする内容は伝わらないと思うが、一口でいってこれは存在するもののありかたを意識の構造とからめて明らかにしようと意図して説示された教法と理解されてよいであろう。

なお、「一念三千」についての筆者の理解の詳細は、拙稿「性具説の構造」（『天台大師の研究』〈平成九年〉所収）に譲る。

本文解説

第一　序　分

第一項　縁　起

㈠『摩訶止観』の講説

止觀明靜、前代未レ聞、智者、大隋開皇十四年四月二十六日、於二荊州玉泉寺一、一夏敷揚、二時慈霔。雖二樂説不一レ窮、纔至二見境一、法輪停レ轉、後分弗レ宣。

止観は明静《みょうじょう》なり。前代にはいまだ聞かず。智者《ちしゃ》は大隋の開皇十四年四月二十六日より、荊州《けいしゅう》の玉泉寺《ぎょくせんじ》において、一夏《げ》に敷揚《ふよう》し、二時に慈霔《じちゅう》す。楽説《ぎょうせつ》窮まらずといえども纔《わず》かに見境《けんきょう》にいたって法輪《ほうりん》転ずることを停《とど》め、後分は宣《の》べず。

《止観明静》 この読み方には、古来、八種数えられる、とされているが、湛然の『止観輔行』の解釈のように、「明静」の二字は止観の体（＝内容）をあらわす、と解するのが適当と思われるので、ここではさきのように読むことにした。　《慈霔》大雨を降らすがごとく、慈悲の心をもって説くこと。

はじめに、本書『摩訶止観』を筆録し、編纂した弟子灌頂の「序」が附される。しばらくその部分が続く。

『摩訶止観』の講説の年代がこの記述によって知られる。隋の開皇十四年(五九四)の講説とあるわけだから、本書は『法華文句』『法華玄義』の講説にひきつづいてすぐに説かれたものである、とみることができる。ただし、現行の『摩訶止観』はそのときの講述本ではなく、弟子灌頂《かんじょう》によって編纂しなおされてできたものである。本書は壮大な構想をもった著述であり、智者大師智顗《ちぎ》の円熟期の実践に関する考え方が詳述された、かれの主著といってよい。涅槃への方途が詳細に説き明かされている。間口の広さ、奥行の深さから考えて、本書の明かす内容はこれまでに聞かれなかったものといってよいであろう。この著述は、構成面からいうと、完成されておらず、十境のなかの諸見境を説く段でもって終わっている。それよりあとが不説とされた理由は定かではない。

なおここで『摩訶止観』の構成をまえもって示しておこう。

- 序分(縁起)……一上
- 一 大意
  - i 発大心……一上
  - ii 修大行……二上
  - iii 感大果……二下

- （五略）
  - vi 裂大綱……二下
  - v 帰大処……二下
- 二 釈名……三上
- 三 体相……三上
- 四 摂法……三下
- 五 偏円……三下
- 六 方便……四上
- 正説分
  - 七 正観（十境）
    - i 陰入界境……五上
    - ii 煩悩境……八上
    - iii 病患境……八上
    - iv 業相境……八下
    - v 魔事境……八下
    - vi 禅定境……九上
    - vii 諸見境……十上
    - viii 上慢境
    - ix 二乗境
    - x 菩薩境
  - 八 果報
  - 九 起教
  - 十 旨帰
  - （viii 上慢境・ix 二乗境・x 菩薩境・八 果報・九 起教・十 旨帰）……不説

(二) 付法の歴史

然揖レ流尋レ源、聞レ香討レ根。論曰、我行、無二師保一。經云、受二莂於定光一。書言、生知者上、學而次良。法門浩妙。爲二天眞獨朗一、爲二從レ藍而青一。行人若聞二付法藏一、則識二宗元一。大覺世尊、積レ劫行滿、涉二六年一以伏レ見、擧二一指一而降レ魔。始鹿苑、中鷲頭、後鶴林。法付二大迦葉一。迦葉八二分舍利一、結二集三藏一。法付二阿難一。阿難河中入二風三昧一、四派二其身一。法付二商那和修一。修手雨二甘露一、現二五百法門一。法付二毱多一。多在レ俗得二三果一、受レ戒得二四果一。法付二提迦多一。多登壇得二初果一、三羯磨得二四果一。法付二彌遮迦一。迦付二佛馱難提一。提付二佛馱蜜多一。多授二王三歸一、降二伏算者一。法付二脇比丘一。比丘出レ胎髮白、手放レ光取レ經。法付二富那奢一。奢論勝二馬鳴一、剃髮爲二弟子一。鳴造二賴吒和羅妓一。妓音演二無常苦空一、聞者悟レ道。法付二毘羅一。羅造二無我論一、論所レ行處、邪見消滅。法付二龍樹一。樹生二身一、龍成二法身一、法付二提婆一。婆鑿二天眼一、施二萬肉眼一。法付二羅睺羅一。羅識二鬼名書一、降二伏外道一。法付二僧佉難提一。提說レ偈試二羅漢一。法付二僧佉耶奢一。奢遊レ海、見レ城說レ偈。法付二鳩摩羅馱一。馱見二萬騎一、記二馬色一、得二人名一、分二別衣一。法付二闍夜那一。那爲二犯レ重人一、作二火坑一、令二入懺悔一、坑成レ池罪滅。法付二盤馱一。馱付二摩奴羅一。羅分二恒河一、爲二二分一、自化二一分一。法付二鶴勒夜那一。那付二師子一。師子爲二檀彌羅王一所レ害、劍斬流レ乳。付法藏人、始迦葉終師子、二十三人。末田地與二商那一同時。取レ之則二十四人。

しからば流れを揖《く》んで源を尋ね、香を聞きて根を討《たず》ねん。論にいわく、「わが行は師保《しほ》なし」と。経にいわく、「莂《べつ》を定光《じょうこう》に受く」と。書にいわく、「生まれながらにして知る者は上なり。学ぶは次に良し」と。法門浩妙なり。天真独朗《てんしんどくろう》とやせん、藍《あい》よりしてしかも青しとやせん。行人、もし付《ふ》法蔵《ほうぞう》を聞かば、すなわち宗元《しゅうげん》を識《し》らん。大覚世尊は劫《こう》を積んで、行満じ、六年に渉《わた》ってもって見《けん》を伏《ぶく》し、一指を挙げて、魔を降したもう。始めは鹿苑《ろくおん》、中ごろは鷲頭《じゅず》、後は鶴林《かくりん》なり。法を大迦葉《だいかしょう》に付す。迦葉は舎利《しゃり》を八分し、三蔵《さんぞう》を結集《けつじゅう》す。法を阿難《あなん》に付す。阿難は河中にて風三昧《ふうざんまい》に入り、四つにその身を派《わか》つ。法を商那和修《しょうなわしゅ》に付す。修は手より甘露を雨《あめふ》らし、五百の法門を現わす。法を毱多《きくた》に付す。多は俗に在りて三果《さんか》を得、戒を受けて四果《しか》を得たり。法を提迦多《だいかた》に付す。多は登壇して初果を得、三羯磨《かつま》して四果を得たり。法を弥遮迦《みしゃか》に付す。迦は仏駄難提《ぶっだなんだい》に付す。提は仏駄蜜《ぶっだみっ》多《た》に付す。多は王に三帰《さんき》を授け、算者を降伏《ごうぶく》す。法を脇比丘《きょうびく》に付す。比丘は胎《たい》を出《い》でしとき髪白く、手より光を放って経を取る。法を富那奢《ふなしゃ》に付す。奢は論じて馬鳴《めみょう》に勝ち、剃髪して弟子となす。鳴は頼吒和羅妓《らいたわらぎ》を造る。妓の音は無常・苦・空を演《の》べ、聞く者は道を悟る。法を毘羅《びら》に付す。羅は無我論《むがろん》を造り、論の行わる処、邪見《じゃけん》消滅す。法を龍樹《りゅうじゅ》に付す。樹は生身《しょうじん》を生じ、龍は法身を成ず。法を提婆《だいば》に付す。婆は天眼《てんげん》を鑿《うが》って万の肉《にく》眼《げん》を施す。法を羅睺羅《らごら》に付す。羅は鬼名《きみょう》の書を識り、外道を降伏す。法を僧佉難提《そうぎゃなんだい》に付す。提は偈を説いて羅《ら》漢《かん》を試さむ。法を僧佉耶奢《そうぎゃやしゃ》に付す。奢は海に遊び城を見て偈《げ》を説く。法を鳩摩羅駄《くまらだ》に付す。駄は万騎を見て、馬の色を記し、人の名を得、衣を分別す。法を闍夜那《じゃやな》に付す。那は重を犯せる人のために火坑を作って入れて懺《さん》悔《げ》せしむるに、坑は池と成り罪滅す。法を盤駄《はんだ》に付す。駄は摩奴羅《まぬら》に付す。羅は恒河《ごうが》を分かって二分となし、みずから一分を化《け》す。法を鶴勒夜那《かくろくやな》に付す。那は師子《しし》に付す。師子は檀彌羅《だんみら》王のために害せられ、剣をもって斬《き》るに乳を流す。付法蔵の人は始め迦葉より終わり師子まで二十三人なり。末田地《までんじ》と商那《しょうな》とは同時なり。これを取ればすなわち二十四人なり。

《師保》師のこと。弟子を保持する立場に立つという意味で、このような表現が用いられるようになったのであろう。なお、仏教以外の用法としては、君主を教え助けること。また、その人、という意味に用いられる。**《莂》**記莂のこと、仏にまちがいなくなるという予言。最高のさとりに達するという約束。ここでは仏の教えくらいに解してよいであろう。**《天真独朗》**天地の始めより永遠に輝ける仏法のまどかなさま。**《付法蔵》**仏の教えの本義を伝えること。**《劫》**[S]kalpa の音写、インドの時間的単位のうちもっとも長いもの、きわめて長い時間のこと。無限の時間といってよい。**《見》**ここでは、まちがった見解、誤った考えなどのいわゆる煩悩のこと。**《鹿苑》**鹿野苑のこと。釈尊が成道後はじめて説法された場所。**《鷲頭》**霊鷲山のこと。『法華経』や『無量寿経』が説かれたとされる釈迦説法の地。王舎城の東に位置する山である。**《鶴林》**沙羅雙樹林のこと。釈迦入滅の場所である。ネパールとの国境に近いインドのクシナガラにあり、釈迦入滅の際にシャーラ（沙羅）の樹がその入滅を悲しんで枯れ、白鶴のような色を呈したので、鶴林ともいわれることになった。**《迦葉》**[S] Mahākāśyapa 摩訶迦葉。釈尊の十大弟子の一人。十六羅漢のうちの一人でもある。頭陀第一の阿羅漢であったと伝えられる。釈尊の滅後、教団の統率者となり、王舎城での第一回経典結集を推進、それを完成させた。**《三蔵》**経蔵と律蔵と論蔵のこと。蔵は仏教のすべてにわたる文書、教義を蔵するものという意味。**《阿難》**[S] Ānanda 阿難陀。提婆達多の弟。釈尊の従弟。釈迦十大弟子の一人。十六羅漢の一人でもある。釈尊に二十余年間も奉侍したと伝えられている。多聞にして、かつ記憶力抜群。釈尊滅後の経典の第一結集の中心人物の一人。迦葉についで教団の統率者となる。**《風三昧》**風奮迅三昧の略、大風を起こす禅定のこと。**《商那和修》**[S] Sāṇavāsin もとは王舎城の長者。阿難に導かれて釈尊の教えを深く信奉するようになり、やがて出家する。付法蔵の第三祖。**《毱多》**[S] Upagupta アショーカ王の師と伝えられる。付法蔵の第四祖。**《三果》**小乗における悟りの結果の四段階のうちの第三。見道（聖者の仲間に入った位）以後の(i)須陀洹果（預流果）、(ii)斯陀含果（一来果）、(iii)阿那含果（不還果）、(iv)阿羅漢果（無学果）のなかの第三―阿那含果。《四果》上記の第四―阿羅漢果。《提迦多》S Dhītika 提迦多とあるが、正しくは提多迦。付法蔵の第五祖。《羯磨》S karman の音写。事、所作、作業と漢訳する。威儀作法。授戒、懺悔などを行う際の宣誓式。《弥遮迦》S Miccaka 付法蔵第六祖。多聞博達であり、かつ雄弁であった、とされている。《仏陀難提》S Buddhanandi 付法蔵の第七祖。智恵すぐれ、説法をよくした人とされる。《仏陀蜜多》S Buddhamitra 付法蔵の第八祖。徳力はなはだ深く、衆生の教化に秀でた人であったようである。《三帰》仏・法・僧の三宝に帰依すること。《脇比丘》S Pārśva 波奢とも難生とも訳す。付法蔵の第八祖。《富那奢》S Puṇyayaśas 富那夜奢、夜奢、富那ともいう。付法蔵の第十祖。《馬鳴》S Aśvaghoṣa 付法蔵の第十一祖。二世紀ごろの人。『仏所行讃』(Buddhacarita) や『端麗なるナンダ』(Saundarananda) を著わした。なお『大乗起信論』も馬鳴の著とされているが、それは正しくはない。《毘羅》S Kapimala 迦毘摩羅、付法蔵の第十二祖。《龍樹》S Nāgārjuna 付法蔵の第十三祖。よく知られているように、空の思想を哲学的に基礎づけた人。約一五〇―二五〇年ごろ南インドに生まれ、後世の仏教に深い影響を及ぼす仕事を行った。「八宗の祖師」とまで崇められている。著書には『中論頌』『十二門論』『十住毘婆沙論』『大智度論』(本書についてはその著述を疑う学者がいる) など。《提婆》S Āryadeva 付法蔵の第十四祖。一七〇―二七〇年ごろの人。ナーガールジュナの弟子で、鋭い論法をもって諸学派を攻撃。『百論』『四百論』などの著書がある。《羅睺羅》S Rāhulabhadra 羅睺羅跋陀羅が正しい名。付法蔵の第十五祖。中観派の空の思想を弘通した人。《外道》正しい道からはずれていること。仏教以外の他の宗教の教え、またはその信奉者。《僧佉難提》S Saṃghanandhi 僧伽難提、僧迦那提とも記す。付法蔵の第十六祖。《僧佉耶奢》S Saṃghayaśas 僧佉耶舎とも記す。付法蔵の第十七祖。《鳩摩羅駄》S Kumāralāta 鳩摩羅多、鳩摩邏多、鳩摩羅陀など、いろいろに記す。童受、童首、童子などと訳する。付法蔵の第十八祖。《闍夜那》Ⓢ Jayata 付法蔵の第十九祖。《盤駄》〔Ⓢ〕Vasubandhu 世親（天親）の別称。婆修槃駄、婆修槃頭、筏蘇槃頭などの呼び方がある。付法蔵の第二十祖。始めは小乗仏教の研究に努力を傾け、『倶舎論』を著わしたが、のち兄アサンガの指導に従って大乗仏教に帰依した。約三二〇—四〇〇年ごろの人で、唯識思想の歴史のなかにあって重要な位置に立つ人物である。著述も多く。たとえば『唯識二十論』『唯識三十頌』『仏性論』『大乗成業論』、それから『法華経』『無量寿経』『十地経』『中辺分別論』『摂大乗論』などの経、論にたいする註釈書、こうしたものがある。《摩奴羅》Ⓢ Manura 付法蔵の第二十一祖。摩拏羅とも記す。《鶴勒夜那》Ⓢ Haklenayaśa 鶴勒那夜奢とも記す。鶴勒那、鶴勒と略して呼ぶ。付法蔵の第二十二祖。《師子》Ⓢ Siṁha 付法蔵の第二十三祖。

悟りをえようと修行に励む衆生は、もしも釈尊の教えの伝授の経緯を知っておくと、その教えの始まりを識ることができるであろう。大覚世尊は、人間として誕生する以前から、すでに長い長い時間修行に励み、さらに人の世に生を受けてからは、二十九歳のときに出家、三十五歳にいたって悟りを開くまでの六年間もの間、これまた厳しい修行を積まれた。周知のように、釈尊＝ゴータマ・ブッダの生涯は、古来、八つの重要な出来事を柱として述べられてきた。すなわち「八相成道」とか「八相示現」と呼ばれているものがそれである。八相とは、(i)下天（天界より地上の人間界に降りること）、(ii)入胎（母の体内に宿ること）、(iii)誕生、(iv)出家、(v)降魔、(vi)成道、(vii)説法、(viii)入滅（肉体的な死）の八つの相をいう。この八相成道の考え方にしたがうと、釈尊には人間として誕生する以前に、長い修行の歴史があった、ということになるのである。この間の出来事は本生物語（前生物語）としてまとめられるのであるが、これが含む範囲は、さきの八相のうちの(i)下天から(iii)誕生までといってよい。

ところで釈尊は悟りを完成されるまでの間、なんどか悪魔と戦わねばならなかった。そのなかにあって、釈尊にとってもっとも重大であったのは、八相の第五として取り上げられる「降魔」のときである。たとい皮膚が、筋が、また骨が、さらには全身の肉が、血が、ひからびようとも、正しい悟りをえないうちはこの結跏趺坐を解くまい、と堅く決心した釈尊のもとへ、魔王(マーラ)が魔の軍勢を引き連れてやってきた、といわれる。釈尊の成道を妨げるのが目的である。釈尊は「十種の完成」(＝十波羅蜜)という菩薩の実践を楯とし刀として、その軍勢に対抗し、ひたすら悟りの完成を目指して努力する。かくて釈尊はとうとう魔の軍勢を撃破し、真理にめざめた人、すなわちブッダ(＝覚者)となったのである。ここにシッダッタは仏陀、釈尊と呼ばれうる存在となったわけである。

悟りをえた釈尊は、自己の証得した真理を他の人びとに説き明かそうとは考えなかった。躊躇しつつある釈尊にたいして、教えを説くように勧めたのは、梵天であったと伝えられている。かくて釈尊は証得した真理を説く決心をする。そして、かつてともに修行をした五人の修行者たちの住んでいる鹿野苑に赴くのである。この土地がまさに釈尊がはじめて法を説いた場所、すなわち「初転法輪」の地にほかならない。

釈尊はその生涯の最後まで説法に努めるわけであるが、ここで智顗は、『法華経』などが説かれたとされる霊鷲山での説法の時期を釈迦教導の一つのエポックとして取り上げる。ところで『法華経』や『無量寿経』などが霊鷲山で説かれたといわれていても、周知のように、それは史実ではない。大乗仏典が成立するのは釈尊滅後四世紀以上も経過してからのことであり、そしてこうしたことが知られるようになったのは、仏教の実証的な研究が始まってからのことである。智顗はもとより、近代の実証的な仏教研究の成果に触れる以前のわが国の仏教徒たちも、「仏説」の名において説かれる経典のすべては釈迦の説き明かせるものと了解してきた。こうした背景があるだけに、大乗仏教の重要典籍が説かれたとされる場所——霊鷲山が、釈尊の活動の地と考えられたとしても、さほど不思議ではないであろう。ただし史実にしたがえば、初転法輪以後、釈尊が長期間滞在し、教化活動に従事したのは、霊鷲山ないしはその近くに位置するマカダ国の首都、ラージャガハ(王舎城)ではなく、コーサーラ国の首都、サーヴァッティー(舎衛城)であった。こうした歴史的事実についての正しい知識も必要であろう。

鶴林すなわち沙羅雙樹林はたしかに仏陀の最後の説法の地である。ネパールとの国境に近いインドのクシナガラのシャーラ林が釈尊入滅の地とされるが、そこで釈尊はアーナンダにたいして、「諸行無常」の道理をあらためて説き示すとともに、わたしの死後、わたしの説き教えた教法と定めた戒律を師として、怠ることなく、努め励めよ、と諭した、と伝えられている。これが八十歳で世を去った釈尊の最後の遺誡であり、これを受けて、以後、弟子たちが活躍する時代を迎えることになるのである。

釈尊の会得した法はまず大迦葉に受け継がれる。尊者マハーカッサパすなわち摩訶迦葉《まかかしよう》は、釈尊の遺体が荼毘《だび》にふされたとき、その場にのぞんだ人びとの間で最長老の人物であったと考えられる。釈尊の舎利(遺骨)はそこで八分された。伝えられる分置先は以下のようなところである。マガダ国王アジャータサッツ、ヴェーサーリのリッチャヴィ族、カピラヴァッツのシャカ族、アッラカッパのブリ族、ラーマ村のコーリヤ族、ヴェータディーパの某バラモン、パーヴァーのマッラ族。それにクシナーラーのマッラ族とされる。

ところで釈尊の入滅という出来事の結果、釈尊の弟子たちの間で、教団としてのまとまりを維持し、師の教え示された教法を受け伝えてゆかねばならない、という気運が生じたようである。入滅のその年にただちに摩訶迦葉を長としていわゆる仏典の編集会議ともいうべき集まりがもたれた。この会議は「結集《けつじゅう》」とよばれるわけであるが、これまで釈尊より教示された、記憶にとどまる教説を弟子たちが誦出《じゅしゅつ》し、出席者全員でそれを確認しあって、仏説を決定する、という形をとって会議は行われた。これが「第一結集」であり、そしてその集まりの中心になったのが摩訶迦葉であった。こうしてそこで教法(＝経)と規律(＝律)が確認されることになる。ただし三蔵のうちのもう一つ——論が造られはじめるのは、もっと時代が下ってからである。

付法の歴史にしたがうと、摩訶迦葉のあと法を受け継いだのは阿難《あなん》である。阿難は智恵深く、多聞であり、ほぼ二十年間、遊行宣化につとめてきたが、あるとき自らの教化がさして効果をあげていないことを知る機会に遭遇し、涅槃《ねはん》に入った方がむしろよいのではないのか、と自ら感じ、入涅槃の心を固め、そしてガンジス河のただなかに船で乗り出し、そこで身体の諸部分を分散させる風奮迅《ふうふんじん》三昧に入り、その身体を四つにわかった、という。四つにわかたれた舎利はそれぞれのところで供養されることになる。

阿難より法を付託され、付法の第三祖の位置に立ったのは商那和《しょうなわ》修《しゅ》である。かれは、憍慢《きょうまん》な弟子たちをかかえ悩む毱多《きくた》の求めに応じて飛来し、それらの弟子たちをよく教導した、といわれる。虚空を指差し、高山の泉の注ぐがごとく香乳を下し、つづいて五百の三昧を現じてみせるうち、憍慢な弟子たちは悔い改めるようになり、化度《けど》されるにいたった。毱多は商那和修を師と仰ぐ弟子であり、商那のあと法を受け継ぐことになる。

付法の第四祖、毱多は容貌端正で、聰恵弁才《そうけいべんさい》であった、といわれる。在俗の身でありながら、諸法の苦・空・無常を知得しており、その段階ですでに見道以後の証果の四段階のうちの第三、阿那含果《あなごんか》に到達していた。商那に出会うことによって出家の思いを固めることになったが、商那もかれの法器たることをすぐに読みとり、出家を許すことになる。かくて具足戒を受け、出家する。この段階ですでに毱多は阿羅漢道《あらかんどう》を極め尽くしていた、といわれている。その後かれは衆生の化導を能《よ》くした、と伝えられる。

毱多より法を受けたのは提迦多《だいかた》である。かれは二十歳にして具足戒を受けて出家し、すぐに須陀洹《しゅだおん》を獲得、以後、阿羅漢道を極め、阿羅漢となる。

提迦多について法を受けた付法の第六祖は弥遮迦《みしゃか》である。多聞博達であり、すぐれた弁舌の能力の持主であった、という。

付法の第七祖は仏駄難提《ぶつだなんだい》であり、提迦多より法を受けた。智恵深く、理解力すぐれ、よく人びとを導いたことが伝えられている。

付法の第八祖は仏駄蜜多《ぶつだみった》である。かれは三宝を軽んずる時の国王を導いて仏弟子たらしめた、とか、算術にたけた、仏の教えに関心を示そうとしない衆生を出家せしめた、といわれており、徳力深固な人であったようである。

仏駄蜜多より法を受けたのは脇比丘《きょうびく》であり、かれは付法の第九祖にあたる。母の胎中にとどまること六十年、生まれたときすでに髪が白かったという。暗闇のなかで経を取ろうとする師の手から光が放出されているのをみた外道の徒は、鏡に写し出されたように自らの邪悪さを悟り、真実の道に帰した、と伝えられている。脇比丘は、智識深邃《しんすい》、多聞博記な富那奢《ふなしゃ》に法を授け、ついで馬鳴《めみょう》尊者へと法は受け継がれる。富那奢は付法の第十祖であり、馬鳴は十一祖である。

馬鳴はもと大変傲慢であり、諸法の空・無我・無人を説き聞かされても、反省の態度を示すどころか、世間のどのような主張も論駁してみせよう、かりに論駁しえなくて、自分のそうした発言が嘘、偽りに終わるならば、首を斬ろうではないか、といいはなった、と伝えられる。この馬鳴も、真実に照らしてみれば、すべてが空寂であって、我《が》として摑みうるものはなにも存在しない、と教示する富那夜奢の教えに触れて、自らの過ちに気づく。そして首を斬ろうとするのであるが、慈悲を説いて、仏法が首斬りを欲するものでないことを教える富那夜奢に感服し、出家を思いたった、という。出家してからもなお媿恨の心を克服することができなかったわけであるが、やがて夜奢尊者に心服するようになり、勤苦修行するにいたった。そして伎曲「頼吒和羅妓」(Raṣṭrapāla)をつくり、諸法の苦・空・無我であることを宣揚した、とされる。伎曲を聞いたものは清雅なその音によって苦・空・無我を得知し、道を悟っていったのである。

馬鳴についで付法の第十二祖となったのは毘羅である。「無我論」をつくり、正法を宣布し、邪見を大いに摧折《さいせつ》した、といわれる。

付法の第十三祖は龍樹である。周知のように大乗仏教最大の思想家として有名である。かれの名——

龍樹の樹は、母がアルジュナという樹の下でかれを生んだこと、それから龍は、かれが龍に導かれて道を完成したこと、こうした事情に由来している、と伝えられている。龍樹のあと法を継いだのは提《だい》婆《ば》である。

提婆は大自在天を詣で、水晶でできたその目が人びとを威圧するがごとき様子をみて、その片方を刳《えぐ》り取った上に、逆に、刳り取られた左眼を満たしてほしいと切望する自在天の求めに応じて、自らの左眼を取り出して自在天に差出した、と伝えられている。このエピソードは、真実は外形で決まるものではなく、内面こそが大切である、ということを語ると同時に、施しの心の重要さを物語るものであろう。自在天の左眼を刳り取ることは内面の大切さを語るわけであり、自分の眼を差出すことは身をもって布施の行為を実践することの重要さを語ったものであろう。提婆はひたすら真実を求め、利他に徹しきろうとした人であったのであろう。

付法の十四祖・提婆より法を受けたのは羅睺羅《らごら》である。付法の第十五祖にあたるかれは、同じように才学の人であったとみえて、婆羅門がつくった、十万偈からなる難解な書物をいとも容易に了解し、当の婆羅門を大いに驚かせ、かつ信服せしめた、といわれる。

付法の第十六祖は僧佉難提《そうぎゃなんだい》であり、そのあとを受け継ぐのは僧佉耶《そうぎゃや》奢《しゃ》である。十七祖にあたる耶奢は海辺に遊び、七宝の宮殿を見、そこへ乞食して偈をつくり、業《ごう》を知ることの大切さを教えた、と伝えられている。

付法の第十八祖は鳩摩羅駄《くまらだ》である。かれは夥しい数の馬を見て、それらの馬の色のいちいちを確実に記憶しているばかりか、人の名およびその衣服も、一度みれば、間違えることがなかった、といわれる。常人にない驚くべき才能に、人びとはただ信服するばかりであったようである。

鳩摩羅駄より法を受け、付法の第十九祖にかぞえられるのは闍夜那《じゃやな》(闍夜多のまちがいでは?)である。那は、滅罪を願う比丘にたいして、我が語るところに順ずれば、必ず滅罪の希望がかなえられるであろう、と語り、火坑を作ってそのなかに身を投ずるようすすめた、といわれている。比丘が身を投じたところ、火は清流と化し、罪は消滅した。こうしたエピソードが伝えられている。

闍耶那より法を受けたのは盤駄《ばんだ》であり、さらにそのあとを継ぐのが摩奴羅《まぬら》である。この二人が付法の第二十祖と第二十一祖に当るが、二十一祖の摩奴羅はガンジス河以南の地の教化に努力した人と伝えられる。

その後、法は鶴勒夜那《かくろくやな》、師子《しし》へと伝えられ、受け継がれてゆく。第二十三祖の師子は王の怒りに触れ、首を斬られることになったが、斬られたかれの首からは乳が湧き出し、一方、首を斬った王はその臂《ひじ》を失い、しかも七日後に亡くなった、と伝えられている。

釈尊の教えが失われることなく今日まで伝えられてきたのは、迦葉より師子にいたる右にみてきた二十三人の尊者たちの努力があったからであり、これらの人びとは付法の歴史を支えた柱となる人たちである。なお、阿難のあと、商那とともに末田地《までんじ》も法を受けたわけであるから、これを数のなかに入れると、付法蔵の歴史には二十四人の人をかぞえることができる。

(三) 付法の意味

諸師皆金口所レ記、並是聖人、能多二利益一。昔王不レ立二厩於寺一、立二厩於屠一。況好世値レ聖、寧無レ

益耶。又婆羅門貨二髑髏一、孔達者半者不者。達者起レ塔禮供、得レ生レ天。聞法之要、功德若レ此。

佛爲二此益一付二法藏一也。

諸師みな金口《こんく》の記すところなり、ならびにこれ聖人《しょうにん》にしてよく利益《りやく》すること多し。昔の王は厩《うまや》を寺に立てずして厩を屠《と》に立つ。いわんや好世に聖《しょう》に値《あ》う、なんぞ益なからんや。また婆羅門《はらもん》の髑髏《どくろ》を貨《う》るに、孔《あな》達するもの、半ばなるもの、しからざるものあり。達するものには塔を起《た》てて礼供《らいく》し、天に生ずることを得たりと。聞法《もんぽう》の要、功徳《くどく》かくのごとし。仏はこの益のために法蔵を付したもうなり。

《金口》釈尊の説法。《法蔵》教えの蔵の意、だから仏の教説のこと。または教説を集めた経典、聖典。さらに真理のこと。

右にあげた諸師はことごとく釈尊の説法につながり、正法を伝持した人びとであり、だから聖人と呼ばれてよい人たちであって、これらの人びとはよく衆生を利益してきた。ところでこうしたすぐれた人に出会うことはきわめて重要なことである。実は以下のような話が伝えられている。昔、ある王が、怨敵をよく撃退した、勇猛な白象の小屋を寺の近くに建てたところ、その白象は妙法を聞く機会に恵まれたためであろうか、心が柔和になり、猛々しい行動に出なくなってしまった。驚いた王は白象の小屋を屠殺場の近くに移してしまった。白象は、今度は殺害の場面を見る機会が多くなったためであろう、再び勇健な気力を回復した、というのである。この話は、動物でさえ環境に左右されるわけであるから、人間はましてその影響を受けないはずがない、ということを、われわれに教えてくれている。この恵まれた時代に、聖人に値《あ》って法を聴くことができるということは、なんとすばらしいことか。法を伝える聖がいて、そうした人に値うということが重要なことなのである。

また以下のような話もある。婆羅門から髑髏《どくろ》を買った優婆塞《うばそく》が、それらの耳のところに穴をあけて、よくあけられるものには高い値段を、そして半ば通すことのできるものにはほどほどの値段をつけ、一方、通すことのできないものにはまったく値をつけなかった、という。優婆塞がこうした差違をつけたのは、孔をあけることの難・易によって、生前のその人の聞法の態度を知りうるからにほかならない。すなわち、容易に孔をあけることのできる髑髏は聞法をよくした人を示し、逆にあけにくい髑髏は聞法に縁がなかった人であることを物語る、というわけである。こうして優婆塞は聞法をよくした人のために塔を建てて、供養することになるのである。このエピソードによっても、われわれは聞法の重要さ、そしてそれによってえられる功徳の大きさを知ることができる。

ともあれ、法を聴き、伝え、受け継いでゆくことはもっとも大切なことであり、だからこそ仏は法をとだえることなく、つぎつぎと伝えたもうたのである。

(四)　智者大師の求道の歩み

此之止觀、天台智者、說二己心中所レ行法門一。智者生、光滿レ室、目現二雙瞳一。行二法華經懺一、發二陀羅尼一、代二受法師一、講二金字般若一。陳隋二國、宗爲二帝師一。安禪而化、位居二五品一。故經云、施二四百萬億那由他國人一、一一皆與二七寶一、又化令レ得二六通一、不レ如二初隨喜人一、百千萬倍。況五品耶。文云、卽如來使、如來所レ使、行二如來事一。大經云、是初依菩薩。

智者師二事南岳一。南岳徳行、不レ可二思議一。十年専誦、七載方等、九旬常坐、一時圓證、大小法門、朗然洞發。南岳事二慧文禪師一。當二齊高之世一、獨二歩河淮一。法門非二世所レ知。履レ地戴レ天、莫レ知二高厚一。文師用心、一依二釋論一。論是龍樹所レ説、付法藏中第十三師。智者觀心論云、歸二命龍樹師一。驗知、龍樹是高祖師也。疑者云、中論遣蕩、止觀建立。云何得レ同。然天竺注論、凡七十家、不レ應下是二青目一而非中諸師上。又論云、因縁所レ生法、我説二即是空一、亦爲二是假名一、亦是中道義。云云。

この止観は、天台智者が己心中に行ぜしところの法門を説きたもう。智者生まれしとき、光室に満ち、目に雙瞳を現ぜり。法華経懺《ほけきょうせん》を行じて陀羅尼《だらに》を発し、受法の師に代って金字の般若《はんにゃ》を講ず。陳、隋の二国、宗《たっと》んで帝師となす。安禅として化し、位は五品《ごほん》に居せり。故に経に云わく、「四百万億那由他《なゆた》の国の人に施すに、いちいちにみな七宝を与え、また化して六通を得せしむるも、初随喜《しょずいき》の人に如《し》かざること百千万倍なり」と。いわんや五品をや。文に云わく、「すなわち如来の使《つかい》なり、如来に使《つか》わされ、如来の事を行ず」と。大経に云わく、「これ初依《しょえ》の菩薩《ぼさつ》なり」と。

智者は南岳に師事す。南岳の徳行《とくぎょう》は思議すべからず。十年専ら誦し、七載は方等《ほうどう》、九旬は常坐《じょうざ》、一時に円《まど》かに証《さと》り、大小の法門朗然として洞《ほが》かに発せり。南岳は慧文《えもん》禅師に事《つか》う。斉高の世にあたって河淮《かわい》に独歩し、法門は世の知るところにあらず。地を履《ふ》み天を戴きて高厚を知ることなし。文師《もんし》の用心は一に釈論《しゃくろん》に依る。論はこれ龍樹《りゅうじゅ》の説くところにして、付法蔵のなかの第十三師なり。智者の観心論《かんじんろん》に云わく、「龍樹師に帰命《きみょう》したてまつる」と。験《あき》らかに知る、龍樹はこれ高祖師なることを。疑う者云わく、「中論《ちゅうろん》は遣蕩《けんとう》し、止観《しかん》は建立《こんりゅう》す。いかんぞ同じきことを得んや」と。しかるに天竺《てんじく》の注論におよそ七十家《け》あり。まさに青目《しょうもく》を是《ぜ》とし、諸師を非《ひ》とすべからず。また論に云わく、「因縁《いんねん》より生ぜしところの法は、われ、即ちこれ空《くう》なりと説く、またこれを仮名《けみょう》となす、またこれ中道《ちゅうどう》の義なり」と。云云。

《雙瞳》一つの目に二つのひとみがあること。**《法華経懺》**法華懺法のこと。『法華経』を読誦して自らの罪障を懺悔する儀式作法。『普賢観経』と『法華経』にもとづいて考えられた行法であり、詳しくは智顗自身の著『法華三昧懺儀』に論述されている。道場を整え、かつ自らの身体を乱れなきものに保って、諸仏を勧請、礼拝し、眼・耳・鼻・舌・身・意の六根の罪を懺悔して、行道、観法の両行をあわせ行う行法をいう。**《陀羅尼》**仏の教えの精髄が凝集されてまとめられた呪文で、神秘的な力をもつと信じられているもの。**《五品》**五品弟子位のこと。円教の修行者の歩むべき修道の階位として立てられた五十二位の階位のはじめの十位、すなわち十信の前に、外凡の位として立てられた五段階の階位のことである。具体的には、随喜品・読誦品・説法品・兼行品・六度品・正行六度品をいう。**《那由他》**Ⓢ **nayuta** の音写。インドの数量の単位。きわめて大きな数のことであり、千万とも千億とも考えられている。**《六通》**六神通ともいう。六種の超人的な力のこと。具体的にいうと、(i)神足通——自由に欲するところに現われうる能力、(ii)天眼通——自他の未来のあり方を知る能力、(iii)天耳通——普通の人が聞きえない音を聞く能力、(iv)他心通——他人の考えているところを知る能力、(v)宿命通——自他の過去世のありさまを知る能力、(vi)漏尽通——煩悩を取り去る能力。**《南岳》**慧思(五一四または五一五—五七七)のこと。衡州の南岳に居をかまえたところから、このように呼ばれるようになった。**《河淮》**河は河北の地のことをいい、淮は淮南の地のことをいう。**《釈論》**『大智度論』の略名。

この『摩訶止観』は、天台大師が自らの心のなかで体験的に実践したところの法門をまとめた著述である。その意味で、これはまさに独創的な内容をもつものといってよい。

さて、天台大師は、その誕生に際しては、室に光が満ち溢れ、またその目には二つの瞳があらわれた、と伝えられている。雙瞳というのは聖人の相とされるものであるが、上のような記述は生来すぐれた智顗の資質を世に訴えようとしてのものであろう。ともあれ、智顗は十八歳で出家し、二十三歳のとき慧思の門に入る。そこで師に導かれて「法華三昧」の修得に意をくだいたようである。この法華三昧というのは『法華経』の普賢勧発品に教える有相行と、安楽行品にもとづく無相行との両行をいうのであるが、かれはそれらを窮め、深い証悟をえた、とされている。智顗のこの証得を、師の慧思は「爾《なんじ》に非ずんば、証せず。我に非ずんば識ることとならん。」と評し、褒めたたえている。もっともここでのかれの証得は、内容に即していえば、法華三昧の前方便すなわちそれの前段階と認定されたものにすぎなかったが、しかしそれとても並の人が獲得しうる境界ではなかった。智顗の非凡さはこうした一事からも読み取られる。

智顗はその後も研鑽を怠ることがなかった。かれの学問、修行はさらに深まり、やがて師に代わって『大品般若』の講義を行うよう求められるまでに成長するのである。その講義の過程で、智顗が師に尋ねたのは、三三昧と三観智の部分だけであったといわれ、かれの学殖の豊かさがこの点からも窺われる。

光大二年(五六八)、智顗は、南岳に趣く決意をした慧思のすすめもあって、慧思と別れて陳の都、金陵(建康)に出ることになる。金陵の仏教は、誦経や修禅につよく傾斜する、これまでの北地の実践的な仏教とは異なって、学解中心の仏教であったために、智顗にとっては、この新たな環境はかれの仏教をめぐる理解に幅の広さと厚みとを与えずにおかなかった。のちに大成される天台教学が、学解と実践、すなわち教相と観心との総合の上に成立するものとなるにいたったのも、この土地での生活経験が有形、無形に影響している、といってよいであろう。

智顗はそのあと天台山に隠棲し（五七五）、新たな鋭い反省を自らに課することになるが、その反省がかれの教学思想をさらに一段と重厚なものに仕立て上げる。この一時期を経過して、かれはまさに当代きっての、学問、修行に精通した学僧へと成長を遂げてゆくわけである。そのためであろう、その時代の権力の頂点に立つ陳王室や、そのあとを受けて中国を統一した隋王朝から敬慕されることとなるのである。

このように智顗はきわめて高い学徳の持主であったのである。だから、かれが臨終にのぞんで到達した境地は、常人ではとうてい達することのできない第五品の位であった、といわれる。五品弟子位の第五品に到達することがどれほどすばらしいものであるかは、たとえば『法華経』随喜功徳品の以下のような表現をみてもわかるであろう。「四百万億ナユタの国の人びと一人ひとりに七宝を与え、さらに教化して六通を得せしめたとしても、五品弟子位の最高位の初随喜品の人に劣ること百千万倍である」と。まして第五品位であるわけだから、その差は比べものにならない。五品弟子位を極めるということは、これほどまでにすばらしいことなのである。（なお、随喜功徳品の表現として上記の一文を紹介したが、この通りの一文がそこにみえているわけではない。『法華経』を聞いて随喜する功徳がえられることを随喜功徳品は説くわけであり、ここにいわれるようには説かれていない。しかし、上記のような主張の背景に随喜功徳品の一連の説明があることは間違いないところである。随喜する功徳と説かれている箇所を初随喜品と読みかえて、そのようにいわれるにいたったものと思われる。）また『法華経』には「如来の使いであり、如来に使わされ、如来の事を行ぜし人」という表現がみえているが、智顗はまさにそのような人物といってよい（「如来の使い」以下のこの一文は『法華経』法師功徳品の陳述をよりどころとして立言されたとみられるのであるが、これに近い表現はそこには見出されない）。さらに『涅槃経』には「これは初依の菩薩である」という表現がみえている。これを天台流にいいかえると、五品弟子位につくことは菩薩道の行程の出発点に立つことにほかならず、したがって五品弟子位を極めた智顗は菩薩道の出発点に立った人物、すなわち初依の菩薩ということになる。智顗という人はそうした人であった、といってもよいであろう。

智者大師が師事したのは南岳慧思であるが、かれの徳行の深さはわれわれの考えるところをはるかに超えている。慧思は十年もっぱら誦経につとめ、さらに七年ひたすら方等三昧を行じ、加えて坐禅三昧に没頭すること九十日、あるとき一時に円かな悟りを獲得したといわれる厳格な修禅者であった。そして、かれは大乗、小乗の両法門によく精通しており、その時代を代表する高徳であった。この慧思は慧文禅師に師事したとされるのであるが、慧文禅師の事跡はあまり定かではない。北斉の人といわれ、河北、淮南の地を活動の舞台として教法の流布につとめたようである。かれは『大智度論』に依拠して修行の心得を定めた、と伝えられている。ところで、この『大智度論』は龍樹によって著わされたものであり、そして当の龍樹は付法蔵の第十三師に当る人である。智顗も龍樹に深く傾倒しており、その著『観心論』のなかで「龍樹師に帰命したてまつる」とのべている。（『観心論』中には上の表現と同文の一文はみられないが、趣意を同じくする表現がみえている。〔大正蔵四六・五八三下参照〕）したがってこうした点から眺めてみると、龍樹は智顗の学系、すなわち天台宗の高祖師つまりその学系の最初に立つ人ということができるであろう。もっともこのようにいうと、疑いを挟むものが出てくること確実である。そうした人はつぎのようにいう。「龍樹の『中論』は諸法の空であるあり方を明らかにすることに傾きすぎており、遣蕩すなわち否定を徹底して迫る立場に立つのに対して、智顗の『摩訶止観』は建立すなわち否定の中にあって肯定の面をつよく打ち出す立場に立つものであって、両者は決して同じ思想的立場をもちあわすものではない」と。しかしこのようにいう人びとは、インドにおける『中論』の注釈に七十家あったこと、また青目（ピンガラ）の中論釈だけが正しくて他の注釈家のものは間違いである、などとはとうていいきれないという事実、こうしたことを知らないのであろう。そうしたことを知れば、『中論』の本旨と智顗とが思想的立場を異にしているとはいえなくなるはずである。現に『中論』には、智顗がきわめて重視する一詩――「因縁より生ぜしところの法は、われ、即ちこれ空なりと説く、またこれを仮名となす、またこれ中道の義なり」というといわゆる三諦偈が説かれているではないか。

この詩句が智顗の教学思想の中に占める位置は大きい。かれにおいては諸法の実相の把握がもっとも重要な宗教的課題と考えられ、生涯かけてそのことが追求され続けるわけであるが、その結果、諸法の実相はいろいろに説明されることになる。そのうちの代表的なものの一つが三諦による表白なのであるが、それにしたがえば、現象するこの世界（＝諸法）のあり方は空であり、仮であり、中であって（＝即空即仮即中）、そしてそうしたあり方がまさにそれの真実のすがた、すなわち実相にほかならない、というわけである。ところで、この場合の空・仮・中の三諦は、さきの『中論』の詩句の表現に触れて採用されるにいたったものである。もっとも『中論』の如上の詩句の意趣が智顗において忠実に継承されているのかどうかという点については議論のあるところであるが、ともかくも三諦による諸法の実相の説明の背後に『中論』第二十四「観四諦品」第十八偈を予想しないわけにはゆかないのである。

第二項　三種の止観

(一) その略説

天台傳㆓南岳三種止觀㆒。一漸次、二不定、三圓頓。皆是大乘、倶緣㆓實相㆒、同名㆓止觀㆒。漸則初淺後深、如㆓彼梯隥㆒。不定前後更互、如㆔金剛寶置㆓之日中㆒。圓頓初後不二、如㆓通者騰㆑空。爲㆓三根性㆒說㆓三法門㆒引㆓三譬喩㆒。略說竟。更廣說。

天台は南岳より三種の止観を伝えたもう。一には漸次《ぜんじ》、二には不定《ふじょう》、三には円頓《えんどん》なり。みな是れ大乗にして、ともに実相を縁《えん》じ、同じく止観と名づく。漸は、すなわち初め浅く後深く、かの梯隥《かいとう》のごとし。不定は前後更互し、金剛宝のこれを日中に置くがごとし。円頓は初後不二にして、通者の空に騰《あが》るがごとし。三の根性のために三の法門を説き、三の譬喩を引く。略して説くことおわんぬ。さらに広く説かん。

《止観》「止」とは S śamatha、P samatha の訳、しずまること、情念を去ること、心の平静な状態といった意味を有する。一方「観」とは S vipaśyanā、P vipassanā の訳、正しい認識、詳しくは観察することという意味である。心の浮動を息め、心を静かに保って、特定の対象にそそぎ（=止）、それによって正しい智恵を起こし、対象をありのままに観る（=観）のが、実践の行法としての止観である。天台智顗の修行法の基本を伝えるものとしてとくに有名となるが、これが行法として確立するのはインド仏教においてである。原始仏教のはじめの時期より少し下った頃から止観の語が用いられはじめ、それよりもう少し遅れて、それが仏教徒の間で実際に行じられるようになったようである。最初は止と観がそれぞれ独立して用いられており、止観と併称されるようなことはなかった。止観はごく一般的にははじめに記したような実践的態度を有する行法というわけであるが、智顗は止観を修行法の基本と考えるだけに、そうした意味を踏まえた上で、より整理された定義を下している。しかも実践の法としての止・観の内面的姿勢を個別に示すだけではなく、行の体系としての止観を構想しもする。この点が智顗の特徴であり、かれにおいて止観はたんなる個別の行から、体系へと変貌する。そしてそこに構想されたのが、以下に論じられる漸次止観、不定止観、円頓止観の三種の止観である。なお、個別の実践法としての止・観がもちあわす内面的態度については、『摩訶止観』巻三上、止観の「釈名」「顕体」の項下に詳細に論及されている。実践法としての止観を智顗がどのように解しているかは、その箇所の説明を通じて知られる。《通者》神通者のこと、不可思議の超人的な能力をそなえたもののことである。

天台大師智顗は南岳慧思より三種の止観を教え示された。まずひとつは漸次止観であり、もうひとつは不定止観であり、それから第三には円頓止観である。ところで、ここの記述が事実であるかどうかはむずかしいところであるが、しかし、まったくの作り事ではないと考える。南岳慧思の現存の著述をみても、かれには漸次止観的な考え方および円頓止観的な考え方が形づくられていたことを読みとることができる。智顗はそうした点について教えられたことがあったと想像してよいようである。もちろん智顗の止観の体系はきわめて整備されたものであり、慧思から智顗へと経過する過程で、教学思想の飛躍的な拡充があった、といいえようが、智顗の教えのすべてが自前のものであるとは決して主張しえない。

さてこれら三種の止観はともに大乗の考え方の上に成り立つものであり、そしてそれらは行ずるものを等しく実相へとつなげてくれるものであって、同じように止観の名で呼んでおかしくないものである。三者の特徴を簡単に整理してのべれば、漸次止観というのは浅い境地から深い境地へとあたかも梯子を登るがごとく行ずるものを導く修行の体系であり、不定止観とはさきに浅い行法を修し、のちに深い行法を修したり、逆にはじめに深い行法を修して、のちに浅い行法を修す、といった具合に、定まった規則にしたがうことなく、種々の行法を前後更互に修してゆく修行の形式をいう。もうひとつの円頓止観は、修行の初めと後とを別なるものと解したりはせず、円融円満とみ、かつ、たとえば神通力を身につけたものが空中にいっきにのぼるがごとく、行ずるものをしてそくざに悟りをえしめる、頓極頓足の修行の体系をいう。もっとも円頓止観は極足に悟りをえしめるといわれても、二十五方便を前方便とし、そのあと正修の行としての十乗観法を修すことを求める組織的な構造をもつものであって、一つの円満な行法を修しさえすればよい、という形式のものではないのである。

(二)　漸次止観

漸初亦知二實相一。實相難レ解、漸次易レ行。先修二歸戒一、翻レ邪向レ正、止二火血刀一、達二三善道一、次修二禪定一、止二欲散網一、達二色無色定道一、次修二無漏一、止二三界獄一、達二涅槃道一、次修二慈悲一、止二於自證一、達二菩薩道一、後修二實相一、止二二邊偏一、達二常住道一。是爲二初淺後深漸次止觀相一。

漸《ぜん》の初めにまた実相《じっそう》を知る。実相は解し難く、漸次《ぜんじ》なれば行じ易し。さきに帰戒を修し、邪を翻して正に向かい、火・血・刀を止めて三善道に達し、つぎに禅定《ぜんじょう》を修し、欲の散網《さんもう》を止め、色《しき》、無色《むしき》の定道《じょうどう》に達し、つぎに無漏《むろ》を修し、三界の獄を止め、涅槃《ねはん》の道に達し、つぎに慈悲を修し、自証を止め、菩薩の道に達し、のちに実相を修し、二辺の偏《かたよ》りを止め、常住《じょうじゅう》の道に達す。これを初めは浅く後に深き漸次止観の相となす。

《帰戒》 三帰戒の略。仏・法・僧の三宝に帰依すること。**《火血刀》** 火は火途つまり地獄の意、血は血途つまり畜生の意、刀は刀途つまり餓鬼のこと。要するに三途＝三悪道のこと。**《三善道》** 三悪道の対。善業の結果、趣く所で、修羅・人・天の三趣をいう。**《色》** ここでの色は色界のこと。色界とは三界の一つで、欲望が断じられた清浄な世界であって、清らかな物質から成り立っている。欲界の上にある天界のことである。色界は初禅・第二禅・第三禅・第四禅の四天に分かれているが、さらに細かくいうと、十七天に分かれている。**《無色》** 無色界をいう。三界の一つで、色界の上にある世界である。身体とか宮殿といった物質的な形ある世界ではなく、物質を超えた、純粋に精神的領域のこと。この無色界は四つの領域から成り立っている。低い方からいうと、(i)空無辺処（無辺の空を観ずる境地）、(ii)識無辺処（識が無であると観ずる境地、認識作用の無限性について念想する境地）、(iii)無所有処（何も無いということを観ずる境地）、(iv)非想非非想処（想いがあるのでもなければ、またないのでもない境地、粗なる想はないが、細なる想がわずかに残る禅定の境地）とされる。《無漏》ここでは無漏禅の意。けがれを離れた禅定のこと。この系統の禅法として智顗は十八の禅法をあげている（『次第禅門』参照）。ただし、あげられる禅法は章によって少し違いがある。なお色界、無色界の禅定は四禅、四無色定であり、これらは有漏禅と呼ばれる。

漸次止観は、浅き境地から深い境地へと漸次修行を深め、最終的に実相の把握を確実なものたらしめる行の形式にしたがうものであるからといって、その初めの段階にあっては実相と無関係であるというのではない。修行の初めの段階から実相を思念し、分別するのであるが、しかし実相は了解するのがむずかしいため、段階を踏んで浅きより深きへと修行を深めてゆけば、行ずるのも易しいであろうし、かつ解し難い実相も了解し易くなる。ところで、漸次止観を修するに当ってまずはじめに求められる態度は、三宝に帰依することを深く決意することである。このとき邪悪の道は転じて、正しい道が開かれることになり、三悪道にさ迷う生き方が終息する。こうして三善道への転入がかなえられてくる。この段階にいたったならば、四禅、四無色定を修して、煩悩の対治を徹底して進める努力を払わねばならない。この結果、色界、無色界の定道が確立し、煩悩はほぼ克服されることになり、ここに無漏の禅法を修してよい境地が開かれてくる。かくて無漏禅を修して、欲界・色界・無色界の三界の獄を超え出る道が用意され、やがて煩悩が完全に滅し去った涅槃界に転入することができるようになる。

涅槃を得ることは自己の覚醒、わたくしの悟りを得ることだけにとどまり、これで十全であるとはいいがたい。わたくしの悟りは自利の段階にとどまるものであって、一つの重要なことを実現しきっていない段階である。ここに求められる態度は利他の姿勢すなわち菩薩道の実践である。菩薩道を極める過程で、実相を正面きって探究してよい地平が開かれてくる。実相はあらゆる極端を許さぬ平等の世界であり、それが把握されれば極端がやむ。そして実相はなにをもってしても否定しえない常住、永遠の真理であり、それを自らのものとして生きることが衆生の究極の目標である。漸次止観は以上のべてきた経緯を辿ってわれわれを実相へと導くのである。

㈢　不定止観

不定者、無二別階位一、約二前漸後頓一、更前更後、互淺互深、或事或理。或指二世界一爲二第一義一、或指二第一義一、爲二爲人對治一。或息レ觀爲レ止、或照レ止爲レ觀。故名二不定止觀一。疑者云、教境名同相頓爾異。然同而不同、不同而同。漸次中六、善惡各三、無漏總中三、凡十二不同。從レ多爲レ言。故名二不定一。此章同大乘、同實相、同名二止觀一。何故名爲二辨差一。然同而不同、不同而同。漸次中九不同、不定中四不同、總有二十三不同一。從レ多爲レ言、故名二不同一耳。一切聖人、皆以二無爲法一、而有二差別一、即其義也。

不定とは、別の階位なく、前の漸、後の頓に約して、更に前、更に後、互いに浅、互いに深、あるいは事、あるいは理なり。あるいは世界《せかい》を指して第一義《だいいちぎ》となし、あるいは第一義を指して為人《いにん》、対治《たいじ》となす。あるいは観《かん》を息《やす》めて止《し》となし、あるいは止を照らして観となす。故に不定止《ふじょうし》観《かん》と名づく。疑う者のいわく、「教と境と、名は同じくして、相は頓爾《とんに》に異なるや」と。しかるに同にしてしかも不同、不同にしてしかも同なり。漸次のなかに六あり、善悪におのおの三あり、無漏《むろ》の総《そう》のなかに三ありて、およそ十二の不同あり。多きにしたがって言をなす。故に不定と名づく。この章は、同じく大乗《だいじょう》、同じく実相、同じく止観と名づく。なにが故ぞ名づけて弁差《べんしゃ》となすや。しかるに同にして不同、不同にして同なり。漸次のなかに九の不同、不定のなかに四の不同、総じて十三の不同あり。多きにしたがって言をなす、故に不同と名づくるのみ。一切の聖人はみな無為の法をもってしかも差別《しゃべつ》ありとは、すなわちその義なり。

《世界・為人・対治・第一義》 四《し》悉檀《しつだん》のこと。すなわち仏の説法を四類に類別したもの。世界悉檀とは、仏が凡夫の望みに応じて世界の法を説き、聞くものを歓喜させること。つぎの為人悉檀とは、仏が衆生の機根の浅深に応じて、それぞれの人に相応しい法を説いて、善を行わせること。対治悉檀とは、仏が衆生の煩悩を対治すべく法を説いて、衆生の心の病を除くこと。最後の第一義悉檀とは、衆生の能力が成熟したときに、仏が諸法の実相を説き示して、真実の悟りに入らしめること。

不定止観についてあらためてのべるとすれば、これは修行の過程に特別な階位を設置する実践道ではない。前にのべた漸次の法、これからのべる円頓の法を、前者をさきに後者をあとに修してもよいし、またその逆であってもよい。また浅い修行法と深い修行法を交互に修してもよいし、また事法であれ、理法であれ、その両者を自由に活用してもよい。さらに浅い法を深く、深い法を浅く用いても差しつかえない。たとえば、衆生に求道の心を起こさせようと考えて世界についていろいろ説かれた法(＝世界悉檀)を現実には考究しながら、諸法の究極相＝真実(＝第一義悉檀)が観得されることもあれば、また直接には真理が考究されながら、善が生じ、悪が滅するという結果(＝為人・対治悉檀)が引き出されることになってもよいのである。また止観を修す場合にも、観を修しつつ、不動の心を獲得して、止を修すのと同じ境地を得たり、逆に止を修しつつ、理を把握して、観を修すのと同じ結果を得るように修してもよい。要するにいろいろの法門を形式にとらわれずに自由に修して実相を正しく観得するよう努めるのが不定止観である。

ところで、以下のような疑問を抱くものがいる。三種の止観が明らかにする教えは大乗の教えであり、そしてそれがかかわる境は実相の境であって、しかもそれら三者はともに止観の名で呼ばれながら、しかし行相の点で三者は同じではないというのはどうしてなのか、という疑問である。漸次止観と不定止観の両者を円頓止観と対照させてのべるとすると、上の疑問については以下のようにいうことができるであろう。まず漸次止観は、三悪道と三善道のいわゆる六道を超え出ることを始まりとして成り立つ。ところでこれを実現するためには、大別していうと、六つの行を修さねばならない。ついで求められる課題は色界・無色界を超出することである。これをかなえてくれるのが禅定の行であるとされるのであるが、この禅定は総括して一法と数えることにしよう。このあと行者の趣く境界は煩悩にまどわされることのない無漏なる世界であるが、この境地を極める存在は声聞・縁覚の二乗である。ところで二乗にも蔵・通両教の二乗の違いがあるわけだから、無漏の行にも四種あるということになる。このあと菩薩道を修して、やがて実相が極められることになり、漸次止観の全行程はここに完了するのである。かくて漸次止観にあっては、超えられる境界にしたがって行の階梯を数えるとすると、十二の階位があることになり、まったく階位を考えない円頓止観と比べた場合、同じものではない、といわれねばならない。

つぎに不定止観についていえば、これは行の階位を考えない行の体系であるわけだから、この点で円頓止観と比べれば、両者は同じということができる。

かさねて三種の止観の違いをのべる。三者はともに、大乗の教えを明かし、実相を開示してみせてくれるものであり、同じように止観の名で呼ばれてよいものであって、そのかぎりでは、三者の間には違いはないといってよいであろう。しかし、漸次止観は、かりに無漏の境地の確立を目指す二乗の行を一つと数えるとしても、順次超えねばならない九つの行の段階を有する実践道ということになるし、また不定止観は、行程に階位こそ設けたりはしないが、第一義悉檀と世界悉檀（第一義悉檀と為人・対治悉檀という組合わせも想定されていながら、なぜかここでは数のうちに組み入れられていない）、止と観、これらを前後更互に修することを求める独自な形態をもつ行の体系であって、したがって、行の階梯とか行法の交互の修習やその浅深といったことと無関係に編成される円頓止観と比べてみると、これら両止観は、行の面で、円頓止観と同じとはいえないのである。円頓止観を基準に据えてその違いを整理すれば、漸次止観はその行程に九つの段階を想定するという点で、九つの不同が認められるし、一方、不定止観は行法の前後更互の修習を求めるという点で、四つの不同が認められる、ということができるであろう。

㈣　円頓止観

圓頓者、初縁㆓實相㆒。造㆑境卽中、無㆑不㆓眞實㆒。繫㆓縁法界㆒、一㆓念法界㆒。一色一香、無㆑非㆓中道㆒。己界及佛界衆生界亦然。陰入皆如、無㆓苦可㆒㆑捨、無明塵勞、卽是菩提、無㆓集可㆒㆑斷、邊邪皆中正、無㆓道可㆒㆑修、生死卽涅槃、無㆓滅可㆒㆑證。無㆑苦無㆑集、故無㆓世間㆒、無㆑道無㆑滅、故無㆓出世間㆒。純一實相、實相外更無㆓別法㆒。法性寂然名㆑止、寂而常照名㆑觀。雖㆑言㆓初後㆒、無㆑二無㆑別。是名㆓圓頓止觀㆒。

円頓とは、初めより実相を縁ず。境に造《いた》るにすなわち中《ちゅう》にして、真実ならざることなし。縁《えん》を法界《ほっかい》に繋《か》け、念《ねん》を法界に一《ひと》うす。一色一香《いっしきいっこう》も中道《ちゅうどう》にあらざることなし。己界《こかい》および仏界《ぶっかい》、衆生界《しゅじょうかい》もまたしかり。陰入《おんにゅう》みな如《にょ》なれば、苦《く》の棄《す》つべきなく、無明塵労《むみょうじんろう》すなわちこれ菩提《ぼだい》なれば、集《しゅう》の断ずべきなく、辺邪《へんじゃ》みな中正《ちゅうしょう》なれば、道《どう》の修すべきなく、生死《しょうじ》すなわち涅槃《ねはん》なれば、滅《めつ》の証すべきなし。苦なく集なきが故に世間《せけん》なく、道なく滅なきが故に出世間《しゅっせけん》なし。純《もっぱ》ら一実相にして、実相のほかにさらに別の法なし。法性寂然《ほっしょうじゃくねん》たるを止と名づけ、寂にして常に照らすを観と名づく。初後をいうといえども、二なく別なし。これを円頓止観《えんどんしかん》と名づく。

《一色》一つのもの。色とは、いろいろの意味を含むが、ここでは物質的存在のこと。《己界》おのれの世界。わたしのこの身。《陰入》五陰と十二入のこと。現象世界の構成要素。五陰とは、われわれの存在を含めて、あらゆる存在を、物質と精神の五つの集まりとして整理したもの。具体的には、色（物質一般）・受（感受作用のこと、単純感情）・想（表象作用のこと）・行（意志）・識（認識作用、識別作用）をいう。十二入とは、五陰の見方をもう少し詳しく整理したもので、主観の側を六種の機官（六根）に整理し、客観の側をそれに応ずる六種の対象の領域として解してゆく見方をいう。具体的には、見ること（眼）と見られるもの（色）・聞くこと（耳）と聞かれるもの（声）・嗅ぐこと（鼻）と嗅がれるもの（香）・味わうこと（舌）と味わわれるもの（味）・触れること（身）と触れられるもの（触）・知り思うこと（意）と知られ思われるもの（法）のこと。もっとも根本の煩悩。真理を見失った無知。《無明》無知六根六境より組織される。一切の現象界をこの六根・六境に統摂して説明する考え方をいう。「無明塵労」という表現は、衆生を迷わせ疲れさせる無知という心の塵を意味する。《塵労》衆生の心を疲れさせる心の塵。《集》苦しみの原因。《世間》とどまることなく流転する現象世界のこと。この世のこと。《出世間》世間の煩悩を離れたさとりの境地。世間は欲界・色界・無色界の三界に分けられるのであるが、この三界を超え出た清らかな世界のこと。

円頓止観というのは、初めから直接、実相にかかわろうとする止観の行業のことをいう。観察の対境は、中道であって、まさに真実そのものである。心を法界に繋《か》け、法界と一体となるのがその際の目標である。そのことが実現され、真理と一体となってみると、いかなる存在も一つとして中道でないものがない、ということが、明白となる。自己の世界も、仏界も、衆生が生きる世界も、すべてそうである。存在するものを構成する基本要素である五陰も十二入も、真実そのものであり、したがって捨てねばならない苦もないことになる。また、心を悩ます無知の塵も、さとりの智恵と異なるものではないのであるから、断ずべき煩悩の原因というものもないことになる。それから、偏向とか極端といわれるようなものも、もともとあるものではなく、個々の立場が中道なのであるから、あらためて特別に行じなければならない道というものもあるわけではない。迷いも本来、さとりなのであるから、対治すべきものもないことになる。苦も、またその原因もないわけであるから、迷いの世界はないことになり、行ずべき道も、対治すべきものもないのであるから、さとりの世界というものもない。ただあるのは実相だけである。煩悩が休んで静寂の状態にあるさまを止といい、静寂のなかにあってすべてをありのままに照らし出すことを観というのである。ただ止と観とは、上のようにいったからといって、別のものと考えられてはならない。分けられるべきものではなく、一体的なものとして解されねばならない。

第三項　円頓止観の輪郭

(一)　経文による裏付け

漸與二不定一置而不レ論、今依レ經更明二圓頓一。如下了二達甚深妙德一賢首曰上、菩薩於二生死一最初發心時、一向求二菩提一堅固不レ可レ動。彼一念功德、深廣無二崖際一、如來分別說、窮レ劫不レ能レ盡。此菩薩聞二圓法一、起二圓信一、立二圓行一、住二圓位一、以二圓功德一。而自莊嚴、以二圓力用一建二立衆生一。

漸と不定とは置いて論ぜず、いまは経によってさらに円頓を明かさん。甚深《じんじん》の妙徳《みょうとく》に了達せる賢首《げんじゅ》のいうがごとし、「菩薩は、生死《しょうじ》において最初に発心するとき、一向に菩提を求めて堅固にして動ずべからず。かの一念の功徳は深広にして崖際《がいさい》なく、如来、分別して説きたもうに、劫《こう》を窮《きわ》むるも尽くすこと能《あた》わず」と。この菩薩は、円の法を聞き、円の信を起こし、円の行を立て、円の位に住し、円の功徳をもってみずから荘厳《しょうごん》し、円の力用《りきゆう》をもって衆生を建立《こんりゅう》す。

《賢首》旧訳『華厳経』の巻第五の「賢首菩薩品」第八之一、および二などに登場する賢首菩薩のこと。

《劫》Ⓢ kalpa の音写。インドの時間の単位のうちもっとも長いもの。きわめて長い時間、永遠の時間のこと。

漸次止観や不定止観については、これ以上論及しない。ここでは「経」(『華厳経』)に説かれる一文をひきあいに出して、さらに円頓止観を明らかにしてみたい。『摩訶止観』の主題はこの円頓止観を詳述することにほかならない。

『華厳経』のなかで賢首菩薩はつぎのようにいっている。「菩薩は、迷いのなかにあってはじめて菩提を求める心を発するとき、ひたすらさとりを求めるべきであり、動揺するようなことがあってはならない。そうしたつよい意志に裏づけられた善い行いは、深く、かつ広いものであって、かぎりがない。如来は、そのことを読みとって、そのようなよい行いは無限なものであるといっている」と。このようにいう賢首菩薩は、円の法を聞き、円の信を起こし、円の行を立てた人といってよい。また、円の位に住し、円《まど》かな教えの功徳を身につけて、その力とはたらきでもって衆生をよい方向へ導いた人ということができる。われわれは、ここで、円の法以下、円教の柱となる内容を、かの菩薩のことばに啓発されて、概観しておこう。なお『華厳経』のさきの一文は「経文」のほぼ忠実な引用である。

㈡ 円の法

云何聞㆓圓法㆒。聞㆓生死即法身、煩惱即般若、結業即解脱㆒。雖㆑有㆓三名㆒而無㆓三體㆒。雖㆓是一體㆒而立㆓三名㆒。是三即一相。其實無㆑有㆑異。法身究竟、般若解脱亦究竟、般若清淨、餘亦清淨、解脱自在、餘亦自在。聞㆓一切法㆒亦如㆑是、皆具㆓佛法㆒、無㆑所㆓減少㆒。是名㆑聞㆓圓法㆒。

いかんが円の法を聞くや。生死は即ち法身《ほっしん》なり、煩悩《ぼんのう》は即ち般若《はんにゃ》なり、結業《けつごう》は即ち解脱《げだつ》なりと聞くなり。三の名ありといえども、しかも三の体なし。これ一体なりといえども、しかも三の名を立つ。この三は即ち一相なり。それ実に異なりあることなし。法身究竟《くきょう》すれば般若・解脱も究竟す。般若清浄《しょうじょう》なれば余《よ》もまた清浄なり、解脱自在なれば余もまた自在なり。一切の法を聞くもまたかくのごとく、みな仏法を具して減少するところなし。これを円の法を聞くと名づく。

《結業》結は煩悩のこと。したがって、煩悩によって起こす行為のこと。

円の法を聞くということはどういうことをいうのか。迷いは真実そのものであり、煩悩は般若つまり智恵であり、そして煩悩に導かれて行うもろもろの行為は解脱である、と解するのが、円の法を聞くといわれる態度にほかならない。ところで円の法の内容とされる、迷いと真実、煩悩と智恵、煩悩の行と解脱とをそれぞれ同じと見る捉え方は、どうして成り立ちうるのか。常識的に考えると、迷いと真実、煩悩と智恵、煩悩にもとづく行為と解脱、これらはそれぞれ対立的な関係に立つものであり、相即するものとは解しがたい。それにもかかわらず、対立的な関係に立つものが一体であるといわれるのは、実はあらゆるものが「体なし」すなわち実体を有するものではないからである。

法身・般若・解脱の三者を引きあいに出していえば、三者は名のみあるのであって、それぞれに自らを他と違うものとして主張しうるような実体を有してはいないのである。三者は一なるものであり、真実に照らしてみれば、異なるものとはいいえない。だから法身を究め尽くすと、智恵および解脱をきわめ尽くすことになるし、また智恵が完成されてゆけばゆくほど、他の二者もきわめられることになる。同じように解脱が成就されれば、他の二者も、きわめられ、完成されてゆく。

一切法を聞く場合も、これとまったく同じであって、すべては実体をもつものでないことが知られねばならない。あらゆるものは真実を内に秘めており、一法として仏法を具えていないものはないのである。法をこのように聞き、了解することが、円の法を聞くといわれる態度である。円頓止観は、まずこうした態度を一つの支柱として成り立つものである。

(三) 円の信

云何圓信。信㆘一切法卽空卽假卽中、無㆓一二三㆒而一二三㆖。無㆓一二三㆒是遮㆓一二三㆒而一二三、是照㆓一二三㆒、無㆑遮無㆑照、皆究竟清淨自在。聞㆑深不㆑怖、聞㆑廣不㆑疑、聞㆓非深非廣㆒意而有レ勇。是名二圓信一。

いかなるか円の信なりや。一切の法は即空《そっくう》即仮《そっけ》即中《そくちゅう》なり、一二三なくしてしかも一二三なりと信ず。一二三なしとはこれ一二三を遮《しゃ》す、しかも一二三とはこれ一二三を照らす、遮なく照なく、みな究竟・清浄・自在なり。深を聞いて怖れず、広を聞いて疑わず、非深非広を聞いて、意《おも》うてしかも勇あり。これを円信と名づく。

《即空即仮即中》 智顗の教学思想のなかでもっとも重要な考え方の一つである。存在するものの真実のあり方（＝諸法の実相）を示す概念として説かれたもので、一切法は実体をもたず（＝空）、それでいて名称をもって指示できるような仕方において存在し（＝仮）、しかもその両者のありようを一時に満たしている存在（＝中）である、ということを示すのが、この即空即仮即中という表現である。

円の信とはどういうことをいうのか。それは、即空即仮即中すなわち一切の法が空であり仮であり中であり、しかもこれら三は三でありつつ三ではない、と信ずることである。空とはあらゆるものは実体をもつものではないということをあらわし、つぎの仮とはそれが実体をもつものではないといっても、われわれの認識に触れうるものであって、空無そのもの、無そのものの存在ではないということを意味する。有ならざるものとして現に存在していること、仮に存在している、一切法のあり方が仮なのである。ところで一切法の空というあり方も、また仮というあり方も、一なる存在の、同一の場における、同一時点のあり方であって、個別に主張されてはならないものである。二つのあり方は本来、一つに統一されているのであり、そうした事実をあらわすのが中にほかならない。中によって、二つのあり方が切り離されえない関係にあることが示されるのである。かくして一切法の実相は空であり、仮であり、中である、と主張されるのが、もっともふさわしい、といわれてよいであろう。

円の信とはまずこの三を信ずることである。しかし、ここの論述の箇所には詳しい説明が与えられていないが、智顗の教学的立場からすると、三諦＝空・仮・中によって一切法の実相を説き明かすことも、一つの説明でしかない、とみられてもいるのである。かれにおいては、実相はもっとも究極的には実践を通じて体得されるべきものと解されており、そこではどのような概念的な説明も限界をもっているとされるのである。だから空・仮・中の三を主張することもつねに否定されねばならないという側面を内包させているということになる。「一一三なし」とは、こうした事情をあらわしているのである。

この面からみれば、空・仮・中の三諦を立てることは理にかなっておらず、それらは否定されねばならない。実相を、概念的に示そうとすれば、三諦を立てるのがふさわしく、一方、実践的な観点から捉えようとすれば、三諦にこだわることは許されず、三諦といえども否定されねばならないのである。一切の法は三にしてしかも三ではなく、また三でなくしてしかも三と信ずる、とはこうした意趣を正しく了解して信じきることにほかならない。これが円の信の内面の構造である。

ところで、三諦を立てる一方で、逆に否定しなければならないということは、見方を変えていうと、三諦の否定(遮)も肯定(照)もない、ということを意味する。すなわち、一切法はそれ自身で、真実そのものであり、煩悩のけがれを離れており、かつ、どのようなものにもしばられない自由そのものといってよい存在であるわけである。かくて円の信とは、もっとも本来的には、一切法をこのように把握することといってよい。

一切法のあり方の探究の過程で、深いところを聞いて怖れることもなく、また広く聞いて疑い迷うということもなく、しかもそれらのいずれか一方にかたよって聞くというようなことももちろんしないで、ともに聞いて、そして実相の探究の意欲をいっそう高めることが重要である。円の信は法のこうした聞き方を通じて育ってゆくといってよい。

以上が円の信という表現で示そうとする事柄であるが、こうした面も円頓止観を構成する支柱の一つである。

㈣　円の行

云何圓行。一向專求二無上菩提一、即レ邊而中、不二餘趣向一。三諦圓修、不下爲二無邊一所レ寂、有邊所上動、不動不寂、直入二中道一。是名二圓行一。

いかなる円の行なるや。一向に専ら無上菩提を求め、辺《へん》に即してしかも中《ちゅう》、余《よ》に趣向せず。三諦《さんだい》、円《まど》かに修され、無辺《むへん》のために寂《じゃく》せられ、有辺《うへん》に動ぜられず、不動不寂にして、ただちに中道に入る。これを円の行と名づく。

《無辺》 かぎりのないこと。天台の教学で用いられる表現でいえば、空の面。**《有辺》** 全き無ではないということ。天台教学の用語としてもっとも使用される、同義の他の表現でいえば、仮の面のこと。

円の行とはどういうことなのか。ひたすら無上の悟りを求めることなのであるが、具体的にいうと、空、仮の両辺に即しながら、しかも中を観て、三諦を円《まど》かに捉えきることである。要するに、諸法は自性を有するものではないからといって、一方的に無の面でみられてはならず、また逆に、仮りに存在するものであるからといって、あると解される面にとらわれすぎて、有なるものとみられてもならない。空無とみる極端にも、また仮有なるものの有の面にとらわれる極端にも、ともに陥ることなく、その両面を正しく捉え尽くして、中道に入ることが肝要なのであり、諸法をこのように捉えるのが、円の行と呼ばれるものである。

円頓止観とは、行の面からまとめれば、こうした特徴をそなえたものということができる。

(五) 円の位

云何入二圓位一。入二初住一時、一住一切住、一切究竟、一切清淨、一切自在。是名二圓位一。

いかんが円の位に入るや。初住に入るとき、一住は一切住にして、一切は究竟、一切は清浄、一切は自在なり。これを円の位と名づく。

《初住》天台では、悟りをうるまでに、五十二位の階位を登りつめるものと解されている。すなわち十信・十住・十行・十廻向・十地の五十位と等覚・妙覚を加えた五十二位である。

円の位とはどのような位をいうのか。悟りを目指すものは五十二位の階位を登りつめなければならないのであるが、十住の最初、初住に入れば、一切の位、つまり悟りをえたと同じ位につくことができるのである。そしてまた、そこではすべてが究竟されており、かつどのような対立もなく清浄そのものであり、それからすべてが自在である。円の位についていうと、このようにいうことができる。ところで、こうした天台の悟りの階位説は、整理していえば、初住成仏説ということになる。したがって二住以降の諸階位は、初住の位において得た悟りをより確実なものとすべく用意されている位というわけである。

行の面からみれば、円頓止観はこうした行位観を有するものである。

㈥　円の自在

云何圓自在莊嚴。彼經廣説二自在相一。或於二此根一入二正受一或於二彼根一起出説、或於二一根一雙入出、或於二一根一不二入出一。餘一一根亦如レ是。或於二此塵一入二正受一或於二彼塵一起出説、或於二一塵一雙入出、或於二一塵一不二入出一。餘一一塵亦如レ是。或於二此方一入二正受一或於二彼方一起出説、或於二一方一雙入出、或於二一方一不二入出一。或於二一物一入二正受一或於二一物一起出説、或於二一物一雙入出、或於二一物一不二入出一。若委説者、秖於二一根一塵一即入即出、即雙入出、即不二入出一於二正報中一一一自在。於二依報中一亦如レ是。是名二圓自在莊嚴一。譬如下日光周二四天下一一方中、一方旦、一方夕、一方夜半、輪廻不レ同、秖是一日、而四處見上異。菩薩自在亦如レ是。

いかなるか円の自在荘厳《じざいしょうごん》なりや。かの経に広く自在の相を説けり。あるいはこの根《こん》において正受《しょうじゅ》に入り、あるいはかの根において起出して説き、あるいは一根において雙《なら》べて入出し、あるいは一根において入出せず。余のいちいちの根もまたかくのごとし。あるいはこの塵《じん》において正受に入り、あるいはかの塵において起出して説き、あるいは一塵において雙《なら》べて入出し、あるいは一塵において入出せず。余のいちいちの塵もまたかくのごとし。あるいはこの方において正受に入り、あるいはかの方において起出して説き、あるいは一方において雙べて入出し、あるいは一方において入出せず。あるいは一物において正受に入り、あるいは一物において起出して説き、あるいは一物において雙べて入出し、あるいは一物において入出せず。もし委《くわ》しく説かば、ただ一根一塵において即ち入り、即ち出で、即ち雙べて入出し、即ち入出せず、正報《しょうぼう》のなかにおいていちいちに自在なり。依報《えほう》のなかにおいてもまたかくのごとし。これを円の自在荘厳と名づく。たとえば日光が四天下を周《めぐ》るに、一方は中、一方は旦、一方は夕、一方は夜半にして、輪廻《りんね》すること同じからざれども、ただこれひとつの日にして、しかも四処の異なりを見るがごとし。菩薩の自在なることもまたかくのごとし。

《根》感覚機官のこと、すなわち眼・耳・鼻・舌・身・意の六根。《塵》六根によって認識される対象のこと、すなわち色・声・香・味・触・法の六境。《正報》直接の報い。具体的にいうと、過去の業因によって得たわれわれの身心のこと。《依報》傍系的な報い。正報である、有情の身心がよりどころとする環境世界のこと。この項下の表現でいえば、方角、塵、物は依報にあたる。

円《まど》かに自在をうるという境地についてのべるのが、ここでの主題である。論議の骨組みをまとめて理解を進めてゆくのがわかりやすいであろう。「根」「塵」のそれぞれにおいて、(i)入る、(ii)出る、(iii)

雙《なら》べて入出し、逆に入出しない。円かに自在をうる境地というのは、こうした姿勢を確立することによってえられるというのである。ところで、「入る」・「出る」・「入出・不入出」とはどのようなことを意味するのか。この点が確認されれば、円かな自在の境地の内なるすがたがはっきりと知られるであろう。

さてその意味であるが、前後の説明の流れから考えて、また湛然の注解から知られるように、「入」とは空の得知、「出」とは仮の得知、それから「入出・不入出」とはそれら両辺の偏りのない得知、すなわち中の観得ということを、それぞれ意味すると解してよいであろう。かくしてどのようなものについても、それぞれが空であり、仮であり、中であると観得することが、正しい捉え方ということができる。そしてまたこのように捉えることが、円かに自在をうる境地にほかならない。一根一塵においてさえも空・仮・中として捉える態度が確立すれば、自らの身心はもとより、自らの生きる環境世界においても、自在を獲得できるであろう。あらゆるところにおいて、空・仮・中をみてとる態度が確立することが、円かに自在をうるということなのである。

このことを、例えば周囲を照らす太陽にたとえてのべてみよう。太陽の照らす方向によって、真昼の場所、朝の場所、夕方の場所、夜の場所が現出する。ところでこれらの四所は、太陽の方向との関係の中でたまたま現出したひとつの場所にすぎず、変わるところのない、特定の場所ではない。太陽の位置の関係で、朝であった場所が昼になり、夕方になり、夜になってゆくのであり、その変化は自然に行われてゆく。ここでの変化の流れのなかには、妨げとなるものはなにもないのである。

実は菩薩の自在ということもこれと同じであって、あらゆる極端に陥る態度を克服しきったのが、まさに菩薩の自在ということにほかならない。円の自在とは三諦をみてとって、あらゆるとらわれから解放された境地のことをいうのである。

円頓止観は、以上みてきたような自在の境地を、行ずるものに得さしめる行業でもあるのである。

(七) 円の衆生の確立

云何圓建立衆生。或放二一光一、能令下衆生得二即空即假即中益一、得中入出雙入出不入出益上。歴二行住坐臥語默作作一、亦如レ是。有縁者見、如二目覩レ光、無縁不レ覺。盲瞽常闇。故擧二龍王一爲レ譬。豎偏二六天一、横亘二四域一、興二種種雲一、震二種種雷一、耀二種種電一、降二種種雨一、龍於二本宮一、不レ動不レ搖、而於二一切一、施設不レ同。菩薩亦如レ是、內自通二達即空即假即中一、不レ動二法性一、而令下獲二種種益一、得中種種用上。是名三圓力用建二立衆生一。

いかなるをか円の建立《こんりゅう》衆生《じゅじょう》というや。あるいは一光を放ってよく衆生をして即空即仮即中の益を得、入、出、雙入出・不入出の益を得せしむ。行《ぎょう》、住《じゅう》、坐《ざ》、臥《が》、語《ご》、黙《もく》、作作《ささ》に歴《ふ》るもまたかくのごとし。有縁の者は見ること、目が光を視《み》るがごとく、無縁なるは覚らず。盲瞽《もうく》はつねに闇《くら》し。故に龍王を挙げて譬《たとえ》となす。豎《たて》には六天に偏《あま》ねく、横には四域に亘《わた》って、種種の雲を興《おこ》し、種種の雷を震い、種種の電を耀《かがや》かし、種種の雨を降らすも、龍は本宮において動かず揺がず、しかも一切において施設すること同じからず。菩薩もまたかくのごとし、内にみずから即空即仮即中に通達して、法性を動ぜず、しかも種種の益を獲《え》、種種の用《ゆう》を得せしむ。これを円の力用をもって衆生を建立すと名づく。

《有縁》ここでは、法を聞く因縁をすでにもちあわしている者の意。《六天》三界のうちの欲界の六天、六欲天のこと。《四域》四大州のこと。つまり全世界。《建立》ここでは衆生をよい方へと立ててゆくこと、すなわち利益すること。

衆生を円かに利益するとはどういうことをいうのであろうか。それは、衆生に即空即仮即中の理《ことわり》を知らせ、その益を得させることである。別の表現でいえば、空に入り、また仮《け》に出で、かつ空・仮にとらわれない境地を得さしめることといえるであろう。ところで、上にのべたようなことの会得は、人びとの日常生活のすべての局面で行われるべきものであり、実際に行いうることである。関心をもった人には、かならず即空即仮即中の理は会得されるが、関心をもたない人には、それはまったくみえてこない。

右の関係を龍王の譬えによってのべてみよう。龍王は本宮にいながら、豎《たて》には六天、横には四州にも及ぶ範囲の中で、種々の雲をおこし、雷鳴を轟かせて、稲妻を発し、種々に雨降らして、定まるところがない。これとちょうど同じように、菩薩も即空即仮即中の理に通達して、そして当の法性をそこなうことなく、衆生にその理を得さしめるよう、いろいろに働きかけるのである。衆生はその結果、種々の益を得ることができるようになる。

円かに衆生を利益するとは、こうしたことをいうのであり、円頓止観はこうした利益を衆生に得さしめる行業なのである。

(八) 円頓止観の修習の奨励

初心尚爾、況中後心。如來殷勤稱㆓歎此法㆒、聞者歡喜。常啼東請、善財南求、藥王燒㆑手、普明刎㆑頭。一日三捨㆓恒河沙身㆒、尚不㆑能㆑報㆓一句之力㆒、況兩肩荷負百千萬劫、寧報㆓佛法之恩㆒。一經一説如㆑此、餘經亦然。

初心なおしかり、いわんや中・後心をや。如来は殷勤《おんごん》にこの法を称歎し、聞く者は歓喜す。常啼《じょうたい》は東に請い、善財《ぜんざい》は南に求め、薬王は手を焼き、普明《ふみょう》は頭を刎《は》ぬ。一日に三たび恒河《ごうが》沙《しゃ》の身を捨つるとも、なお一句の力に報ゆること能わず、いわんや両肩に荷《か》負《ふ》すること百千万劫なりとも、なんぞ仏法の恩に報いんや。一経の一説かくのごとし。余経もまた然り。

《初心》初発心住のもとで衆生がいだく心のこと。初発心住とは十住の初位。《中後心》中心とは五十二位の階位説にしたがっていうと、二住より、五十一位の等覚までの諸階位における衆生の心をいう。後心というのは五十二位の妙覚位の心のこと。《常啼》薩陀波倫 [S] Sadāprarudita のこと。薩陀波倫菩薩が般若波羅蜜を求めて東方に趣いたことは、『道行般若経』巻第九「薩陀波倫菩薩品」第二十八（大正蔵八・四七〇下以下）に詳述されている。そのほか『摩訶般若波羅蜜経』巻第二十七「常啼品」（大正蔵八・四一六上以下）にも同様にみえている。《善財》善財童子。『華厳経』「入法界品」に説かれる求道の菩薩として有名。文殊菩薩を詣で発心し、以後、南方に求法の旅に出て、種々の人びと、行者、神々を漸次歴訪し、いろいろの法門を学びとり、最後、普賢道場にいたって、無生法界に証入したという。古来、善財童子南方遊行と称されてきたエピソードである。《薬王》自らの身を燃して仏を供養した薬王菩薩のこと。『法華経』「薬王菩薩本事品」にそのエピソードが記されている。《普門》『仁王般若波羅蜜経』巻下（大正蔵八・八三〇上―下）に紹介されるエピソードに従って説かれている。すなわち、班足王が、王位に登るに当って、千人の王の首を刎ね、それを神に捧げるよう求められて、九百九十九人の王の首を刎ね、最後の一人として、普明王に出会ったという。普明は、刎られるのを一日さきにのばしてくれるよう願って、そのとき三宝を頂礼し、般若の教えを聴いたとされる。ここで聴いた般若の教えは、普明王を通じて、班足王も聴くところとなり、ここに至って班足王は、外道邪師に導かれて誤解することになったことを深く反省し、国を弟に託して、出家し無生法忍を証したと記されている。《恒河沙》ガンジス河の砂の数、すなわち無数の意。

さきの賢首菩薩の偈のなかで、初発心住の段階での菩薩の発心でさえも深広なることこの上ないといわれていたが、菩提を求める衆生の態度が深まれば、実相をいっそう深く体得するようになるであろう。そして等覚位から、最後の究竟位にいたってそれを十全にきわめ尽くすことになる。だから如来は衆生に対して円教実相の法を懇切に説き、かつ称えるわけであり、一方、衆生はその法をよろこんで聞こうとするのである。経をひもとくと、たとえば、常啼菩薩が般若波羅蜜を求めて東方に趣いたとか、また善財童子が南方へと旅に出て、いろいろの先達、知識を歴訪したとか、それからまた薬王菩薩が自らの身を燃してまでして仏を供養したとか、さらには普明王が死を目の前にして、しかも般若の教えに耳を傾けたといったことが説かれているが、これらの事柄はいずれも法を求め、菩提をえようと努める、心あつき求法者の姿を伝えるものにほかならない。法を求める態度はどれほど強くとも、それで十分といえるものではない。たとえば、『金剛般若経』にいうように、一日に三度、ガンジス河の砂の数ほど、身を捨て、執われの心の克服に努力しても、また『法華経』にみえるように、無限といってよい長い時間、両肩に荷を背負い続けるように法を求めて精進しても、それで十分ではないのである。うまずたゆまず円教実相の法を求めて精進しなければならない。

第四項　経証をあげて

(一)　その経証

疑者云、餘三昧、願聞二誠證一。然經論浩博。不レ可二委引一。略擧二一兩一。淨名云、始坐二佛樹一、力降レ魔、得二甘露滅一、覺道成。三轉二法輪於大千一、其輪本來常清淨。天人得レ道。此爲レ證。三寶於レ是現二世間一。此即漸教之始也。又云、佛以二一音一、演二説法一、衆生隨レ類、各得レ解。或有二恐怖一、或歡喜、或生二厭離一、或斷レ疑。斯則神力不共法。此證二不定教一也。又云、説レ法不レ有亦不レ無。以二因緣一故、諸法生。無レ我無レ造無二受者一、善惡之業、不二敗亡一。此證二頓教一也。大品云、次第行次第學次第道。此證レ漸也。又云、以二衆色一、裹二摩尼珠一、置二之水中一、隨レ物變レ色。此證二不定一也。又云、從二初發心一、即坐二道場一、轉二法輪一、度二衆生一。此證レ頓也。法華云、如レ是之人、應下以二此法一漸入中佛慧上。此證レ漸也。又云、若不レ信二此法一、於二餘深法中一、示教利喜。此證二不定一也。又云、正直捨二方便一、但説二無上道一。此證レ頓也。大經云、從レ牛出二乳乃至醍醐一。此證レ漸也。又云、置二毒乳中一、乳即殺レ人、乃至置二毒醍醐一、醍醐殺レ人。此證二不定一也。又云、雪山有レ草、名曰二忍辱一。牛若食者、卽得二醍醐一。此證レ頓也。無量義云、佛轉二法輪一、微渧先墮、淹二諸欲塵一、開二涅槃門一、扇二解脱風一、除二世熱惱一、致二法淸涼一。次降二十二因縁雨一、灑二無明地一、掩二邪見光一。後澍二無上大乘一、普令三一切發二菩提心一。此證レ漸也。華嚴曰、娑伽羅龍車軸雨レ海、餘地不レ堪。爲二上根性一、說二圓滿修多羅一。二乘如レ聾如レ瘂。淨名曰、入二瞻蔔林一、不レ嗅二餘香一、入二此室一者、但聞二諸佛功德之香一。首楞嚴曰、擣二萬種香一、爲レ丸、若燒二一塵一、具二足衆氣一。大品曰、以二一切種智一、知二一切法一、當レ學二般若波羅蜜一。法華曰、合掌以二敬心一、欲レ聞二具足道一。大經曰、譬如下有レ人在二大海一浴上。當レ知是人已用二諸河之水一。華嚴曰、譬如下日出先照二高山一、次照二幽谷一、次照中平地上。平地不定也、幽谷漸也、高山頓也。
上來皆是金口誠言、三世如來所二尊重一法。過去過去、久遠久遠、邈無二萠始一。現在現在、無レ邊無レ際、未來未來、展轉不レ窮。若已今當、不レ可二思議一。當レ知止觀諸佛之師。以二法常一故、諸佛亦常、樂我淨等、亦復如レ是。如レ是引證、寧不レ信乎。

疑う者いわく、「余の三昧にも、願わくば誠証《じょうしょう》を聞かん」と。しかるに経論は浩博《こうはく》なり。委《くわ》しく引くべからず。略して一両を挙げん。浄名《じょうみょう》にいわく、「始め仏樹に坐し、力は魔を降し、甘露の滅を得て、覚道成ず。三たび法輪《ほうりん》を大千《だいせん》に転ずるに、その輪は本来つねに清浄なり。天人道を得と。これを証となす。三宝ここにおいて世間に現わる」と。これすなわち漸教《ぜんぎょう》の始めなり。またいわく、「仏は一音《いっとん》をもって法を演説するに、衆生は類に随っておのおの解《げ》を得。あるいは恐怖あり、あるいは歓喜し、あるいは厭離《おんり》を生じ、あるいは疑を断ず。これすなわち神力不共《ふぐう》の法なり」と。これ不定教《ふじょうきょう》を証するなり。またいわく、「法を説くに、有《う》ならずまた無《む》ならず。因縁《いんねん》をもっての故に諸法は生ず。我なく、造なく、受者なけれども、善悪の業《ごう》は敗亡《はいもう》せず」と。これ頓教《とんぎょう》を証するなり。大品《だいぼん》にいわく、「次第の行《ぎょう》、次第の学、次第の道」と。これ漸を証するなり。またいわく、「衆《しゅ》色《しき》をもって摩尼珠《まにしゅ》を裹《つ》み、これを水中に置けば、物にしたがって色を変ず」と。これ不定を証するなり。またいわく、「初発心《しょほっしん》よりすなわち道場に坐し、法輪を転じて衆生を度《ど》す」と。これ頓《とん》を証するなり。法華にいわく、「かくのごときの人は、まさにこの法をもって漸《ようや》く仏慧《ぶつえ》に入るべし」と。これ漸を証するなり。またいわく、「もしこの法を信ぜずば、余《よ》の深法《じんぼう》のなかにおいて、示教利喜《じきょうりき》せよ」と。これ不定を証するなり。またいわく、「正直に方便を捨てて、ただ無上道を説く」と。これ頓を証するなり。大経にいわく、「牛より乳、乃至、醍醐《だいご》を出だす」と。これ漸を証するなり。またいわく、「毒を乳中に置けば乳はすなわち人を殺し、乃至、毒を醍醐に置けば醍醐は人を殺す」と。これ不定を証するなり。またいわく、「雪山《せっせん》に草あり、名づけて忍辱《にんにく》という。牛もし食すれば、すなわち醍醐を得」と。これ頓を証するなり。無量義《むりょうぎ》にいわく、「仏、法輪を転ずるに、微渧《みたい》まず堕《お》ちて諸《もろもろ》の欲塵を淹《ひた》し、涅槃《ねはん》の門を開いて解脱《げだつ》の風を扇ぎ、世の熱悩を除いて法の清涼《しょうりょう》を致す。つぎに十二因縁《いんねん》の雨を降らして無明《むみょう》の地に灑《そそ》ぎ、邪見の光を掩《おお》う。のちに無上の大乗を澍《そそ》ぎて普《あまね》く一切をして菩提心《ぼだいしん》を発せしむ」と。これ漸を証するなり。

華厳にいわく、「娑伽羅《しから》龍が車軸のごとく海に雨《あめふ》らすに、余の地は堪えず」と。上根性《じょうこんじょう》のために円満修多羅《しゅたら》を説くなり。二乗は聾《ろう》のごとく瘂《あ》のごとし。浄名《じょうみょう》にいわく、「瞻蔔林《せんぷくりん》に入れば余の香を嗅《か》がず、この室に入る者はただ諸仏の功徳の香を聞く」と。首楞厳《しゅりょうごん》にいわく、「万種の香を擣《つ》いで丸となし、もし一塵を焼けば衆気を具足す」と。大品《だいぼん》にいわく、「一切種智をもって一切法を知らん、まさに般若波羅蜜《はんにゃはらみつ》を学ぶべし」と。法華にいわく、「合掌して敬心《きょうしん》をもって具足の道を聞かんと欲す」と。大経にいわく、「譬えば人あり、大海にありて浴するがごとし。まさに知るべし、この人はすでに諸河の水を用う」と。華厳にいわく、「譬えば日出でてまず高山を照らし、つぎに幽谷を照らし、つぎに平地を照らすがごとし」と。平地は不定なり、幽谷は漸なり、高山は頓なり。

上来みなこれ金口《こんく》の誠言《じょうごん》にして、三世の如来の尊重するところの法なり。過去の過去は久遠《くおん》の久遠なり、邈《はく》として萌始《ぼうし》なし。現在の現在は辺《へん》なく際《さい》なし、未来の未来は展転《てんでん》して窮《きわ》まらず。已《い》・今《こん》・当《とう》のごときは、思議すべからず。まさに知るべし、止観《しかん》は諸仏の師なり。法は常《じょう》なるをもっての故に諸仏もまた常なり。楽《らく》・我《が》・浄《じょう》等もまたかくのごとし。かくのごときの引証、なんぞ信ぜざらんや。

《法輪》 真理の輪。真実の教えのこと。**《大千》** 三千大千世界の略称。古代インド人が考えた全宇宙。宇宙全体のこと。**《三宝》** 三つの宝、すなわち仏と法と僧。**《神力不共法》** 仏・菩薩だけが有する不思議な力。

《摩尼珠》 宝珠。摩尼は [S] maṇi の音写で、珠玉の総称。**《醍醐》** 乳を発酵させてできる五種の乳製品の第五のもの。すなわち乳・酪・生酥・熟酥・醍醐がその五種（五味）であり、味が最高とされる。仏性や真実の教えにたとえられる。**《欲塵》** 煩悩のこと。**《解脱》** さとり。煩悩や束縛から解放されて、平安な状態に入ること。**《十二因縁》** 人間の苦しみが成立する原因を追求して十二の項目の系列を立て、説明した教説。(i)無明、(ii)行、(iii)識、(iv)名色、(v)六処、(vi)触、(vii)受、(viii)愛、(ix)取、(x)有、(xi)生、(xii)老死をいう。前のものが後のものを成立させる条件となっているという考え方で説かれた教説である。**《娑伽羅龍》** [S] Sāgara の音写。ある龍王の名。**《修多羅》** [S] sūtra の音写。経をいう。ものを貫きつづる紐。たていとのこと。仏の教えは真理を貫いて散佚しないように、あたかもたていと（経）のようにまとめられたものであることから、このようにいわれた。**《一切種智》** 最高の完全な智恵。

ここでは、三種の止観の構想がすでにいろいろの経の中に説かれていることが、経文を具体的に紹介しながら、説き示される。ただし経論はあまりにも多くあって、いちいち委しく紹介することはとうていできないことであるから、それらのうちのほんの少しのものが引用、紹介されるにとどまる。

まず、『維摩経』の表現が取り上げられる。たとえば、「仏は、はじめ菩提樹の下に坐し、魔を降伏させ、迷いを離れて正法を見、悟りを完成した。そして自らの悟れる真実の教えをこの宇宙世界に生きる衆生に向って、三たび説いた。その教えはまったく完全なものであり、そのために天人も道をうることができた」と記されている。ところでここには、法を悟って仏陀となった仏のことと、その法、および仏と法に導かれて成仏を期する修行するものの三者、つまり仏・法・僧の三宝が世に現われ出る過程が説き明かされているとみてよい。この意味で、この一文は漸教の始まりを明らかにしたものということができる。またつぎのような表現がみえてもいる。「仏は一つの語り方でもって法を説くにもかかわらず、それを聞く衆生は自分の性格や才能に応じてそれぞれ異なった理解を得ることがある。あるものは恐れをいだき、あるものは歓喜し、あるものは悪を厭い離れようと努力し、あるものは疑いを絶ち切ろうとする。同じ説法を聞いたからといって、同じ理解が生まれるとはかぎらず、聞く人それぞれに独自の理解が成立することがあるのである」と。これは不定教を説いたものである。さらにまた、以下のようにもいわれている。「一切法は有なるものでも無なるものでもない。縁起によって成立しているものであり、したがって実体を有してはおらず、また行為の主体も、それから果報を受ける主体も存在しない。それでいて善悪の行為の結果は消え去ることはない」と。こうした主張は頓教の経証である。

『大品般若経』には「次第の行、次第の学、次第の道」という表現がみえている。これは漸教のことをいったものである。また「種々の色を発する宝の珠を水の中に置くと、宝の珠の発する色に応じて水の色が変化する」という表現がみえてもいる。これは不定教についていったものである。さらにまた、「発心のはじめより道場に坐して、真実の教えの流布につとめ衆生済度に心がける」といわれてもいる。この表現は頓教のことをいったものである。

『法華経』をみると、「たとえばこうした人は、この法によって漸く仏の智恵の中に入ることができる」といわれる一文がみえているが、ここにいわれるような、仏の智恵の獲得の形式は、漸教の経証にほかならない。また「この法を信じないのであれば、ほかの深法にもとづいて教え導き、その教化を喜べ」といわれている。この表現は不定教を教えたものである。また以下のようにもいわれている。「ただちに方便を説くのをやめ、無上道を教えよう」と。これは頓教についての一文である。

つぎに『涅槃経』の表現を挙げれば、「牛より乳が出、それから順次、酪《らく》、生蘇《しょうそ》、熟蘇《じゅくそ》、醍醐《だいご》がつくられていく」ということがのべられている。これは漸教のことをいったものである。また「毒を乳のなかに置いたとする。それを飲むものは当然死ぬであろう。同じ毒を醍醐のなかに入れれば、この場合も味わうものは命を落すであろう」といわれてもいる。これは不定教のことをのべたものである。それからまた「雪山すなわちヒマラヤに生える忍辱《にんにく》という草を牛が食べたとする。たちどころに牛は五味のなかの最上位に位する醍醐を味わうことができる」という表現がみえてもいる。これは頓教のことをのべた経証といってよい。

『無量義経』にはつぎのような表現が与えられている。「仏陀は教えを説くにあたって、まずはじめに、少しの雨でうるおすがごとく、煩悩を克服すべきことを説き示して、悟りの門を開かせ、衆生のとらわれの心を除かせた。ついで十二因縁の法雨を雨降らし、無知を転じさせて、邪見を対治させた。そして最後、大乗の教えを教え示し、衆生のすべてに菩提心を起こさせた」と。この表現は漸教についてのべたものである。

以下、頓教の経証となる表現がいくつか紹介される。まず『華厳経』には「娑伽羅龍王が円教の法雨を能力すぐれたもののために雨降らし、説き明かしたとき、二乗はまるで聾《ろう》のようであり、瘂《あ》のようであった」といわれている。『維摩経』には「瞻蔔林《せんぷくりん》すなわちチャンパカの林に入ると、ただ一つの香を嗅ぐことになろう。また、この室に入るものはただ諸仏の功徳だけを得ることができる」といわれている。それから『首楞厳経』には「いろいろの香をひとつにつめこんだ香のたまをつくり、そのひとかけらでも燃やせば、一時に種々の芳香があたりにただよう」という表現がみえている。また『大品般若経』には「智恵のなかの最高の智恵としての一切種智によって現象する世界の真実のすがたを知ろうとするときには、般若波羅蜜すなわち智恵を探究しなければならない」とある。『法華経』をみると、「合掌し、敬いの心をもって完全な道を聞こうと決意する」といわれる一文がみえている。さらに『涅槃経』には「多くの川の水を集めて成り立ちながら、あの川の水、この川の水という違いがすべて消えている大海を泳ぐ人のように、無差別、平等の世界を感じとれ」といわれている。ここに紹介してきた経文は、表現こそ違っていても、すべて頓教の教旨、精神を語るものばかりである。

さらに一つ付け加えると、『華厳経』には「太陽が昇ると、まず高山を照らす。ついで、くぼんだ山の谷を照らし、最後、平地を照らすようになる」という表現がみえている。この表現は頓・漸・不定の三教のすべてにかかわる内容を包含している。まず高山を照らすという部分は頓教を語っており、山の谷の部分は漸教を、平地を照らすという箇所は不定教をそれぞれ語っているとみることができる。

さて以上、数々の経文を経証として挙げてきたが、これらはすべて釈迦が直接説き示した真実の教法にほかならず、また過去・現在・未来の三世の諸仏が尊重してやまない法でもある。三世はまさに永遠無窮なものであり、われわれ人間の判断を超えているが、上に指摘してきた三種の止観の法は、きわまりなきこの永遠の時間のなかに出現する諸仏のつねに師とするものにほかならない。止観の法は常なるもの、永遠絶対のものであるから、それに導かれる仏も常なるもの、絶対的存在といってよく、またその法が安楽にみち、絶対であり、清浄そのものであるから、諸仏もそうした諸性格を身にそなえたものとなる。いくつもの経文を経証として挙げ、止観の法の永遠絶対の性格を示そうとしてきたが、これらの経証は信ずるに値するものであるだけに、われわれも疑うことなく、信じ従うことにしよう。

(二)　三種の止観の教えとその著述

既信二其法一、須レ知二三文一。次第禪門合三十卷、今之十軸、是大莊嚴寺法愼私記。不定文者、如二六妙門一。以二不定意一、歷二十二禪九想八背觀練熏修因緣六度一、無礙旋轉、縱橫自在。此是陳尚書令毛喜、請二智者一、出二此文一也。圓頓文者、如二灌頂荊洲玉泉寺所レ記十卷一是也。雖レ有二三文一、無レ得二執レ文而自疣害一。論云、若見二若不レ見般若一、皆縛皆脫。文亦例然。

すでにその法を信ず、すべからく三の文を知るべし。次第禅門《しだいぜんもん》は合して三十巻、いまの十軸はこれ大荘厳寺法《だいしょうごんじほっ》慎《しん》の私記なり。不定《ふじょう》の文は六妙法門《ろくみょうほうもん》のごとし。不定の意をもって、十二禅・九想《そう》・八背《はい》・観・練・熏《くん》・修《しゅ》・因縁・六度《ど》に歴《ふ》るに、無礙《むげ》に旋転し縦横自在なり。これはこれ陳の尚書令毛喜《もうき》が智者《ちしゃ》に請いてこの文を出だしむ。円頓《えんどん》の文は、灌頂《かんじょう》が荊州《けいしゅう》 玉泉寺《ぎょくせんじ》にて記すところの十巻のごとき、これなり。三の文ありといえども、文を執してみずから疣害《ゆうがい》することを得ることなかれ。論にいわく、「もしくは般若《はんにゃ》を見、もしくは見ざるも、みな縛《ばく》なり、みな脱《だつ》なり」と。文もまた例してしかり。

《次第禅門》 智顗のもっとも早い時期の著書。初期の智顗の思想がもっとも組織的に説き示されている重要な著書である。**《六妙門》**『次第禅門』より遅れて成立した著書であり、『次第禅門』以後の智顗の思索の跡を知るのに見落してはならない著述である。**《十二禅》** 四禅・四無色定・四無量心の禅法のこと。**《観・練・熏・修》**『次第禅門』の中で、禅法の修習の深まり度合を示す指標として示されたもの。具体的にいうと、四禅以下の十二門禅を修し、ついで六妙門、十六特勝・通明観のいわゆる亦世間亦出世間禅の三禅法を行じてのちに修せられる種々の禅法を、修禅の徹底度合の観点から、段階的に区分する指標である。禅法との関係を具体的にいうと、**八背捨・八勝処・十一切処**は観禅に、九次第定は練禅に、それから師子奮迅三昧は熏禅に、そして超越三昧は修禅に相当すると解される。その意味についていえば、これまでに修してきた禅法をさらに徹底して修し(**観**)、さらにそれを練り上げ(**練**)、熏じ育てて(**熏**)、しかもここまでの到達段階をいっそう深め、押し上げる(**修**)ことという意味である。**《因縁》** 十二因縁のこと。**《六度》** 彼岸にいたるために修せられるべき六つのすぐれた行。布施・持戒・忍辱・精進・禅定・般若(=智恵)のこと。**《円頓の文》**『摩訶止観』のこと。

漸次・不定・円頓の三種の止観が説かれる著述の簡単な紹介が行われる。

漸次止観が主として説かれている著述は『次第禅門』である。この著述は、はじめの構想からいうと、三十巻となる著述であったようであるが、その全体が説かれたわけではなく、現存の本書と、構成の面で、ほぼ同じものが最初に説かれたようである。すなわち、金陵の瓦官寺で智顗が講義し、それを大荘厳寺の法慎が聴記して『次第禅門』の粗稿というべきものが出来上がり、その原本をいろいろ手なおしして、現在われわれが手にする『次第禅門』が完成したようである。現存の『次第禅門』は十巻から成るが、この巻数ははじめから変わることがなかったというのが、今日承認されている見方である。

不定止観が説かれている著述は『六妙法門』である。これは陳の尚書令毛喜が智顗に教えを乞うたときに、説き示されたものである。

円頓止観を主題として説く著述は本書の『摩訶止観』十巻にほかならないが、これは、荊州玉泉寺において行われた智顗の講義を、門人灌頂《かんじょう》が聴記してまとめ上げ、それをさらに整理して完成したものである。現在の『摩訶止観』が出来上がるまでには、まず講義の聴記本が整い、それが整理されて第一本の『摩訶止観』が完成し、以後、二度にわたる修治を経て、第二本、第三本の『摩訶止観』がつくられるという経過を辿った、とみられている。この再修治本、つまり第三本が現在の『摩訶止観』とみてよいであろう。

なおここには、「不定の意をもって十二禅・九想・八背……云々……」といった一文がみえているので、漸次・不定の両止観がどのような禅法観を背後にもって成り立つものであるかを、ごく簡単にのべておくことにする。

『次第禅門』に説示される漸次止観は、さきにも解説しておいたように、数多くの禅法を浅きより深きへと漸次修していく壮大な禅観体系のことをいうのであるが、もう少し立ち入っていえば、浅深の関係の面で大別して四種に区分される種々の禅法を浅きより深きへと修していくことを要請する行の体系にほかならない。すなわち、修禅の境位がもっとも浅いとされる四禅からはじまって、漸々に深きへと修されていく数々の禅法も、大きくは、(i)世間禅、(ii)亦世間亦出世間禅、(iii)出世間禅、(iv)非世間非出世間禅の四種に分けられる、と考えられているのである。『次第禅門』中、禅法の修習に関して集中的に解説する第七章「釈禅波羅蜜修証」の項下にみえる説明にしたがえば、世間禅としての四禅・四無量心・四無色定を修し、ついで亦世間亦出世間禅としての六妙門・十六特勝・通明観を修し終え、その後、出世間禅としての九想・八念・十想・八背捨・十一切処・六神通・十四変化・九次第定・師子奮迅三昧・超越三昧を順次修すべきものと求められている。ただし、『次第禅門』の記述はここまでで終わっており、出世間禅・縁理無漏に相当する禅法以降の修すべき禅法については、なにものべられてはいない。

他の章の説明をみれば、七章で不説とされ、知ることのできない禅法も、その名称だけは知ることができるのであるが、ここではそれらを紹介しなくともよいであろう。ともあれ漸次止観とは、修禅の深さの点で違いをもち、大きくは四種に類別されるおびただしい数の禅法を、浅きから深きものへと順次修していく修禅の体系のことをいうのである。

一方、不定止観というのは、この箇所の記述のように、漸次止観の体系のもとで修せられる禅法にしたがってのべるとすれば、四禅・四無量心・四無色定の十二門禅を修し、以後順次、九想、観禅の八背捨・八勝処・十一切処、それから練禅の九次第定、さらには深まって十二因縁・六波羅蜜と規則的に修していく漸次止観とは異なって、はじめに深い禅法である六波羅蜜を修そうが、また九想から取りかかろうが、それからもっとも浅い禅法とされる四禅から修そうが、定まった法規、順序をなんら決めずに、自由に禅法を修してゆけばよいとする止観の体系のことをいうのである。さらに前出の説明をつなげていえば、禅法の浅深とそれを通じて得られる悟りの内容の浅深との間にも、定まった関係があるとは考えられていない。すなわち、浅い禅法が深い境地を、逆に深い禅法が浅い境地を開くということが、当然のこととして予想されもするというのである。

なお、ここで十二因縁とか六波羅蜜が挙げられているので、これらが『次第禅門』において、さきの四種の禅法の区分のどこに位置づけられる禅法であるのかをのべておこう。さきにことわったように、詳細な説明が展開される「修証章」では、出世間禅のうちより深い禅法とされる縁理無漏相当の禅法以降については、不説とされているので、この章をみるかぎりまったく不明であるので、「法心章」における説明を参照してみると、十二因縁は出世間禅・縁理無漏に相当する一禅法であり、六波羅蜜はそれより高次の非世間非出世間禅に相当する禅法と規定されているのを知ることができる。(そこでは六波羅蜜ではなく十波羅蜜となっているが、前者は後者に含まれるのであるから、同じこととみてよい)。これら二禅法は修禅と規定される超越三昧をさらに超えた深い禅法なのである。

さて、上にのべてきたように、止観の法を説く書物は三種あるわけであり、しかもそれぞれの著述は同じように読むものにたいして実相の境界へつながる方途を教えるものであるから、いずれかひとつにとらわれこだわるようなことがあってはならない。『大智度論』には「般若（＝智恵）を見ようと、また見ることがなかろうと、とらわれに変わりはなく、また逆に、そのことが解脱である」といわれているように、とらわれて極端に陥ることは避けねばならないことである。とらわれないことが解脱なのであるから、止観の法を説く教えを理解するにあたっても、とらわれなき心をもってのぞむ必要がある。

(三) 教法の可説、不可説について

疑者云、諸法寂滅相、不レ可三以レ言宣二。大經云、生生不可説、乃至不生不生不可説。若通若別、言語道斷、無二能説一、無二所説一。身子云、吾聞下解脱之中無上有二言説一。故吾於レ此、不レ知レ所レ云。淨名云、其所レ説者、無レ説無レ示、其聽レ法者、無レ聞無レ得。斯人不レ能レ説、斯法不レ可レ説、而言レ示レ人。然但引二一邊一、不レ見二其二一。大經云、有二因縁一故、亦可レ得レ説。法華云、無數方便、種種因縁、爲二衆生一説。又云、以二方便力一、故爲二五比丘一説。若通若別、皆可レ得レ説。大經云、有レ眼者、爲二盲人一説レ乳。此指二眞諦可説一。天王般若云、總持無二文字一、文字顯二總持一。此指二俗諦可説一。又如來常依二二諦一説レ法。淨名云、文字性離、卽是解脱。卽レ説是無説。大經云、若知二如來常不レ説レ法、是卽多聞。此指二不説而是説一也。思益云、佛及弟子、常行二二事一、若説若默。法華云、去來坐立、常宣二妙法一、如レ注二大雨一。又云、若欲レ求二佛道一、常隨二多聞人一。善知識者、是大因縁、所謂化導、令レ得レ見レ佛。大經云、空中雲雷、生二象牙上華一。何時一向無レ説。

若鏡二説默一、不レ解二教意一。去レ理逾遠。離レ説無レ理、離レ理無レ説。即レ説無説、無説即説。無レ二無レ別、即レ事而眞。大悲憐二愍一切無聞一。如下月隱二重山一、擧レ扇類レ之、風息二太虚一、動レ樹訓上レ之。今人意鈍、玄覽則難。眼依レ色入、假レ文則易。若封レ文爲レ害、須下知二文非文一、達中一切文非文非不文上。能於二一文一得二一切解一。爲二此義一故、以二三種文一作二達レ一門一也。已略説二縁起一竟。

疑う者いわく、諸法は寂滅の相なり、言をもって宣《の》ぶべからず、と。大経にいわく、「生生不可説、乃至、不生不生不可説」と。もしくは通、もしくは別、言語の道断《た》えて、能説なく所説なし。身子《しんし》いわく、「われ解脱のなかに言説あることなしと聞けり。故に、われここにおいていうところを知らず」と。浄名にいわく、「その説くところは説なく示なし、その法を聴くは聞なく得なし」と。この人は説くこと能わず、この法は説くべからず、しかれども人に示すといわんや。

しかるにただ一辺のみを引いてその二を見ず。大経にいわく、「因縁あるが故にまた説くことを得べし」と。法華にいわく、「無数の方便、種々の因縁をもって衆生のために説く」と。またいわく、「方便力をもっての故に五比丘のために説く」と。もしくは通もしくは別、みな説くことを得べし。大経にいわく、「眼ある者は盲人のために乳を説く」と。これは真諦《しんたい》の可説なることを指す。天王般若にいわく、「総持《そうじ》には文字なく、文字は総持を顕わす」と。これは俗諦の可説なることを指すなり。また、「如来はつねに二諦によって法を説く」と。浄名にいわく、「文字の性が離るるはすなわちこれ解脱なり」と。説に即してこれ無説なり。大経にいわく、「もし如来はつねに法を説かずと知れば、これすなわち多聞なり」と。これ不説にして、しかもこれ説なることを指すなり。思益《しやく》にいわく、「仏および弟子はつねに二事を行ず、もしくは説、もしくは黙」と。法華にいわく、

「去来坐立《こらいざりゅう》につねに妙法を宣《の》ぶること、大雨を注ぐがごとし」と。またいわく、「もし仏道を求めんと欲せば、つねに多聞《たもん》の人に随え。善知識はこれ大因縁なり、いわゆる化導《けどう》して仏を見ることを得せしむ」と。大経にいわく、「空中の雲雷は象牙の上に華《け》を生ず」と。いずれのときか一向に説なからんや。

もし説・黙を競わば、教の意を解《げ》せず。理《り》を去ることいよいよ遠し。説を離れて理なく、理を離れて説なし。説に即して無説、無説にして即ち説なり。二なく別なく、事《じ》に即してしかも真なり。大悲は一切の無聞を憐愍《れんみん》せり。月が重山に隠るれば、扇をあげてこれに類し、風が太虚《たいこ》に息《や》めば、樹《じゅ》を動かしてこれを訓《おし》えるがごとし。いまの人は意鈍にして、玄覧することすなわち難し。眼は色によって入る、文を仮《か》ればすなわち易し。もし文に封ぜられて害をなさば、すべからく文・非文を知りて、一切の文・非文・非不文に達すべし。よく一文において一切の解《げ》を得ん。この義のための故に三種の文をもって一に達するの門となすなり。すでに略して縁起を説きおわんぬ。

《身子》 [S] Sāriptra 舎利弗のこと。**《五比丘》** 釈迦が苦行を実践した時代、行動をともにしていたが、苦行を捨てた釈迦をみて離れ、のち釈迦が成道を完成するに及んで、再び立ちもどり、鹿野苑で教えを受け、仏弟子となった五人をいう。コンダンニャ、バッディヤ、ワッパ、マハーナーマ、アッサシの五人である。**《総持》** 悪を起こさぬようにし、一方、善を保持して失わないようにすること。**《真諦》** 真実そのものとしての真理。**《俗諦》** 世俗の生活の上での真理。**《二諦》** 真諦と俗諦。**《善知識》** よき友、立派な指導者。天台では後者の意味で用いている。**《重山》** いく重にも重なる山。ここでは煩悩の多さにたとえられる。**《玄覧》** 智恵をもってものの奥を照らしみること。

真理はことばでもって表現しうるのかどうか、といったことが論じられる。

疑いをいだくものがいうには、現象するこの世界は、本来あらゆる対立を離れており、たとえば、それはAであるとか、またそれはBであるという形で、ことばによって限定的にその真実のありようを表現することはできないものである。こうしたことは、たとえば『涅槃経』に六通りの「不可説」が説かれているのをみても知られるところである。

傍論であるが、『涅槃経』の不可説についての説明と、それについての智顗の理解をのべておこう。『涅槃経』が説く六通りの不可説とは「不生生不可説、生生亦不可説、生不生亦不可説、不生不生亦不可説、生亦不可説、不生亦不可説」以上をいうのであるが、これは、現われてそこにある世界、すなわち現象世界(＝生)も、また涅槃(＝不生)も、ともに言説をもって詮示することはできないということを主張しようとするものである。ところでこの『涅槃経』の不可説の教説について、智顗はとくに生生不可説、生不生不可説、不生生不可説、不生不生不可説の四不可説を取り出し、自らの主張をのべる際にしばしば用いている。前出の例もその一つである。

智顗の用い方をもう少し立ち入ってのべれば、さきの四不可説をいわゆる化法の四教に配し、それぞれが蔵・通・別・円の四教の考え方をあらわすものと解されている。すなわち生生不可説は蔵教、生不生不可説は通教、不生生不可説は別教、不生不生不可説は円教のそれぞれ実相の理についての見方を示すものとみられているのである。

ともあれ、諸法を広く見わたして一般的に語ろうと、また逆に個々に整理して語ろうと、言説によって説く道は断たれているのであり、説くべきことばもことばを介してあらわされる真理もないというのが、本当のところといってよい。また舎利弗は以下のようにいっている。「私は解脱の境地には言説の入り込む余地はないと聞いている。だから私はこの場に及んでいうべきことばを知らない」と。『維摩経』には、「仏の説くところはことばで示しえない、それ以上のものを含んでいる。また、法を聴くといっても、すべてが聴かれるわけではなく、つねにもっとも大切な部分が聴かれぬまま落ちてしまう」といわれている。これらの経文にみられるように、たしかに人びとは仏法の極致を説くことはできないのであり、また、法の側に立っていえば、それは説き示されえないものというべきであろう。法を人びとに説き示すことができるなどとは決していえないのである。

しかしこのようにいいきってしまうと、一方の面だけを強調することになり、他のもうひとつの側面を見落すことになるであろう。『涅槃経』をみると、「しかるべき理由があって、ことばによって説き示すことができる」といわれている。また『法華経』にも、「無数の巧みな方法や種々のてだてを講じて、衆生のために法を説く」とか、さらには「すぐれた教化方法にもとづいて五比丘のために説く」という表現がみえてもいる。これらの経文によって明らかなように、諸法の真実相は一般的な形であれ、また個別的な形であれ、説かれうるものなのである。

つぎに『涅槃経』をみると、「生まれつき目の見えない人に乳の色を教え示した」という話が語られている。これはこれ以上ない真理、究極の真理が説かれうるものであることを示す説明事例である。乳は生来の盲人にとってはみたことのないものであるから、乳は究極の真理（=真諦）を意味し、そしてそれを教え示すことは真諦が説かれうるものであることを物語る、というわけである。ところで、生来の盲人に乳の色を教えるエピソードが『涅槃経』に語られているということでの説き方は、経の陳述を正確に伝えたものではない。『涅槃経』では、生来の盲人に乳の色を教えようとしても、結局は教えることができないという内容の話としてのべられており、ここに紹介されるさきのような話の内容とは同じではない。外道がことばの上で常楽我浄を説いても真の常楽我浄を知りえないのは、あたかも生来の盲人が乳の色を知ることができないのと同じだ、という文脈のなかで、このエピソードが語られているのである。こうした点を一応記しておこう。

また『勝天王般若経』には「悪を遮し、善を保持し行うことはまさに態度そのものに関することであって、ことば以前のことであるが、しかし悪を起こさず、善を保持すべきであるということは、ことばによって示すことのできる事柄である」といわれている。この一文は、世俗の生活の上での真理（＝俗諦）が説かれうるものであることを説き示したものにほかならない。また「如来はつねに二諦によって法を説く」という表現があるが、これは真理の可説を直接説く表現といってよい。『維摩経』をみると、「ことばにたいするとらわれがなくなることが、解脱である」という表現がみえている。この表現は、すべてが説かれうるものであって、また説かれえないことをのべたものである。『涅槃経』には「如来はつねに法を説くことはない、ということを知ったならば、その人は多くを知った人ということができる」といわれている。この表現は、法というものが説かれえないものであって、また説かれうるものであることを教えたものである。つぎに『思益経』には「仏とその弟子たちは法を説くということと、黙して語らずということとの二つのことを行う」といわれている。それから『法華経』をみると、「仏はそのときどきの振舞いのなかで、あたかも大雨を降らすように、妙法を宣示する」とか、「仏道を求めようとすれば、法をよく熟知した人に随うべきである。善知識とは偉大な導き手であって、衆生を導き、仏を見ることを可能にしてくれる」といった表現がみられる。ここに挙げた『思益経』の一文も、また『法華経』の経文もともに、法が説かれうるものであることを教示するものにほかならない。善知識にからめた前引の『法華経』の経文はそうしたことを直接言明していないが、善知識による衆生の教導は法を説き示してこそ可能となるものであってみれば、この経文も法が説くことのできるものであることを表明していると解してよい。それから『涅槃経』に「雷がとどろき、雲がわき上がって、雨が降り、象の牙の上に花を咲かせる」といった表現がみえている。開花を促すものが雨であれば、衆生を利するものは教法であり、そして牙上の開花が衆生の得益の譬喩的表現であるとすれば、雨降って開花したことは、法に導かれて衆生が利益を得たことを意味し、さらに法が語られるものであることをも物語る。『涅槃経』の上記の一文も法の説きうることを教示するものである。法はいかなるときでも説きうるものなのである。

真理はことばによって示すことができるものであるとか、逆にできないものであるとかいって、論議をかさねていると、教えの意味を理解することができなくなってしまう。真理が遠のいていくばかりである。ことばで説き示すことを離れて真理はない。また逆に真理を離れてことばによる説示ということもないのである。説くことができるということと説くことができないということとは結びついて離れない。この両者は実は別のものではないのである。

ところで、仏の大悲は法に耳を傾けたことのない衆生をあわれみ続けて休むことがない。衆生に慈悲をたれるその態度は、ちょうど、真理がいく重にもかさなった煩悩の山の向うにかくれておれば、扇であおぐがごとく、また真理の教風が寂《じゃく》としてやんでおれば、樹を揺り動かしてそれをおしえるがごとく働きかける態度と同じといってよい。今日の人びとはこころが鈍重で、真理の奥深くを照らし尽くすことはできなくなっている。そこでわれわれも、衆生に理解をえてもらうべく、ことばによって真理を説き示そうと、以下試みるわけである。眼は対象を具体的にみることによって、そのものを知ることができるようになるのと同じように、衆生も、ことばにしたがった説明に接すれば、容易に理解しうるであろう。ただし、ことばにとらわれてかえって害を被るようなことになれば、それはことばの限界を知らないことに原因するといってよい。ことばの限界をよくわきまえねばならない。

ともあれ智顗は漸次・不定・円頓の三種の止観の法門を説き示した。これら三者はそれぞれ独自の実践観を背景にもって構想された行の体系であり、決して同じものでないけれども、ともにひとしく実相の境界へと衆生を導くものである。

天台教学においては、三種止観は、上記のごとく、衆生にとってひとしく実相の観得をかなえてくれるものと解されるわけであるが、しかし、それら三者を智顗の思索の展開の過程に照らして眺めてみると、それらは、重要性の点で、ひとしい関係に立つものとみられてはいない。円頓止観が、最終的に練り上げられた、智顗の理想視する究極の実践の体系とされるものであることを銘記しておかねばならない。

ここまでが弟子章安灌頂が附したいわゆる「序」の部分である。これからが『摩訶止観』そのものの内容をなす部分である。

第二　本書の組織・大綱

第一項　組　織

㈠　章の構成

今當二開レ章爲一十。

一大意、二釋名、三體相、四攝法、五偏圓、六方便、七正觀、八果報、九起敎、十旨歸。

十是數方、不レ多不レ少。始則標二期在レ荼、終則歸レ宗至レ極。善レ始令レ終、總在二十章中一矣。

いままさに章を開いて十となすべし。

一には大意、二には釈名、三には体相、四には摂法、五には偏円、六には方便、七には正観、八には果報、九には起教、十には旨帰なり。

十はこれ数の方にして、多からず少なからず。始めはすなわち期すること荼《だ》にあることを標し、終わりはすなわち宗《しゅう》に帰して極《ごく》にいたる。始めを善くし終わりを令《よ》くす、総じて十章のなかにあり。

《荼》ḍha の音写。悉曇五十字門の一つ。究極、究竟の意と解される。

本書は十章に開いて論述を展開するという組織となっている。十章の表題を示すと以下のようである。

㈠大意、㈡釈名、㈢体相、㈣摂法、㈤偏円、㈥方便、㈦正観、㈧果報、㈨起教、㈩旨帰

ところでこのように十章にわけたのは、十という数が論述を進めてゆくにあたって多くも少なくもなく、ちょうどよい数であると考えられるからである。なお以下の論述の進め方として、究極の境地を説くことに狙いがあることをあらかじめ示しておいて、最後、その境地へと読むものを導き入れる、という仕方を予定している。目指すべき方向がどの章からも読みとられるような構成を考えて、以下十章を説いてゆく。

㈡　章の成り立ちとその内容の通観

生起者、專次二第十章一也。至理寂滅、無レ生無二生者一、無レ起無二起者一、有二因縁一故、十章通是生起。別論、前章爲レ生、次章爲レ起。緣由趣次、亦復如レ是。所謂無量劫來、癡惑所レ覆、不レ知二無明即是明一、今開二覺之一。故言二大意一。既知二無明即明一、不二復流動一。故名爲レ止。朗然大淨、呼レ之爲レ觀。既聞レ名得レ體。體卽攝レ法、攝二於偏圓一。以二偏圓解一、起二於方便一。方便既立、正觀卽成。成二正觀一已、獲二妙果報一、從二自得法一、起レ教敎レ他、自他俱安、同歸二常寂一。秖爲レ不レ達二無レ生無レ起、是故生起。既了二

無㆑生無㆑起、心行寂滅、言語道斷、寂然清淨。

生起とは専ら十章を次第するなり。至理《しり》は寂滅《じやくめつ》にして、生もなく生ずるものもなく、起もなく、起るものもなきも、因縁あるが故に十章通じてこれ生起す。別して論ずれば、前の章を生となし、次の章を起となす。縁由《えんゆ》、趣次《しゆじ》もまたかくのごとし。いわゆる無量劫よりこのかた癡惑《ちわく》に覆われて、無明《むみよう》はすなわちこれ明なることを知らず、いまこれを開覚す。故に大意というなり。すでに無明即ち明なりと知れば、また流動せず。故に名づけて止となす。朗然《ろうねん》として大いに浄《きよ》し、これを呼んで観となす。すでに名を聞かば体を得。体は即ち法を摂し、偏円を摂す。偏円の解《げ》をもって方便《ほうべん》を起こす。方便すでに立てば、正観《しようかん》すなわち成る。正観を成じおわれば、妙なる果報を獲《え》、自得の法より教を起こして他を教え、自他ともに安んじて、同じく常寂《じようじやく》に帰す。ただ生なく起なきに達せざるがために、この故に生起す。すでに生なく起なきことを了すれば、心行は寂滅し、言《ごん》語《ご》の道は断《た》え、寂然として清浄なり。

《至理》究極のことわり。

ここでもう少し立ち入り、十章を順次概観し、そこで説かれる内容および各章の関係について簡単にのべておく。仏法の究極の理は、もともと寂静なものであり、一切の相を離れている。それは生起するとか、生起したものであるとかといった、いわゆる作為的な要素をまったく含まないものであり、説かれえないものといってよいであろう。しかし説きうる因縁、理由がそなわっているということも確かで、いま十章にわけて、説き明かすことになった。この点からいえば、十章にわけて理を説き明かしていくということが生起に相当するといわねばならない。ところで生起ということを独立して眺めたとすれば、さき立つ前の章が生にあたり、それに続くあとの章が起に相当するということができる。

そこで十章のそれぞれについていえば、各章は以下のような内容を有している。永劫の間、われわれ衆生は煩悩に覆われ、無明がそのまま悟りであることを覚知することはなかった。無明がすなわち悟りであるという仏法の究極の理を概説するのが「大意」の章である。無明が悟りであると得知すれば、不動の境地に到達しうるわけであるが、現実の衆生はそうしたことを知らない。そうであれば、かれらをそこへと引導する方途が示されねばならない。これこそもっとも重要な問題といわねばならないが、この問題に対する解答が止観の体系を構想し、提示することであったわけである。

かくて以下、その内容の解説へと移る。はじめに止観の行がもちあわす一般的な実践的姿勢が、その名を釈するというタイトルのもと、説示される。この点がなされるのが第二の「釈名」章である。名称についての解説に続いて、つぎに諸法のあり方の観察、究明というより核心に迫る観点に立って、止観の行の実践的性格が説明される。第三「体相」章はこうした点を明らかにする一章である。ところで止観の法は智顗によれば、一切の法を摂するものであると考えられる。いかなる法を摂するのか、この点について具体的に論述するのが第四「摂法」章である。法として収めざるものなしというのが止観の法であれば、収められる法の権《ごん》と実《じつ》、大と小がみきわめられねばならないであろう。これらについて明らかにするのが第五「偏円」章である。止観の法のこうした点を確認し終えれば、衆生がつぎになさねばならないことは、そうした止観の法を実際に修して、諸法の実相を究尽《くじん》することでなければならない。その最初の第一歩が方便の行を遵守、実行することである。

　この方便行について説示するのが第六「方便」章である。さて方便行を遵守すれば、正修の行を修してよい実践的地平が開かれる。この正修行こそ止観の核心をなすものであるが、この正修止観の内容を詳述するのが第七の「正修」章である。正修止観を修したならば、行ずるものは妙なる果報を獲得する。このあたりの事情をのべようとするのが第八「果報」章である。実相を究尽《くじん》すれば、教法が確立し、他を教え導く道がひらけ、自己のみにとどまらず、衆生のすべてが常寂に帰することが可能となる。この点を明かすのが「起教」である。さて、これまでの九章は、因縁あるがゆえに論述することが可能であるとの見解にもとづいて、章を立て順次のべられてきた部分であるが、法は、厳密にいうと、言説を超えたものである。この点に立ちかえって諸法の究極相を眺めてみると、そこでは、心のはたらきは滅し、言説の道もたえて、すべてが寂静そのものである。こうした点を明確にしようとするのが最終章の「旨帰」である。

　ただし、右のように十章が立てられるといわれてはいるが、『摩訶止観』のなかで実際に論述されている部分は第七章までであり、それ以降の三章は説かれてはいない。


分別者、十章功徳如㆓嚢中有㆒㆑寶、不㆓探示㆒㆑人、人無㆓見者㆒。今十章、幾眞幾俗幾非眞非俗。幾聖説聖默非説非默。幾定幾慧幾非定非慧。幾目足幾非目足。幾因果非因非果。幾自他非自他。幾共不共非共非不共。幾通別非通別。幾廣略非廣略。幾横竪非横竪。如㆑是等種種、應㆓自在作㆒㆑問。

初八章即レ俗而眞、果報一章即レ眞而俗、旨歸章非眞非俗。正觀聖默、餘八章聖說、旨歸非說非默。正觀一分是定、餘八章及一分是慧、旨歸非定非慧。大意至二正觀一是因、果報是果、旨歸非因非果。前八章自行、起敎化他、旨歸非自非他。大意至二起敎一是目、方便至二果報一是足、旨歸非目非足。大意至二正觀一共、果報起敎不共、旨歸非共非不共。大意一通、餘八章別、旨歸非通非別。大意略、八章廣、旨歸非廣非略。體相竪、餘八橫、旨歸非橫非竪。

分別とは、十章の功徳は嚢中に宝あるがごとく、探って人に示さずんば、人の見るものなし。いまの十章は、いくばくか真、いくばくか俗、いくばくか非真非俗なる。いくばくか聖《しょう》説・聖黙・非説非黙なる。いくばくか定、いくばくか慧、いくばくか非定非慧なる。いくばくか因・果・非因果なる。いくばくか目・足、いくばくか非目足なる。いくばくか自・他・非自他なる。いくばくか共《ぐう》・不共《ふぐう》・非共非不共なる。いくばくか通・別・非通別なる。いくばくか広・略・非広略なる。いくばくか横《おう》・竪《じゅ》・非横竪なる。かくのごとき等の種種は、まさに自在に問を作《な》すべし。

初めの八章は俗に即してしかも真、果報の一章は真に即してしかも俗、旨帰《しき》の章は非真非俗なり。正観は聖黙、余の八章は聖説、旨帰は非説非黙なり。正観は一分はこれ定、余の八章および一分はこれ慧、旨帰は非定非慧なり。大意より正観にいたるはこれ因、果報はこれ果、旨帰は非因非果なり。前の八章は自行、起教は化他《けた》、旨帰は非自非他なり。大意より起教にいたるはこれ目、方便より果報にいたるはこれ足、旨帰は非目非足なり。大意より正観にいたるは共《ぐう》、果報・起教は不共《ふぐう》、旨帰は非共非不共なり。大意の一は通、余の八章は別、旨帰は非通非別なり。大意は略、八章は広、旨帰は非広非略なり。体相は竪《じゅ》、余の八は横《おう》、旨帰は非横非竪なり。

《嚢》袋、さいふ。

十章のそれぞれにおいて説かれる教えのすぐれた点は、ちょうど袋の中にかくされた宝のようなものであり、それを探り出して人びとに示さないと、気付かれずに見過ごされることになりかねない。そこでいくつかの指標を立てて、各章の内容を整理して説き示そうというのが、ここでの狙いである。まず指標として立てる教えの徳目を挙げると、真・俗・非真非俗、説・黙・非説非黙、定・慧・非定非慧、目・足・非目足、因・果・非因果、自・他・非自他、共・不共・非共非不共、通・別・非通別、広・略・非広略、横・竪・非横竪、以上である。

まず真・俗の観点に立っていえば、十章の中のはじめの八章は俗に即してしかも真、果報章は真に即してしかも俗、旨帰章は非真非俗を明かした各章と整理できる。黙・説の側面からみれば、正観章は黙、他の八章は説、旨帰章は非説非黙、定・慧の面にしたがっていえば、正観章は定、他の八章は慧、旨帰章は非定非慧、因・果の面からいえば、大意章から正観章までの七章は因、果報章は果、旨帰章は非因非果、自行・化他の面にしたがえば、前八章が自行、起教章が化他、旨帰章が非自非他、また智目、行足の面でいえば、一章から五章、それに起教章の各章は智目すなわち智恵、第六方便章以下第七、第八章までは行足すなわち実践の側面、旨帰章が非目非足、それから共・不共の観点からいえば、大意章より正観章までの七章は共、果報、起教の両章は不共、旨帰章は非共非不共、通・別の観点からいえば、大意章が通、第二章より第九章までが別、旨帰章が非通非別、広・略の観点に立てば、大意の一章が略、第二章以下の八章が広、旨帰章が非広非略、最後に横・竪の観点からいうと、体相章が竪、旨帰を除く他の八章が横、旨帰章が非横非竪、以上のように整理することができる。

㈢ 料簡

料簡者、問、略指大意同異云何。答、通則名異意同。別則略指三門、大意在二一頓一。問、約二顯教一論二顯觀一、亦應下約二祕教一論中密觀上。答、既分二顯祕一、今但明レ顯不レ說レ祕。問、分レ門可レ爾、任論得不。答、或得或不レ得。教是上聖被レ下之言。聖能二顯祕兩說一。凡人宜述秖可レ傳レ顯、不レ能レ傳レ祕、聽者因レ何作レ觀。或得者、六根淨位、能以二一妙音一遍二滿三千界一、隨レ意悉能至、則能傳二祕教一。若修レ觀者、發二所レ修顯法一、不レ發二不レ修者一。發二宿習一人、得レ論二密觀一。

問、初淺後深是漸觀、初深後淺是何觀相。答、是不定觀。問、初後俱淺是何觀相。答、小乘意、非二三止觀相一也。問、小乘亦是佛說、何意言レ非。若言レ非者、不レ應レ言レ漸。答、既分二大小一。小非レ所レ論。今言レ漸者、從レ微至レ著之漸耳。小乘初後俱不レ知二實相一、故非二今漸一也。問、示二三文一者、文是色。色是門、爲レ非レ門。若是門者、色是實相、更何所レ通。若非レ門者、云何而言二一色一香皆是中道一。答、文門並是實相。衆生多二顚倒一、少二不顚倒一、以レ文示レ之。卽於レ文達二文非文非文非不文一、文是其門。於レ門得二實相一故、文是其門。門具二一切法一。卽門卽非門卽非門非不門。

料簡とは、問う、略指と大意と同異いかん。答う、通じてはすなわち名は異なるも意は同じ。別してはすなわち略指は三門にして、大意は一頓に在り。問う、顕教《けんぎょう》に約して顕観《けんかん》を論ぜば、またまさに秘教《ひきょう》に約して密観《みっかん》を論ずべきや。答う、すでに顕秘を分かつ、いまはただ顕を明かすのみにして、秘を説かず。問う、門を分かつはしかるべし、任《ほしいまま》に論ずることを得るや不《いな》や。答う、あるいは得、あるいは得ず。教はこれ上聖が下に被らしむるの言なり。聖は顕秘の両説を能《よ》くす。凡人の宣述はただ顕を伝うべく、秘を伝うること能わず、聴く者はなにによってか観をなさん。あるいは得とは、六根浄《ろっこんじょう》の位の、よく一の妙音をもって三千界に遍満し、意にしたがってことごとくよく至れば、すなわちよく秘教を伝う。もし観を修する者は修するところの顕法を発し、修せざる者を発せず、宿習《しゅくじゅう》を発する人は密観を論ずることを得。

問う、初めは浅く後に深きはこれ漸観《ぜんかん》なり。初め深く後に浅きはこれなんの観の相ぞや。答う、これ不定観《ふじょうかん》なり。問う、初後ともに浅きはこれなんの観の相ぞや。答う、小乗《しょうじょう》の意にして、三止観の相にあらざるなり。

問う、小乗もまたこれ仏説なり、なんの意ぞ、非ず、というや。もし非ず、といわば、まさに漸というべからず。答う、すでに大小を分かつ。小は論ずるところに非ず。いま漸というは、微より著にいたるの漸なるのみ。小乗は初後ともに実相を知らず、故にいまの漸に非ざるなり。問う、三文を示さば、文はこれ色なり。色はこれ門なりや、門に非ずとせんや。もしこれ門ならば、色《しき》はこれ実相なり、さらになんの通ずるところぞ。もし門に非ずんば、いかんぞしかも一色一香《いっしきいっこう》みなこれ中道《ちゅうどう》なりというや。答う、文と門とならびにこれ実相なり。衆生は顛倒《てんどう》多く、不顛倒少なければ、文をもってこれを示すなり。すなわち文において文・非文・非文非不文に達すれば、文はこれその門なり。門において実相を得るが故に、文はこれその門なり。門は一切の法を具す。即ち門、即ち非門、即ち非門非不門なり。

《顕教》言語文字のうえに明らかに説き示された教え。《秘教》深遠であって、その境地に到達した者でなければ知ることのできない教え。《六根浄位》六根清浄位のこと。菩薩の六根（眼・耳・鼻・舌・身・意）が清らかになる段階をいう。天台智顗は、菩薩が究極の悟りをうるまでに五十二位の階位を昇りつめなければならないと考えた。具体的には、十信・十住・十行・十廻向・十地・等覚・妙覚の五十二位であるが、六根清浄位はこのうちはじめの十信の位に相当する。《三千界》三千大世界の略。ありとあらゆる世界のこと。古代インド人が考えた全宇宙。その計算によると、千の三乗の世界のことであり、三千の世界という意味ではない。《宿習》前世において身につけ習ったもの。《実相》現象世界の真実のすがた。この概念は天台教学においてはきわめて重視される。《色》形あるもの。

この料簡の段は章安灌頂によってなされたものであり、智顗の料簡ではない。まず灌頂が自ら草した前出の序文と『摩訶止観』第一章「大意」との異同が問われ、さらにいくつかの問いが立てられて、それに答える形で、以下『摩訶止観』のなかで説き明かされる内容のごくおおまかな枠組みのようなものが示される。

灌頂の序文すなわち「略指」と『摩訶止観』の「大意」とでは、表面的にみると、表題の違いくらいが相違するところであって、内容的にはなんら変わりのないものということができよう。ただ、より立ち入って眺めれば、「略指」の方は三種止観を略説しつつ、叙述を進めるという体裁をとってまとめられているのに対し、「大意」は円頓止観に絞って論を進めるという形をとっており、両者はかならずしも同じではないというべきである。

つぎに、以下説き明かされる教法、観法のいわゆる教学的性格が明示される。教法にはことばにのせて説き示す顕教と、ことばでは示しえないという立場に立つ秘密教との二つがあり、観法にもそれに対応する形で顕観と密観とがあるけれども、ここでは顕教、顕観を明らかにすることにつとめ、秘門についてはは触れるようなことはしない。

右の点を受けて、このあと顕・秘両門の論述の可能性を人の機根の差異と関係づけて整理するくだりが続く。顕門、秘門はどのような人でも思うままに説かれるというわけではない。教法とは究極の境地を究尽《ぐじん》したものがいまだ悟らざるものに対して説きかすことばであるから、したがってすべてを究め尽くした聖者だけが顕・秘の両門にわたる教えを説き示すことができる。聖者に導かれてはじめて教法を知ることができる普通の人、凡人は、顕門の教えを説きえても、秘密の教えを説く能力をもつまでにいたっていない。なお六根清浄の位の人は究極を究め尽くした人というわけではないけれども、その発する妙なることばが宇宙のすみずみまで伝わるようであれば、この人も秘密の教法を説く人となりうる。このあと、教え導かれる側に立つものの修観の性格および説きうる観法がのべられる。こうした人は、その修する観法は顕法すなわち三種止観であり、密観を修することはない。だからこの種の人は顕観を論じえても、密観については論じえない。なお過去世において身につけ習得したものを発しうるような人は、密観を論ずることができる。

ところで、こうした問答形式の説明がここに挿入された狙いはどこにあるのか。本文を読むかぎり、その点についてはなにも直接語られておらず、わかりにくいが、一連のその説明をみていくと、狙いは、「大意」が明らかにしようとする事柄、ひいては『摩訶止観』で取り上げられる中心の問題を、理由をものべつつ示す点にある、といってよいように思われる。具体的にいえば、顕法に相当する三種止観、しかもそのうちの円頓止観を教示することが『摩訶止観』の主題であり、そしてそうした内容をもつ本書を説くことになったのは、凡夫にほかならない衆生を、行を通じて悟りへと導き入れようとしてのためである、といった点を示そうとして、こうした説明がなされたのであろう。以下、実相の把握にかかわるものとしての天台止観の基本的性格が、小乗の観法と対比させてのべられる。

浅き境地の観察に始まり、のちに深き境地を究め尽くす観法は、漸観と呼ぶべきものであるが、初めは深く、のちに浅き境地を観ずる観法は、なんと呼ばるべきものなのか。それは不定観にほかならない。ところで、初めもあともともに浅い境地にしかかかわらない観法はどのような観法であろうか。それは小乗の観法であって、三種止観と無関係なものである。そこで問うが、小乗の教えも仏説であってみれば、どうして三種止観と無関係なものということができるのか。もしも無関係といってしまえば、漸次止観ということも主張しえなくなってしまうであろう。実はここでは大乗と小乗をわけて考えるわけであり、しかも小乗については取り上げないというのがここでの立場であるから、そうした問題は生じはしない。ここで漸観と呼んでいることは、かすかに感じられる善根を次第次第に大きなものへと育て上げていく実践の道のことをいうわけであり、初めにおいても、また行が深まったあとにおいても実相に触れることのない小乗の漸観とは、基本的に異なっているのである。実相の体得を目指すところにこそ、天台止観の特質があることを理解しなければならない。

つぎに実相に通ずる門についての見解がのべられる。文つまりことばは色法の一つであるが、この色法は実相の門といえるのか、またそうではないのか。もしも色法が門であるといえば、色法は実相であるということになり、あらためて通ずるとか通じないとか問わなくてよいことになるが、どのように解したらよいのか。また逆に、色法が実相の門でないという見方に立つと、一色一香すなわち存在するもののすべてが中道であるという主張は成り立たないことになってしまうが、これをどのように解すべきであろうか。実は、文つまりことばも門としての色法もともに実相である。とりわけ衆生は顚倒《てんどう》することが多く、迷わないことの方が少ないわけであるから、ことばにしたがって実相を説き示すことは、実相によく通じうるであろう。その場合、ことばはことばであり（文）、かつことばにあらず（非文）、さらにことばでないわけではない（非非文）というような、もっとわかりやすくいえば、ことばにしたがいつつ、ことばにとらわれないという態度が重要なことである。ことばをこのようにみて、ことばにしたがって説き示せば、ことばはまさに実相の門ということができる。ことばは実相の門であるといっても、門であるということにとらわれてはならない。門は門であって、門でなく、かつ門でないわけではない、ととらわれを超えた自在な態度が、実相の門を考える場合に必要なことである。

ことばについてのこうした指摘は、以下に展開される『摩訶止観』の説明を理解してゆく際の必要な心がまえとして示されたものとみてよいであろう。この指摘を忘れることなく、理解を進めていかねばならない。

第二項　五略

解釋者、釋㆓十章㆒也。

初釋㆓大意㆒、囊㆓括始終㆒、冠㆓戴初後㆒。意緩難㆑見。今撮爲㆑五。謂發大心、修大行、感大果、裂大網、歸大處。云何發二大心一。衆生昏倒、不二自覺知一、勸令二醒悟上求下化一。云何修二大行一。雖二復發心一、望レ路不レ動、永無二達期一、勸牢强精進、行二四種三昧一。云何感二大果一。雖レ不レ求二梵天一、梵天自應、稱二揚妙報一、慰二悅其心一。云何裂二大網一。種種經論、開二人眼目一、而執レ此疑レ彼、是レ一非レ諸、聞レ雪謂レ冷、乃至聞レ鶴謂レ動。今融二通經論一、解レ結出レ籠。云何歸二大處一。法無二始終一、法無二通塞一。若知二法界一、法界無二始終一、無二通塞一、豁然大朗、無礙自在。生二起五略一、顯二於十廣一云云。

解釈とは、十章を釈するなり。

初めに大意を釈せば、始終を嚢括《のうかつ》し、初後に冠戴《かんたい》す。意は緩《ひろ》くして見がたし。いま撮《と》って五となす。謂《いわ》く、発《ほっ》大心《だいしん》、修大行《しゅうだいぎょう》、感大果《かんだいか》、裂大網《れつだいもう》、帰《き》大処《だいしょ》なり。いかんが大心を発するや。衆生は昏倒《こんとう》して、自ら覚知せず、勧めて醒悟《しょうご》して上求下化《じょうぐげけ》せしむ。いかんが大行を修するや。また発心すといえども路に望んで動かずんば、永く達するの期《ご》なし、勧めて牢強《ろうきょう》に精進して四種三昧《ししゅざんまい》を行ぜしむ。いかんが大果を感ずるや。梵天を求めずといえども梵天おのずから応ず、妙報を称揚してその心を慰悦せしむ。いかんが大網を裂くや。種種の経論は人の眼目を開く、しかも此《これ》を執して彼《かれ》を疑い、一を是《ぜ》として諸《しょ》を非とす、雪を聞きて冷なりと謂《おも》い、乃至、鶴を聞いて動くと謂《おも》う。いま経論を融通して、結《けつ》を解《と》いて籠《ろう》を出ださしむ。いかんが大処に帰するや。法に始終なく、法に通塞《つうそく》なし。もし法界《ほっかい》を知れば、法界には始終なく通塞なく、豁然《かつねん》として大いに朗かにして無礙自在《むげじざい》なり。

五略を生起して十広を顕わす云云。

《昏倒》真理にくらく、道理に背いていること。《上求下化》上求菩提・下化衆生のこと。仰いではさとりを求め、伏しては世の人びとを救おうとすること。《法界》ここでは法性・真如の意と解すればよい。

《無礙自在》どのようなさまたげもなく、自由なこと。

これから十章にわけて論述を進めていく。

第一章は「大意」である。この章は、以下の各章で詳述する教説をあらかじめ概説すべく立てられた章であり、内容的に広範囲にわたっている。したがって全体を掴むことがむずかしくなりがちな章であるから、以下の五節を立ててのべることにする。(i)発大心、(ii)修大行、(iii)感大果、(iv)裂大網、(v)帰大処、以上にしたがって説明を進めよう。

「発大心」とは発菩提心にほかならないが、はじめにこれを取り上げるのは、衆生が道理にくらく迷っているからであり、そこでいわゆる日常的な心をひるがえして菩提すなわちさとりを求め、かつひろく人びとを救わんとねがう心を衆生一人ひとりに起こさせようとしてのことといってよい。つぎに大行を修すことを求めるのが「修大行」であるが、これについてつぎに説くのは、菩提心を発しても路にのぞんで行に励まねば、さとりをうることはできないと考えられるからである。だから、ここでつよい意志をもって四種三昧を行ずることを人びとに求めることになる。四種三昧とはのちに詳述されるが、行法の基本として教示される四種の形式のことであり、これにしたがって修せられる行が「止観」の行というわけである。

さて行を修してゆけば、それが因となって、修するものは大きな果報を受けることになる。行の結果として感得される大きな妙果についてのべるのが、つぎの「感大果」である。行を修してゆけば、こちらから梵天を求めずとも、ちょうど梵天の方からおのずと応じてくれるように、妙果が感得され、衆生は心なぐさめられ、よろこびを感ずるという。

そのつぎが「裂大網」であるが、これは衆生を、あたかも大きな網で包み込むように覆い尽くす大きなとらわれの心を裂除することを、行人ひとりひとりに求める項目といってよい。たとえば経論を例にいえば、それは人びとの心のくもりを取り除き、まなこを開かせてくれるものである。しかしその了解をめぐって、ときにはこれにとらわれ、彼を疑い、一つの経論だけを正しいと思い込み、ほかを間違いときめつけて顧みようとしない態度が、衆生の間に生まれることもある。ちょうど乳が雪のようなものだと聞かされると、冷たいものと思い込んだり、また鶴のようなものだと聞くと、動くものであると即断してしまうのと、その態度は同じである。衆生は一般にこうした態度をとりがちであるから、かれらに経論を広く理解させ、こだわりの態度を洗い流させ、真実を知らしめねばならない。この行為は大きなとらわれの心を裂く行為であり、利他の行為といってよい。発心・修行を通じて果報をえた行人が、つぎに衆生を導く利他の行を実践しなければならないことを説くのが、この裂大網である。

最後「帰大処」。自行・化他、すなわち悟りを求める実践修行と利他の実践が充足されれば、究極のゴールに至りうる。そのゴールが大処であり、そこでは、始めもなければ終わりもなく、また通ずるとか塞《ふさ》ぐとかということもない真如・法性が正しく得知され、それによって行人は障《さわ》りなき自在の境地を楽しむことができる。帰大処は、発心して自利・利他の行に励む行人が最後に転入する究極の境地の何たるかを説き明かす一項である。

以上が五略といわれ、『摩訶止観』の中心主題を略説した「大意」の大要であるが、五略の各項についての説明の解説を進めていくまえに、五略と本論二章以下との関係について簡単にのべておこう。構成の面からいうと、まず「発大心」は第六章方便章に、つぎの「修大行」は第七章正修章に対応する形となっている。ただしそうはいっても、内容面からみれば、方便章は「発大心」の項を、それから正修章は「修大行」の項を詳述した章となってはいない。

方便章で説示される事柄は、菩提心に関する事項ではなく、正修章で説かれる正修行を修すための、必要な実践的準備事項に関する事柄、より具体的には、二十五方便についてである。また正修章では、行の修し方のいわば内なる姿勢、換言すれば、心のかまえの面から行のあるべき形態が考究され、正修行としての十乗観法がまとめられ、説示されるわけであり、「修大行」の主題である四種三昧がさらに詳しく論及されるのではない。四種三昧とは行をいわば外なる形式の面、すなわち身のこなしといった面から整理してまとめられた行法の規矩《きく》といってよく、同じ行法についての規定といっても、正修行の中味を構成する十乗観法とこの四種三昧とは同質のものではないのである。もっとも十乗観法は四種三昧の形式にしたがって修せられるわけであり、両者は行の内と外の関係に立つものである。その点からいえば同じ事柄の二つの面ということになろうが、しかし行の内と外とに関する規定ということで、両者は異なっている。行の別の領域が「修大行」と正修章で論述されているのである。

「大意」の第三「感大果」、第四「裂大網」、第五「帰大処」はそれぞれ、本論の第八章果報章、第九章起教章、第十章旨帰章に対応する形となっている。しかし本論の第八章、第九章、第十章は『摩訶止観』では説かれていない。この点で、これら「大意」の三項は本論終わりの三章を知る手掛りとなるということを指摘しておこう。

第三　菩提心

第一項　訳語について

就ニ發心一、更爲レ三。初方言、次簡レ非、後顯レ是。

菩提者天竺音也。此方稱レ道。質多者天竺音、此方言レ心、卽慮知之心也。天竺又稱ニ汚栗馱一、此方稱ニ是草木之心一也。又稱ニ矣栗馱一、此方是積聚精要者爲レ心也。

発心について、さらに三となす。初めに方言、つぎに非を簡《えら》び、のちに是《ぜ》を顕わす。

菩提《ぼだい》とは天竺《てんじく》の音なり。この方には道《どう》と称す。質多《しった》とは天竺の音、この方には心という、すなわち慮知の心なり。天竺にまた汚栗駄《うりつだ》と称す、この方にはこれは草木の心と称するなり。また矣栗駄《いりつだ》と称す、この方にはこれ積聚精要《しゃくじゅしょうよう》のものを心となすなり。

《菩提》[S]bodhi の音写。この語自体は、さとりの智恵、仏の正覚の智、さとりの意。智・道・覚と漢訳される。《質多》[S] citta の音写。心と漢訳する。《汚栗駄》[S] hṛdaya の音写。肉団心、堅実心と漢訳する。天台では、本文中にみえるように、草木の心を指す。《矣栗駄》汚栗駄と同じく [S] hṛdaya の音写。ただしこの語が積聚の心を意味するとされたのは、√ci（積み重ねる）という語根からきたと解されたからである。

菩提心について以下詳しい考察が行われるのであるが、三つの観点から整理され、その内容が示される。はじめに、ことばの点から整理がなされる。つぎには、是・非をみきわめるという観点に立って、菩提心の何たるかが整理、考察される。後者の二点についてもう少し具体的にいえば、発心といってみても、かたよりがつよく、菩提心と呼ぶに値しない心の動き（＝非）もあれば、理にかない、菩提心そのものと呼ぶべき心の動き（＝是）もあるわけで、そのいずれであるかを見定め、菩提心の何たるかを示そうとするのである。

まずことばの面からみてゆくと、菩提という語はインド、つまりサンスクリット語のbodhiを写したもので、中国では道と訳されている。質多とはサンスクリット語の citta を写した語で、中国では心と訳される。その意味を示せば、「慮知の心」といってよい。ところで心をあらわすことばとして汚栗駄とか矣栗駄という語があるが、前者は草木の心を意味し、後者はいろいろのものが集まって形成されているもののうちで肝要なもの、ある註釈書では、心臓を意味するとされている。

第二項　邪な心

㈠　十種の濁心

今簡レ非者、簡二積聚草木等心一、専在二慮知心一也。道亦有レ通有レ別、今亦簡レ之略為レ十。

若其心念念專二貪瞋癡一、攝レ之不レ還、拔レ之不レ出、日增月甚、起二上品十惡一、如二五扇提羅一者、此發二地獄心一、行二火途道一。若其心念念欲レ多二眷屬一、如二海呑一レ流、如二火焚一レ薪、起二中品十惡一、如二調達誘一レ衆者、此發二畜生心一、行二血途道一。若其心念念欲レ得下名聞二四遠八方一、稱揚欽詠上、內無二實德一、虛比二賢聖一、起二下品十惡一、如二摩犍提一者、此發二鬼心一、行二刀途道一。

若其心念念常欲レ勝レ彼、不レ耐レ下レ人、輕レ他珍レ己、如二鵄高飛下視一、而外揚二仁義禮智信一、起二下品善心一、行二阿脩羅道一。若其心念念欣二世間樂一、安二其臭身一、悅二其癡心一。此起二中品善心一、行二於人道一。若其心念念知二三惡苦多、人間苦樂相間、天上純樂一、爲二天上樂一、關二六根一不レ出、六塵不レ入、此起二上品善心一、行二於天道一。

いま非を簡《えら》ぶとは、積聚《しゃくじゅ》・草木《そうもく》等の心を簡んで、専ら慮知の心にあるなり。道《どう》にもまた通あり別あり。いままたこれを簡んで略して十となす。

もしその心に、念念に、貪瞋癡《とんじんち》を専らにして、これを摂すれども還《かえ》らず、これを抜けども出でず、日に増し月に甚だしくして、上品《じょうぼん》の十悪を起こすこと、五扇提羅《せんだいら》のごときものは、これ地獄の心を発して、火途《かず》の道を行ずるなり。もしその心に、念念に、眷属《けんぞく》多からんことを欲し、海が流れを呑むごとく、火に薪を焚くがごとくにして、中品《ちゅうぼん》の十悪を起こすこと調達《じょうだつ》の衆を誘うがごときものは、これ畜生の心を発して、血途《けつず》の道を行ずるなり。もしその心に、念念に、名は四遠《おん》八方に聞こえて、称揚欽詠《こんえい》せらるることを得んと欲し、内に実徳なくして虚《むな》しく賢聖《けんじょう》に比し、下品《げぼん》の十悪を起こすこと摩犍提《まけんだい》のごときものは、これ鬼心を発して、刀途《とうず》の道を行ずるなり。

もしその心に、念念に、つねに彼に勝《まさ》れるを欲し、人に下《くだ》るには耐えず、他を軽んじ己を珍《たっと》ぶこと鵄《たか》が高く飛んで下《くだ》し視《み》るがごとく、しかも外には仁・義・礼・智・信を揚げ、下品《げぼん》の善心を起こすは、阿脩羅《あしゅら》の道を行ずるなり。もしその心に、念念に、世間の楽を欣《ねが》い、その臭き身に安んじ、その癡心《ちしん》を悦ばしむ。これ中品《ちゅうぼん》の善心を起こして、人の道を行ずるなり。もしその心に、念念に、三悪《さんなく》は苦多く、人間は苦楽あい間《まじ》わり、天上《てんじょう》は純《もっぱ》ら楽なりと知って、天上の楽のために六根を閉《と》じて出さず、六塵《ろくじん》をして入らざらしむるは、これ上品《じょうぼん》の善心を起こして、天の道を行ずるなり。

《貪瞋癡》三毒の煩悩といわれる。貪欲とはむさぼり、瞋恚とはいかり、癡は愚癡のことで、無明（無知）の意。**《旃提羅》**[S] caṇḍāla の音写。旃陀羅とも音写。インドにおける四姓外のもっとも賤しい存在。賤民。**《火途》**地獄のこと。**《血途》**畜生道。**《刀途》**餓鬼道。**《三悪》**三悪道のこと。三種の悪しき世界。悪い行いによって生まれる地獄・餓鬼・畜生の三つの世界。**《六根》**眼・耳・鼻・舌・身の五つの感覚機官と、認識し思考する機官としての心。**《六塵》**六根の対象をいう。色（形と色）・声・香・味・触（ふれられるもの）・法（思考の対象）の六境のこと。塵といわれるのは、本来清浄である人の心をけがすからである。

以下ここでは、積聚・草木の二つの心については触れるのを控え、主として慮知の心について考えてゆく。ところで道についてみれば、よく通ずるものもあれば、そうでないものもある。そこではじめに、菩提の道からかけ離れた心を取り上げ、考察する。

そうした心を取り上げるのは、この世に存在するもの、もっと一般的にいって衆生はもともと菩提心を発する可能性をそなえていても、実際にはよこしまな心を起こし、それに突き動かされて生きているというのが現実のすがたであるから、まずその点を見定めようというわけである。道にはよく通ずる道もあれば、遠くかけ離れて通じがたいものもある。よこしまな心は長く遠い道のようなものであって通じがたく、菩提心へと転ずることを求められている心といってよい。そのためにも、菩提心とかけ離れた心の様態を取りだし、以下のように、十種に類別して示すことにする。

まず、むさぼりといかりと無知の、いわゆる三毒の煩悩をほしいままにして、息《や》めようともせず、抜け出そうともせず、あたかも五扇提羅《せんだいら》のように、これ以上ない悪を起こす心、これが一つである。こうした心は地獄の心と特徴づけられるものである。つぎ、あたかも海がたくさんの川の流れを呑み込むように、また火に薪を投げ入れるように、はげしく燃えさかるねたみの心、ちょうど釈迦の人望のあつきさまをねたみ、五百の衆を率いて伽耶山《がやせん》に精舎を営んだ提婆達多《だいばだった》のようなねたみの心、これは畜生の心と呼ぶべき心である。自分の名声が四方八方に響きわたり、かつ人びとによって称賛されることを欲しつつ、しかし内にはそれにともなうだけの徳をまったくそなえておらず、そのくせ賢聖と肩を並べることのできる人間と思い込んでいる、ちょうど摩犍提《まけんだい》にみられるような、つよいおごりの心、この心は餓鬼の心と呼ぶべきものである。

つぎは他を軽蔑する心。つねに他より勝っていたいと願い、人の下につくことに耐えられず、ちょうどとびが天高く飛んでいつも下をみおろすように、他のものを軽蔑する心。仁・義・礼・智・信といったひくい善にしたがうだけのものを、これ以上ない勝れるものと思い込む心。こうした心は阿修羅の心といってよい。それからつぎには、世間的な楽しみを欣《ねが》い、不完全なこの身にあまんじて、おろかな欲望を満足させることにつとめる。このようないわば中程度の善き心、これは人の道を歩めるものの心である。さて地獄・餓鬼・畜生の世界は苦多く、つぎの人間の世界も苦と楽とがあいまじわっており、そこでは衆生は決して安らぎを感ずることはできない。苦しみがやんで楽を享受できるのは、人間界を超えた天界においてである。このことを知って、しかも天界の楽のために心を働かせたりはしない。楽を知って、それにとらわれようとしないこうした心は、天界に生きるものの心である。

若其心念念欲㆘大威勢、身口意纔有㆓所作㆒、一切弭従㆖、此發㆓欲界主心㆒、行㆓魔羅道㆒。若其心念念欲㆑得㆘利智辨聰、高才勇哲、鑒㆓達六合㆒、十方顒顒㆖、此發㆓世智心㆒、行㆓尼揵道㆒。若其心念念五塵六欲外樂蓋微、三禪樂如㆓石泉㆒、其樂内重、此發㆓梵心㆒、行㆓色無色道㆒。若其心念念知㆘善惡輪環、凡夫耽湎、賢聖所㆑呵、破惡由㆓淨慧㆒、淨慧由㆓淨禪㆒、淨禪由㆗淨戒㆖、尚㆓此三法㆒、如㆑飢如㆑渇、此發㆓無漏心㆒、行㆓二乘道㆒。

若心若道、其非甚多、略言㆑十耳。或開㆑上合㆑下、或開㆑下合㆑上、令㆓十數方足㆒而已。擧㆓一種㆒爲㆓語端㆒。強者先牽。如㆓論云㆒、破戒心墮㆓地獄㆒、慳貪心墮㆓餓鬼㆒、無慚愧心墮㆓畜生㆒。卽其義也。

もしその心、念念に、大威勢ありて、身口意《しんくい》に纔《わず》かに所作《しょさ》あれば一切が弭《なび》きて従わんことを欲するは、これ欲《よう》界主《かいしゅ》の心を発して、魔羅《まら》の道を行ずるなり。もしその心、念念に、利智弁聡《べんそう》、高才勇哲にして、六合《りくごう》に鑒達《かんたつ》し、十方に顒顒《ぎょうぎょう》たることを得んと欲するは、これ世智心を発して、尼揵《にけん》の道を行ずるなり。もしその心、念念に、五塵六欲《ごじんろくよく》の外の楽はけだし微《すく》なく、三禅の楽は石泉《せきせん》のごとく、その楽、内に重ければ、これ梵心《ぼんしん》を発して色《しき》、無色《むしき》道を行ずるなり。もしその心、念念に、善悪の輪環は、凡夫は耽湎《たんめん》するも、賢聖は呵《か》するところなり、破悪は浄慧に由り、浄慧は浄禅に由り、浄禅は浄戒に由ると知りて、この三法を尚《たっと》ぶこと飢えたるがごとく渇えたるがごとくなれば、これ無漏《むろ》の心を発し、二乗の道を行ずるなり。もしは心もしは道、その非なるものははなはだ多し、略して十をいうのみ。あるいは上を開いて下を合し、あるいは下を開いて上を合し、十の数をしてまさに足らしむるのみ。一種を挙げて語の端《たん》となす。強きものはさきに牽《ひ》く。論にいうがごとし、「破戒の心は地獄に堕し、慳貪《けんどん》の心は餓鬼《がき》に堕し、無慚愧《むざんき》の心は畜生に堕す」と。すなわちその義なり。

《欲界主》欲界というのは三界の一つで、欲望の支配する世界のこと。下は八大地獄にはじまり、中間に人間界の四大洲を含み、上は六欲天にまで至る世界。欲界主とは六欲天の各王を指す。六欲天というのは四天・忉利天・夜摩天・兜率天・化楽天・他化自在天の六天である。**《魔羅》**[S] māra の音写。悪魔・魔王。魔羅道とは悪魔のような悪い行為。なお魔羅道と関係づけて、前項の「欲界主」を解しなければならないわけであるから、ここにいう「欲界主」とは欲界の第六天の主である他化自在天の主を指す。**《六合》**天と地それに東西南北の四方。**《尼犍》**外道の共通の呼び名。**《五塵》**色・声・香・味・触という五種類の対象。**《六欲》**眼・耳・鼻・舌・身・意の六つの感覚機官より生ずるさまざまな欲望。**《三禅の楽》**色界の禅定に四段階あるうち、第三の段階である第三禅に存する快楽。そこには行捨（平静な心）・正念・正慧・受楽・定の五つの楽があるとされる。**《色界》**欲界の上にある天界で、欲界のような本能的欲望から解放された、すべてが清浄となった物質的世界。**《無色界》**純粋に精神的要素から成る世界。**《無漏》**漏れ出る不浄のものがないこと。煩悩がないこと。**《慳貪》**惜しみ、むさぼること。**《無慚愧》**自らに対しても、また他に対しても恥じらいの気持がないこと。

つぎには、どんなことでも、すべてを自分の思い通りにしようと欲する心。こうした心を起こすものは欲界を支配する大魔王の心に等しく、悪行をかさねるものといってよい。そのつぎ、智恵するどく、聰明で、すぐれた才知といさましさをもったものとすべてが認めてくれて、あらゆる衆生から仰ぎみられたいと欲する心。こうした心のもち主は世間智を身につけているだけで、外道の道を歩めるものにすぎない。それからそのつぎの心としては、外的対象にまどう心がやすんで、あたかも石より泉が湧き出るように、内に確立する、欲望を絶とうと働く心。この心はこれまでに挙げてきた心と比べたとき、欲心の克服度合の点で、はるかに深められているといってよく、同列にみられるべきものではない。しかしこの心も、迷いの境界である欲界・色界・無色界の三界において認められるものであって、決して悟りの心、いわゆる大乗の心ではないのであり、やはり菩提心そのものではない。非なる心の最後として取り出されるものは二乗の心である。この心は具体的には煩悩がなくなった心、無漏の心といわれるものにほかならないが、それは悪を徹底して呵《か》すことによってえられる心である。凡夫は煩悩がほぼ克服された状態を善そのものと思い込んでとらわれ、おぼれることもあれば、さらに悪にもおぼれもするものであるが、賢聖と呼びうる人びとはそうしたことに陥ろうとする態度を徹底して呵していく。その際、賢聖は浄戒によって浄禅が成り立ち、その浄禅によって浄恵が得られることを知っており、これら三法を尚んで、ひたすら悪を破すことに努める。こうして無漏の心が発起するわけであるが、これはまだ二乗の心にとどまるものであって、真の意味での菩提心となりきっているものではないのである。

真の意味での菩提心ないし菩提を目指す道といったものに照らして眺めてみると、菩提心とか菩提道と呼びえぬ「非なるもの」がなんと多いことか。細かく挙げてゆけば、もちろん十におさまらないわけであるが、ここでは十にまとめて示してきた。その十種の心をあらためてのべれば、(i)地獄の心、(ii)畜生の心、(iii)餓鬼の心、(iv)阿修羅の心、(v)人間の心、(vi)天人の心、(vii)魔羅道を行ずる欲界主の心、(viii)尼犍の道を行ずる世智の心、(ix)色・無色の道を行ずる梵心、(x)二乗の道を行ずる無漏の心、以上である。これらはつねに単独に起きるのではなく、ひとつが起きれば、そのなかに他の九種の心がすべて含まれているわけであり、それを十種として取り出したのは、それぞれの心の中にあってもっともつよい心に注目して整理したからにほかならない。

㈡　非心（濁心）の類別

或先起二非心一、或先起二是心一、或是非並起。譬三象魚風並濁二池水一。象譬レ外、魚譬レ內、風譬二並起一。又象譬二諸非自レ外而起一、魚譬下內觀羸弱爲二二邊一所上レ動、風譬二內外合雜穢濁混合一。又九種是生死、如二蠶自縛一、後一是涅槃。如二麞獨跳一、雖レ得二自脫一、未レ具二佛法一。俱非故雙簡。前九是世間、不レ動不レ出、後一雖レ出、無二大悲一、俱非雙簡也。有爲無爲、有漏無漏、善惡染淨、縛脫眞俗等種種法門亦如レ是。又九法約二世間苦諦一。後一非二苦諦一。雖レ非二苦諦一、曲拙灰近。故雙非簡却。次有爲有漏約二集諦一。後一非二集諦一。雖レ非二集諦一、曲近灰拙、亦雙非簡也。次善惡染淨約二道諦一。後一是道諦。雖二是道諦一、亦如二前簡一。次縛脫眞俗約二滅諦一。後一雖二是滅諦一、亦如二前簡一。若得二此意一、歷二一切根塵三業四儀一、生レ心動レ念、皆此觀察、勿レ令二濁心得一レ起。設起速滅。如下有二明眼一人能避中險惡道上、世有二聽明人一、能遠二離衆惡一。初心行者、若見二此意一、堪下爲二世間一而作中依止上。云云。

あるいは先に非心を起こし、あるいは先に是心《ぜしん》を起こし、あるいは是非並び起こす。象と魚と風と、並びに池の水を濁すに譬う。象は外を譬え、魚は内を譬え、風は並起《へいき》を譬う。また、象は諸の非の外よりして起こるに譬え、魚は内観の羸弱《るいじゃく》にして二辺のために動かさるるを譬え、風は内外《ないげ》合雑《ごうぞう》して穢濁《えじょく》の混合するに譬う。また、九種はこれ生死《しょうじ》なり、蚕《かいこ》のみずから縛《ばく》するがごとく、後の一はこれ涅槃《ねはん》なり、麞《くじか》の独り跳《は》ねるがごとく、みずから脱することを得《う》といえども、いまだ仏法を具せず。ともに非なるが故に雙《なら》べ簡《えら》ぶなり。前の九はこれ世間にして、動かず出でず、後の一は出ずといえども、大悲なく、ともに非なれば雙べ簡ぶなり。有為《うい》・無為《むい》、有漏《うろ》・無漏《むろ》、善悪、染浄《ぜんじょう》、縛脱《ばくだつ》、真俗等の種種の法門もまたかくのごとし。また、九法は世間の苦諦《くたい》に約す。後の一は苦諦にあらず。苦諦にあらずといえども、曲拙灰近《こくせつけごん》なり。故に雙べ非《ひ》し、簡び却《しりぞ》くるなり。つぎに、有為有漏は集諦《じゅったい》に約す。後の一は集諦にはあらず。集諦にあらずといえども曲近灰拙《こくごんけせつ》なれば、また雙べ非し簡ぶなり。つぎに、善悪染浄は道諦《どうたい》に約す。後の一はこれ道諦なり。これ道諦なりといえども、またまえに簡ぶがごとし。つぎに縛脱真俗は滅諦《めったい》に約す。後の一つはこれ滅諦なりといえども、またまえに簡ぶがごとし。もしこの意を得れば、一切の根《こん》・塵《じん》・三業《さんごう》・四儀《しぎ》に歴《わた》りて心を生じ念を動かすに、みなかく観察して濁心《じょくしん》をして起こることを得せしむることなかれ。たとい起こるとも速やかに滅せよ。明眼《みょうげん》ある人はよく険悪《けんあく》の道を避くるがごとく、世に聡明の人ありてよく衆悪を遠離す。初心の行者も、もしこの意を見れば、世間のためにしかも依止《えし》となるに堪えたり。云云。

《有為》因と縁、すなわち直接原因と間接原因とが作用しあってつくりだされた諸現象。《無為》生滅変化を超えた常住絶対の真実。《縛脱》縛は束縛するもの、煩悩のこと。脱は苦から脱すること、解脱の意味。《真俗》真は真実なるもの、真理のこと。俗は世俗、この現象世界の意味。《苦諦》四諦の一つで、この世界は苦であるという真理。《曲拙灰近》「曲」とは分析的態度で真理を捉えることで、まわり道をして真理に近づくという意味。「灰」とは身を灰にし、心を滅すること。「拙」とはこの世界は実際に事実として生じ滅するものであると解するために完全な悟りがひらかれない状態にあること。「近」とは大乗の教えに近づけるためのかりの低い教えのこと。そこで「曲拙灰近」を一言にしていえば、小乗の教えということになる。《集諦》四諦の一つ、苦の原因が煩悩であるという真実。《道諦》四諦の一つ、さとりに導くための真理としての修行道。具体的には八正道（八つの正しい実践の仕方）をいう。《滅諦》苦の原因である煩悩を断つことがさとりの境地であるという真実。《四儀》人間の振舞いを四つの面つまり行・住・坐・臥の面に類別して示したもの。《根》感覚機官。《塵》対象。境に同じ。《三業》人間の行為。それを身体の動作、口でいう言語のはたらき、心に意思するはたらきの三局面にわけて示したもの。

衆生ははじめによこしまな心を起こすこともあれば、菩提につながる心をはじめから起こすこともあれば、またその両方がいりまじった心を起こすこともある。ところでそうしたことを、象と魚と風が池の水を濁らせるという現象にたとえてのべてみよう。象は外から水を濁らせ、魚は内から、風は内と外の両方から水を濁らせるといってよいであろうが、この関係を心の生起の問題に絡めていうとすれば、象のたとえは、よこしまな心が外境に触発されて、外から惹き起こされることを示したものであり、魚のたとえは、内観がよわく、そのために空《くう》・仮《け》の二辺のために動かされて内から起きることをあらわし、風のたとえは内からと外からとの、その両方向がいりまじって起きることをいったものである。

それからさきの十種の心を、もう少しきめ細かく眺めてみることにしよう。十種の心のうちはじめの九種は、はっきりとした迷いの心といってよい。それらは、蚕が自ら出した糸にしばられるように、迷いの心そのものである。あとの一つは涅槃につながる心といってよいかもしれない。しかしそれも、麞《くじか》(鹿の一種)がひとり跳ねるようなもので、ひろく衆生の利益を考えない、自分ひとりだけの悟りを願う心であって、仏法を具すものとはいえない。だから、さきの十種の心はともに非なるものといわねばならず、それゆえに、一括してまとめ示したのである。また前の九種の心は迷いから出ることのできない心であり、最後の心はそこから脱しうる心である、という形で示すことができもしよう。しかしこの場合も、最後の心は大悲の心を欠いており、したがって十心のすべては非なる心といわねばならない。有為・無為、有漏・無漏、善・悪、染・浄、縛・脱、真・俗等の種々の法門に照らしてみても、同じことがいえる。前九種の心はこの現実世界が苦であるという事実に即してまとめられたものであるのに対して、最後の心は苦を超脱した心といわれてよいものであろう。しかしそれも小乗の心を出るものではなく、したがってすべては非なるものであり、却けられねばならない。つぎに有為・有漏の観点からみれば、有為・有漏は苦の原因である煩悩に関係する事項であるから、ここでは煩悩が指標として立てられる。そこでこの指標にしたがってさきの十心を眺めてみると、前九心は煩悩心そのものということになるが、最後の心はそれを超えており、煩悩と無縁というべきである。しかしそれも小乗の心の域を出ず、したがって十心ともに非なる心というしかない。つぎに悟りへと導く実践と関連の善悪、染浄の観点からみれば、これまた最後の十心は涅槃につながる道にかなう心であって、他の九種の心は悪と染の道といわねばならない。しかし、この一心も小乗の心を出でず、したがって十種の心すべてが菩提心に非ざる心というしかない。それからつぎに、煩悩が滅し去った悟りの境地に結びつく縛脱、真俗ということに照らしてみれば、ここでも最後の十心だけが煩悩を滅し尽くした心とみられてよいであろう。しかしこの一心も、同じく小乗の心を出るものではなく、したがって十種の心はともに非なる心というべきである。

さて以上みてきたこうした事情をはっきりと了解して、感覚機関およびその対象、それから行動やことば、意識の働き、さらには行・住・坐・臥にわたる身の処し方にいたるまで、すべての面にわたって、よくよく観察してよこしまな心を起こさないよう注意しなければならない。そうした心がたとい起こったとしても、すみやかに滅する努力を払うべきである。正しく判断できる人がけわしい道をよく避けて通るように、聡明な人は種々の悪を遠離することができる。仏道を志す初心の行動であっても、そうした点をわきまえて、世の人びとのために支えとなるよう努力しなければならない。

第三項　発心の構造——感応道交

問、行者自發心、他敎發心。答、自他共離、皆不可。但是感應道交而論㆓發心㆒耳。如㆘子墮㆓水火㆒、父母騷擾救㆖之。淨名云、其子得㆑病、父母亦病。大經云、父母於㆓病子㆒、心則偏重。動㆓法性山㆒、入㆓生死海㆒、故有㆓病行嬰兒行㆒、是名㆓感應發心㆒也。

禪經云、佛以㆓四隨㆒說㆑法。隨樂隨宜隨治隨義。將㆓護彼意㆒、說悅㆓其心㆒、附㆓先世習㆒、令㆑易㆓受行㆒。

觀㆓病輕重㆒、設㆑藥多少。道機時熟、聞卽悟㆑道。豈非㆓隨機感應利益㆒。智度論四悉檀。世法間隔名㆓世界㆒、隨㆓其堪能㆒名㆓爲人㆒。兩悉檀與㆓四隨㆒同。亦是感應意也。

更引㆓論五復次㆒。一明㆓菩薩種種行㆒故、說㆓般若波羅蜜經㆒、二令㆔菩薩增㆓念佛三昧㆒故、三說㆓跋致相貌㆒故、四拔㆓弟子惡邪㆒故、五說㆓第一義㆒故、說㆓般若波羅蜜經㆒。此五復次與㆓四隨四悉㆒皆不㆑異、又與㆓五因緣㆒同。若不㆑隨㆑機、惱㆑他故、說於㆑彼無㆑益。若㆓大悲雷雨㆒、得㆓從㆑微之㆑著。論云、眞法及說者聽衆難㆑得故。如㆑是則生死非㆓有邊㆒。非㆓無邊㆒。實相非㆑難非㆑易、非㆑有非㆑無。此名㆓眞法㆒、能如㆑此說聽、名㆓眞說聽㆒。有㆓三悉檀益㆒、名㆓有邊㆒、第一義益、名㆓非有邊非無邊㆒。故知、緣起能辨㆓大事㆒、則感應意也。

然四隨四悉五緣、名異意義則同。今說㆑之。四隨是大悲應益、悉檀是憐愍偏施。蓋左右之異耳。言㆓因緣㆒者、或因㆓於聖㆒、緣㆓於凡㆒、或因㆓於凡㆒、緣㆓於聖㆒。則感應道交。當㆑知、三法言味相符、則意同。隨樂欲偏語㆓修因所㆑尙㆒、世界偏語㆓受報間隔㆒。蓋因果之異耳。便宜者選㆑法以擬㆑人、爲人者觀㆑人以逗㆑法。此乃欣赴不同耳。又五因緣者、衆生信樂爲㆑因、佛說㆓一法一切法㆒、則大菩提心也。於㆑經是樂欲、於㆑論是世界。衆生有㆓大精進勇猛㆒、佛說㆓一行一切行㆒、則四三昧。於㆑經是便宜、於㆑論是爲人。衆生有㆓平等大慧㆒爲㆑因、感㆔佛說㆓一破一切破㆒、獲㆓勝果報㆒、及通㆓經論㆒、於㆓經論㆒、俱是對治。衆生有㆓佛智眼㆒爲㆑因、感㆔佛說㆓一究竟一切究竟㆒、得㆑說㆓旨歸寂滅㆒、於㆓經論㆒俱是第一義也。

問う、行者はみずから発心するや、他が教えて発心せしむるや。答う、自・他・共《ぐう》・離、みな不可なり。ただこれ感応道交《かんのうどうこう》して発心を論ずるのみ。子が水火に堕《お》ちるに、父母騒擾《そうじょう》してこれを救うがごとし。浄名にいわく、

「その子、病を得れば、父母もまた病む」と。大経にいわく、「父母は、病める子において心すなわち偏《ひと》えに重し」と。法性の山を動かして生死の海に入る、故に病行・嬰児《ように》行あり。これを感応の発心と名づくるなり。禅経にいわく、「仏は四随《ずい》をもって法を説けり。随楽《ずいぎょう》・随宜《ずいぎ》・随治《ずいじ》・随義なり」と。彼の意を将護《しょうご》して説きてその心を悦ばしめ、先世の習に附して受行するを易からしむ。病の軽重を観じて薬を設くること多少なり。道機が時に熟すれば、聞きてすなわち道を悟る。あに随機《ずいき》感応《かんのう》の利益にあらずや。智度論には四悉檀《しつだん》あり。世法が間隔するを世界と名づけ、その堪能に随うを為人《いにん》と名づく。両の悉檀は四随と同じ。またこれ感応の意なり。さらに論の五の「復次《またつぎに》」を引く。一には菩薩の種種の行を明かすが故に、般若波羅蜜経《はんにゃはらみつきょう》を説き、二には菩薩をして念仏三昧を増さしむるが故に、三には跋致《ばっち》の相貌《そうみょう》を説くが故に、四には弟子の悪邪を抜くが故に、五には第一義を説くが故に、般若波羅蜜経を説くと。この五の「復次」と四随と四悉とみな異ならず、また五因縁と同じ。もし機に随わずんば、他を悩ますが故に、説けども彼において益なし。大悲の雷雨のごとき、微より著に之《ゆ》くことを得。論にいわく、「真法および説者・聴衆、得ること難きが故に」と。かくのごとくなれば、すなわち生死は有の辺にあらず無の辺にあらず。実相は難にあらず易にあらず、有にあらず無にあらず。これを真と名づけ、よくかくのごとく説聴するを真の説聴と名づく。三悉檀の益あるを有辺と名づけ、第一義の益を非有辺・非無辺と名づく。故に知んぬ、縁起よく大事を弁ずるはすなわち感応の意なり。

しかるに四随・四悉・五縁は、名は異なれども意義はすなわち同じ。いまこれを説かん。四随はこれ大悲の応益、悉檀はこれ憐愍《れんみん》の徧《へん》(遍)施《せ》なり。けだし左右の異なりのみ。因縁というは、あるいは聖を因とし凡を縁とし、あるいは凡を因とし聖を縁とす。すなわち感応道交なり。まさに知るべし、三法、言味《ごんみ》あいかなわば、すなわち意は同じ。随楽欲《ずいぎょうよく》はひとえに修因の尚《たっと》ぶところを語り、世界はひとえに受報の間隔を語る。けだし因果の異なるのみ。便宜《べんぎ》は法を選んでもって人に擬し、為人《いにん》は人を観じてもって法を逗《とう》ず。これすなわち欣赴《ごんぶ》の不同なるのみ。また五因縁とは、衆生の信楽《しんぎょう》を因となして、仏は一法は一切法と説く、大菩提心なり。経においてはこれ楽欲《ぎょうよく》、論においてはこれ世界なり。衆生に大なる精進勇猛《ゆうみょう》あれば、仏は一行は一切行と説く、すなわち四の三昧なり。経においてはこれは便宜、論においてはこれは為人なり。衆生に平等大慧あるを因と為して、仏が一破は一切破と説くを感じ、勝れたる果報を獲、および経論に通ずるは、経と論とにおいてともにこれ対《たい》治《じ》なり。衆生に仏の智眼《ちげん》あるを因となして、仏が一究竟《くきょう》は一切究竟と説くを感じて、旨帰《しき》寂滅を説くことを得るは、経と論とにおいてともにこれ第一義《だいいちぎ》なり。

《病行》菩薩が行う五種の行為の一つ。『涅槃経』に説かれている。菩薩が大悲をもって、衆生の病（＝罪業）を治療する行為。ちなみに五行をあげれば、(1)聖行、(2)梵行、(3)天行、(4)嬰児行、(5)病行の以上である。**《嬰児行》**嬰児に対するように慈悲の心をもって善を行ずる。**《随楽》**希望にしたがうこと。**《随宜》**教化をうける相手の素質に応ずること。**《随治》**対治さるべきもの、つまり煩悩に応ずること。**《随義》**第一義、つまり真理に応ずること。**《四悉檀》**仏の法の説き方の四つの方法。(1)世界悉檀。仏が衆生の望みにしたがって、世間的な考え方にもとづいて法を説き、凡夫をよろこばせながら、世間の正しい智慧を得させようとすること。(2)各各為人悉檀。衆生の性質や能力に応じて、それぞれに適合した法を説いて、善を行わせること。(3)対治悉檀。仏が衆生の煩悩を滅しさせるべく、ふさわしい教えを説き示すこと。(4)第一義悉檀。衆生の能力が成熟したときに、仏が真実の教えを説いて、かれらを悟りの境界へと導き入れようとすること。**《跋致》**阿鞞跋致のこと。[S] avaivartika [S] avinivartanīya の音写。不退・無退・不退転と漢訳する。退くことのない位のこと。菩薩の階位の名称。仏になることが決まっていて、菩薩の位より再び悪趣や声聞・縁覚の位に退くことがないことをいう。

菩提を求めて修行に励む衆生は、その心を自発的にもつようになるのであろうか、それとも他から教えられて発心するのであろうか、どちらであろうか。正確には、自発的に起こすのでもなければ、また他によるものでもなく、それからその両者がともに働いて起こすのでもなければ、さらにはその両者の離反によって成立するものでもない。発心というのは、仏の側からの衆生を救おうとする働きかけと、それに応じようとする衆生の意志とが合一するとき、成立するのである。それは、子どもが水や火の中に堕《お》ちたとき、父、母がまわりのことなど気にせず、ただこの子を救おうと一生懸命になるのと似ている。『維摩経』には「子供が病気になると、その父母も病気になる」といわれている。また『涅槃経』には「父母の慈悲の心は病める子どもの上により多く注がれる」といわれている。慈悲の心は動きそうもない法性の山を動かし、迷いのただ中に入ってゆくことができるものである。慈悲にそうした力がそなわっているからこそ、衆生の罪業を治す菩薩の働きも成立しうるのである。仏の側からの働きかけとそれに応じようとする衆生の意志が合うところに成立するのが菩提心であり、そしてその関係を感応道交というのである。

感応道交の関係は仏典の随所に説かれている。いくつかを拾い出して紹介しよう。まず禅観関係の経典をみると、仏は四種の方法（=「四随」）にしたがって法を説き明かしたことがのべられている。その四種の方法とは、衆生の願いに応じて、つぎに素質に応じて、それから煩悩に応じて、もう一つ真理にしたがって、説くという方法である。人びとの心をくんで法を説き、その心を悦ばせ、そして前世より受けついできた煩悩のなごりに即応して、修すべき行も選び易いように教え示してやる。これが仏の教導の仕方である。病の軽い重いを観察して、病にあった薬を用意するように心をくばる。こうすれば、時間とともに機根熟して道を悟るようになる。これは人びとの能力に応じた教導の仕方といってよいであろう。

それから『大智度論』には「四悉檀」の説が説かれているが、これもさきの四随の説と異なった事柄を教示するものではない。衆生の望みをみてとって、世間的な考え方にもとづいて法を説くのが世界悉檀であり、そして衆生の資質の浅深に応じて、それぞれにふさわしい法を説くのが為人悉檀である。これら二つの悉檀の法を説く説き方は、さきの四随の説と内容的に同じであるといってよいであろう。これもまた、仏は衆生に応じて法を説くという考え方を背後にもって構想された教説であり、したがって感応の意を踏まえたものということができる。

さらに『大智度論』にみられる、経の説示の因縁を説き明かす説明（＝「五復次」）にも四随や四悉檀と内容的に同じ考え方が示されている。その説明というのは、具体的に紹介すると、般若波羅蜜経が説かれたのは、㈠菩薩のいろいろの行を教え示すためであり、㈡また菩薩をして念仏三昧をよりいっそう行ぜしめるためであり、㈢また菩薩の姿を示さんがためであり。㈣また弟子たちの邪しまな心を抜かんがためであり、㈤また真実を説かんがためである、というのであるが、ここには、仏が聴き手のことを考慮して経を説いたとみる見解がはっきりとのべられている。この見解は感応の意味を踏まえて説示されたものと解され、四随、四悉檀の教説と内容的に異なるものではない。『大智度論』にいう経の説示の因縁をのべる説明を通じても、感応道交の考え方を読みとることができる。

ところでこのようにみてくると、本書の「五因縁」の部分、すなわち本書の概要を前もって説き示す「五略」の部分も、四随、四悉檀、五復次の教えにつながり、感応道交の考え方を基本に据えて説かれていることがはっきりする。経の聴き手のことを考慮しないでどのような教えを説いてみても、聴くものを悩ますだけで、その人を利するようなことはまったくないのである。

仏の大悲は浅きより深きへと浸み通るように徐々にひろがってゆくものである。そうであるのは、『大智度論』にいうように、「真実の法、それにそれを説く人、それからその教えを聴くもの、これら三者がうまい具合にそろわないという事情があるからにほかならない」。ともあれ、衆生の資質に応じて説かれる法は中道でないものはないのであって、したがって迷いも有の辺、無の辺のいずれかであると特定されるようなものではない。実相は難・易、有・無といった極端を超え出たものである。有・無の両辺を超えた諸法のありよう、それが真実と呼びうるものであり、また真実をそうしたものとして説き示したり、聴きとったりすることが、真の説法であり、真の法の聴き方である、ということができる。四悉檀のうち前の三悉檀の教示するところは有の辺についてであり、第一義悉檀の教えるところは有と無の両辺を超えた境地のことである。衆生の資質に応じて法を説くならば、仏法の根本をよく教え示すことができるというのは、感応道交という関係を踏まえてなされるからといってよい。

四随と四悉檀と五縁は、名は異なっているけれども、内容的には同じことを教える教説にほかならない。整理していえば、まず四随は、仏が大悲の心をもって衆生に接しようとしていることを教えるいわば概念であり、つぎの四悉檀は、仏があわれみの心をもって衆生に法楽を施そうと働きかけていることを示す教えであって、この両者は内容的に同じことを教示するものである。つぎの五因縁とは、菩提を求める衆生のつよい心が因となり、それに応ずる仏の応答の心が縁となったり、あるいは逆に、衆生に働きかける仏の意志が因となり、それに応じようとする衆生の心が縁となって、菩提心が成立することを明らかにする教えであり、これも感応道交の関係を基本として菩提心が成立する事情を教えるものである。このようにみてくれば、四随と四悉檀と五縁とは教えようとする内容は同じであるといってよいであろう。

ここで、それらの教説をもう少しきめこまかく眺めてみよう。随楽欲を取り上げれば、これは菩提をねがい、それへと向かう衆生の姿勢についていったものであり、世界悉檀は得知される真理の側に関する教説ということができる。したがって、この両概念を菩提の完成の道に照らしていえば、前者はその道程の原因の部分を形づくり、一方、後者はその結果に当る領域を教示する概念といってよいであろう。ともあれこの両者は、菩提の完成の過程における原因と結果に当る教理の領域を教え示すという点で異なっていても、二つで菩提の完成の道を全体的に示す概念であるという点で、違いはないのである。

つぎに随便宜と為人悉檀についてみてみよう。随便宜とは衆生一人ひとりの欣求《ごんぐ》すべき究極の境地を法の面から教えるものであり、一方、為人悉檀とは人の面から、それぞれが赴くべき所を教えるものといってよいであろう。したがって、これら両者も決して異なった内容の事柄を教示するものではなく、対をなす関係に立つものとみてよい。それから、つぎの点も指摘できる。衆生に菩提を求める心があるからこそ、仏は法性法界を説くわけであり、逆にまた仏が法性法界を説くことが縁となって、衆生は大心を発することができるのである、と。ところでこうした関係を示すのが、四随のなかの信楽であり、四悉檀のなかの世界悉檀である。この意味で、信楽と世界悉檀とは同趣意のことを表示するものということができる。つぎに衆生には大行たる四種三昧を修する能力がそなわっているからこそ、仏は不思議の行を説くことができるのであり、また逆に、仏が不思議の行を説き示すがゆえに、それが縁となって、衆生は大行を修しうるのである。こうした関係を説き明かすのが、四随のなかの随便宜と四悉檀のなかの為人悉檀である。この意味で、随便宜と為人悉檀とは対の関係に立つ教説といいうるであろう。また衆生には、大恵としての一切種智を証しうる可能性が秘められているからこそ、仏は、煩悩の対治がかれらにおいて実現されうる、と断言することができるのである。こうした関係を教理として説き明かすのが対治の教えにほかならない。具体的には四随のなかの随対治、四悉檀の対治悉檀はこの点を教示する教説といってよい。それからまた、衆生には仏の智眼がそなわっているからこそ、衆生は究竟の境地を得知しうるのであるが、これを逆に仏の側からいえば、衆生がそうしたものであるために、仏は究竟の境地を説くことができるといいえよう。こうした点を明らかにするのが、随義と第一義悉檀にほかならない。このようなわけで、四随と四悉檀とは同趣意の内容を表示する教説ということができる。

又五緣五復次者、菩提心是諸行本、論擧二種種行一、蓋枝本之異耳。四三昧是通修、念佛是別修、蓋通別之異耳。勝報備說二依正習果報果一、跋致偏擧二習果入位之相一、蓋雙隻之異耳。除二經論疑滯一者、經論是起二疑執一處、拔二弟子惡邪一者、是起レ過人。人處異耳。本末究竟等與二第一義一、名同易レ見。所以不レ異、是爲二義同一。又聖說多レ端。或次說或不次說、或具說或不具說、或雜說或不雜說。衆生稟レ益不レ同。或次益不次益、或具益不具益、或雜益不雜益。或四悉檀成二五緣一、五緣成二四悉一。或四悉成二一因緣一、一因緣成二一悉一。或一一因緣皆具二四悉、四悉具二五縁一。如レ是等種種互相成顯。還以二三止観一結レ之。可二以レ意知一。云云。又以二一止観一結レ之。發二菩提心一卽是観、邪僻心息卽是止。

また五縁と五復次とは、菩提心はこれ諸行の本なるも、論に種種の行を挙ぐるは、けだし枝本の異なるのみ。四の三昧《さんまい》はこれ通修、念仏はこれ別修、けだし通別の異なるのみ。勝報《しょうほう》は備《つぶ》さに依正《えしょう》の習果《しゅうか》・報果《ほうか》を説き、跛《ばっ》致《ち》はひとえに習果の入位の相をあぐるは、けだし雙隻《そうせき》の異なるのみ。経論の疑滞《ぎたい》を除くとは、経論はこれ疑執《ぎしゅう》を起こす処、弟子の悪邪を抜くとは、これ過を起こす人なり。人処《にんしょ》の異なるのみ。本末究竟等《ほんまつくきょうとう》と第一義とは、名の同じきことは見やすし。ゆえに異ならず、これ義同じとなす。また、聖説に端多し。あるいは次説《じせつ》あるいは不次説《ふじせつ》、あるいは具説あるいは不具説、あるいは雑説《ぞうせつ》あるいは不雑説あり。衆生が益《やく》を稟《う》くることも不同なり。あるいは次益《じやく》・不次益、あるいは具益・不具益、あるいは雑益《ぞうやく》・不雑益あり。あるいは四悉檀は五縁を成じ、五縁は四悉を成ず。あるいは四悉は一因縁を成じ、一因縁は一悉を成ず。あるいはいちいちの因縁にみな四悉を具し、四悉に五縁を具す。かくのごとき等、種種にたがいにあい成じ顕《あら》わる。還《かえ》って三の止観をもってこれを結す。意をもって知るべし。云云。一の止観をもってこれを結す。菩提心を発するは、すなわちこれ観《かん》なり、邪僻《じゃへき》の心息《や》むは、すなわちこれ止《し》なり。

《本末究竟等》 十如是の第十番目のカテゴリー。十如是についてのべれば、『妙法蓮華経』方便品に説かれる「如是相、如是性、如是体、如是力、如是作、如是因、如是縁、如是果、如是報、如是本末究竟等」の十の如是をいうのであるが、智顗はこれを重視し、自らの思想をのべる際に重要な概念として用いている。かれにおいては十如是は存在するもののありようを表出するいわば範疇と解されているといってよいであろう。

すなわち一切法は十如是によって表示される構造をもつものであるというわけである。十如の一項一項の意味を示せば、相とは存在するものの形相、性とは内にそなわった性質、体とは個々の存在を構成する主質、力とはそれらにそなわった潜在的力、作とは外にあらわれ出る作用、因とはものの生起を導く直接原因、縁とは因を助ける補助因、果とは因と縁によって招来される結果、報とは結果によってもたらされる報い、本末究竟等とは第一の相から第九の報まで、それらのすべてが存在するもののなかにあって相互に関係しあい、貫き通していること、以上のようであるが、一切法＝存在するもののすべては、こうした十如是によって捉えられ、また表出されうるものというのである。

五縁の教説と五復次の教説が違った事柄を教示するものでないことがのべられる。

五縁の教えのもとでは菩提心が行の根本であることが説示され、一方、五復次の教えにあっては種種の行を行ずることの重要さが説かれているが、これは本質的に異なったことをのべているわけではない。行の根本とそこから導かれる種々の行のことが明らかにされているのである。つぎに五縁のもとで四種三昧が説かれるのと、五復次の教えにおいて念仏のことが取り上げられるのとは、異なったことを語ろうとしているのではない。違いといえば、四種三昧は行を包摂する行であり、一方、念仏は諸行のうちの一つというだけであって、両者の間には本質的な違いはなにもないのである。それから五縁のもとで大果が論じられることと、五復次のなかで不退の位のことが取り上げられるのとは、これまた異なったことではない。違いといえば、前者では過去の行為の報いとして衆生が受ける心身（＝正報）とそのよりどころとなる環境世界（＝依報）の両者が明らかにされるのに対し、後者ではただ行為の報いのことだけが語られるというところにみられるだけである。大果も阿鞞《あび》跋致《ばっち》すなわち不退の位も、ともに衆生が導き入れられる究竟の位を教えるという点で、同じことをのべていることはいうまでもない。つぎに、経論にとらわれて、煩悩や邪見の網にとらえられている衆生を救うことを論及する裂大網が五縁の一項として論じられるのと、五復次の中で、弟子の邪悪を取り除くことが論じられるのとは、これまた基本的に同じことをのべたものである。違いといえば、前者では疑いやとらわれを引き起こさせる対象が問題にされているのに対し、後者では悪を働く人が取り上げられているという点にみられるだけである。とらわれのよりどころとなる対象ととらわれる人が取り上げられているという違いがあるだけで、ともに煩悩、とらわれを取り除くことを中心の問題として取り扱う事項であるわけであり、この二つも同じ内容の事柄を扱ったものといってよい。最後の帰大処を明らかにすることと第一義を論ずることとは、行者の行きつくべき究極の境地を教示するという点で、まったく同じことを取り扱っている項目にほかならない。ともあれこのように、五縁と五復次の教えの明らかにする内容は異なったものではないのである。

多面的である仏陀の教えも、結局は一つにきわまるという考え方が以下に示される。

仏陀の教えはいろいろの側面をもっている。あるものは漸教の立場に立って説かれる教えであったり、また頓覚の教えであったり、また不定教の教えであったりする。また衆生がうける利益のうけ方についてもいくつかの形式が示される。次第に悟りの境界へと導かれる漸次の形式もあれば、一時に究極の境地に導かれる頓覚・不次第の形式もある。さらには、漸次や頓覚の場合のような秩序立った形式をもたない不定と呼ばれるべき導かれ方もある。このように仏陀の教えは多面的であるわけであるが、しかし、まとめていうとすれば、それは三種の止観で統括されうるであろう。さきに四悉檀の教えが五縁の教えと内容的に変わるものでないことが縷々《るる》のべられていたが、両者のつながりを整理してみると、結局はすべての教えは三種止観におさめとられることがはっきりする。

ところで止観の法といえば、観は発心の実現を導く法であり、止は邪僻の心の止息をかなえる法にほかならない。かくて上にのべてきた五縁、五復次、四随、四悉の各教説はすべて、その基本にあっては邪心を息め、菩提心を起こさせることを教える教説というべきものである。

第四項　五略と十広

又五略秖是十廣。初五章秖是發菩提心一意耳。方便正觀秖是四三昧耳。果報一章秖明二違順一。違卽二邊果報、順卽勝妙果報。起敎一章、轉二其自心一、利二益於他一。或作二佛身一、施レ權顯レ實、或作二九界像一、對二揚漸頓一、轉二漸頓一、弘二通漸頓一。旨歸章秖是同歸二大處祕密藏中一。故知廣略意同也。

また、五略はただこれ十広なり。初めの五章はただこれ発菩提心の一意なるのみ。方便《ほうべん》・正観《しょうかん》はただこれ四の三昧なるのみ。果報の一章はただ違順《いじゅん》を明かす。違《い》すればすなわち二辺の果報あり、順ずればすなわち勝妙の果報あり。起教の一章はその自心を転じて他を利益す。あるいは仏身《ぶっしん》となって権《ごん》を施し実《じつ》を顕わし、あるいは九界の像となって漸頓《ぜんとん》を対揚《たいよう》し、漸頓を転じ、漸頓を弘通《ぐつう》す。旨帰の章はただこれ同じく大処・秘密蔵のなかに帰するなり。故に知んぬ、広略、意は同じきことを。

《五略》本書『摩訶止観』の第一章「大意」章を構成する五節のこと。㈠発心、㈡修大行、㈢感大果、㈣裂大網、㈤帰大処より成り、本書の全体の内容を略説する各節という点で、五略と呼ばれる。《十広》本書『摩訶止観』は十章より成るのであるが、十広とはその十章のこと。章目をあげれば、第一章「大意」、第二章「釈名」、第三章「顕体」、第四章「摂法」、第五章「偏円」、第六章「方便」、第七章「正修」、第八章「果報」、第九章「起教」、第十章「旨帰」、以上である。なお本書は、実際には第七章「正修」章のなかの十境を説く段の第七「諸見境」までで終わっており、それ以降は説かれていない。

以下、『摩訶止観』の組織、構成のことが簡単にのべられる。

『摩訶止観』は十章より成る。㈠大意章、㈡釈名章、㈢顕体章、㈣摂法章、㈤偏円章、㈥方便章、㈦正修章、㈧果報章、㈨起教章、㈩旨帰章の十章である。ところでこの十章の概要を明かすのが第一章の大意章であるが、それは以下の五節、(i)発大心、(ii)修大行、(iii)感大果、(iv)裂大網、(v)帰大処より構成されている。したがって第一章の五節(五略)は『摩訶止観』全体の内容を概略的に紹介する構成をもって説かれているのである。十章(十広)と第一章の五節(五略)との関係を示せば、まず第一章から第五章までは主として菩提心のことが扱われており、五略の第一節「発大心」の項と対応する。つぎの「方便章」と「正修章」は修行に関連の事柄を詳述する章であり、これは五略のなかの第二節「修大行」の項をいっそう詳しく発展させた章である。続く「果報章」は修行を通じてえられる果報についてのべた章であり、五略の中の第三「感大果」の項に対応し、そのつぎの「起教章」は利己的な心を翻して、広く衆生済度に邁進すべきことを説示する章であり、これは煩悩の網におおわれている衆生の救済の重要さを簡潔にのべる五略の第四「裂大網」に対応する。十広の最終章「帰大処」は行者のきわめるべき究極の実践的境地を論述する章であり、これは五略の第五「帰大処」を受けた章である。

このように五略を中心にみれば、この五節の中で、十章で論及される教学的問題が概略的に説き示されており、この五節をみれば、『摩訶止観』の全体像を掴みとることができるような構成となっているのである。

ただし『摩訶止観』の実際の組織、構成は第七章正修章の後半の途中、具体的には十境の第七、諸見境を説くところまでで終わっており、それ以降はなにも語られていない。

第四　菩提心の諸相

第一項　四種四諦説と菩提心

㈠　四種の四諦——その意味

顯レ是更爲レ三。

初四諦、次四弘、後六卽。

四諦名相出二大經聖行品一、謂生滅無生滅無量無作。

生滅者、苦集是世因果、道滅是出世因果、苦則三相遷移、集則四心流動、道則對治易奪、滅則滅レ有還レ無。雖二世出世一、皆是變異。故名二生滅四諦一也。

無生者、苦無二逼迫一、一切皆空、豈有二空能遣一レ空。卽レ色是空、受想行識亦復如レ是。故無二逼迫相一也。集無二和合相一者、因果倶空、豈有下因空與二果空一合上。歷二一切貪瞋癡一、亦復如レ是。道不二二相一、無二能治所治一。空尚無レ一、云何有レ二耶。法本不レ然、今則不レ滅。不レ然不レ滅、故名二無生四諦一也。

無量者、分別校計、苦有二無量相一、謂一法界苦、尚復若干、況十法界、則種種若干。非三二乘若智若眼所二能知見一、乃是菩薩所二能明了一。謂地獄種種若干差別、刻剝割截燒煮剉切、尚復若干、不レ可二稱計一。況復餘界種種色、種種受想行識、塵沙海渧、寧當可レ盡。故非二二乘知見一、菩薩智眼乃能通達。又集有二無量相一、謂貪欲瞋癡、種種心、種種身口、集業若干。身曲影斜、聲喧響濁。菩薩照レ之不レ謬耳。又道有二無量相一、謂析體拙巧方便曲直長短權實、菩薩精明、而不二謬濫一。又滅有二無量相一、如レ是方便能滅二見諦一、如レ是方便能滅二思惟一、各有二若干正助一。菩薩洞覽、無二毫差一也。又卽空方便、正助若干、皆無二若干一、雖レ無二若干一、而分二別若干一、無レ謬無レ亂。又如レ是方便能析二滅四住一、又如レ是方便能體二滅四住一、如レ是方便能滅二塵沙一、如レ是方便能滅二無明一、雖二種種若干一、彼彼不レ雜。又三悉檀分別故有二若干一、第一義悉檀、則無二若干一。雖レ無二若干一、從レ多爲レ論故名二若干一、稱二無量四諦一也。

無作四諦者、皆是實相不可思議。非三但第一義諦無二復若干一、若二三悉檀及一切法一、無二復若干一。此義可レ知、不二復委記一。

是を顕わすに、さらに三となす。

はじめに四諦、つぎに四弘《ぐ》、のちに六即《そく》なり。

四諦の名相《みょうそう》は大経の聖行品《しょうぎょうぼん》に出でたり。いわく生滅《しょうめつ》・無生滅・無量・無作《むさ》なり。

生滅とは、苦《く》・集《しゅう》はこれ世の因果、道《どう》・滅《めつ》はこれ出世の因果にして、苦はすなわち三相遷移《せんい》し、集はすなわち四心流動し、道はすなわち対治易奪《たいじいだつ》し、滅はすなわち有《う》を滅して無に還《かえ》るなり。世《せ》・出世《しゅっせ》といえども、みなこれ変異す。故に生滅の四諦と名づくるなり。

無生《むしょう》とは、苦に逼迫《ひっぱく》なく、一切みな空《くう》なり、あに空よく空を遣《や》ることあらんや。色《しき》に即してこれ空、受《じゅ》・想《そう》・行《ぎょう》・識《しき》もまたまたかくのごとし。故に逼迫《ひっぱく》の相なし。集に和合の相なきは、あに因の空と果の空と合することあらんや。一切の貪瞋癡《とんじんち》に歴《ふ》るに、またまたかくのごとし。因果ともに空なれば、あに因の空治なし。空なお一なし、いかんが二あらんや。法はもとより然らず、いますなわち滅せず。道は二相ならず、能治・所然らず滅せざるが故に無生の四諦と名づくなり。

無量とは、分別《ふんべつ》校計《きょうけい》するに苦に無量の相あり、いわく一法界《ほっかい》の苦になおまた若干あり、いわんや十法界をや、すなわち種々の若干あり。二乗のもしくは智、もしくは眼のよく知見するところにあらず、すなわちこれ菩薩のよく明了《みょうりょう》するところなり。いわく地獄に種種若干の差別あり、皮《ひ》剝《はく》・割截《かっせつ》・焼煮《しょうしゃ》・剉《ざ》切《せつ》になおまた若干あり、称計《しょうけい》すべからず。いわんやまた余界の種種の色《しき》、種種の受・想・行・識・塵沙《じんじゃ》の海渧《かいたい》、なんぞまさに尽すべけんや。故に二乗の知見にあらず、菩薩の智眼はすなわちよく通達す。また、集に無量の相あり、いわく貪《とん》欲《よく》・瞋《しん》・癡《ち》、種種の心、種種の身口、集業に若干あり。身曲《まが》れば影は斜めに、声喧《かまびす》しければ響は濁る。菩薩はこれを照らして謬《あやま》らざるのみ。また、道に無量の相あり、いわく析体《しゃくたい》、拙巧《せっこう》、方便、曲直、長短、権実《ごんじつ》なり、菩薩は精しく明らかにして、謬濫《びゅうらん》せず。また、滅に無量の相あり、かくのごときの方便はよく見諦を滅し、かくのごときの方便はよく思惟《しゆい》を滅し、おのおの若干の正助《しょうじょ》あり。菩薩は洞《あき》らかに覧《み》て、毫《いささか》の差《たが》いなきなり。また、即空《そっくう》の方便は、正助若干なれども、みな若干なし、若干なしといえども、若干を分別して、謬りなく乱れなし。また、かくのごときの方便はよく四住《しじゅう》を析滅《しゃくめつ》し、また、かくのごときの方便はよく四住を体滅し、かくのごときの方便はよく塵沙《じんじゃ》を滅し、かくのごときの方便はよく無明《むみょう》を滅し、種種の若干なりといえども、彼《ひ》彼雑《ひぞう》せず。また、三悉檀《しつだん》をもって分別するがゆえに若干あれども、第一義悉檀にはすなわち若干なし。若干なしといえども、多にしたがって論を為すがゆえに若干と名づけ、無量の四諦と称するなり。

無作の四諦とは、みなこれ実相《じっそう》にして不可思議なり。ただ第一義諦にのみまた若干なきにあらず、三悉檀および一切の法のごときもまた若干なし。この義知るべし、また委《くわ》しく記さず。

《四諦》四つの真理。諦とは真理・真実ということ。すなわち苦諦・集諦・滅諦・道諦をいうのであるが、詳しくいうと、この世は苦であるという真実（苦諦）、苦の原因が煩悩であるという真実（集諦）、煩悩を断つことが苦しみを滅した悟りの境地であるという真実（滅諦）、苦の滅を可能にする道は八正道にほかならないという真実（道諦）、この四種の真理をいう。なお八正道とは正見・正思・正語・正業・正命・正精進・正念・正定の八つより成る、理想の境地に達するための道のことである。ところで天台智顗はこの四諦の教えを、『涅槃経』（南本）聖行品と『勝鬘経』の所説にならって、生滅・無生・無量・無作の四種の四諦説として整理した。**《三相》**現象世界の諸事物にそなわった三つの特性、すなわち生・住・滅という性質。**《四心》**四種の煩悩。貪・瞋・慢・癡をいう。**《色》**身体および物質。**《受》**感覚。**《想》**表象作用のこと。**《行》**意志。欲求に相当する心作用。**《識》**認識作用。色以下、識までの五つはまとめられて五蘊《うん》と呼ばれるのであるが、これは、環境を含めて衆生の身心を五種に分析して示したものである。**《十法界》**十界のこと。われわれ衆生の生存の領域。地獄・餓鬼・畜生・阿修羅・人間・天上・声聞・縁覚・菩薩・仏の十界をいう。**《剋剝・割截・焼煮・剉切》**地獄における苦しみの相状が無量であることをあらわすたとえ。肉体を開いて、皮膚を剝ぎ、肉を割いて、骨を截るとか、また焼いたり煮たり、切りきざんだりといったさまざまの苦しみを味わわせる場所が地獄であり、そこにはいろいろの苦しみがあることを例示した表現。**《析体》**分析的な態度でこの世界を理解し、空を知るのが「析」。つまり析空観のこと。この世界をそのままの姿において空と得知するのが「体」。体空観のこと。《四住》四種の煩悩のこと。具体的には、見惑と三つにわけられる思惑をいう。(1)三界のあらゆるよこしまな見解（見一切住地＝見惑）、(2)欲界のあらゆるよこしまな思慮（欲愛住地＝思惑）、(3)色界のあらゆるよこしまな思慮（色愛住地＝思惑）、(4)無色界のあらゆるよこしまな思慮（有愛住地＝思惑）。見惑、思惑を内容に即してのべれば、見惑とは真理を誤認する惑、迷理の惑のこと、他方、思惑とは具体的な事象に迷う惑、迷事の惑をいう。《析滅》煩悩を分析して滅却する態度のこと。《体滅》煩悩をそのまま空と得知して滅却する態度。《塵沙》塵沙惑のこと。塵のように数かぎりない現実の事象を正しく捉えることを失った状態をいう。そうした状態を煩悩のしからしめるところとみ、その煩悩を塵沙惑という。《無明》無明惑のこと。根本の煩悩。真実そのもの、すなわち中道を正しく捉えることを妨げる煩悩。

菩提心の正しいすがたを、四諦、四弘誓願、六即に即して論じ、明らかにしてゆく。はじめに四諦に即して菩提心のあるべきすがたがのべられるのであるが、それにさきがけて四諦そのものについての説明が行われる。

四諦とは苦・集・道・滅の四諦をいうのであるが、智顗は、『涅槃経』聖行品に説くところと『勝鬘経』の所説を参考にして、それをさらに詳しく解し、生滅の四諦、無生滅の四諦、無量の四諦、無作の四諦として整理する。

まずはじめに生滅の四諦が取り上げられる。四諦についてだけいえば、煩悩が原因となって苦に満ちたこの現実の迷いの世界が生起することを教えるのが、苦と集という真理であり、正しい実践が原因となって苦の滅が成就することを教えるのが、道と滅という真理なのであるが、これが生滅の四諦の立場として解される場合、苦も、またその原因も、それから苦の滅も、滅によって実現される境地も、すべて現実に生じてあるもの、滅せられるものと解されることになる。すなわち、苦は実際に生じ、そこにあるものであり、そして滅するものである。また苦の原因としての煩悩は貪・瞋・慢・癡として現実に展開するものであり、それから苦の滅をもたらす実践の道は苦の対治を現実に行う道である。そして解脱の境地は現にある苦を対治して実現される究極の境地にほかならない。生滅の四諦の立場とは、このように苦もその原因も、また対治の道も現実に有なるものであり、それから解脱も煩悩が滅せられ、事実として実現される境地と解する立場なのである。

　つぎに無生の四諦についていえば、これは空の立場に立って立言される四諦の解釈といってよい。一切法が空であってみれば、苦として捉えられるものはなにもないであろう。苦の原因となる煩悩についてみても、空でないものはなく、したがって苦の原因も有なるものではない。また一切法が空であれば、対治することも、対治されるということも必要としないであろう。このようであるから、悟りも煩悩を滅してえられる境地ではない。苦もなく、その原因である煩悩もなく、したがって煩悩の対治の道も必要でなく、すべてが空であることを得知すれば、おのずと悟りの境界に転入することができると解するのが、無生の四諦の立場なのである。

　つぎに無量の四諦であるが、これは、苦・集・道・滅の四諦のいちいちにおいて無量の相をもって立ちあらわれる、それぞれの個性的な諸側面をみてとって立言された四諦の解釈である。すなわち、苦についていえば、それは一なるものでは決してない。それには無量の相があるといわねばならない。

われわれの生きる世界は十界にわたっており、そしてそれら一界一界のなかにはいろいろの苦が見出される。もっと厳密に眺めてみれば、たとえば地獄にもいくつもの地獄があるわけであり、それからそれ以外の世界も五陰の種々の組み合わせによって出来上がっており、無量の様相を呈している。しかも、そうした無量の世界には種々の苦がそれぞれにそなわっているわけであるから、まさに苦は無量といってよい。また苦の原因である煩悩も無量である。貪欲・瞋恚・愚癡にはじまり、身・口・意の三業がほしいままにする煩悩は数かぎりない。

それからまた煩悩の対治の道にも無量の方法がある。分析的に煩悩を理解して、滅してゆく析法観もあれば、煩悩を一時に全体的に捉え尽くして対治する体法観もある。また拙い方法もあれば、巧みな方法もある。また方便としての方法もあれば、まわり道をして悟りへと導く方法もあるし、直線的にそれへと導く方法もある。また悟りに到達するのに長い道のりを要する方法もあれば、ただちに導き入れてくれる方法もある。それからかりに説き示された方法もあれば、真実そのものとして示された方法もある。

そしてまた、煩悩を滅却すれば涅槃に入ることができるというわけであるが、その涅槃についてもいろいろの見方がある。見(観念的な迷い)・思(感覚的、肉体的迷い)の惑を対治することが涅槃であるとみる見方もあれば、空を即座に体得すれば涅槃をえたということができるという見解もある。また貪・瞋・慢・癡を分析的な態度で克服して涅槃を得ることもあれば、一時にそれら煩悩を対治して涅槃にうることもある。それから塵沙《じんじゃ》の惑《わく》を滅却して涅槃につながることもあれば、無明を対治して涅槃に到るということもある。さらには四悉檀のそれぞれに即して涅槃を考えてみても、そのひとつひとつの立場から涅槃を望むことができる。

以上のべてきたように、苦・集・道・滅の四諦のそれぞれについて、無量の苦を、また無量の集・道・滅をみることができることを教えるのが、無量の四諦の教説なのである。

最後に無作の四諦についていえば、一切法を究極にまでつきつめてみると、実相でないものはないとみるのが、この立場の基本的態度である。苦の原因である煩悩は本来断じられねばならないものでは決してなく、したがって道を修して苦の原因を断つことも必要とはなってこない。苦の原因が滅却されねばならないものではないとなると、苦も苦ではなくなるであろう。そうであれば、苦を滅し尽くして涅槃を得るということも主張しえないことになるであろう。一切法はどのようなものも実相でないものはないとみるのが、無作の四諦の基本的態度なのである。

なお、以上示してきた四種の四諦説が菩提心の内容を表示するものと解される。この段ではこうした点についての指摘はなされていないが、後段でこの点がはっきりと指摘される。さらに付言すれば、智顗にあっては、四種の四諦の教えはただたんに菩提心の中味を示すだけではなく、実相をどのようなものとして解するのかという実相観の内容をも表示するものとして了解されている点を看過してはならない。菩提心の段階での浅深の関係が、実相の把握の段階にも同じように反映され、実相の浅い捉え方、深い捉え方が現出するとみられているのである。この点についてはもう少しあとでより詳しく論及されるので、その箇所で整理してのべることにしよう。

(二) 四種の四諦と十二因縁および三諦偈

若以二四諦一竪對二諸土一、有レ增有レ滅。同居有レ四、方便則三、實報則二、寂光但一。若橫敵對者、同居生滅、方便無生滅、實報無量、寂光無作。云云。

又總說名二四諦一、別說名二十二因緣一。苦是識名色六入觸受生老死七支。集是無明行愛取有等五支。道是對二治因緣一方便。滅是無明滅乃至老死滅。故大經開二四諦一、亦開二四十二因緣一。下智觀故、得二聲聞菩提一、中智觀故、得二緣覺菩提一、上智觀故、得二菩薩菩提一、上上智觀故得二佛菩提一。

又中論偈云。因緣所生法、卽是生滅、我說卽是空、是無生滅、亦名爲假名、是無量、亦名中道義、是無作。又解、因緣卽集、所生卽苦、滅苦方便是道、苦集盡是滅。又偈言二因緣一、因緣卽無明、所生法卽行名色六入等。故文云、爲二利根弟子一、說二十二因緣不生不滅相一、指二前二十五品一、爲二鈍根弟子一、說二十二因緣生滅相一、指二後兩品一。當レ知論偈總說卽四種四諦、別說卽四種十二因緣也。

もし四諦をもって竪《しゅ》に諸土に対せば、増あり滅あり。同居《どうこ》には四あり、方便にはすなわち三、実報にはすなわち二、寂光にはただ一のみ。もし横《おう》に敵対せば、同居は生滅、方便は無生滅、実報は無量、寂光は無作《むさ》なり。云云。

また、総じて説けば四諦と名づけ、別して説けば十二因縁と名づく。苦はこれ識・名色・六入・触・受・生・老死の七支なり。集はこれ無明・行・愛・取・有等の五支なり。道はこれ因縁を対治する方便なり。滅はこれ無明の滅、乃至、老死の滅なり。故に大経に四の四諦を開き、また四の十二因縁を開けり。下智観の故に声聞の菩提を得、中智観の故に縁覚の菩提を得、上智観の故に菩薩の菩提を得、上上智観の故に仏の菩提を得、と。また、中論の偈にいう。因縁所生法はすなわちこれ生滅なり、我説即是空はこれ無生滅なり、亦名為仮名はこれ無量なり、亦名中道義はこれ無作なり。また解す、因縁はすなわち集なり、所生はすなわち苦なり、滅苦の方便はこれ道なり、苦・集尽きるはこれ滅なり。また偈に因縁というは、因縁はすなわち無明なり、所生法はすなわち行・名色・六入等なり。故に文にいわく、利根の弟子のためには十二因縁の不生不滅の相を説くとは、前の二十五品を指し、鈍根の弟子のためには十二因縁の生滅の相を説くとは、後の両品を指すなり。まさに知るべし、論の偈は総じて説けばすなわち四種の四諦なり、別して説けばすなわち四種の十二因縁なり。

《同居》同居土のこと、凡聖同居土ともいう。凡夫と聖者がともに居する、三界のなかの世界のこと。《方便》方便土のこと、方便有余土ともいう。見・思の惑を断じて三界の迷いを超え出た人の生処である。方便道である空観を修して見・思の惑を断じた人の生まれる処であるから方便土といい、塵沙・無明の惑を断じ尽くしていないものの生まれる処であるから有余土という。《実報》実報土のこと、実報無障礙土ともいう。空を証得した上に、中道の理をも一分得知したものがうける果報土。真実の法を行じ、すぐれた報いを受けたものの生処である。この土はもっぱら菩薩だけの世界であって、凡夫や二乗はそこには入りえない。別教の十地以上、円教の十住以上の菩薩の生処とされる世界である。なお、別教とか円教というのは、天台宗において考えられた教法のなかの一つである。すなわち釈迦の説法は内容的に整理すると、三蔵教、通教、別教、円教の四種に類別されるという。このうち別教、円教は衆生をより高い境地へと導く教えであり、前者は菩薩だけを導こうとして説かれ、一方、後者はたんに菩薩のみならず、ひろく一切衆生をもっとも高い境地へと導こうとして与えられた教えである。十住とか十地というのは、天台智顗においては悟りの過程には十信・十住・十行・十廻向・十地・等覚・妙覚の五十二の段階があると考えられているのであるが、そのなかの十住・十地のことである。《寂光》寂光土のこと、常寂光土ともいう。常とは法身、常住の体のことである。寂とは解脱、すべての対立がやんで寂滅していることをいう。光とは般若をいう。真実を照らす智恵である。法身・解脱・般若の三徳が不縦不横の関係にそなわった諸仏、如来の所居が常寂光土である。なおこの寂光土は円教の立場に立つ衆生の最高の理想的境地である。《十二因縁》人間の迷いが生起する経過、仕組みを十二の項目にまとめて説明した教説。十二の項目とは、(i)無明（無知）、(ii)行（潜在的形成力）、(iii)識（識別作用）、(iv)名色（名称と形態、または精神と物質）、(v)六処（心作用が成立する六つの場、眼・耳・鼻・舌・身・意）、(vi)触（感官と対象との接触）、(vii)受（感受作用）、(viii)受（妄執、盲目的衝動）、(ix)取（執著）、(x)有（生存）、(xi)生（生まれること）、(xii)老死（無常なすがた）をいう。前のものが後のものを成立せしめる条件となっている。だから逆に、前のものが滅すれば、後のものも滅するという関係にあることになる。《中論偈》『中論』「観四諦品」第十八偈を指す。天台宗ではこの偈は三諦偈と呼ばれ、きわめて重視されてきた。

ここでは衆生の主体的あり方と四諦の教説との関係が整理してのべられる。

衆生は自らの主体的な実践的態度によって、それに応じた世界のなかに生まれ、かつ生きる。すなわち、衆生の機根は一様ではなく、したがってかれらはいろいろの教えに導かれて修行に励み、そしてその報いとして、それぞれに個性的な性格をもった世界のなかに生まれ、かつ生きているのである。さて衆生が生まれる世界を整理していうと、同居土、方便土、実報土、寂光土の四種にまとめられる。

まず同居土であるが、それは凡夫と聖者が同居する世界をいい、つぎの方便土とは一切が空であることを得知して、見・思の惑を断じたものの生まれる世界のことである。それから実報土というのは真実の法である中道の理をみてとって、これまた究極の煩悩である無明の対治に努力するものの生まれる世界であり、最後の寂光土というのは真実絶対の世界のことをいう。ところでこれら四種の世界へと衆生を結びつける思想的契機となるものはなにか。それは四種の四諦にほかならない。

さて、四種の四諦の教えとそれによって導かれる世界との関係であるが、広く眺めてみると、同居土へと導く教えは、生滅・無生・無量・無作の四諦の教えのすべてであり、つぎの方便土へと導くものは、無生・無量・無作の四諦の教えの三者であり、つづく実報土へと導く教えは、無量と無作の二種の四諦の教えであり、最後の寂光土へと導くものは、無作の四諦の教えのみということになる。ところで、四種の四諦説と四種の世界との関係を、よりいっそう厳密にみてゆくと、同居土へと導く教説は生滅の四諦の教えだけであり、つぎの方便土へと導くものは無生の教説であり、そのあとの実報土へと導く教えは無量の四諦の教えであり、そして最後、寂光土へと導く教えは無作の四諦の教えということになろう。このように衆生の主体的なあり方は、四諦の了解の仕方によって決まってくるのである。このことは、菩提心の内容次第で行者自身のあり方が決まってくるということを意味している。菩提心は四種の四諦の教えるところと内容的に同じ形をとって生起するというわけである。

つぎに四諦と十二因縁を対照させて、真の菩提心の何たるかが説かれる。四諦の教えと十二因縁の教えを対照してみると、それらは必ずしも内容的に異なったことを教えようとするものでないことが知られる。両者の違いは、前者がより総括的な色合いを帯びた教えであるのに対し、後者は個別的に問題を捉えようとして説かれた教えである、というところにみられるくらいである。具体的にいうと、四諦のなかの苦諦、すなわちこの世界が苦であるという真理は、十二因縁の教えにしたがっていえば、識・名色・六入・触・受・生・老死の教えとして教示されるわけであり、つぎの苦の原因が煩悩であることを教える集諦の教示するところは、十二因縁説では無明・行・愛・取・有の教えとして説き示される。そのつぎの道諦の教えるところは、十二因縁説のもとでは因縁を観ずることがさとりにつながる道であると教える教えとして説き明かされる。それから最後の滅諦の教示するところ、すなわち煩悩の滅が悟りの完成であるという真理は、十二因縁説でいうと、無明にはじまり老死にいたる十二支の滅が悟りを導くと教える教えとして説示されているのである。以上のべてきたように、四諦の教えが教示することが十二因縁説として説示されてもいるわけである。こうしたわけであるから、『涅槃経』のなかで四諦および十二因縁がそれぞれ四つにひらかれて、四種の四諦説、四種の十二因縁説が立てられることになったのである。

ところで四諦と十二因縁説とが同じことを表示する教説であることから、四諦の観じ方の四種の違いが実践主体自身の主体的なあり方を決定づけると同じように、因縁を観ずる観じ方、いいかえれば智恵の違いによっても、衆生のあり方に四種の違いが生ずる。因縁を観ずる観じ方には下智観、中智観、上智観、上上智観の四種が考えられるが、これらはそれぞれ自らにみあった菩提の境界を形づくる。すなわち、下智観は仏性を見ることのない智恵であるから、声聞の菩提しかえられない。中智観はこれまた仏性を見ることのない智恵であるから、縁覚の菩提しかえられはしない。つぎの上智観となると、仏性をほぼ掴み尽くすために、菩薩の菩提を獲得することができる。最後の上上智観は仏性を開発し尽くすものであるから、仏の菩提がえられることになる。『中論』第二十四章「観四諦品」の第十八偈、すなわち「因縁所生法、我説即是空、亦名為仮名、亦名中道義」という詩句も四種の四諦と対応する関係にもある。具体的にいうと、「因縁所生の法」という句は生滅の四諦と同趣意の内容を表わし、「我説くすなわちこれ空」という句は無生滅の四諦と同じ趣意を伝え、つぎの「また名づけて仮名となす」という句は無量の四諦を、それから「また中道義と名づく」という句は無作の四諦と同じ趣意を表わすのである。

こうした解釈は『中論』の上記偈に対する智顗の独特の解釈といってよいのであるが、こうした解釈が示されるにいたったのは、かれがさきの偈のなかにみえる「因縁」「空」「仮名」「中道」という語に注目したからにほかならない。「因縁所生法」は因縁によって実際に生じ滅するものとしての諸法のありようを表わす一句であるから、「生滅」に相当し、つぎの「我説即是空」は生ずることも滅することもなき諸法の空なるありようを示す一句であるから、「無生」にあたり、そのつぎの「亦名為仮名」は無量の相貌をもって立ちあらわれる諸法のありようを伝える一句であるから、「無量」にあたり、最後の「亦名中道義」は諸法のすべてが実相そのものであり、中道を実現していないものがないことを表わす句であるから、「無作」に相当すると解されたのである。

さらにまたこの偈は以下のようにも解される。「因縁所生法」の「因縁」という表現は、苦の原因が煩悩であることを示すものであり、したがってこの表現は四諦のなかの集諦に対応する。つぎに「所生」の語は、煩悩によって成立するあらゆるものが苦であることを教える表現である。だからこれは、四諦のなかの苦諦と同趣意の事柄を表わす表現とみてよいであろう。ところで煩悩を滅する方途を示すのが道諦であるが、この面を『中論』のこの偈に照らしてみると、それには空を分析的に捉える方法と即座に空を体得する方法の二つに、仮を観得する方法、中を観得する方法の四種があるといってよい。滅苦の方法も四種の四諦に対応する形で四種が考えられる。苦の滅は涅槃の成就であることはいうまでもない。この点についての見方も四種あって、四種の四諦に対応する。「因縁所生」という一句からこうした理解も可能である。また「因縁所生法」の因縁という表現は十二因縁説の無明と同趣意のことを表示するものであり、所生法という表現は行・名色・六入等と同じことを伝える表現であるとみることもできる。『中論』の「因縁所生法……云云……」の偈も、広く眺めてみれば四種の四諦と同趣意の内容を表示するとみることができるであろうし、またかりにより細かくみてゆけば、四種の十二因縁説と同じことを伝えるものといってよいであろう。

三　発心の諸形式

1　その概要

已分別四四諦竟。

諸經明種種發菩提心。或言推種種理發菩提心。或覩佛種種相發菩提心。或覩種種神通或聞種種法或遊種種土或覩種種衆或見修種種行或見種種法滅或見種種過或見他受種種苦而發菩提心。略擧十種爲首廣說。云云。

すでに四の四諦を分別することをおわんぬ。

諸経に種種の発菩提心を明かせり。あるいはいわく、種種の理を推して菩提心を発す、と。あるいは仏の種種の相を覩《み》て菩提心を発し、あるいは種種の神通《じんずう》を覩、あるいは種種の法を聞き、あるいは種種の土《ど》に遊び、あるいは種種の衆を覩《み》、あるいは種種の行《ぎょう》を修するを見、あるいは種種の法の滅するを見、あるいは種種の過を見、あるいは他の種種の苦を受くるを見、しかして菩提心を発すと。略して十種をあげて首となして広く説かん。云云。

《相》すがた、かたち。《神通》仏や菩薩が衆生の教化のため、超人間的な力によっていろいろのすがたや動作を現わすこと。

発心がいかなる事柄を契機として成立するのかという問題が、整理してのべられる。

まず、いろいろの理を推究することによって発心するという形が考えられる。また仏の種種のすがた、かたちを覩たり、それから神通力に触れたり、さらには種種の説法を聞いて、菩提心を起こすという場合もある。つぎにいろいろの世界に生きてさまざまなことを体験したり、あるいは種種のタイプの衆生に接したりすることによって、発心するという場合もある。また転変するこの世のすがたに触れたり、いろいろの過ちを見たり、あるいは種種の苦しみを受けて悩み苦しむすがたに接したりして、菩提心を起こすことになる場合もある。

衆生が菩提心を起こす際に、そのきっかけとなるものはいろいろあるであろうが、主なものを拾い出すと以上の十種の形を取り出すことができるであろう。その中でも主だったものを以下紹介しよう。

2　理の推究による発心

推レ理發心者、法性自天而然、集不レ能レ染、苦不レ能レ惱、道不レ能レ通、滅不レ能レ淨、如下雲籠レ月不上レ能二妨害一。却二煩惱一已、乃見二法性一。經言、滅非二眞諦一。因レ滅會レ眞。滅尚非レ眞、三諦焉是。煩惱中無二菩提一、菩提中無二煩惱一。是名下推二生滅四諦一、上求二佛道一、下化二衆生一發菩提心上。

推二無生四諦一發心者、法性不レ異二苦集一、但迷二苦集一、失二法性一、如三水結爲レ氷無二別氷一也。達三苦集無二苦集一、即會二法性一。苦集尚是、何況道滅。經言、煩惱即是菩提、菩提即是煩惱。是名下推二無生四諦一、上求下化發菩提心上。

推二無量一者、夫法性者名爲二實相一。尚非二二乘境界一、況復凡夫。出二二邊表一、別有二淨法一、如二佛藏經十喩一。云云。是名下推二無量四諦一、上求下化發菩提心上。

推二無作一者、夫法性與二一切法一、無レ二無レ別。凡法尚是、況二乘乎。離二凡法一、更求二實相一、如下避二此空一、彼處求上レ空。即二凡法一是實相、不レ須二捨レ凡向レ聖。經言、生死即涅槃。一色一香皆是中道。是名下推二無作四諦一、上求下化發菩提心上。

若推二一法一、即洞二法界一、達レ邊到レ底、究二竟横竪一、事理具足。上求下化、備在二其中一、方稱二發菩提心一。菩提名レ道、道能通二到横竪彼岸一、名二發心波羅蜜一。故於レ推レ理、委作二淺深一、事理周遍。下去法法例爾。

摩訶止觀卷第一上。

理を推して発心するとは、法性《ほっしょう》は自天にして然《しか》なり、集《しゅう》も染むること能わず、苦《く》も悩ますこと能わず、道《どう》も通ずること能わず、滅《めつ》も浄むること能わざること、雲が月を籠《こ》むるも妨害すること能わざるがごとし。煩悩を却《しりぞ》けおわってすなわち法性を見るなり。経にいわく、「滅は真諦《しんだい》にあらず」と。滅によって真に会す。滅なお真にあらず、三諦《さんだい》はいずくんぞ是《ぜ》ならん。煩悩のなかに菩提なく、菩提のなかに煩悩なし。これを生滅《しょうめつ》の四諦《したい》を推《お》して、上は仏道を求め、下は衆生を化するの発菩提心と名づく。

無生《むしょう》の四諦を推して発心《ほっしん》すとは、法性《ほっしょう》は苦・集に異ならず、ただ苦・集に迷って法性を失なうこと、水は結んで氷となるも別の氷なきがごとし。苦・集に苦・集なしと達すればすなわち法性に会《え》す。苦・集なお是《ぜ》なり、いかにいわんや道・滅をや。経にいわく、「煩悩即ちこれ菩提なり、菩提即ちこれ煩悩なり」と。これ無生の四諦を推して上求下《じょうぐげ》化《け》する発菩提心と名づく。

無量を推すとは、それ法性は名づけて実相《じっそう》となす。なお二乗《にじょう》の境界《きょうがい》にあらず、いわんやまた凡夫をや。二辺の表に出でて別に浄法《じょうほう》あり、仏蔵経《ぶつぞうきょう》の十喩《ゆ》のごとし。云云。これを無量の四諦を推して上求下化する発菩提心と名づく。

無作《むさ》を推するとは、それ法性と一切法と二なく別なし。凡法《ぼんぼう》なお是《ぜ》なり、いわんや二乗をや。凡法を離れてさらに実相を求むるは、ここの空を避けてかしこに空を求むるがごとし。凡法に即してこれ実相なり、凡を捨てて聖に向うべからず。経にいわく、「生死《しょうじ》即ち涅槃なり」と。一色《しき》一香《こう》もみなこれ中道《ちゅうどう》なり。これを無作の四諦を推して上求下化する発菩提心と名づく。

もし一法を推すれば、すなわち法界を洞《つらぬ》いて辺に達し底に到り、横竪《おうじゅ》を究竟《くきょう》し事理具足《じりぐそく》す。上求下《じょうぐげ》化《け》の備《つぶ》さにそのなかにあるを、まさに発菩提心《ほつぼだいしん》と称す。菩提は道と名づく、道よく通じて横竪の彼岸《ひがん》に到るを発心波羅蜜《ほっしんはらみつ》と名づく。故に理を推することにおいて委《くわ》しく浅深をなすに、事理周遍《じりしゅうへん》す。下に去って、法法、例してしかなり。

摩訶止観巻第一の上。

《真諦》真理。真実。《三諦》空・仮・中という三つの真理。諦は真理のこと。天台教学においてきわめて重視されている。智顗の著述をみると、三諦はつねに空・仮・中という表現で示されるとはかぎらない。空・仮・中のほかに、有諦・無諦・中道第一義諦という表現、真諦・俗諦・中道第一義諦という表現が用いられている。ただしそれぞれが包含する意味は異なってはいない。同趣意の概念として用いられている。
《二辺》三諦のうちの空と仮のこと。

はじめに理を推究して菩提心を起こす場合が取り上げられる。理とは具体的には、生滅《しょうめつ》、無生《むしょう》、無《む》量《りょう》、無作《むさ》の四種の真理（四諦）のことであるが、理＝真理をこれら四種のいずれと解するかによって、成立する菩提心に違いが生じてくる。理の捉え方と成立する菩提心の関係が、整理して以下のべられるのである。

まず生滅の四諦を推究して菩提心を発する場合であるが、ともかくも真理がどのようなものとして捉えられるのかを見てみなければならない。この場合には、真理はそれ自身で存在している、徹底して超越的なものと解される。すなわち、迷いのいかなる原因とも無関係であり、またどのような苦によってもまどわされず、それから求道の歩みとも無縁であり、さらに、たとえば月が雲に囲まれても月は月としていっこうに雲に妨げられることがないように、迷いを滅し尽くそうと努める努力ともなんらかかわりのないのが、ここにいう真理である。このように、真理を、煩悩＝迷いとまったく隔絶した関係に立つものと見做し、そして煩悩を滅し去った彼方に真理を見て、その上そうした真理を捉えんとひたすら思念する態度が、生滅の四諦を推究して発心することなのである。

なお、智顗は、釈迦が教え示した教法もすべて内容的にレベルを同じくする形で説かれてはおらず、整理して示すと、四種に類別できるような内容をもって説かれていると解する。四種とは蔵教、通教、別教、円教の四教（教学上いわれる化《け》法《ほう》の四教）のことであるが、これらは教法の内容の浅深を示す指標であり、そのうち蔵教がもっとも低く、円教がもっとも高い教えとされる。

ところでここで取り上げられる、理を推究して成立する四種の菩提心は、これら四教と対応する関係に立つものとみられる。ここにいう生滅の四諦を推究して発心する態度は、上の四教のうちの蔵教に相当するものである。この意味で、この種の発心の形式はもっとも低位のものにほかならない。

つぎに無生の四諦を推究して成立する発心が問題にされる。法性をよくよく尋ねてみると、それは煩悩によってもたらされる苦しみとも、またその苦しみの原因である煩悩とも異なるものではない。衆生が味わう苦しみも、またその原因としての煩悩も、法性に迷うことによって生起するものであるが、この両者はあたかも水と氷のようなものであって、もともと異なったものではないのである。氷は水が凍ってできたものであり、水は氷が溶けたものであって、水と氷は本質的に一なるものにほかならない。実は衆生の苦しみ・煩悩と法性との関係は、水と氷の関係と同じである。苦もまたその原因である煩悩も実体をもつものではない、すなわち空なるものであり、その意味で、この両者は同じものといってよい。かくて苦およびその原因である煩悩が実有なるものでないということに体達すれば、法性に出会うことになる。

さて苦もその原因である煩悩も空であってみれば、対治すべき苦および煩悩もないことになり、それらを対治する道も、また対治して到達する境地も同じようにないといわねばならない。経（『思益経』）にいうように、煩悩はそのまま菩提であり、逆に菩提といっても煩悩となんら異なるものではないのである。こうした真理のありようをみてとって、発心するのが無生の四諦に従う発心の態度なのである。

そのつぎの理を推究して発心する形態は、無量の四諦を推して菩提心を発起する態度をいうのであるが、この形式のもとでは理はどのようなものとして解されるのか。ここでは真理は、凡夫はもとより、二乗も知ることのできない、純粋無垢なる絶対的存在と考えられる。

ところでこのようにいうと、ここでの理の捉え方とさきにのべた生滅の四諦のそれとの違いが明確にされねばならない。生滅の四諦の立場においても、真理は現実を超えたものと解されていることは、さきに指摘したところである。たしかに真理は二つの立場においてともに現実を超えたものと解されているのであるが、生滅の四諦の場合には、真理が「有」の性格を帯びたものとして理解されているのに対して、ここでの無量の四諦の立場においては、生滅・無生の両四諦の立場、すなわち有・無の両辺を超え出たものとして真理が考えられている。有・無の二辺を超え出た「浄法」が真理というわけである。

ここでの説明は簡潔すぎて十分に理解できないので、ほかの説明をも参考にして示せば、現実を超越した絶対の真理を把握しようと努め、そしてそれを得知したところから再び現実におりたち、この現実の無量の諸事象に自在に対応しようと努力するところに成立するのが、無量の四諦を推究して確立する菩提心なのである。

最後に無作の四諦を推究して成立する菩提心についてのべる。この立場においては、真理は現象世界の外なるもの、それを超絶したものとはみられず、現象世界に即して捉えられるべきものと解される。このことを真理自身の側に立っていえば、真理とは一つ一つの事象の上に自然に表われ出ているものということになる。

ところでこの部分の説明の上には説示されていないが、天台教学においてこの種の真理として具体的に教示されるもの、そのうちでももっとも中心をなすのは、空・仮・中の三諦といってよいであろう。この教説に従うと、一切諸法はみずからのあるべきあり方、すなわち究極のすがたとして、空・仮・中というあり方を表わし出しており、したがってそうしたあり方を有するものとして、一切諸法のあり方を得知するならば、そのときそれの正しい把捉に到達しうる、とみられるのである。これが真理にかなった諸法の捉え方というわけである。

かくて無作を推究して成立する菩提心とは、一切法がそれぞれにおいて自然に表わし出している真実のありよう、たとえば空・仮・中といったあり方を正しく捉えんと努める態度のなかに確立する、真理を求める心と解されてよいであろう。

そこでもしも凡法つまり現象世界の諸事象に即して真実を見てとろうと努めることができれば、真理の世界を底の底まで見きわめ尽くすことができて、あらゆる対立、極端を超え出ることができるであろう。本当の菩提心はこうした態度のなかに生まれるといってよい。菩提とは涅槃に至る道のことであるが、この道を突き進んで、あらゆる極端が息んだ彼岸に到ろうとすることが、発心波羅蜜《はらみつ》である。理を浅き段階から、深き段階へと厳しく見きわめてゆけば、現象する具体的な現実世界とそれを貫き通す理との両者を正しく捉えることができる。

推理の発心には、以上のべてきたように、四種の形態が考えられるが、これらを浅きから深きへと並べてみると、生滅の四諦を推究することにはじまって、無生・無量・無作の順序で深まってゆく。推理の発心のうち、倣うべきは、無作の四諦を推究して菩提心を発する形である。

3　仏の相好の観察にもとづく発心

觀佛相好發心者、若見如來父母生身、身相昞著、明了得處、輝麗灼爍、毘首羯磨、所不能作、勝轉輪王相好纒絡世間希有、天上天下無如佛、十方世界亦無比。願我得佛、齊聖法王、我度衆生無數無央。是爲見應佛相好、上求下化發菩提心。若見如來、知如來相好非相好。如來及相好、皆如虛空、空中無佛、況復相好。見如來非如來、卽見如來、見相非相、卽見諸相。願我得佛、齊聖法王、我度衆生、無數無央。是爲見勝應相好上求下化發菩提心。若見如來、身相一切、靡所不現、如明淨鏡覩諸色像。一一相好、凡聖不得其邊、梵天不見其頂、目連不窮其聲。論云、無形第一體、非莊嚴莊嚴。願我得佛齊聖法王。是爲見報佛相好上求下化發菩提心。若見如來。知如來智深達罪福相、遍照於十方、微妙淨法身具相三十二、一一相好卽是實相、實相法界具足無減、願我得佛、齊聖法王。是爲見法佛相好上求下化發菩提心。云云。

仏の相好《そうごう》を観《み》て発心すとは、もし如来を見るに、父母の生身《しようじん》の、身相昞著《へいちよ》にして明了《みようりよう》に処を得、輝麗灼爍《きれいしやくりやく》として毘《び》首羯磨《しゆかつま》も作ること能わざるところ、転輪《てんりん》王の相好の纒絡《てんらく》して世間《せけん》に希有《けう》なるにも勝り、天上天下《てんじようてんげ》に仏に如《し》くはなく、十方世界にもまた比《たぐ》いなし。願わくばわれ仏を得て聖法王《しようぼうおう》に斉《ひと》しからん、われ衆生を度すること無数無央《むしゅむおう》ならんと。これを応《おう》仏の相好を見て上求下化《じょうぐげけ》する発菩提心となす。もしくは如来を見て、如来に如来なしと知り、もしくは相好を見て、相好も相好にあらずと知る。如来および相好はみな虚空のごとく、空のなかには仏なし、いわんやまた相好をや。如来は如来にあらずと見るはすなわち如来を見るなり、相は相にあらずと見るはすなわち諸相を見るなり。願わくばわれ仏を得て聖法王《しょうぼうおう》に斉しからん、われ衆生を度すること無数無央ならんと。これを勝応《しょうおう》の相好を見て上求下化する発菩提心となす。もしくは如来を見るに、身相の一切、現ぜざるところなく、明浄《みょうじょう》の鏡の諸の色像《しきぞう》を観《み》るがごとし。一一の相好は凡聖もその辺を得ず、梵天もその頂を見ず、目連もその声を窮《きわ》めず。論にいわく、「無形第一の体は、荘厳《しょうごん》にあらずして荘厳す」と。願わくばわれ仏を得て聖法王に斉しからんと。これを報《ほう》仏の相好を見て上求下化する発菩提心となす。もしくは如来を見て、如来の智は深く罪福の相に達し遍《あまね》く十方を照らす、微妙の浄法身は相を具すこと三十二、一一の相好すなわちこれ実相にして、実相法界具足して減ずることなしと知り、願わくばわれ仏を得て聖法王に斉しからんと。これ法仏の相好を見て上求下化する発菩提心となす。云云。

《相好》 仏の身体にそなわっているすぐれた特徴。よいすがた。もう少し詳しくいえば仏の身体にそなわっている三十二相と八十種好という立派な特徴。相は大きな特徴のこと、好は小さな特徴をいう。**《如来》** [S] [P] tathāgata の訳、修行を完成した人。仏のこと。特に大乗仏教では、「真如より来生するもの」の意に解した。**《毘首羯磨》** 世界創造神。**《転輪王》** 全世界を統一支配する帝王。**《聖法王》** 世自在王のこと。**《勝応》** 勝応身。すぐれた応身の意。天台宗では応身仏は勝劣二身に分けられるが、そのうちのすぐれた仏。肉体的制約をうけているが、精神的な自由を得ている。通教の仏。**《報仏》** 報身仏。修行を完成してすべての理想的な徳をそなえた仏。**《法仏》** 法身仏。永遠の理法としての仏。真理そのもの。

つぎに仏のよいすがたをみて発心することが説き示される。この場合の発心にも、四諦を推究して発心するときと同じように、四種の形があるとされる。四種の違いは仏の了解の仕方によって生ずるとみられるのであるが、その了解の態度は、内容的にみて、四諦の理についての四種の推究の仕方とまったく同じである。

仏の相好《そうごう》の了解態度の最初のものは、仏を、あらゆるものを超えた絶対的なものと解する態度である。もう少し詳しくいうと、仏のすばらしきことは、世界創造神である毘首羯磨《びしゅかつま》も作ることができず、また転輪王《てんりんおう》のすばらしきすがたも見劣りするほどに、比《たぐ》いまれなるものである、というように仏をみてとって、そして世自在王と斉《ひと》しい身となって、衆生をことごとく度せしめようと願う。これが仏の相好をみて発心する最初のものであるが、これは劣応身《れつおうじん》のすがたをみて発心する態度と特徴づけられるであろう。

つぎの発心のタイプは、如来もまたそのすがたもすべて無なるものであると解して成立する発心である。如来もそのすがたも、すべてが空無なるものと得知して、世自在王と斉しからんと願い、衆生済度を志すのが、発心の第二の形であり、これは勝応身《しょうおうじん》の相好をみて菩提心を発する態度に相当する。

そのつぎの発心の形は、あたかも明浄《みょうじょう》の鏡がもろもろの色像を写し出すように、仏は一切を現わし尽くしていると解するところに成立する発心をいう。これは報身仏《ほうじんぶつ》の相好をみて発心する態度と特徴づけられてよい。

仏の相好をみて発心するタイプの最後のものは、仏の智恵が世界のすべてを照らし尽くしているとか、あるいはまた如来にそなわった三十二の相好はすべて実相そのものであるというように解することによって菩提心が成立してくる形のものである。仏の相好をみて、こうしたものと得知して、世自在王と斉しからんことを願い、衆生の救済を志すこのタイプの発心は、類型的に整理していうと、法身仏《ほっしんぶつ》の相好をみて発心する態度と特徴づけられてよく、そしてこれは、仏の相好をみて成立する菩提心のなかにあってもっとも質的に高いものである。

仏の相好をみて発心する態度にも、以上のように四種の違いがあるとされるのであるが、これら四種の間にも、推理の発心の場合と同様に、浅深の関係が認められる。倣うべきは、法身仏の相好をみて上求下化する発菩提心の形態にほかならない。

4　神変を見て導かれる発心

云何見二佛種種神變一、發二菩提心一。若見二如來一、依二根本禪一、一心作レ一、不レ得二衆多一、若放二一光一、從二阿鼻獄一、上至二有頂一、火光晃耀、天地洞明、日月戢二重輝一、天光隱不レ現。願我得レ佛、齊二聖法王一。云云。若見二如來一、依二如來無生理一、不下以二二相一應中諸衆生上、能令四衆生各各見三佛獨在二其前一。願我得レ佛、齊二聖法王一。云云。若見二如來一、依二如來藏一、三昧正受、十方塵刹、起二四威儀一、而於二法性一、未二曾動搖一。願我得レ佛、齊二聖法王一。云云。若見二如來一、與二諸神變一、無レ二無レ異、如來作二神變一神變作二如來一。無記化化、化復作レ化、不レ可二窮盡一、皆不レ可二思議一、皆是實相、而作二佛事一。願我得レ佛、齊二聖法王一。云云。

いかんが仏の種種の神変《じんぺん》を見て、菩提心を発するや。もし如来を見るに、根本禅《こんぽんぜん》によりて、一心に一を作《な》して、衆多なることを得ず、もしくは一光を放って、阿鼻獄《あびごく》より上は有頂にいたるまで火光晃耀《こうよう》して、天地洞明《どうみょう》なり、日月も重輝《じゆうき》を戢《おさ》め、天光も隠れて現ぜず。願わくばわれ仏を得て聖法王《しようぼうおう》に斉しからんと。云云。もし如来を見るに、如来は無生の理により、二相をもって諸の衆生に応ぜず、よく衆生のおのおのをして、仏は独りその前に在りと見せしむ。願わくばわれ仏を得て聖法王に斉《ひと》しからんと。云云。もし如来を見るに、如来蔵《によらいぞう》によりて三昧正受せられ、十方の塵刹《じんせつ》に四威儀を起こせども、しかも法性においていまだかつて動揺せず。願わくばわれ仏を得て聖法王に斉しからんと。云云。もし如来を見るに、諸の神変と二なく異なく、如来は神変を作《な》し、神変は如来を作す。無記の化化《けけ》にして、化また化をなし、窮尽《ぐうじん》すべからず、みな思議すべからず、みなこれ実相にしてしかも仏事を作《な》す。願わくばわれ仏を得て聖法王に斉しからんと。云云。

《**神変**》仏・菩薩が衆生の教化のために、超人間的な力によっていろいろのすがたを現わすこと、また活動すること。神通に同じ。《**阿鼻獄**》無間地獄ともいう。八大地獄の一つ。間断なく苦を受けるから無間という、地獄のなかでもっとも苦しい場所。《**有頂**》有頂天。①色界の第四天のこと、すなわち物質的世界の最高の場所。②無色界の第四処である非想非非想処の天のこと、すなわち存在世界の最高の場所。ここでは後者の意味として用いられていると解するのが正しいと思う。《**塵刹**》無数の国土。《**四威儀**》人間の行動を四種に分類したもの。行《あゆ》むこと（行）、とどまること（住）、坐すこと（坐）、ふせること（臥）をいう。《**無記**》善でも悪でもないもの。

発心の形式のうち、仏の神変をみて発心する形が、ここでの主題である。ここでの問題は神変の理解の仕方に集約される。神変の解し方にも、上にみてきた発心の場合と同様、四種の形が考えられるとされ、従って成立する菩提心にも四種の相違が認められると解される。

まずはじめのものは如来の神変を以下のように解する態度を背後にもって成立する。すなわち、如来は衆生を導くにあたって、禅定より立って個々別々に一つひとつ事を進め、そしてその放つ光はこの世界をくまなく照らしてかげりがなく、その前ではあらゆるものが輝きを失うような仕方でもって進めてゆく。衆生の教化にあたる如来の振舞い方、および現ずる態度をこうしたものと解して、発心するのがこの場合の発心の形である。要するに衆生を導く如来を、あらゆるものを超えた絶対的存在と解して起こす菩提心が、これである。

つぎの菩提心は、如来を、空無の理に導かれ、とらわれのない態度で衆生の教化にあたる存在と解して成立するものである。この場合の発心の根底には、一切を空無なるものと解する態度が横たわっているといってよい。

そのつぎには、如来を、とき、ところを問わず、あらゆる場面で、不動の理にしたがって衆生を教化してやまぬ存在と解して、菩提心を発起する形が考えられる。ここでは、現実を超えた絶対の理につながる境地から再び現実におり立ち、現実の無量の諸事象に自在に対応してはたらく如来という、如来についての見方が、発心のよりどころとなっている。

ここでのもう一つの発心の形は、教化の主体としての如来とその教化のはたらきを一体的な関係に立つものとみるとともに、その教化が思いのままで、しかも終わりを知らないと解して菩提心を発するというものである。この発心を成り立たしめる如来についての見方は、如来もすべてを超えた超絶的な存在ではなく、あらゆるものと不二相即の関係にあるものと解する態度といってよいであろう。如来ももちろん例外ではない、一切が不二相即の関係のなかにあると解する思想的態度が、この種の発心の成立を導くよりどころとなる了解態度である。

5　聞法発心

（生滅の法）

云何聞㆓種種法㆒、發㆓菩提心㆒。或從㆓佛及善知識㆒、或從㆓經卷㆒、聞㆓生滅一句㆒、卽解㆓世出世法新新生滅念念遷移、戒慧解脱寂靜乃眞㆒。願我得㆑佛、能說㆓淨道㆒。云云。或聞㆓生滅㆒、卽解㆓四諦皆不生不滅、空中無㆑刺、云何可㆑拔、誰苦誰集誰修誰證、畢竟清淨、能所寂然㆒。願我得㆑佛、能說㆓淨道㆒。云云。或聞㆓生滅㆒、卽解㆘生滅對㆓不生滅㆒爲㆑二、非㆓生滅㆒、非㆓不生滅㆒爲㆑中、中道清淨獨拔、而出㆗生死涅槃之表㆖。願我得㆑佛、能爲㆓衆生㆒、說㆓最上道㆒、獨拔而出如㆓華出㆑水、如㆓月處㆑空。云云。或聞㆓生滅㆒、卽解㆓生滅不生滅非生滅非不生滅㆒、雙照㆓生滅不生滅㆒、卽㆑一而三、卽㆑三而一、法界祕密常樂具足。願我得㆑佛、能爲㆓衆生㆒、說㆓祕密藏㆒、如㆓福德人執㆑石成㆑寶執㆑毒成㆑藥。云云。

いかんが種種の法を聞きて、菩提心を発するや。あるいは仏および善知識にしたがい、あるいは経巻にしたがい、生滅の一句を聞いて、すなわち世・出世の法は新新に生滅し念念に遷移するも、戒恵解脱は寂静《じゃくじょう》にしてすなわち真なりと解す。願わくばわれ仏を得てよく浄道を説かんと。云云。あるいは生滅を聞きて、すなわち四諦はみな不生不滅なり、空《くう》のなかに刺《いばら》なし、いかんが抜くべけん、誰か苦、誰か集、誰か修、誰か証なりや、畢竟清浄にして、能所寂然なりと解す。願わくばわれ仏を得てよく浄道を説かんと。云云。あるいは生滅を聞き、すなわち生滅を不生滅に対して二となし、生滅にあらず不生滅にあらざるを中となし、中道は清浄にして独り抜きんじて、生死涅槃の表に出《い》ずと解す。願わくばわれ仏を得てよく衆生のために最上の道を説き、独り抜きんじて出ずること華の水より出でたるがごとく、月の空に処するがごとくならんと。云云。あるいは生滅を聞きて、すなわち生滅・不生滅・非生滅・非不生滅を解し、雙《なら》べて生滅・不生滅を照らし、一に即してしかも三、三に即してしかも一、法界・秘密・常楽、具足す。願わくばわれ仏を得てよく衆生のために秘密蔵を説き、福徳の人が石をとりて宝となし、毒をとりて薬となすがごとくならんと。云云。

《世》世間のこと。現象世界のこと。世の中。《出世》出世間のこと。世俗を離れた清らかな世界。

ここでは、法の得知の態度と関連づけて菩提心が問題にされる。この項下でも、菩提心は四種のタイプに整理されて示されるのであるが、まず聞かれるものとしての法についていえば、生滅、無生、無量、無作のいわゆる四種の四諦によせて法が論及される。ところでここでは、この四種の四諦のいちいちについて四種の了解が予想されると解され、そしてそれらに応ずる形で、内容的に異なった菩提心が成立してくる事情が、縷説される。法の了解の仕方とそれにともなって成立する菩提心の関係についてのこのような見解は、これまでにみてきた発心の仕組みをめぐる一連の説明のなかで示された見解とまったく同じといってよい。あらかじめ結論的な点についてだけのべたままでであるが、以下、与えられる具体的な説明に沿ってみてゆこう。

まず「生滅の法」を聞いて、それによって成立する菩提心の諸形式が示される。

このうちのはじめのものは、一切諸法はたえず生滅を繰り返すものであるけれども、悟りへの道である戒・智恵、それから悟りそのものである解脱は動揺のない、真実そのものであると解する法の了解に導かれて成立する菩提心である。永遠に流れ、とどまるところのない現実の現象世界と、動揺なき不動なものとしての真実の世界という現実と真理についての見方が、この場合の菩提心の内容をなすものなのである。つぎには「生滅の法」を聞いて、苦・集・道・滅の四諦のすべては空であると解するところに成立する菩提心である。苦の刺を抜こうと修行につとめてみても、すべてが空であってみれば、刺を抜く努力自体、意味のないものとなるであろう。苦もなければ、苦の原因もない。だから苦を克服するための実践的努力も、苦が対治されてひらかれる境地もないといわねばならない。このように一切を空無なものと解して成立するのが、このタイプの菩提心である。

ここでの第三のものは、「生滅の法」を聞いて、そうした諸法の捉え方は「不生滅」とみる捉え方に対する極端であり、また他方、「不生滅」とみる見方ももう一方の極端であって、真理に照らしてみれば、これら二辺を超え出たところに真実と呼ぶに値する諸法の了解が成立する、と解する見方に導かれて成り立つ菩提心である。二辺を超え出た、諸法の了解は中《ちゅう》と呼ばれるのであるが、中こそが真理そのものと解するいわゆる真理観が、ここでの菩提心の内容をなすのである。

「生滅の法」を聞いて成立する第四のタイプの菩提心は、諸法を生滅するだけのものと解するのではなく、同時に不生滅であり、また生滅するものでもなく、それから不生滅なものでもないと解する諸法の捉え方を土台として成り立つものである。もう少し整理していうと、諸法は生滅するものであるとか、逆に生滅しないものであるといったように、いずれか一方の面で捉えられるべきものではなく、それら両面がともにひとしく見定められてこそはじめて、十全にその真実相が捉えられるといった内的構造をもつものである。諸法をこうした形で捉える態度がこのタイプの菩提心の内容をなしているというのである。

このことを三諦説にしたがってのべれば、一諦はつねに三諦であり、三諦はつねに一諦であって、三諦のうちの一つがとくに特別視されるようなことがあってはならないのである。このように生滅の法を聞きとることが、法界の正しい得知といえるであろう。ことばをかえていえば、この上ない深遠な真実の把握であり、また不動で、かつ一切の苦しみから解放された安楽の境地への悟入である。

（無生の法）

若聞㆓無生㆒、謂㆘二乗無㆓三界生㆒菩薩未㆗無生㆖。若聞㆓無生㆒、謂㆔三乗皆無㆓三界生㆒。若聞㆓無生㆒、二乗非㆑分、但在㆓菩薩㆒、菩薩先無㆓分段生㆒、次無㆓變易生㆒。若聞㆓無生㆒、一無生一切無生。

もし無生《むしょう》を聞かば、二乗は三界の生《しょう》なく、菩薩はいまだ無生ならずと謂《おも》う。もし無生を聞かば、三乗はみな三界の生なしと謂う。もし無生を聞かば、二乗は分にあらず、ただ菩薩にあり、菩薩は先に分段《ぶんだん》の生なく、次に変易《へんにゃく》の生なし。もし無生を聞かば、一無生一切無生なり。

《三界》 衆生が生まれて死に輪廻する三つの世界。欲界・色界・無色界の三つの世界のこと。**《分段の生》** 迷いの世界にさまよう凡夫が受ける生。**《変易の生》** 迷いの世界を離れた聖者が受ける生。

無生の法を聞いて発心する場合にも、四種の異なった形が認められる。無生の法の聞き方にも四種の聞き方があり、菩提心もそれに応じて異なった形態をとることになる。

まずはじめには、無生の法を聞きながら、生滅の立場に立って一切諸法を了解するのと同じ立場にとどまる形が考えられる。これは迷いを滅却し尽くしてはじめて真理に達しうると解する生滅の立場に立った菩提心といってよいものである。

つぎには、無生の法を聞いて、文字どおり一切が無生と解して発心《ほっしん》する形のものである。声聞《しょうもん》・縁《えん》覚《がく》・菩薩はともに、見《けん》・思《じ》の惑を対治し尽くして有《う》にとらわれる態度を克服している存在とみて、これら三乗と同様に、一切諸法を空無なものと解して発心するのが、ここでの第二の発心の形態である。

そのつぎには、無生ということを聞いて、見・思の惑の対治はもとより、さらに進んで無明《むみょう》こそが対治されねばならないものと解し、しかもこうしたことをやってのけるものは声聞・縁覚の二乗ではなく、菩薩であると了解する。そしてその菩薩は、見・思の惑の対治によって、凡夫が受ける六道輪廻より脱却するばかりか、さらに無明の惑をも対治しおえて、聖人が受ける生としての三界をも超え出る、と解する。こうした了解をうることは、無生の法を聞いて、無量を会得する立場にひとしいといってよい。

無生の法を聞いて成立する発心の形態の最後のものは、一事においてすべてに通ずるというか、不二相即の関係のもとにある諸法のありようを読みとって発心する形のものである。これは無生の法を聞きながら、無作の法を読みとって発心する形態にほかならない。

（無量の法）

若聞ニ無量一句一、例如レ此。若聞ニ無量一、謂ニ二乗方便道四諦十六諦等一、以為ニ無量一。若聞ニ無量一、謂下二乗自用伏レ惑、不レ能レ化レ他、菩薩用ニ此無量一、自去レ惑亦化中他。若聞ニ無量一、謂下二乗無レ分、但在ニ菩薩一、菩薩用断ニ界内塵沙一、亦伏中界外塵沙上。若聞ニ無量一、謂下二乗無レ分、但在ニ菩薩一、菩薩用断ニ界内外塵沙一、亦伏中無明上。若聞ニ無量一、謂下但在ニ菩薩一、菩薩用伏中断無明上。

もし無量の一句を聞かば、例してかくのごとし。もし無量を聞かば、二乗の方便道《ほうべんどう》、四諦《したい》、十六諦等、もって無量となすと謂う。もし無量を聞かば、二乗はみずから用いて惑を伏するも、他を化すること能わず、菩薩はこの無量を用いて、みずから惑を去りまた他を化すと謂う。もし無量を聞かば、二乗は分なく、ただ菩薩のみに在り、菩薩は用いて界内《かいだい》の塵沙《じんじゃ》を断じ、また界外《かいげ》の塵沙を伏すと謂う。もし無量を聞かば、二乗は分なく、ただ菩薩のみに在り、菩薩は用いて界内外の塵沙を断じ、また無明《むみょう》を伏すと謂う。もし無量を聞かば、ただ菩薩のみに在り、菩薩は用いて無明を伏断すと謂う。

《**十六諦**》十六行相のこと。すなわち、四諦を観ずるのに、十六の観じ方があることをいう。《**界内**》三界（欲界・色界・無色界）の内ということ。三界は迷いの世界、苦しみの世界を三段階に分けたもの。《**界外**》界内の対、三界の外の意。《**塵沙**》見思惑・無明惑とともに三惑を構成する煩悩。塵沙のごとき数かぎりない現実の事象を正しく捉える能力を失わせる煩悩のこと。《**無明**》天台においても根本の煩悩と見なされるのであるが、ただし独自の意味が附与されている。有でも無でもないという中道実相の理を捉える智恵のさまたげとなる惑のこと。

無量の法の了解の仕方とそれに応じて成立する菩提心の関係が整理して示される。ここでは対治されねばならないものとしての煩悩と絡《から》めて説明が展開されている。

まず無量ということを聞いて、煩悩を対治して悟りをうるのに四諦十六行観などを修さねばならず、そしてそれらを行じてゆくのに、七賢七聖といったような過程を辿ってゆかねばならないと解する見解が示されることがある。こうした見方に導かれて成立する菩提心は、二乗のそれにほかならない。つぎに、無量ということを聞いて、自己の悟りだけを目指して煩悩の対治に励むものは二乗にすぎず、自らの悟りはもとより他の悟りをも希求して邁進するのが菩薩であると了解して、自ら励み、他をも導かんとする。こうした態度のなかから成立する菩提心は、無生を聞いて確立する菩提心と同じといってよい。

つぎに無量ということを聞いて、現実の無量の事象に正しくかかわろうとするわれわれの能力を妨げる塵沙の煩悩の克服を思うようになる。そうした努力のなかから菩提心が成立してくるのが、ここでの発心の形である。ところで塵沙の惑の対治の経過についていえば、この種の惑の対治は二乗のなしうるところのものではなく、菩薩にしてはじめて行いうることである。菩薩はまず三界の内にあって衆生を悩ます塵沙の惑の対治を目指す。ところでこの惑は三界の外においても衆生を悩まし続けるものであるために、それの圧伏が、さらには破除が目指される。しかもその上、根本の煩悩としての無明の屈伏までもが進められてゆく。実はここにみるように、界内、界外の両世界にわたる塵沙の惑を断じ尽くし、さらに踏み込んで無明の惑をも圧伏させようとする実践的態度に導かれて、菩提の完成を目指す心すなわち菩提心が確立してくるのである。なお、発心のこうした形式は無量の法を考究するという態度に導かれたものにほかならない。

最後には、無量ということを聞いて、菩薩にとっての課題は塵沙の惑の対治と無明の圧伏の段階を越えて、無明の断除にあると解する立場がひらけてくる。ここに無明の断除を目指して菩提の完成を目指す実践的態度が確立する。こうして確立する菩提心は、無作の法を読みとってのものといってよい。

以上のように、無量ということを聞いても、これまでと同様、四種の聞き方があるのであり、それゆえに成立する菩提心にも、それに見合う形で、四種の形態が形づくられるのである。

（無作の法）

若聞㆓無作一句㆒、例亦如㆑此。若聞㆓無作㆒、謂㆘非㆓佛天人修羅所作㆒、二乗證㆗此無作㆖。思益云、我等學㆓於無作㆒已作㆓證得㆒、而菩薩不㆑能㆓證得㆒。云云。若聞㆓無作㆒、謂㆓三乗皆能證得㆒。若聞㆓無作㆒、謂㆘非㆓二乗境界㆒、況復凡夫、菩薩破㆓權無作㆒、證㆗實無作㆖。若聞㆓無作㆒、謂㆘卽㆓權無作㆒、證㆗實無作㆖。若得㆓此意㆒、隨㆑聞㆓一句㆒、通㆓達諸句㆒。乃至一切句一切法、而無㆓障礙㆒。云云。

もし無作の一句を聞かば、例してまたかくのごとし。もし無作を聞かば、仏・天・人・修羅《しゅら》の所作にあらず、二乗はこの無作を証すと謂《い》う。思益《しやく》にいわく、「我等は無作を学してすでに証得をなす、しかも菩薩は証得すること能わず」と。云云。もし無作を聞かば、三乗はみなよく証得すと謂う。もし無作を聞かば、二乗の境界にあらず、いわんやまた凡夫をや、菩薩は権《ごん》の無作を破し、実《じつ》の無作を証すと謂う。もしくは無作を聞かば、権の無作に即して実の無作を証すと謂う。もしこの意を得れば、一句を聞くに随って諸句に通達す。乃至、一切の句一切の法、しかも障礙《しょうげ》なし。云云。

《修羅》 阿修羅（Ⓢ Asura の音写）の略。争い続ける者。六道の一つ。

無作《むさ》の一句を聞く場合も、これまでと同様、四種の異なった聞き方が成立し、そしてそれらがそれぞれ菩提心の内容を形づくる。

まず無作の一句を聞いて、真理はこの現実の迷いの世界を否定し尽くしてのちに会得されるものであると解釈する。こうした見方は迷いを滅却し終えたところではじめて真実に会することができると解する立場であり、これは無作の法を聞きながら、生滅の法を聞くにひとしく、二乗人の法の聞き方にほかならない。つぎは無作ということを聞いて、真実の法は三乗においてひとしく証得されうるものであると解する。こうした見方は一切を空無なるものと解するいわゆる真理観に支えられたものであり、したがってこの聞き方は無作の法を聞きながら、無生の法を会得したと同じことといってよい。そのつぎは、無作の法を聞いて、真実の法は二乗や凡夫の証得しうるものではなく、菩薩によってのみ得知されうるものであるとの見方が提示される。こうした見解は、真理を、あらゆるものを超えた唯一絶対の存在と解する真理観に根差すものであって、これは無量の法を聞くと同じ立場に立つものである。

ここでの最後の聞き方は、無作の意味を正確に聞きとる態度といってよい。無作とは、現実の諸事象は否定されてよいものでは決してなく、真実もそれに即して捉えられるべきことを教示する教説である。もう少し詳しくいうと、人間の作為つまりとらわれを捨てて、あるがままの態度で現実の事象をみてゆけば、どのようなものも中道実相を体現していないものはないことが明らかになる、ということを教示する教えであるが、無作ということを聞いて、それが教示する諸法のそうしたありようを読みとることが、この場合の発心の内なる姿勢であるとされるのである。

以上、生滅・無生・無量・無作の四種の四諦を聞いて発心する形式についてみてきた。四種の四諦の一つひとつについて四種の了解態度が認められるとされるのであるが、そのうち理想的な発心の形態は無作の理を正しく了解する形のものである。なお、ここでは発心とからめて無作の法が提示されているが、それはただたんに菩提心の内容を表わすだけではなく、天台智顗の実相についての見方を表示していると解されるべきものである。こうした点をあらかじめ知った上で、関連の説明の理解を進めてゆくと、かれの教学思想のより全体的な把握が可能となる。

(三諦偈にもとづく考察)

夫一説衆解、是義難レ明、更約二論偈一、重説レ之。若言二因縁所生法、我説即是空一者、既言二因縁所生一、那得二即空一。須下析二因縁一盡方乃會レ空、呼二方空一、為中即空上。亦名假名者、有為虚弱、勢不二獨立一、假二衆縁一成、頼レ縁故假、非二施權之假一。亦名中道義者、離二斷常一名二中道一、非二佛性中道一。若作二如レ此解一者、雖二三句皆空一、尚不レ成二即空一、況復即假即中。此生滅四諦義也。

若因縁所生法、不レ須二破滅一、體即是空、而不レ得二即假即中一、設作二假中一、皆順二入空一。何者、諸法皆卽空、無二主我一故。假亦卽空、假二施設一故。中亦卽空、離二斷常二邊一故。此三番、語雖レ異俱順二入空一。退非二二乘析法一、進非レ別非レ圓、乃是三獸渡河、共空之意耳。

若謂二卽空卽假卽中一者、三種邐迤各各有レ異。三語皆空者、無レ主故空、虛設故空、無邊故空。三種皆假者、同有二名字一故假。三語皆中者、中眞中機中實故俱中。此得レ別失レ圓。云云。

若謂二卽空卽假卽中一者、雖レ三而一、雖レ一而三、不二相妨礙一。三種皆空者、言思道斷故。三種皆假者、但有二名字一故。三種皆中者、卽是實相故。但以レ空爲レ名、卽具二假中一、悟レ空卽悟二假中一。餘亦如レ是。

當レ知聞二於一法一、起二種種解一、立二種種願一。卽是種種發菩提心。此亦可レ解。

其淨土徒衆修行法滅受苦起過等發菩提心、例レ前可レ解。不二復委記一。

それ一説衆解《いっせつしゅげ》、この義明らめ難し、さらに論の偈《げ》に約して重ねてこれを説かん。もし「因縁所生法・我説即是空」といわば、すでに因縁所生という、なんぞ即空《そっくう》なることを得んや。すべからく因縁を析《しゃく》し尽くしてまさにすなわち空に会し、まさに空なるを呼んで即空となすべし。「亦名仮名」とは、有為《うい》虚弱にして勢い独り立たず、衆縁を仮《か》りて成ず、縁に頼《よ》るが故に仮なり、施権《せごん》の仮《け》にあらず。「亦名中道義」とは、断常《だんじょう》を離るるを中道と名づく、仏性《ぶっしょう》の中道にあらず。もしかくのごときの解《げ》をなさば、三句みな空なりといえども、なお即空を成ぜず、いわんやまた即仮・即中をや。これは生滅の四諦の義なり。

もし因縁所生の法ならば、破滅を須《もち》いずして体即ちこれ空なり、しかも即仮・即中なることを得ず、たとい仮中となすもみな空に順入す。なんとなれば、諸法はみな即空なり、主我なきが故に。仮もまた即空なり、施設を仮るが故に。中もまた即空なり、断常の二辺を離るるが故に。この三番は、語は異なりといえどももとともに空に順入す。退いては二乗の析法にあらず、進んでは別《べつ》にあらず円にあらず、すなわちこれ三獣渡河《さんじゅとか》、ともに空の意なるのみ。

もし即空即仮即中なりといわば、三種は邐迤《りい》としておのおの異なりあり。三語みな空なりとは、主なきが故に空、虚設《こせつ》の故に空、無辺の故に空なり。三種みな仮《け》なりとは、同じく名字あるが故に仮なり。三語みな中《ちゅう》なりとは、中真・中機・中実の故にともに中なり。これは別を得て円を失う。云云。

もし即空即仮即中なりといわば、三なりといえどもしかも一、一なりといえどもしかも三にして、あい妨礙《ぼうげ》せず。三種みな空なりとは言思《ごんし》の道断えたるが故なり。三種みな仮なりとはただ名字あるが故なり。三種みな中なりとは即ちこれ実相なるが故なり。ただ空をもって名となすもすなわち仮・中を具し、空を悟ればすなわち仮・中を悟る。余もまたかくのごとし。

まさに知るべし、一法を聞いて種種の解を起こし種種の願を立つることを。すなわちこれ種種の発菩提心《ほつぼだいしん》なり。これまた解すべし。

その浄土・徒衆《としゅ》・修行・法滅・受苦・起過等の発菩提心は、まえに例して解すべし。また委《くわ》しくは記さず。


《論》龍樹作の『中論』のこと。《施権の仮》現実の世界のただなかに見出される相違、差別を読みとって、すべてを悟りの境界へと導こうとするいわゆる利他的活動のこと。《断常》断見と常見のこと。断見とはすべてが無に帰すという誤まった見解。常見とはすべてが常住不滅であるという誤まった見解。《三獣渡河》兎・馬・象の三獣が河を渡る際に、その足が水のなかのどこまで沈むかによって、悟りの深まり具合が読みとれるという譬え話。『涅槃経』二一「光明遍照高貴徳王菩薩品」等にみえる。天台では、この譬えは通教のそれぞれ声聞・縁覚・菩薩の悟りの深さを示すものとして用いられている。

一説を示せば、すべてを理解することができるようになるといっても、なかなかそうはいかないので、ここでは『中論』のいわゆる三諦偈を取り上げ、それを手掛かりに重ねて発心《ほっしん》の問題を考えてみよう。

『中論』の三諦偈と呼ばれる詩句『中論』は具体的には「因縁所生法、我説即是空、亦名為仮名、亦名中道義」をいうのであるが、この偈の表示する内容が、読むものにとって四種に解されるという。その理解の違いが菩提心の内容の相違を、さらに突っ込んでいえば、実相の捉え方の違いを生ぜしめるとみられるわけである。

まずはじめの三諦偈の解釈についてみてゆこう。偈のなかの「因縁所生法、我説即是空」という文言は、現象するこの世界が空であることを教示する表現と解される。ただし空であることがここでは、諸事象をその構成要素に分析して、そうした構成要素のなかにその物が存在しておらず、したがって名称のみあって、物自身は空であると結論づけるいわゆる析空観によって証明されるにすぎない。つぎの「亦名為仮名」という一句は、諸法のどれをとってみても、それ自身で自己たりうるほどのいわば勢いをもつものはなく、すべてもろもろの因縁を仮りて成立しているものであることを教える表現であるとされる。ただこうした捉え方にあって、現象世界の諸事象がひとつひとつ正しく見定められるのかといえばそれはなく、したがって衆生を利益する利他の態度はここでは成立しない。締め括りの一句「亦名中道義」であるが、これはその文言通り、中道を説く一句とされることはいうまでもないが、その中道について独自の解釈が示されていると解される。すなわちここでは中道は断・常の二見を滅却して到達する境地のことと解されるというのである。

以上のべてきた解釈が三諦偈についての第一の解釈であるが、これは生滅の四諦の意味に対応する解釈であり、もっとも稚拙な解釈にほかならない。

つぎの三諦偈の解釈は空の面から進められる解釈である。すなわち分析を用いるのではなく、現象世界はそのままの姿において即座に空であると徹底してみてゆく解釈である。この解釈のもとでは、それゆえに、仮とみる立場も、中とみる立場も成立しえないことになり、ただ空であると解する立場だけが確立することになる。この解釈はいわゆる通教を特徴づけるものにほかならない。

三諦偈についての第三の解釈は、その偈が空・仮・中の三諦をひとしく教示しはしても、それら三者を相互になんの関係もないものとして説き示していると解する解釈である。

もう少し突っ込んでいうと、空は空であって、仮・中であり、また仮は仮であって、空・中でもあり、さらに中は中であって、空・仮でもある――すなわち即空即仮即中――ということを、この三諦偈はいちおう教示するのであるが、ただし三者が空であり、仮であり、中であるといわれるとき、それぞれにおいてその意味がすべて異なっている。具体的に立ち入っていえば、空が空であるのはすべてのものには実体がないからであり、仮が空といわれるのは一切が仮《かり》のものであるからであり、また中が空といわれるのは一切が限定されえないものであるからである。しかもこうした三様の見方は浅深の関係にある。すなわち空は空であるとみる見方はもっとも浅く、中は空であるとみる態度はもっと深いのである。

つぎに三者が仮といわれる場合であるが、これまた浅い、深いの関係が見出されるのであり、仮といわれながら別々の関係にある。それから三諦のすべてが中といわれる場合であるが、この場合にも上にみられたと同様の捉え方が認められる。すなわち、空が中といわれるとき、それは断常の二見の極端を離れたことを表わし、つぎに仮が中といわれるときは、衆生には本来なんの差異もないことを表わし、それから中が中といわれるときは、真理の究極的すがたのことを意味するのであり、中といわれながら、三者三様なのである。いわゆる隔歴の三諦と呼ばれる捉え方である。

以上のべてきたごとく、三諦の意味を解する態度は、いわゆる真理を別々に解してゆく別教に特有のものといってよい。

三諦をめぐるもう一つの解釈は、三諦を即空即仮即中という形で、文字どおり円融の立場に立って解する理解の仕方である。すなわち空・仮・中と三諦を立てても、結局は三は一であり、逆に一といっても三であって、三諦が隔絶の関係に立つとみてはならない、というのである。仮といい表わそうと、また中と表示しようと、結局のところ空というしかないのは、一切法が例外なくことばでは表わされえないものであるからであり、また空と表現しようと、中といおうと、みな仮というしかないのは、諸法の一切が名字の法にしたがって表出されうるものであるからであり、さらに空といわれようと、仮といわれようと、中と表わすしかないのは、諸法のすべてがそれ自身真実のありようを表現しているからである。

こういうわけであるから、一切が空であるということのうちに、仮であるということ、中であるということが具わっているといわねばならない。従って空を悟れば、仮・中であることを同時に悟ることができるようになるのである。なおこうした関係は仮・中についても同じように認められる。すなわち、一切法について仮を立てれば、同時に空・中でないことはなく、中を立てれば、同時に空・仮でないことはないといわざるをえない。

以上のべてきたように、三諦偈をめぐって、一切法は実相につきつめてみれば、即空即仮即中として表示されるしかないということを教示するのが三諦偈であると解するのが、円教の解釈であり、また無作の四諦に対応する解釈なのである。そうである以上、三諦偈に触れて発心する場合、一切法をそうしたものと解して発心することが、発心の理想的形態ということになる。さらに附言すれば、一切法のあり方の究極相を即空即仮即中として捉え出す捉え方は、天台教学においてはたんに菩提心の内容を形づくるだけでなく、実相の捉え方の理想態でもあるのである。

(三種の止観との関連において——その吟味)

上來所レ說既多、今以二三種止觀一結レ之。然法性尙非二一法一云何以二三四一推レ之。今言二一二三四一說下法性是所迷、苦集是能迷、能迷有二輕重一、所迷有二卽離一、約二界內外一分別卽有二四種苦集一、約二根性一取レ理、卽有中一二三四不同上云云。

若界內鈍人、迷レ眞重苦集亦重、利人迷レ眞輕苦集亦輕。界外利鈍輕重亦如レ是。法性是所解、道滅是能解、所解有二卽離一、能解有二巧拙一、界內鈍人所解離、能解則拙、利人所解卽、能解亦巧。界外利鈍卽離巧拙亦如レ是。所以者何、事理既殊、昏惑亦甚、譬如下父子兩謂二路人一、瞋打俱重上。瞋以レ譬レ集、打以レ譬レ苦。若謂二煩惱卽法性一、事理相卽、苦集則輕。實非二骨肉一、兩謂二父子一、瞋打則薄。麁細枝本通別遍不遍難易等亦如レ是。

或云、界內苦集底滯爲レ重、界外升出爲レ輕。或界內皮惑故爲レ淺、界外肉惑故爲レ深。或言、界內隨他意故爲レ拙、界外隨自意故爲レ巧。或言、界內稱レ機故爲レ巧、界外不レ稱レ機故爲レ拙。

或言、界內有能所故爲麁、界外無能所故爲細。或言、界內小道、極在化城故爲細、界外大道、極在寶所故爲麁。或言、界內客塵故爲枝、界外同體故爲本。或言、界內在初故爲本、界外在後故爲枝。或言、界內小大共故爲通、界外獨在大故爲別。或言、界內偏故爲小、淺故爲別、界外圓故爲大、無隔故爲通。或言、界內短故爲不遍、界外周法界故爲遍。或言、界內在一切賢聖共故爲遍、界外獨在大緣故爲不遍。或言、界內用二乘方便故爲難斷、界外但依無礙慧故爲易斷。如是等種種互說。

今若結之則易可解。若作淺深輕重者、漸次觀意也。若作一實四諦不分別者、圓觀意也。若作更互輕重者、不定觀意也。皆是大乘法相。故須識之。若見此意、卽知三種漸次顯是、不定顯是、圓頓顯是。云云。

問、集既有四、苦果何二。答、惑隨於解、集則有四、解隨於惑、但感二死。例如小乘惑隨於解、則有見諦思惟、若解隨於惑、但是一分段生死耳。問、苦集可是因緣所生法、道滅何故爾。答、苦集是所破、道滅是能破、能破從所破得名、俱是因緣生法。故大經云、因滅無明、則得熾然三菩提燈。亦是因緣也。問、法性是所迷、何故二何故四。答、法性隨權實、是故二、法性隨根緣、是故四。若見此意、例見相聞法乃至起過、例作四種分別廣說。云云。

上来に説くところすでに多し、いま三種の止観をもってこれを結ばん。しかるに法性《ほっしょう》はなお一法にあらず、いかんぞ三四をもってこれを推《お》さんや。いま一二三四をいうは、法性はこれ所迷、苦・集《しゅ》はこれ能迷にして、能迷に軽重《きょうじゅう》あり、所迷に即離あり、界の内外に約して分別すればすなわち四種の苦・集あり、根性《こんしょう》に約して理を取ればすなわち一二三四の不同あることを説くなり。云云。

もし界内の鈍人、真に迷うこと重ければ苦・集もまた重く、利人は真に迷うこと軽ければ苦・集もまた軽し。界外の利鈍の軽重もまたかくのごとし。法性はこれ所解《しょげ》、道・滅はこれ能解《のうげ》にして、所解に即・離あり、能解に巧《ぎょう》・拙《せつ》あり、界内の鈍人の所解は離《り》なれば能解すなわち拙、利人の所解は即《そく》なれば能解もまた巧なり。界外の利鈍の即離、巧拙もまたかくのごとし。所以《ゆえ》はいかん、事・理すでに殊《こと》なれば昏惑《こんわく》もまた甚だし、たとえば父子両《ふたり》ながら路人なりと謂えば瞋《いか》り打つこととともに重きがごとし。瞋はもって集にたとえ、打はもって苦にたとう。もし煩悩すなわち法性なりといえば事・理相即して苦・集すなわち軽し。実には骨肉にあらざれども両ながら父子なりと謂えば瞋り打つことすなわち薄し。麁細・枝本・通別・遍不遍・難易等もまたかくのごとし。

あるいはいわく、界内《かいだい》の苦・集は底滞なれば重となし、界外は升出《しょうしゅう》すれば軽となす。あるいは界内は皮惑なるが故に浅となし、界外《かいげ》は肉惑なるが故に深となす。あるいはいわく、界内は随他意《ずいたい》の故に拙となし、界外は随自意《ずいじい》の故に巧となす。あるいはいわく、界内は機に称《かな》うが故に巧となし、界外は機に称わざるが故に拙となす。あるいはいわく、界内は能所あるが故に麁《そ》となし、界外は能所なきが故に細《さい》となす。あるいはいわく、界内は小道にして極まること化城《けじょう》にあるが故に細となし、界外は大道《だいどう》にして極まること宝所《ほうしょ》にあるが故に麁となす。あるいはいわく、界内は客塵《きゃくじん》なるが故に枝《し》となし、界外は同体なるが故に本となす。あるいはいわく、界内は初めにあるが故に本となし、界外は後にあるが故に枝となす。あるいはいわく、界内は大小共なるが故に通となし、界外は独り大にあるが故に別となす。あるいはいわく、界内は偏なるが故に小となし、浅なるが故に別となし、界外は円なるが故に大となし、隔てることなきが故に通となす。あるいはいわく、界内は短かきが故に不遍となし、界外は法界に周《あま》ねきが故に遍となす。あるいはいわく、界内は一切の賢聖《げんじょう》にありて共《ぐう》ずるが故に遍となし、界外は独り大縁にあるが故に不遍となす。あるいはいわく、界内は二乗の方便を用うるが故に断じ難しとなし、界外はただ無礙《むげ》の恵によるが故に断じ易しとなす。かくのごとき等に種種にたがいに説く。いまもしこれを結せば、すなわち解すべきこと易し。もし浅深軽重《せんじんきょうじゅう》をなせば、漸次観《ぜんじかん》の意なり。もし一実の四諦となして分別せざれば、円観《えんかん》の意なり。もし更互《こうご》に軽重をなせば、不定観《ふじょうかん》の意なり。みなこれ大乗の法相《ほっそう》なり。故にすべからくこれを識るべし。もしこの意を見ればすなわち三種を知る。漸次の顕是《けんぜ》、不定の顕是、円頓の顕是なり。云云。

問う、集《しゅ》、すでに四あるに、苦の果なんぞ二なるや。答う、惑《わく》は解《げ》にしたがえば、集にすなわち四あり、解《げ》は惑にしたがえばただ二死を感ずるのみ。例えば、小乗の惑は解にしたがえば、すなわち見諦《けんたい》・思惟《しゆい》あり、もし解が惑にしたがえば、ただこれ一の分段生死《ぶんだんしょうじ》なるのみなるがごとし。問う、苦・集はこれ因縁所生の法なるべきも、道《どう》・滅はなにがゆえぞしかるや。答う、苦・集はこれ所破、道・滅はこれ能破なり、能破は所破に従って名を得、ともにこれ因縁生の法なり。故に大経にいわく、「無明を滅するに因《よ》ってすなわち熾然《しねん》たる三菩提の燈を得」と。またこれ因縁なり。問う、法性はこれ所迷なるに、なにがゆえぞ二なるや、なにがゆえぞ四なるや。答う、法性は権実《ごんじつ》にしたがう、このゆえに二なり、法性は根縁《こんえん》にしたがう、このゆえに四なり。もしこの意を見れば、見相《けんそう》、聞法《もんぽう》、乃至、起過に例せよ。例して四種をなして分別して広く説け。云云。

《事》具体的、差別的なもの。具体的な現実。理の対。《随他意》相手の素質や能力に応じて、仏が説法すること。《随自意》相手の素質などを考えずに、自分の思うままに法を説くこと。《化城》『法華経』化城喩品に説かれる、未熟な衆生を効果的に導くために超自然的な力によってつくられた都城のこと。《宝所》真の悟りの境地。珍宝のある場所として「化城喩品」のなかで説かれる。《客塵》外から来て清浄な心をけがす煩悩。《権実》かりの教えと真実の教え。かりのものと真実なるもの。《根縁》人の能力、素質と環境。

法の捉え方と発心の関係を、三種止観と関連づけて考察し、四諦の教えに絡めて発心の問題を論ずることの項を締めくくる。

法の捉え方は決して一様ではない。ひとつには法性を無規定なもの、無限定なものと解する捉え方が考えられる。こうした捉え方は三種止観に関連づけて整理すると、円頓止観に相当するものということができる。つぎに法性にかかわる衆生にも目を向けて考えてみると、もう少し違った見方ができる。この点について立ち入ってのべれば、法性は衆生の認識主観が向うところのものである。

ところで衆生は煩悩に悩まされるものであるから、法性はかれらによってつねに一様に了解されるとはかぎらない。法性の正しい把捉を妨げる煩悩には軽い、重いの違いがあり、したがって法性はありのままに捉えられること（＝即）もあれば、正しく解されないこと（＝離）もある。しかも加えて、煩悩の軽、重と法性の捉え方の即、離という関係と衆生の居所とが密接不可分に結びついている。衆生の居所とは三界の内と外との二つの世界である。煩悩が軽く、法性がより正しく捉えられるときには、衆生は三界の外に身をおくことになる。煩悩が重く、法性から離れることになれば三界を出ることはできない。

ともあれ、苦・集についていえば、界内の軽度の苦とその原因としての軽度の煩悩、それにそこでの重度の苦・煩悩、それから界外の軽度の苦・煩悩、界外の重度の苦・煩悩、以上四種の苦・煩悩が、他方、法性の把握の面からいえば、界内の即と離、それから界外の即と離、以上の四種の捉え方があることになる。そこで煩悩に従っていえば、重き煩悩の対治に始まって順次軽い煩悩の対治へと進んでゆくことが、それから法性の面からいえば、離反した状態から十全な把握へと近づくことが求められる。

以上のべてきたような、法性の把握の態度は漸次止観の形式に従うものであるが、菩提心の確立もこの形式に従って漸進的に実現される場合もある。

右に指摘された事柄が、以下でさらに詳しく説示される。

三界の内にあっても、外にあっても、ともに、愚鈍なる衆生、利発なる衆生の二者が存在するのであるが、これら二者をわかつ基準は迷いの軽・重ということである。界内の衆生のうちの愚鈍なるものは真に迷うこと重きものであり、かれらの苦および煩悩はこれまた重い。一方、利発なものは真に迷うこと軽く、苦および煩悩も軽い。界外の衆生についていえば、愚鈍なものは中道に迷うこと深く、一方、利発なものはそれに迷うこと軽く、苦しみと煩悩の点では、前者にあっては重く、後者では軽い。

法性と衆生との関係をみれば、法性は衆生によって捉えられるもの（＝所解）であり、衆生は法性に向うもの、つまり法性に対して能解の関係に立つものである。だから所解の面からいうと、即応する状態と離反した状態との両局面がみられることになるであろうし、また能解の面からいえば、巧みな了解と拙い了解との二つの態度が認められることになる。そして法性からの離反と法性の拙い把握、法性との即応とそれらの巧みな把握とが対をなす関係に立つのである。

ところで、所解における即と離、能解における巧と拙といった相違を惹き起こさせる思想的理由はどこにあるのか。それは事と理との関係についての見方にある。これら両者を異なれるものと解してしまうと、迷いの度合をつよめる結果となってしまう。こうした事情は、父と子があたかも行きずりの人間のようになんの関係もない間柄と考えて、いかり、殴りあえば、深刻な事態を招くことになるのと同じことである。瞋《いかり》は苦の原因をなす煩悩にたとえることができるし、殴る行為は苦にたとえることができる。ただし煩悩はすなわち法性であると解するところでは、事と理とは相即の関係において捉えられることになり、苦もその原因としての煩悩も軽いものとなる。骨肉の関係にないものでも、お互い本当の父と子であると思うようになれば、いかり、殴りあうことが少なくなるのと同じである。

事・理を隔別するものと解すれば、法性の正しい了解から遠のき、界内の、それも鈍人に等しい衆生になりさがる。しかし、そこにとどまるのではなく、そこからはじまって事・理相即の関係において法性を捉える段階へと踏み込まねばならない。そうすることによって界外の利人へと自らを高めることができる。法性の了解、ここでのテーマにもとづいていえば、発心は低きより高きへという過程を辿って完成されてゆくのである。発心のこの形式は漸次止観のそれであることは明らかである。

なお、衆生の法性の了解の仕方、なかんずく法性の推究を柱として成り立つ発心を整理する場合、麁細・枝本・通別・遍不遍・難易といった指標を立て、それらにしたがって整理することもできる。麁細、乃至難易といった指標は、三界の内なる世界にも、また外なる世界にも、ともに導入されうる指標であり、そして両世界のなかで、たとえば麁細についていえば、麁は鈍人を、細は利人を成立せしめるといった具合に、それぞれ鈍人、利人を現出せしめる。菩提を求める心が、あたかも麁より細へと深まるように、漸進的に充実されてゆく場合もあるのである。

発心して菩提を求める心の深まる過程がいわゆる円頓止観や漸次止観の形態をとらない場合ももち

ろんある。すなわち法性の了解が、三界のうちにあってはつねに拙であり、麁であり、通・遍・難であるとはかぎらないし、一方、三界を超え出る道をきりひらく法性の了解の仕方が、つねに巧であり、細であり、また本・不遍・易であるともいいきれない。法性の低い了解が質的に高い菩提心を成立させることもあれば、法性の深い了解が低い菩提心を成立させるにとどまることもある。こうした点に注目して菩提心の成立の事情を整理すると、この形式は不定観として特徴づけられるものである。

以上のべてきたことをまとめると、法性の推究を通じて菩提心が成立する場合、その形式には三つのタイプが認められるということができる。一つは、軽きより重きへという経過を辿って法性の了解が進み、それに応じて菩提心が確立してくる形である。これは漸次止観の形式にならうものである。つぎは、苦・集・道・滅の四諦がそのまま真実そのものであると解する態度が、菩提心の内容となる形である。これは円頓止観の形式を踏むものである。もう一つは、法性の把握の浅深と成立する菩提心の浅深とが規則的に対応することなく、たとえば法性の浅い把握が深い菩提心の確立を導くという形で、菩提心が確立する場合である。この種のものは不定観として特徴づけられる。

なおこれら三種の発心の形式はともに大乗の教えにかなうものであり、三者の間に認められる違いはそれぞれを無関係な位置にひき離すほど大きなものではない。

推理発心の項を締めくくるにあたり、推究される理としての四諦、すなわち苦・集・道・滅の相互の関係をあらためて整理し、推理発心の構造を問い返す。まず苦の原因である煩悩と苦の関係が問われる。煩悩は四種に類別されうるが、それに導かれて生ずる苦は分段生死と変易生死の二種であるのはどうしてか。

まず煩悩に四種の違いが認められるという事情からいえば、煩悩はもともと界内、界外の両世界をわかつよりどころとなるものであり、界内の惑、界外の惑の二種に大別されるべきものである。従って四種といわない方が正確であるかもしれないが、しかしこれら両惑を克服しようとすると、それぞれについて巧、拙二つのかかわり方が現にある。かくて惑の破除に四種の立場が現出することになるが、これら四種の立場はそこで惑が一つ一つ克服されてゆく場ゆえに、四種の惑ありといってよい状況がつくり出される。煩悩に四ありといわれるのはこうした事情をいっているのである。ところでそうはいっても、煩悩は正確には界内・界外の両惑より成るものであるから、それらから二種の苦が生まれることになる。だから苦の果は二種ということになる。

つぎに苦・集・道・滅の四諦の相互の関係が整理される。苦諦・集諦は破せられるものであり、他方、道諦・滅諦は破する法である。ところで破する法は破せられるものを前提として破する法たりうるのであり、また逆に、破せられるものは破する法を予想して破せられるものの位置に立つ。この意味で、能破の法も所破の法も相手を予想して自己自身でありうるのであり、両者は相互に関係づけられている。このように不可分に結びつく関係を因縁所生の法というのであるが、四諦は不可分に相互に結びつく関係に立つ教説なのである。

最後にもう一つ、法性の捉え方が総括的に整理してのべられる。法性は一なるものと解されるべきであるのに、二と解されたり、四と解されたりする。二と解される理由は、真実の法を衆生にできるだけ正確に理解させるべく、方便としての教法が説き示されるという点にある。かくてかりの教えとしての方便の法(権)と真実の法(実)の二法が立言されて当然ということになる。ところで、権実の二法を捉える立場に立つ衆生の側に即して考えてみると、理解の進め方にすぐれた態度、劣れる態度の二者が避けがたく現われる。衆生がもちあわすこうした能力の違いと権実の二法とを絡めて解すれば、法性は四種として捉えられることになり、法性は四種という見方が成立する。

なお、ここでのべてきたような、四諦の相互の関係についての見方であるとか、法性の捉え方は、たんに推理発心の範囲の中だけにとどまらず、見相・聞法など、それ以外の発心の形式を考える場合にも、同じように看過されてはならない見方である。

第二項　四弘誓願の教えと菩提心

(一)　四弘誓願と四諦

中約二弘誓一顯レ是者、前推二法性一聞レ法等其義已顯。爲二未了レ者一、更約二四弘一。又四諦中多約レ解、明二上求下化一、四弘中多約レ願、明二上求下化一。又四諦中通約二三世佛一、明二上求下化一、四弘中多約二未來佛一、明二上求下化一。又四諦中多約二諸根一、明二上求下化一、四弘中專約二意根一、明二上求下化一。如レ此分別令レ易レ解。得レ意者不レ俟也。

なかに弘誓《ぐぜい》に約して是《ぜ》を顯わすとは、まえに法性を推し法を聞く等にその義すでに顯《あら》わる。いまだ了《りょう》せざる者のためにさらに四弘《しぐ》に約す。また四諦《したい》のなかには多く解《げ》に約して、上求下化を明かし、四弘のなかには多く願《がん》に約して、上求下化を明かす。また四諦のなかには通じて三世の仏に約して、上求下化を明かし、四弘のなかには多く未来の仏に約して、上求下化を明かす。また四諦のなかには多く諸根《こん》に約して、上求下化を明かし、四弘のなかには専ら意根《いこん》に約して、上求下化を明かす。かくのごとく分別して解し易からしむ。意を得る者は俟《ま》たざるなり。

《弘誓》四弘誓願のこと。(1)衆生無辺誓願度。一切の生きとし生けるものをさとりの彼岸に渡そうと誓う。(2)煩悩無量誓願断。一切の煩悩を断とうと誓う。(3)法門無尽誓願学(または知)。仏の教えをすべて学び知ろうと誓う。(4)仏道無上誓願成(または証)。この上ないさとりに至ろうと誓う。このような四つの大決心のこと。この四弘誓願の構想は天台智顗によってまとめ上げられたものであり、しかもかれの思索のはやい時期に固まっていた。

菩提心の問題を「四弘誓願」と関連づけて考えてゆく。四諦に従って菩提心の問題をみてゆくのと、四弘誓願と関連づけて理解を深めようとするのとの教学上の違いを、あらかじめごく一般的に示しておくことにする。四諦とは捉えられるべき理であるわけであるから、四諦に従って発心するということになると、一般に学解の形をとることになる。他方、四弘誓願は誓願であるから、これに従う発心は願いの形をとりやすい。また、四諦の理は過去・現在・未来の三世に通ずるものであるから、四諦に従って発心する場合には、三世の仏に関係することになる。他方、四弘誓願に従う場合には、未来にかかわるのが願にそなわった性格であるから、未来の仏に関係するという形をとることになる。それから、以下のようにも特徴づけることができる。

四諦の理は、人間の生存が苦であるという真理（苦諦）および苦の原因が煩悩にあるという真理（集諦）を教示する。ところでこの苦も、またその原因である煩悩もともに人間の六根に根ざすものである。したがって四諦に従って発心するとなると、六根のすべてにかかわるという形をとることになる。一方、四弘誓願は願いのゆえに、これに従って発心する場合には、意業《いごう》のみに関係するという形態をとってくる。四弘誓願に導かれて発心する場合、発心はこうした形をとりやすいといってよいであろう。

(二)　生滅を知る発心

夫心不孤生、必託縁起。意根是因、法塵是縁、所起之心是所生法。此根塵能所三相遷動。竊起竊謝、新新生滅、念念不住。睒爍如電燿、遄疾若奔流。色泡受沫想炎行城識幻所有依報國土田宅妻子財產、一念喪失。倏有忽無。三界無常、一篋偏苦。四山合來、無逃避處。唯當專心戒定智慧。竪破顚倒、横截死海、超度有流。經言、我昔與汝等、不見四眞諦、是故久廻轉。火宅如此、云何耽湎、縱逸嬉戲。是故慈悲、起四弘誓、拔苦與樂。如釋迦之見耕墾、似彌勒之觀毀臺、卽其義也。以明了四諦故非九縛、起四弘誓故非一脫、是爲非縛非脫發眞正菩提心。顯是義明矣。

それ心は孤《ひと》り生ぜず、必ず縁に託して起こる。意根《いこん》はこれ因、法塵《ほうじん》はこれ縁、所起の心はこれ所生の法なり。この根塵《こんじん》・能所は三相に遷動《せんどう》す。竊《ひそ》かに起こり竊《ひそ》かに謝《しゃ》し、新新に生滅し、念念に住せず。睒爍《せんしゃく》なること電燿《でんよう》のごとく、遄疾《せんしつ》なること奔流《ほんりゅう》のごとし。色《しき》の泡《ほう》・受《じゅ》の沫《まつ》・想《そう》の炎《えん》・行《ぎょう》の城《じょう》・識《しき》の幻《げん》、所有《しょう》の依報《えほう》、国土・田宅《でんたく》・妻子・財産、一念に喪失す。倏《たちま》ちに有り、忽《たちま》ちに無し。三界は無常なり、一篋《きょう》は偏《ひと》えに苦なり。四山《しせん》合し来たって逃れ避くるところなし。ただまさに心を戒《かい》・定《じょう》・智恵に専らにすべし。竪《たて》に顛倒《てんどう》を破し、横に死海を截《き》り、有流《うる》を超度《ちょうど》す。経にいわく、「われ、昔、汝等とともに四真諦を見ず、この故に久しく廻転《えてん》す」と。火宅はかくのごとし、いかんが耽湎《たんめん》し縦逸《じゅういつ》に嬉戯《きぎ》せんや。この故に慈悲をもって四弘誓を起こし、苦を抜き楽を与う。釈迦の耕墾《こうこん》を見るがごとく、弥勒《みろく》の毀台《きだい》を観るに似たり、すなわちその義なり。明らかに四諦を了するをもっての故に九縛《ばく》にあらず、四弘誓を起こすが故に一脱《だつ》にあらず、これを非縛非脱にして真正《しんしょう》の菩提心を発すとなす。是《ぜ》を顕わすの義、明らかなり。

《意根》意は思い。思いめぐらす心のはたらき。根は機関。心のはたらきを起こさせる機官が意根。**《法塵》**六塵の一つで、意根の対象であるもろもろの法のこと。**《三相》**現象世界の一切の事物がもちあわす、生ずるという特性（生）、そこにあるという特性（住）、滅するという特性（滅）の三つをいう。**《一篋》**地・水・火・風の四元素の結合によって生じたこの身。**《四山》**老・病・死・衰耗（または無常）、あるいは生・老・病・死を山にたとえていったもの。**《有流》**有漏に同じ。煩悩のこと。六根（五つの感覚機官と心）から流れ出るもの、漏れ出るものの意とされる。**《耽湎》**おぼれとらわれること。**《火宅》**煩悩と苦しみに満ちたこの世のこと。そうしたこの世を、火に焼かれている家に喩えていったもの。**《九縛一脱》**火途・血途・刀途・阿修羅・人・天・魔羅・尼犍・色無色・二乗の十道にわたって発心するうち、前の九でのそれを縛、最後の一つを脱とすること。**《釈迦の耕墾を見るがごとく》**悉達太子（シッダッタ・釈尊の出家以前の名）が城を出て樹下に坐し、瞑想する折、農夫が地を耕す光景を目にした。そのとき、鍬によって地中より虫が掘り出され、しかもその虫が鳥によって啄まれるのをみた。太子はその光景をみて衆生に深い思いをよせた。『太子瑞応本起経』巻上に語られるそうした記述を引用したもの。《弥勒の毀台を観るに似たり》儴佉王より宝台をもらった弥勒が、バラモンにそれを与えたとき、その宝台がこなごなに壊れてしまった。壊れる様子をみて弥勒は、すべてのものが滅することを知って発心し、出家、そして悟りをひらいた。『弥勒下生経』にみえるこうした記述を引用したもの。

ここでは、四弘誓願を起こし、慈悲の心をもって衆生の苦を抜き楽を与えようと意志する心が、すべてが無常であるという事実に突き動かされて成立するものであることが、明らかにされる。発心の思想的よりどころが無常ということ、いいかえればすべてが生滅するものであるということにある、というわけである。四弘誓願に従って取り出される発心のこの種のタイプのものは、さきの四種の四諦説に従っていえば、生滅の四諦の立場に立つ発心に相当する。

(三)　無生を知る発心

次祇觀二根塵相對一念心起一、能生所生、無レ不二卽空一。妄謂二心起一、起無二自性一、無二他性一、無二共性一、無二無因性一。起時不下從二自他共離一來上。去時不下向二東西南北一去上。此心不レ在二內外兩中間一、亦不二常自有一、但有二名字一、名レ之爲レ心。是字不レ住、亦不レ不レ住、不可得故、生卽無生、亦無二無生一、有無倶寂。凡愚謂レ有、智者知レ無。如三水中月得喜失憂、大人去取都無二欣慘一。鏡像幻化亦如レ是。

思益云、苦無レ生、集無二和合一、道不二、滅不生。大經云、解二苦無レ苦而有二眞諦一、乃至解二滅無レ滅而有二眞諦一。集既卽空、不レ應レ如三彼渇鹿馳二逐陽焰一。苦既卽空、不レ應レ如三彼癡猴捉二水中月一。道既卽空、不レ應レ言下我行二卽空一不上レ行二不卽空一。如二筏喩一者、法尚應レ捨、何況非法。滅既卽空、不レ應レ言二衆生壽命一、誰於二此滅一而證二彼滅一。生死卽空、云何可レ捨。涅槃卽空、云何可レ得。經言、我不レ欲レ令三無生法中有二修道若四念處乃至八聖道一、我不レ欲レ令三無生法中有二得果若須陀洹乃至阿羅漢一。依例亦應レ言、我不レ欲レ令三無生法中有二色受想行識一、我不レ欲レ令三無生法中有二貪欲瞋恚癡一。但愍二念衆生一、興二誓願一、拔二兩苦一、與二二樂一。以レ達二苦集空一故非二九縛一、達二道滅空一故非二一脫一、是爲三非縛非脫發二眞正菩提心一。顯レ是義明矣。

つぎに、ただ根塵《こんじん》あい対して一念の心起こるを観ずるに、能生所生は即空《そっくう》ならざることなし。妄《みだ》りに心起こると謂うも、起こるに自性《じしょう》なく、他性《たしょう》なく、共性《くうしょう》なく、無因性《むいんしょう》なし。起こるときは自・他・共・離より来たらず。去るときは東西南北に向って去らず。この心は内・外・両・中間にあらず、またつねにみずから有《あ》らず、ただ名字《みょうじ》あるのみ、これを名づけて心となす。この字、住せず、また住せざるにあらず、不可得なるが故に、生《しょう》すなわち無生なれども、また無生なく、有無ともに寂なり。凡愚は有と謂い、智者は無と知る。水中の月得て喜び失って憂うるも、大人は去取《こしゅ》すべて欣惨《ごんさん》なきがごとし。鏡像幻化《きょうぞうげんけ》もまたかくのごとし。思益《しやく》にいわく、「苦に生なく、集に和合なく、道は不二なり、滅は不生なり」と。大経にいわく、「苦に苦なしと解して真諦あり、乃至、滅に滅なしと解して真諦あり」と。集すでに即ち空なり、かの渇鹿《かつろく》の馳《は》せて陽焰《ようえん》を逐《お》うがごとくなるべからず。苦すでに即ち空なり、かの癡猴《ちこう》が水中の月を捉うるがごとくなるべからず。道すでに即ち空なり、われ即空を行じ、不即空を行ぜずというべからず。筏《いかだ》の喩のごとくなれば、法なお捨つべし、いかにいわんや非法をや。滅すでに即ち空なり、衆生の寿命というべからず、誰かこの滅においてしかもかの滅を証せん。生《しょう》死《じ》は即ち空なり、いかんが捨つべけん。涅槃は即ち空なり、いかんが得べけん。経にいわく、「われ無生《むしょう》の法のなかに、修道《しゅどう》の、もしは四念処《ねんじょ》、乃至、八正道《しょうどう》あらしめんと欲せず、われ無生の法のなかに、得果の、もしは須陀洹《しゅだおん》、乃至、阿羅漢《あらかん》あらしめんと欲せず」と。よりて例するに、またいうべし、われ無生の法のなかに色《しき》・受《じゅ》・想《そう》・行《ぎょう》・識《しき》あらしめんと欲せず、われ無生法のなかに貪欲《とんにょく》・瞋恚《しんい》・癡《ち》あらしめんと欲せず、と。ただ衆生を愍念《みんねん》して誓願を興し、両苦を抜き二楽を与う。苦・集は空なりと達するをもっての故に九縛《くばく》にあらず、道・滅は空なりと達するが故に一脱にあらず、これを非縛非脱にして真正の菩提心を発すとなす。是《ぜ》を顕わすの義明らかなり。

《癡猴》愚かな猿。有ならざるものを実体と解する凡夫をたとえたもの。**《四念処》**四念処観のこと。身体(身)・感受作用(受)・こころ(心)・存在を構成するもの(法)の四者をありのままに観ずること。**《八正道》**理想の境地に達するための八つの道、八種の実践的態度。(1)正見。正しく四諦の道理を見る。(2)正思惟。正しく思諦の道理を思惟する。(3)正語。正しいことばで語る。(4)正業。正しく行動する。(5)正命。法にしたがって正しく生活する。(6)正精進。正しく努力する。(7)正念。正しい道を憶念する。(8)正定。正しい精神統一。**《須陀洹》** [S] srota āpanna の音写。入流・至流・逆流・預流・溝港と漢訳する。声聞の四果(修道の四段階)の中の初果をいう。さとりに踏み込んだ最初の境地。これに向と果の二つを立てる。須陀洹向とは須陀洹果に向う段階で見道十五心の間をいう。須陀洹果とは三界の見惑を破して到達する境地で第十六心の段階。

衆生は、一切が空であるということを知らず、とらわれの心をもって苦しみのなかに生きている。そのすがたは、たとえば水のなかに映る月をみて、月をみることができたと喜び、水面から月影が消えたのをみて、月をみることができなくなったと憂えているのに似ている。そもそも水のなかに月などあるわけもないように、四諦の教えに従っていえば、苦もその原因である煩悩も、また涅槃への道程も涅槃そのものも、一切が空なるものであって、実体的に解されてはならない。そこで一切諸法が空であることを、衆生が知らないことをあわれんで、空であることを教え示し、苦を抜かんと決意する。この決意は発心にほかならない。発心がこうした形をとる場合があるのである。

ところで、発心のこの種の形態のものは、さきにみた四種の四諦説に従っていえば、無生の四諦の立場に立った発心と構造を同じくするものである。

(四) 無量を知る発心

秖觀二根塵一念心起一、心起卽假、假名之心、爲二迷解本一、謂三四諦有二無量相一。三界無二別法一、唯是一心作。心如三工畫師造二種種色一、心構二六道一、分別校計、無量種別。謂如レ是見愛是界內輕重集相、界外輕重集相。如レ是生死是分段輕重苦相、界外輕重苦相。還翻二此心一而生二於解一。譬如下畫師洗二蕩諸色一塗以中墡彩上。

所謂觀二身不淨一、乃至觀二心無常一。如レ是道品紆通二化城一。觀レ身身空、乃至觀レ心心空、空中無二無常一、乃至無二不淨一。如レ是道品、直通二化城一。觀レ身無常、無常卽空、乃至觀レ身法性非レ常非二無常一、非レ空非二不空一、乃至觀レ心亦如レ是。如レ是道品、紆通二寶所一。觀レ身法性非レ淨非二不淨一、雙照二淨不淨一、乃至觀レ心法性常無常、雙照二常無常一。如レ是道品、直通二寶所一。是人見諦滅名二須陀洹一、是人思惟滅名二三果一、是人見滅名二見地一、是人思滅名レ薄名レ離名二已辦一、乃至侵レ習名二辟支佛一。是人見思滅名二十住一、塵沙滅名二十行十廻向一、無明滅名二十地等覺妙覺一、是人見思塵沙滅名二十信一、無明滅名二十住十行十廻向十地等覺妙覺一。分二別十六門道滅不同一、及一切恒沙佛法、分別校計、不可說不可說、如レ觀二掌果一、無レ有二僻謬一。皆從レ心生、不二餘處來一。

觀二此一心一、能通二不可說心一。不可說心、能通二不可說法一。不可說法、能通二不可說非心非法一。觀二一切心一、亦復如レ是。九縛凡夫、不レ覺不レ知。如下大富盲兒、坐二寶藏中一、都無レ所レ見、動轉罣礙、爲レ寶所上傷、二乘熱病、謂二諸珍寶是鬼虎龍蛇一、棄捨馳走、跉跰辛苦五十餘年。雖二縛脫之殊一、倶貧二如來無上珍寶一、起二大慈悲誓願一、拔苦與樂。是爲三非縛非脫發二眞正菩提心一。顯レ是義明矣。

ただ根塵の一念の心起こるを観ずるに、心起こるはすなわち仮《け》なり、仮名《けみょう》の心は迷解《めいげ》の本《もと》たり、四諦に無量の相ありと謂う。三界に別の法なし、ただこれ一心の作《さ》なり。心は工《たくみ》なる画師の種種の色《しき》を造るがごとし、心が六道《ろくどう》を構えて分別校計《ぶんべつきょうけ》するに無量の種別あり。いわく、かくのごときの見愛《けんあい》はこれ界内《かいだい》の軽重《きょうじゅう》の集の相なり。界外《かいげ》の軽重の集の相なり。かくのごときの生死はこれ分段の軽重の苦の相、界外の軽重の苦の相なり。還ってこの心を翻じてしかも解《げ》を生ず。たとえば画師が諸色を洗蕩《せんとう》して塗るに墡彩をもってするがごとし。所謂《いわゆる》、身は不浄なりと観じ、乃至、心は無常なりと観ず。かくのごときの道品《どうぼん》は紆《まが》りて化城《けじょう》に通ず。身を観ずるに身は空なり、乃至、心を観ずるに心は空なり、空のなかに無常なく、乃至、不浄なし。かくのごときの道品《どうぼん》は直《まつすぐ》に化城に通ず。身を観ずるに、無常なり、無常即ち空なり、乃至、身を観ずるに、法性は常《じょう》にあらず無常にあらず、空にあらず不空にあらず、乃至、心を観ずることも、またかくのごとし。かくのごときの道品は紆《まが》りて宝所《ほうしょ》に通ず。身を観ずるに、法性《ほっしょう》は浄にあらず不浄にあらず、雙《なら》べて浄・不浄を照らす、乃至、心を観ずるに、法性は常なり無常なり、雙べて常と無常を照らす。かくのごときの道品は直に宝所に通ず。

この人、見諦《けんたい》滅するを須陀洹《しゅだおん》と名づけ、この人、思惟《しゆい》滅するを三果《さんか》と名づけ、この人、見《けん》滅するを見地《けんじ》と名づけ、この人、思《し》滅するを薄《はく》と名づけ、離《り》と名づけ、已弁《いべん》と名づけ、乃至、習《しゅう》を侵《おか》すを辟支仏《びゃくしぶつ》と名づく。この人、見思《けんじ》滅するを十住《じゅう》と名づけ、塵沙《じんじゃ》滅するを十行《ぎょう》・十回向《えこう》と名づけ、無明《むみょう》滅するを十地《じ》・等覚《とうがく》・妙覚《みょうがく》と名づけ、この人、見思・塵沙滅するを十信《しん》と名づけ、無明滅するを十住・十行・十回向・十地・等覚・妙覚と名づく。十六門の道滅の不同を分別し、および一切の恒沙《ごうじゃ》の仏法は分別校計《ふんべつきょうけ》するに不可説不可説なれども、掌《たなごころ》の果を観るがごとく僻謬《へきびゅう》あることとなし。みな心より生じ、余処より来たらず。

この一心を観ずるによく不可説の心に通ず。不可説の心はよく不可説の法に通じ、不可説の法はよく不可説の非心非法に通ず。一切の心を観ずることもまたまたかくのごとし。九縛の凡夫は覚《さと》らず知らず。大いに富める盲児の、宝蔵のなかに坐して都《すべ》て見るところなく、動転罣礙《けいげ》して宝のために傷つけらるるがごとく、二乗の熱病は、諸の珍宝、これ鬼虎龍蛇なりといって、棄捨して馳走《ちそう》し、竛竮辛苦《れいへいしんく》すること五十余年なり。縛・脱の殊《こと》なりありといえどもともに如来無上の珍宝に貧《まず》し、大慈悲の誓願を起こして抜苦与楽《ばっくよらく》す。これを非縛非脱にして真正の菩提心を発すとなす。是を顕わすの義明らかなり。

《六道》衆生が行為によっておもむき住む六種の世界。迷いの世界とされ、地獄・餓鬼・畜生・修羅・人間・天の六種をいう。《見愛》見とは理法としての真実に迷う知的な煩悩。愛とは具体的な個々の事象にとらわれて迷う情意の煩悩。《道品》ここでは、さとりへの手段とか道すじという意。《三果》天台では、悟りの深まる過程として、蔵教・通教・別教・円教の四教が立てられるのであるが、そのうちの蔵教のなかの行位の一部。すなわち、凡位のあと、見惑を断じて、四諦の理を見るようになる。これが聖位の初位であり、須陀洹向の位といわれ、また見道位ともいわれる。須陀洹向のつぎが須陀洹果の位であり、この位が初果、ついで二果（斯陀含《しだごん》向・斯陀含果）三果（阿那含向・阿那含果）と続く。そのあとが四果で阿羅漢（向・果）の位とされ、蔵教において声聞が到達する最高位である。《見地》通教で立てられる十段階の行位（＝十地）のなかの第四段階。この段階で見惑が究極的に断除される。《薄》薄地のこと。通教の十地の第五段階。思惑の徹底した断除が行われる最初の階位。《離》離欲地。通教十地の第六段階。思惑の断除をさらに徹底する階位。《已弁》已弁地のこと。思惑が断じ尽くされる階位で、通教十地の第七。《習》ここでは通教十地の第八地以降の階位において除かれる見思の惑のなごりのこと。習とは一般的には煩悩の残りの気をいう。

ここでは、空であるという一切諸法のあり方にとらわれて、現実の無量の諸事象を正しく捉えることができず、したがってこの現実世界に対処する方途を見出しえなくなった衆生をあわれんで、現実の無量の諸事象の正しい把握の重要さを教え示すことが、中心の問題とされる。この身は不浄、心は無常と捉えるだけでは、真実のさとりに直結しうるものではなく、不浄であると同時に浄であり、また無常であると同時に常であるというように、否定し尽くしえない側面をもちあわす諸法のあり方をみてとってこそ、正しいさとりにストレートにつながることができる、というのである。菩提心は浄と不浄、常と無常、空と不空を等しく捉える心、より強調していえば、浄であり、常であり、不空である諸法のあり方、すなわちどうしても否定しえない現実の無量の諸事象を正しく捉える心として成立すべきものなのである。

なおここでの四弘誓願によせて発する菩提心は、四諦説に従って整理すれば、無量の四諦に導かれて成立する菩提心に相当する。説明こそ異なっていても、内容的には同じである。

ところで、この一段には、煩悩の対治と悟りが深まる行程が関係づけられて概説されているので、この点についてここでまとめてのべておくことにしよう。天台教学にあっては、衆生を悟りへと導くべく釈迦によって説かれた教法も、つねに衆生の成熟度合を考慮しつつ説き示されていると解されている。したがって教法は決して一つではなく、しかも一定の見通しをもって説示されているということになる。具体的にいえば、三蔵教・通教・別教・円教の四種に類別されうる形で教示されているというのである。

このうち三蔵教は、未熟な衆生を仏法へ導き入れるために説かれたものであり、小乗の教えと規定され、内容的にもっとも低い。つぎの通教は、低い小乗の教えを超え出た、高次の教法である大乗へと衆生をつなげるために説き示された教法である。したがってこれは、大乗の教えを教示するものであるといっても、内容的にそれが十分に展開されていない浅い段階のものである。そのつぎの別教は大乗そのものといってよい教法である。ただしこれは衆生の全体にひらかれた教法ではなく、菩薩だけの教化を狙いとして説かれたものである。ここでは二乗は除外されるのであり、この点でこの教法は限界をもち、真の大乗の教えとはいえない。もう一つの円教、これが真の意味での大乗の教法とされるものである。あらゆる衆生をひとしく悟りへと導き入れる教法であり、まさに完全無欠の教えである。

さて、これら四教は衆生を導くにあたってそれぞれ独自の、歩むべき実践の過程を用意している。まず蔵教についていえば、三乗のうちの声聞は見思の惑を断ずることを課題として担い、そしてそれの実現のために七賢七聖の行位を歩むものとされる。図をもって示そう。

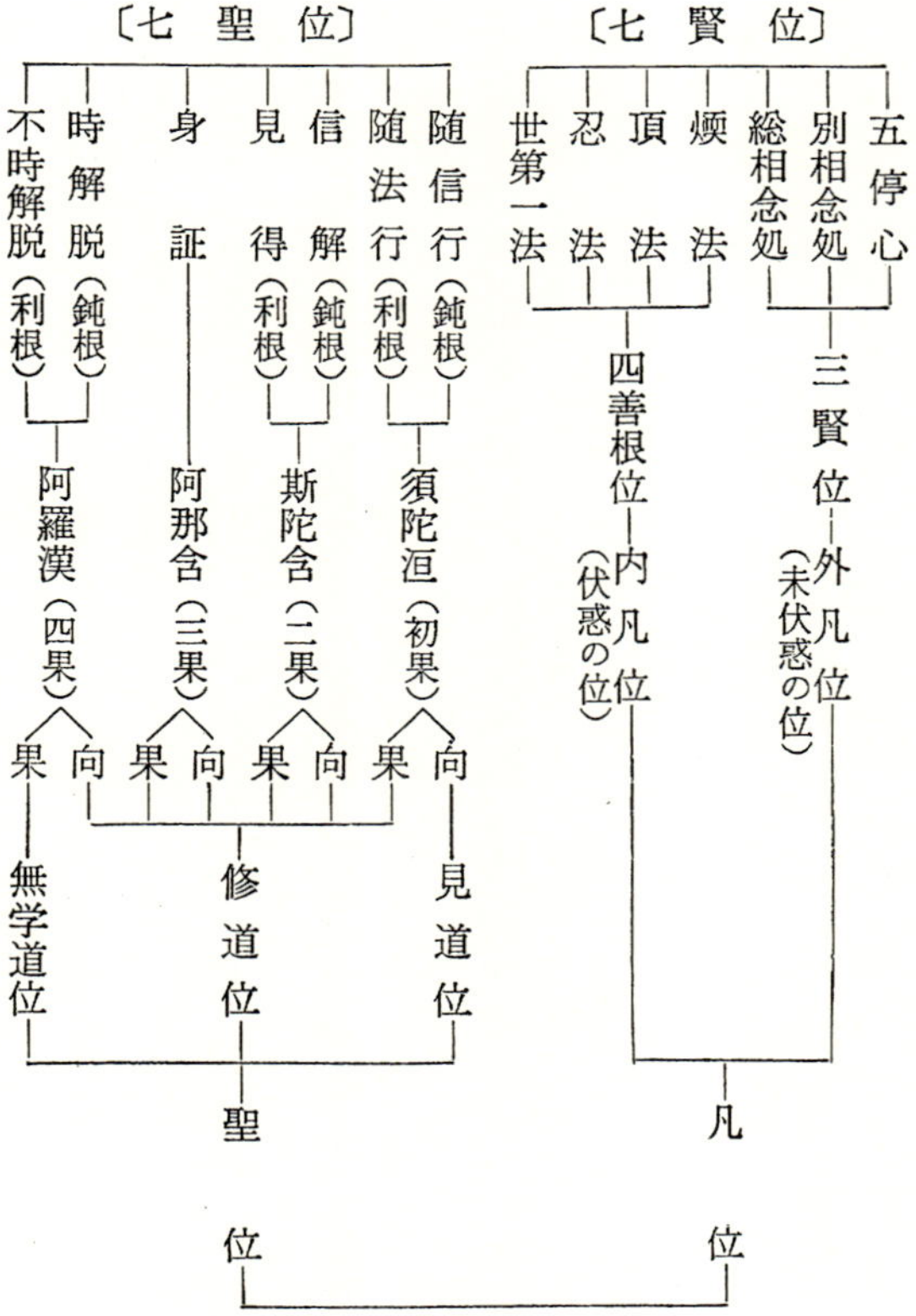

七賢の位は見思の惑を伏するだけの位である。凡位といわれるのはそうしたことによる。七聖の位は見思の惑を断じ尽くす位であり、したがって聖位とされる。七聖についてもう少し立ち入っていえば、須陀洹向つまり見道の位は見惑を断じ尽くす位であり、つぎの修道の位は思惑を断じてゆく位である。これをうけて一切の煩悩が断じ尽くされる位が、最後の無学道の位＝阿羅漢果である。ただし見思の惑が滅し尽くされても肉体を残すうちは有余《うよ》涅槃といわれ、まだ究極の境地とされない。それさえも滅し、すべてが断じられた境地が究極の境地であり、無余涅槃と呼ばれる。

つぎに蔵教のなかの縁覚の悟りの行程についていうと、見思の惑を断じ、さらにそれの残余をも余すところなく滅し尽して、声聞と同じく有余・無余の涅槃を得るものとされる。ただし縁覚の場合には、声聞のように定められた段位を登るものと考えられてはいない。もう一つの菩薩についていえば、四弘誓願を起こし、その誓願を貫徹するのに六波羅蜜の行をもってするのが菩薩である。菩薩は自らの悟りの完成に加えて、ひろく衆生の悟りをも念じてやまない存在であるから、煩悩を断じ尽くして、声聞のように灰身滅智してしまえば、衆生が生きる娑婆世界とのつながりを失うことになり、衆生を教導せんとする菩薩行も実践しえなくなってしまう。この点で、菩薩は見思の煩悩をただ制伏するだけで、それを決して断じ尽くしたりはしない。またもしも菩薩が煩悩を断じ尽くして灰身滅智し、しかもそのあと三界にもどって六波羅蜜を修するといえば、灰身滅智のゆえに三界と無縁の位置に立つ二乗の立場が理論的におかしくなる。わけても蔵教が主として導かんとする衆生は二乗であるのであるから、問題はよけいに厄介である。こうしたわけで、三蔵教の菩薩は見思の惑を制伏するだけと定められたのである。

つぎに通教の断惑とその行程についていうと、ここでは声聞・縁覚・菩薩の三乗は同一の行程を歩むものと定められている。三乗共の十地と呼ばれるのがこれである。その行程は十の階位よりなり、『大品般若経』に説く十地説を用いて構想されている。断惑と行位の関係を図示する。

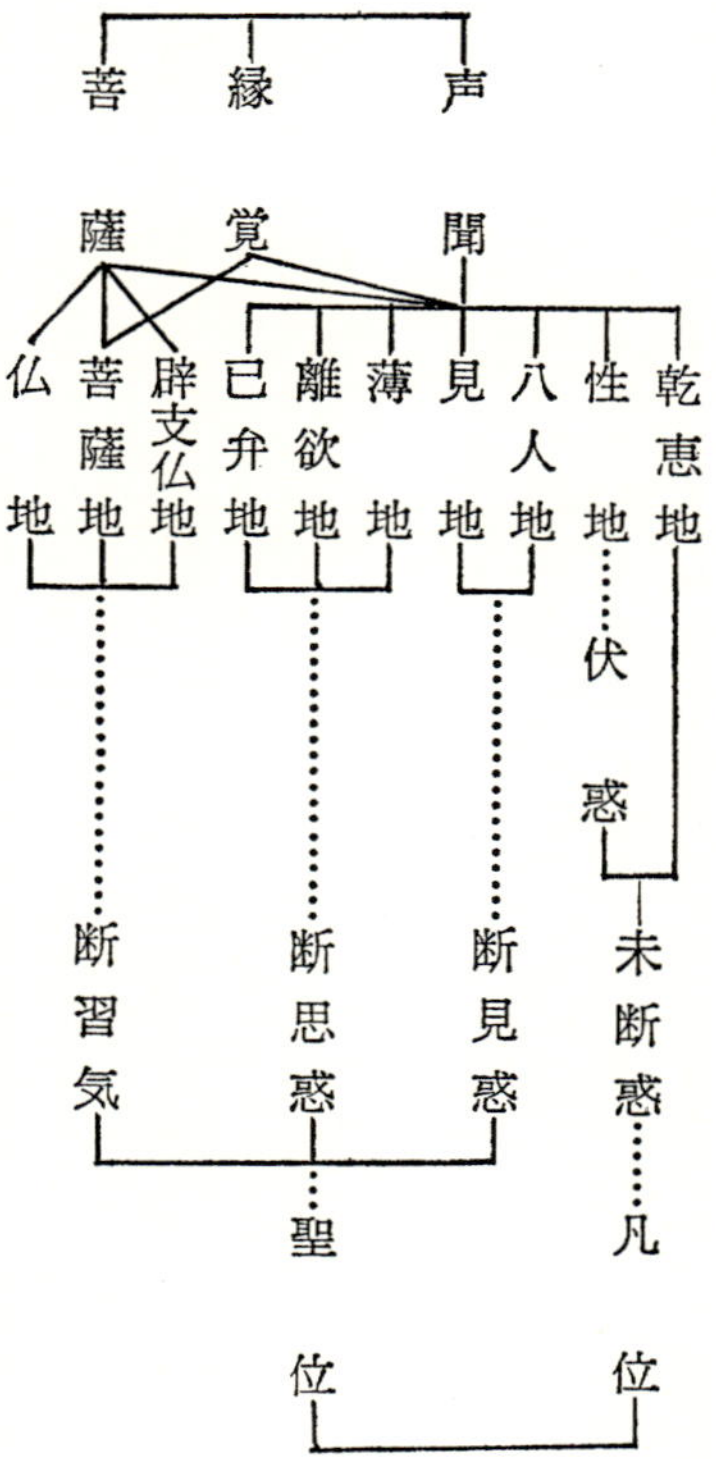

右の図を少し説明すれば、声聞は根鈍のゆえに第八地より上に進むことはない。縁覚は八地の段階で見思の惑のわずかの残り（=習気）を侵除し、ここで涅槃に入る。九地以降は菩薩だけの階位であり、菩薩はひたすら六波羅蜜の行を完成すべく、三界に身をおくことをつよく念じて、自利利他の行に励む。そして一切諸法の空であることを体解し、煩悩のなごりをも含めた、あらゆる煩悩を断じ尽くして究極の境地である第十の仏地に転入する。

つぎには別教の断惑とその行程について記すことにする。別教は菩薩の教化を目的として説かれた教法であるから、ここで示される行位は別教菩薩の歩む修行の行程ということになる。そこでその行程であるが、五十二位の階位より成る。具体的には十信・十住・十行・十回向・十地・等覚・妙覚の五十二位である。以下、それぞれの階位と断惑の関係を示そう。

まずはじめの十信は界内の見思の惑を制伏するだけにとどまる位である。したがってこうした点で、この十位は外凡の位と定められる。つぎの十住は、見思の惑の断滅と加うるに塵沙の惑の制伏が行われる位である。すなわち十住のはじめ発心住より第七不退住までの七位において見思の惑が断じ尽くされ、第八童真住より最後の灌頂住までの間で、界内の塵沙の惑が断じられる。しかもこれだけにとどまらず、さらに進んで界外の塵沙の惑が制伏されもする。そのつぎの十行は、十住位で残された課題、界外の塵沙の惑の断滅が徹底して行われる位である。十回向というのは、見思・塵沙とともに三惑を構成し、しかもそのなかにあってもっとも深刻な煩悩である無明を伏する位である。この位から無明との対決がはじまるのであり、以後、十地・等覚・妙覚へと進む過程で、無明がいっそう徹底して破せられてゆく。妙覚は無明が完全に滅せられる位である。

なお十住から十回向までは内凡と規定され、さきの外凡と見做される十信とあわさって、これら四十位が凡位を構成する。そのあとの十地と等覚・妙覚の十二位は聖位である。

以上のべてきた点の骨格を図示しておこう。

- 凡位
  - 外凡
    - 十信…界内の見思の惑の制伏
  - 内凡
    - 十住…七位まで、見思の惑の断尽、界内の塵沙の惑の制伏。八位以降、界内の塵沙の惑の断尽。界外の塵沙の惑の制伏。
    - 十行…界外の塵沙の惑の断尽。
    - 十回向…無明の制伏。
- 聖位
  - 十地…一位一位にて一品の無明を断ず。
  - 等覚…第十一品の無明を断ず。
  - 妙覚…無明の根本を断ず。

最後に円教の断惑とその行程を示そう。その行程の骨格は別教と同じであるので、図示するにとどめる。ただそれぞれの行位で対治される煩悩が別教の場合と異なっているので、その点については註記する。

- 凡位
  - 外凡
    - 五品弟子位…見思の惑を伏す。
  - 内凡
    - 十信…見思および塵沙の惑を断ず。
- 聖位
  - 十住
  - 十行
  - 十回向
  - 十地
  - 等覚
    - この四十一位中、それぞれの位の中で一分の無明を断じてゆく。したがって四十一品の無明を断ずる。別教の断証と対比すれば、別教では十二品の無明を断ずるのであるから、別教の妙覚は円教の十行位の中の第二行に相当することになる。
  - 妙覚…第四十二品の無明が根本の無明であり、それを断ずる。

「この人、見諦滅するを須陀洹と名づけ、……云々……」で始まる一段で説示されている事柄は、補って示せば、以上のようなことである。なお蔵・通・別・円の四教の断惑とその行程、さらにはさとりの内容（――ここでは触れなかったが）などについて一括して知ろうとすれば、大本『四教義』巻第六以降を参照されるとよい。

ついでにここでもう一つ、四諦の四種の捉え方と四教の関係を結論的に一括してのべておこう。四諦の捉え方として、生滅、無生、無量、無作の四種があることはこれまでにみてきたところであるが、このうち生滅の面で捉える態度は蔵教を導き、以下、無生は通教を、無量は別教を、そして無作は円教をそれぞれ成立せしめる。四諦の理をめぐるこうした四種の捉え方が、さきにみた惑を断ずる態度と表裏をなす形でからみ、それぞれ四教の内容を形づくっているのである。

(五) 無作を知る発心

1 発心の内容としての三諦の得知

次根塵相對、一念心起、卽空卽假卽中者、若根若塵並是法界、並是畢竟空、並是如來藏、並是中道。云何卽空。並從レ緣生、緣生卽無レ主、無レ主卽空。云何卽假。無レ主而生、卽是假。云何卽中。不レ出二法性一、並皆卽中。當レ知一念卽空卽假卽中、並畢竟空、並如來藏、並實相。非レ三而三、三而不レ三、非レ合非レ散、而合而散、非レ非レ合、非レ非レ散、不レ可二一異一、而一而異。譬如二明鏡一。明喩二卽空一、像喩二卽假一、鏡喩二卽中一。不レ合不レ散、合散宛然。不二一二三一、二三無レ妨。

つぎに、根塵《こんじん》あい対して一念の心起るに即空即仮即中《そっくうそっけそくちゅう》なりとは、もしくは根もしくは塵、ならびにこれ法界なり、ならびにこれ畢竟空《ひっきょうくう》、ならびにこれ如来蔵《にょらいぞう》、ならびにこれ中道なり。いかんが即空なるや。ならびに縁より生ず、縁生《えんしょう》はすなわち主なし、主なきはすなわち空なり。いかんが即仮なるや。主なくしてしかも生ず、すなわちこれ仮なり。いかんが即中なるや。法性を出でず、ならびにみなすなわち中なり。まさに知るべし、一念は即空即仮即中にして、ならびに畢竟空、ならびに如来蔵、ならびに実相なることを。三にあらずしてしかも三、三にしてしかも三にあらず、合にあらず散にあらず、しかも合しかも散、合にあらざるにあらず散にあらざるにあらず、一異なるべからずしてしかも一しかも異なり。たとえば明鏡のごとし。明は即空《そっくう》にたとえ、像は即仮《そっけ》にたとえ、鏡は即中《そくちゅう》にたとう。合ならず散ならず、合散宛然《ごうさんえんねん》たり。一二三にあらずして二三妨げなし。

《塵》六根のこと。すなわち眼・耳・鼻・舌・身の五つの感覚器官と思惟器官としての意根とを合わした六つ。《塵》感官と心によって知覚され、思慮される対象。外界の事物のこと。

四弘誓願に即して菩提心が論じられるうちの第四、具体的には四弘誓願に導かれて成立する菩提心のうちの理想の形態が、ここで論及される。それでは理想の菩提心とは内面的にみてどのような心をいうのか。諸法のあり方を即空即仮即中として捉える心が、あるべき菩提心の形態、菩提心の究極のすがたである、とされる。

さて、ここでのこうした説明をみると、四弘誓願に即して成り立つ菩提心の究極のものは、さきにみてきた四種の四諦を聞いて発心する究極の形態、すなわち無作の四諦の把握を基本の態度として成り立つ菩提心と、構造的にまったく同じであることが、知られる。もっとも理法としての四諦と、願としての四弘誓願とに従って、菩提心を論及しようとするのであるから、説き方の面で力点の置きどころに違いがみられる。ここでは、三諦として捉えられるべき諸法のあり方を知ろうとしない衆生をみてとって、そうした捉え方を教え示すことが願われ、三諦が説き示されるわけである。

なお、ここに与えられる三諦をめぐる一連の説明は、菩提心の問題と関係づけられてのべられている説明ではあるが、たんに菩提心の内面を教えるだけの説明にとどまらず、諸法のあり方の究極相すなわちもっとも正しい立場に立って捉えられた諸法のありよう＝実相をきわめて明快に説き示した部分として、吟味して読まれるべき箇所である。そしてまた諸法のあり方を三諦にもとづいて説く説明は、『摩訶止観』だけについてみても、あちこちに散見されるけれども、三諦のひとつひとつの意味が概念的に理解されやすいように説かれている部分はあまりない。この箇所の説明は、そうした点がはっきりとわかるように説かれており、その意味からも、この部分は注意深く読まれてよいであろう。

三諦についてのここでの説明を少しだけ立ち入ってみておこう。心すなわち一切諸法は縁起の関係の上に成り立っているものであり、それ自身で成立する実体的な存在ではない。決して変わることのないいわば本質のようなもの（＝「主」）をもちあわしているものではないのである。一切法のこうしたあり方を表わすのが空である。ところで「主なし」といってみても、一切法は無そのものではなく、それぞれ形をもって現にそこに存在しているものである。こうしたあり方を表わすのが仮《け》にほかならない。さて実相であるとか、法性といってみても、この具体的な現実の諸存在を離れて考えられるべきものではない。一切諸法はそのままで法性であり、実相なのである。一切法のこうした面を表わすのが中というわけである。

かくして一切諸法は空として、仮として、中として表わされうるものということになり、それを伝えるのが即空即仮即中という表現である。なお、空・仮・中の三者の相互の関係に注目すれば、それらはそれぞれ、一切法のあり方を同時に表わす、同じものについての別の表現ということであるから、したがって三者は独立しているようでいて、一つの関係に立っている。「三にあらずしてしかも三、三にしてしかも三にあらず、云々……」という一連の表現は、空・仮・中三者のそうした関係を表わしているのである。

2　実相の無規定性と発心

此一念心、不レ縦不レ横、不レ可二思議一。非二但己爾一、佛及衆生、亦復如レ是。華嚴云、心佛及衆生、是三無二差別一。當レ知己心具二一切佛法一矣。思益云、愚二於陰入界一、而欲レ求二菩提一。陰入界卽是、離レ是無二菩提一。淨名曰、如來解脱、當下於二衆生心行中一求上。衆生卽菩提、不レ可二復得一、衆生卽涅槃、不レ可二復滅一、一心既然、諸心亦爾、一切法亦爾。普賢觀云、毘盧遮那遍二一切處一。卽其義也。當レ知一切法卽佛法、如來法界故。若爾云何復言下遊二心法界一如中虚空上。又言二無明明者卽畢竟空一。此擧レ空爲二言端一。空卽不空、亦卽非レ空非二不空一。又言、一微塵中有二大千經卷一、心中具二一切佛法一如二地種一如二香丸一者、此擧レ有爲二言端一。有卽不有、亦卽非レ有非二不有一。又言、一色一香無レ非二中道一、此擧二中道一爲二言端一。卽レ中而邊、卽非レ邊非二不邊一、具足無レ減、勿三守レ語害レ圓、誣二罔聖意一。

この一念の心は縦ならず横ならず、思議すべからず。ただ己れのみしかるにあらず、仏および衆生もまたまたかくのごとし。華厳《けごん》にいわく、「心・仏および衆生、この三、差別なし」と。まさに知るべし、己れの心に一切の仏法を具すということを。思益《しやく》にいわく、「陰《おん》・入《にゆう》・界《かい》に愚にしてしかも菩提を求めんと欲す。陰入界すなわちこれなり、これを離れて菩提なし」と。浄名《じようみよう》にいわく、「如来の解脱は、まさに衆生の心行《しんぎよう》のなかにおいて求むべし」と。衆生即ち菩提なれば、また得べからず、衆生即ち涅槃なれば、また滅すべからず、一心すでにしかり、諸心もまたしかなり、一切の法もまたしかなり。普賢観《ふげんかん》にいわく、「毘盧遮那《びるしやな》は一切処に遍《へん》す」と。すなわちその義なり。

まさに知るべし、一切の法はすなわち仏法なり、如来の法界なるが故なり。もししからば、いかんがまた心を法界に遊ばしむること虚空のごとしというや。また、無明《むみよう》と明《みよう》とは即ち畢竟空なりというや。これは空を挙げて言の端となすなり。空は即ち不空なり、また即ち空にあらず不空にあらず。またいわく、一微塵《みじん》のなかに大千の経巻あり、心のなかに一切の仏法を具すこと地種のごとく香丸のごとしとは、これ有を挙げて言の端となすなり。有は即ち不有なり、また即ち有にあらず不有にあらず。またいわく一色《しき》一香《こう》も中道《ちゆうどう》にあらざるなしとは、これ中道を挙げて言の端となすなり。中に即してしかも辺、即ち辺にあらず不辺にあらず、具足して減ずることなし。語を守りて円を害し、聖意を誣罔《ふもう》することなかれ。

《心・仏・衆生》 心は迷える凡夫の心、仏は清浄円満な存在としての仏、衆生は一切衆生のこと。**《陰入界》** 陰は五陰、入は十二入、界は十八界をそれぞれ意味する。一切現象世界を主観・客観の両面にわけ、それぞれ構成要素に類別して示したもの。**《明》** ここでは、さとりの智恵のこと。**《地種》** 地大のこと。すなわち地・水・火・風の四元素の一つ。すべての物質を形成する基本元素。

ひきつづき菩提心のあるべき形態、内容がのべられる。より正確には、菩提心についての説明を手掛かりとして、正しい諸法の捉え方、すなわち円教の立場に立った実相の捉え方が、ひきつづいてのべられているといってよい。

正しい立場に立って一切法を観察してみると、いかなるものも自己限定的に他と区別して自らを主張しえないものである。それは、あらゆる規定を拒否し、超えている。この段の冒頭にみえる「縦ならず横ならず」という説明は、こうしたことをいうのである。だから凡夫の心は清浄円満な存在としての仏とも、また多くの生きとし生けるものとも、なんら異なるところはなく、これら三者の間には、しきり、へだてというものはない。一切の存在が相互にしきり、へだてをもちあわさないということ、すなわち一切が「不二」なる関係にあるということ、こうしたあり方が一切法の究極のすがたであり、従ってそうした一切法のあり方を捉えるのが、本当の菩提心の目指すところであり、さらには実相の正しい捉え方にほかならない。

もちろん、一切法がもちあわすあり方の特徴を読みとって、その面から、そのあり方を捉え、表示することも可能である。この面から一切法がきわめられるとき、そこに明らかになるのが、前段で詳述した空であり、仮であり、中であるというあり方にほかならない。しかし、一切法のあり方をそのような形で表わすことは、あくまでも「一つの表現」といわれる域を超え出るものではなく、従ってそうした表わし方を絶対視すれば、諸法の実相は見失われ、円教が期待する真の菩提心の成立ものぞまれない。実相は、究極的には、ことばによっては表示されえないものであるという点が見定められてこそ、円教の、その意味で真実の菩提心が成立することになる。

若得此解、根塵一念心起、根即具八萬四千法藏、塵亦爾。一念心起、亦八萬四千法藏、佛法界對法界起法界。無非佛法。生死即涅槃、是名苦諦。一塵有三塵、一心有三心、一一塵有八萬四千塵勞門、一一心亦如是、貪瞋癡亦即是菩提、煩惱亦即是菩提、是名集諦。翻一一塵勞門即是八萬四千諸三昧門、亦是八萬四千諸陀羅尼門、亦是八萬四千諸對治門、亦成八萬四千諸波羅蜜。無明轉即變爲明、如融氷爲水。更非遠物、不餘處來、但一念心普皆具足。如如意珠非有寶、非無寶、若謂無者即妄語、若謂有者即邪見、不可以心知、不可以言辨。衆生於此不思議不縛法中、而思想作縛、於無脱法中、而求於脱。是故起大慈悲、與四弘誓、拔兩苦與兩樂。故名非縛非脱發眞正菩提心。前三皆約四諦爲語、今約法藏塵勞三昧波羅蜜、其義宛然。

もしこの解を得れば、根塵の一念の心起こるに、根にすなわち八万四千の法蔵を具す、塵もまたしかなり。一念の心起こるにまた八万四千の法蔵あり、仏法界が法界に対して法界を起こすなり。仏法にあらざることなし。生死即ち涅槃なり、これを苦諦と名づく。一塵に三塵あり、一心に三心あり、一一の塵に八万四千の塵労門あり、一一の心もまたかくのごとし、貪瞋癡もまた即ちこれ菩提なり、煩悩もまた即ちこれ菩提なり、これを集諦と名づく。一一の塵労門を翻すれば即ちこれ八万四千の諸の三昧門なり、またこれ八万四千の諸の陀羅尼門なり、またこれ八万四千の諸の対治門なり、また八万四千の諸の波羅蜜を成ず。無明は転ずればすなわち変じて明となる、氷を融かして水となすがごとし。さらに遠き物にあらず、余処より来たらず、但だ一念の心に普くみな具足せり。如意珠の、宝あるにあらず宝なきにあらず、もしなしといわばすなわち妄語なり、もしありといわばすなわち邪見なり、心をもって知るべからず、言をもって弁ずべからざるがごとし。衆生はこの不思議不縛の法のなかにおいてしかも思想し、縛をなし、無脱の法のなかにおいてしかも脱を求む。この故に大慈悲を起こし四弘誓を興し、両の苦を抜き両の楽を与う。故に非縛非脱にして真正の菩提心を発すと名づく。前の三はみな四諦に約して語をなす、いまは法蔵・塵労・三昧・波羅蜜に約す、その義宛然たり。

《法蔵》教えの蔵の意。これは仏の教説、または教説を含蔵する経典のことを意味する。真理の意。《塵労門》心を疲れさせる心の塵、すなわち煩悩のこと。

上にのべてきた事柄、すなわちどのようなものも真実ならざるものはないとか、あるいは一切が中道でないものはないとか、こうしたことを理解できれば、あらゆるところに仏が説き示された多くの教えが具わっていることがわかるようになるであろう。すなわち、意識作用をひき起こす器官としての意根にも、またその対象の世界としての塵にも、それからそれら根と塵があいよって成立する心にも、すべて八万四千の教法が具わっていることが知られる。ところでこうしたことを四諦の教えに従って整理していえば、まず苦諦の面からいうと、迷いはまさに涅槃であるという表現で示すことができるであろう。つぎに集諦の観点からいえば、苦の原因としての煩悩も悟りであるという表現で表わしうる。すなわちまとめていうと、一切が不二相即の関係にあるという表現で表示することができる。ただそうはいっても、そのような表現で表わされる境地は、仏の立場に立った境地からみてのことであって、衆生の現実に目を向けると、衆生は迷える存在である。従ってその迷いの現実は転じられねばならない。さて転ずること、およびそれによって開かれる境地をそれぞれ教学的表現で示せば、前者は三昧門、また陀羅尼門、さらには対治門と呼ばれる領域であり、後者は波羅蜜門と呼ばれる部門である。ところでここで、さきにのべた一切に八万四千の法門が具っているという事態を思い起こすと、それこそ八万四千の三昧門、陀羅尼門、対治門および波羅蜜門があると見做されてよいことになる。しかし迷いの転換の方向は、なにも遠くに求めなくともよい。一切を具足するものとしての心にその道を求めればよい。そこで迷いの転換に目を移すと、迷いを転ずるといっても、それはちょうど氷が融けて水となるようなもので、まったく別なるものに転ずることではない。この点をもう少し具体的にいえば、衆生は、もともと縛られるものなき現実の諸事象に対して、よこしまな分別、判断を下して縛られている。そして、自らが本来超え、脱する必要のない状態にあることを知らないで、そうした縛られた状態から脱しようと努めるのである。そこで、大慈悲心を起こして、とらわれの心を破除せしめ、一切が縛られるものなきことを教えて、苦を抜き、悟りの楽を得させようと努める。これが四仏誓願の心を体して発心する菩提心の第四の形態の内なる構造なのである。

なおここでは、前三者の発心を説明する場合のように、直接四諦と関連づけて説いてはこなかった。しかし内容的には違ったことをいっているわけではない。ここでの説明のなかで立てた法蔵・塵労・三昧・波羅蜜の四門はそれぞれ内容的に苦・集・道・滅の四諦と対応する表現にほかならない。

(六) 四種の発心の相互関係

1　四種の菩提心の関係

問前簡レ非併言レ非、今顯レ是何故併言レ是。答所レ言併是者、皆非縛非脱、故言二併是一、通皆上求故、又次第漸入到レ實、故言二併是一、又實難レ知、借レ權顯レ實、故言二併是一。此三番擬二世界悉檀一、言二併是一也。又權不レ攝レ實、實則攝レ權、欲レ令二攝顯易一レ見、故言二併是一。此一番擬二爲人悉檀一。故言レ是也。又一菩提心一切菩提心、若不レ說者、不レ知二一切一、故言二併是一。此一番擬二對治悉檀一明レ是。若究竟而論、前三是約レ權、後一約レ實。譬如下良醫有二一祕方一、總攝二諸方一、阿伽陀藥功兼中諸藥上、如下食二乳糜一、更無上レ所レ須、一切具足、如二如意珠一。權實顯レ是、其義可レ知。

問う、まえには非を簡《えら》ぶに併《なら》べて非なりといい、いまは是《ぜ》を顕わすになにがゆえぞ併べて是《ぜ》なりというや。答う、いうところの併べて是《ぜ》なりとは、みな非縛非脱《ひばくひだつ》なり、ゆえに併べて是なりといい、通じてみな上求するがゆえに、また次第に漸く入りて実に到る、ゆえに併べて是《ぜ》なりといい、また実《じつ》は知り難ければ権《ごん》を借りて実を顕わす、故に併べて是《ぜ》なりという。この三番は世界悉檀《せかいしつだん》に擬《ぎ》して併べて是なりというなり。また権は実を摂せざるも、実はすなわち権を摂す、摂することをして顕わに見易からしめんと欲す、ゆえに併べて是《ぜ》なりという。この一番は為人悉檀《いにんしつだん》に擬《ぎ》す。ゆえに是《ぜ》なりというなり。また一菩提心は一切の菩提心なり、もし説かずんば一切を知らず、ゆえに併べて是《ぜ》なりという。この一番は対治悉檀《たいちしつだん》に擬して是《ぜ》を明かす。もし究竟《くきょう》して論ぜば、まえの三の是《ぜ》は権に約し、のちの一は実に約す。譬えば良医はひとつの秘方ありて総じて諸方を摂し、阿伽陀薬《あかだやく》の功は諸薬を兼ぬるがごとく、乳糜《にゅうみ》を食すればさらに須《もち》うるところなきがごとく、一切具足せること如意珠のごとし。権実をもって是《ぜ》を顕わすこと、その義知るべし。

《阿伽陀薬》 [S] agada の音写。不死の薬。伽陀（[S] gada）は病の意、[S] a は否定であり、したがって無病、さらには不死の意となる。《乳糜》乳でつくった粥。

ここでは菩提心の四種の相の相互の関係が整理して示される。これまでのところ四諦・四弘誓願にしたがって菩提心の四種の形態が論及されてきたが、これらの間には浅い深いの関係があるとされた。そこで、浅深の関係が認められても、これら四者がともにひとしく菩提心と呼ばれてよいのかどうか、こうした点がのべられるのである。

結論だけ示せば、四者のすべてが菩提心と呼ばれてなんらおかしくない。浅深の関係はそれら四者の権実の関係を示すのであり、浅い心を菩提心と呼ぶことはできない、ということを語るものではない。権とはかりのもの、実とはかわることのない、真実そのものという意味であるが、四者のうちの前三者はかりの菩提心であり、最後の第四番目の心が真実そのものの菩提心というわけである。そしてそれらかりの菩提心は真実の菩提心に摂めとられ、最終的にそれに帰するものであって、したがって四者はともに菩提心と見做されてなんら問題ないとみられるのである。

2 真実の菩提心

又一是者、一大事因縁故。云何爲レ一。一實不レ虚故、一道清淨故、一切無礙人一道出二生死一故。云何爲レ大。其性廣博、多レ所二含容一、大智大斷、大人所乘、大師子吼、大益二凡聖一、故言爲レ大。事者、十方三世佛之儀式。以レ此自成二佛道一、以レ此化二度衆生一、故名爲レ事。因縁者、衆生以二此因一感レ佛、佛以二此縁一起レ應、故言二因縁一。

また一の是《ぜ》とは一大事《いちだいじ》因縁《いんねん》の故なり。いかなるをか一となすや。一実にして虚《こ》ならざるが故に、一道清浄《いちどうしょうじょう》の故に、一切無礙《むげ》の人が一道《いちどう》より生死《しょうじ》を出ずるが故なり。いかなるをか大となすや。その性は広博にして含容するところ多く、大智なり、大断なり、大人の所乗なり、大獅子吼《だいししく》し、大いに凡聖を益す、故に言って大となす。事《じ》とは、十方三世の仏の儀式なり。これをもってみずから仏道を成じ、これをもって衆生を化度《けど》す、故に名づけて事となす。因縁とは、衆生はこの因をもって仏を感じ、仏はこの縁をもって応《おう》を起こす、故に因縁と言う。

《無礙》なにものにもとらわれず自由自在であること。**《師子吼》**獅子がほえるがごとくに法を説くこと。

ここでは真実そのものといってよい菩提心が取り上げられ、その内面的な性格がのべられる。真実の菩提心は一大事因縁という表現で示されうる。この表現の意味することをのべれば、まず一大事因縁の一とは、菩提を求めるこの心が真実そのものであること、また妙なる智恵の行であること、それから究極の真理へと導く道であること、こうしたことを表わしている。つぎの大とは、この心がもちあわす広さ、包み含むものの多さを示している。別の表現でもって示せば、菩提心は大いなる智恵といってよく、また煩悩の大いなる断除であり、大人《だいにん》の従う道ともいうことができる。さらに天下にとどろく大説法といってもよく、それから凡聖をあわせ益する大きな利益ということもできる。そのつぎの事とは、真実の菩提心が十方三世の仏が行う儀式であるということを物語っている。儀式という表現がどのようなことを表示しようとするのか、どうもはっきりしないが、そのあとに続く説明から考えて、それは自ら悟って、しかも他をも悟らしめるという仏の道の全行程のことという意味であろうか。このように解してよいとすれば、事という表現は、真実の菩提心というものは自利のみならず、利他にも及ぶ心のはたらきであるということを語ろうとしているとみてよいであろう。最後、因縁であるが、これは真実の菩提心が衆生を仏へとつなげるものであることを示していると解してよいであろう。発心することによって、衆生は仏を感ずることができるのであり、一方、菩提を求める心を起こすから、仏は衆生に応えるのである。真実の菩提心とはこうした性格の総合された心というわけである。

又是者、不㆑可㆑言㆑三、不㆑可㆑言㆑一、不㆑可㆑言㆓非三非一㆒、而言㆓三一㆒、故名㆓不可思議是㆒也。又是者、非㆓作法㆒、非㆑佛、非㆓天人修羅所作㆒、常境無相、常智無縁、以㆓無縁智㆒、縁㆓無相境㆒、無相之境、相㆓無縁之智㆒、智境冥一、而言㆓境智㆒、故名㆓無作㆒也。又是者、如㆓文殊問經云㆒、破㆓一切發㆒、名㆓發菩提心㆒。常隨㆓菩提相㆒、而發㆓菩提心㆒、又無㆑發而發、無㆑隨而隨、又過㆓一切破㆒、過㆓一切隨㆒、雙照㆓破隨㆒、名㆓發菩提心㆒。如㆑此三種、不㆑一不㆑異、如㆑理如㆑事、如㆓非理非事㆒、故名爲㆑是。若例㆓此義㆒、無作不可思議一大事因縁等諸法門、皆言㆑破、皆言㆑隨、皆言㆔非㆑破非㆑隨雙照㆓破隨㆒。又前三是上中下智所㆑觀、後一是上上智所㆑觀。前三是共、後一是不共。前三淺近曲、後一深遠直。云云。前三是小中大、後一是大中大、上中上、圓中圓、滿中滿、實中實、眞中眞、了義中了義、玄中玄、妙中妙、不可思議中不可思議。若能如㆑此簡㆑非顯㆑是、體㆑權識㆑實、而發心者、是一切諸佛種。

また是《ぜ》とは、三というべからず、一というべからず、非三非一というべからず、しかも三一という、故に不可思議の是と名づくるなり。また是とは、作《さ》の法にあらず、仏にあらず、天人修羅《しゅら》の所作《しょさ》にあらず、常境《じょうきょう》は無相、常智《じょうち》は無縁なり、無縁の智をもって無相《むそう》の境を縁じ、無相《むそう》の境は無縁の智に相たり、智境冥一《みょういち》にしてしかも境智という、故に無作と名づくるなり。また是とは、文殊問経《もんじゅもんぎょう》に云うがごとし、「一切の発を破するを発菩提心と名づく」と。常に菩提の相に随ってしこうして菩提心を発し、また発することなくしてしかも発し、随うことなくしてしかも随い、また一切の破《は》を過ぎ、一切の随《ずい》を過ぎ、雙《なら》べて破・随を照らすを、発菩提心と名づく。かくのごときの三種は、一ならず異ならず、理に如《にょ》し、事《じ》に如《にょ》し、非理非事に如《にょ》す、故に名づけて是となす。もしこの義に例せば、無作、不可思議、一大事因縁等の諸の法門は、みな破といい、みな随といい、みな破にあらず随にあらず、雙べて破・随を照らすという。

またまえの三はこれ上中下智の観ずるところ、のちの一はこれ上上智の観ずるところなり。まえの三はこれ共、のちの一はこれ不共なり。まえの三は浅近《せんごん》にして曲《ごく》、のちの一は深遠《しんおん》にして直《じき》なり。云云。まえの三はこれ小のなかの大、のちの一はこれ大のなかの大、上のなかの上、円のなかの円、満のなかの満、実のなかの実、真のなかの真、了義のなかの了義、玄のなかの玄、妙のなかの妙、不可思議のなかの不可思議なり。もしよくかくのごとく非を簡び是を顕わし、権《ごん》を体し実《じつ》を識りて、しこうして発心するものは、これ一切諸仏の種《しゅ》なり。

《無相》実体的な形やすがたがないこと。《無縁》対象をもたないこと。あらゆるものを平等に観ずる智恵の性格を、ここではあらわしている。《冥一》一つにとけあって区別のできないありさま。

ここではひきつづいて、真実の菩提心の内面的性格がのべられる。

真実の菩提心とは、ここでは一言にしていうと、あらゆる極端から解放された、とらわれなき心として示されている、といってよいであろう。

三諦を立てることも一つの見方である。一実と見ることも、また非三非一と見ることも同様に一つの見方である。そうした極端に陥る見方をひるがえして、一切は三諦でありつつ、一実と見る見方が、不思議の是、すなわち正しい菩提心のすがたである。またつぎのようにいうこともできる。真実の境、真実そのものというもの、それはすがた形をもつものではない。一方、それを捉えるものとしての真実の智恵も、対象を予想し、それを捉えるという形ではたらくものではない。捉えられるべきものとしての真実に、捉えるものとしての智恵がかかわり、真実の把握が成立する、とみる見方は間違いであり、すがたもなければ、形もない、とらわれるべきなにものもない状態そのもの、それが真実なるものの実相であり、従ってそれを捉えるといっても、そうしたあり方に自らつくこと（＝無作）が、真実なるものの把握なのである。菩提を求める心のあるべきすがたは、まさにこのような無作の態度でなければならない。

以下につづく説明も、こうしたことを表現を変えてのべているものにほかならない。真実の菩提心とは、とらわれるべきなにものをももちあわすことのない真実そのものに、ありのままの姿勢で従う態度、一言にしていえば、さきにのべたように、あらゆる極端から解放された、とらわれなき心というわけである。

さて、こうした真実の菩提心は智恵のなかの智恵（上々智）がもつところの態度であり、円満そのもの、玄妙そのものといってよいものである。菩提心には、類別して四種の形態があるとのべてきたが、前三者は、それぞれ上・中・下智のもちあわす菩提心であり、真実に対する権すなわち方便としてのものである。

そこで菩提心にあらざる心と菩提心とのちがいを知り、かつ菩提心のなかにあっても、方便としてのものと真実の菩提心とのちがいを知って、発心するならば、そうした衆生はかならずや悟りをひらいて仏となることのできるものということができる。

(七)　諸行の根本――菩提心

譬如下金剛従二金性一生上、佛菩提心従二大悲一起。是諸行中先、如下服二阿娑羅藥一先用中清水上。諸行中最、如二諸根中命根爲一レ最、佛正法正行中此心爲レ最。如下太子生具二王儀相一、大臣恭敬、有中大聲名上、如三迦陵頻伽鳥鷇中鳴聲已勝二諸鳥一。此菩提心有二大勢力一。如二師子筋弦一、如二師子乳一、如二金剛槌一、如二那羅延箭一、具二足衆寶一、能除二貧苦一、如二如意珠一。雖三小懈怠小失二威儀一、猶勝二二乘功德一。擧レ要言レ之、此心即具二一切菩薩功德一、能成二三世無上正覺一。

譬えば金剛《こんごう》は金性《こんしょう》より生ずるがごとく、仏菩提心は大悲より起る。これ諸行のなかの先なり、阿娑羅薬《あしゃら》を服《ぶく》するには先に清水《しょうすい》を用うるがごとし。諸行のなかの最なり、諸根のなかに命根《みょうこん》を最となすがごとし、仏の正法《しょうぼう》正行《しょうぎょう》のなかにこの心を最となす。太子は生まれながらにして王の儀相を具すれば、大臣恭敬《くぎょう》して大声名《しょうみょう》あるがごとく、迦陵頻伽《がりょうびんが》鳥の殻《こく》中に鳴く声すでに諸鳥に勝《すぐ》るるがごとし。この菩提心に大勢力《せいりき》あり。師子の筋《きん》の弦《げん》のごとく、師子の乳のごとく、金剛の槌《つち》のごとく、那羅延《ならえん》の箭《や》のごとく、衆宝を具足してよく貧苦を除くこと如意珠《にょいしゅ》のごとし。すこしく懈怠《けだい》しすこしく威儀《いぎ》を失すといえども、なお二乗の功徳に勝れり。要を挙げてこれをいわば、この心はすなわち一切の菩薩の功徳を具し、よく三世の無上正覚《むじょうしょうがく》を成ず。

《迦陵頻伽鳥》 [S] kalarinka の音写。好声・好音鳥・美音・妙声などと漢訳する。ヒマラヤ山中に住む美声の鳥。ここでの表現のように、殻の中にある時から、すでによく鳴き、人々の心をとらえて離さない、とされる。《懈怠》怠る。怠惰。《威儀》ふるまい。

菩提心が仏道修行の道程にあって、そのはじめに位置する要となるものであることが、いろいろの喩えをあげて縷々のべられる。菩提心に一切の功徳が具わっており、それの確立がなければ、無上正覚ものぞめるものではない。菩提心は諸行のはじまり、根本である。

若解此心、任運達於止觀。無發無礙、即是觀、其性寂滅、即是止。止觀即菩提、菩提即止觀。寶梁經云、比丘不修比丘法、大千無唾處、況受人供養。六十比丘、悲泣白佛、我等乍死、不能受人供養。佛言汝起慚愧心、善哉善哉。一比丘白佛、何等比丘、能受供養。佛言、若在比丘數、修僧業、得僧利者、是人能受供養。四果四向是僧數、三十七品是僧業、四果是僧利。比丘重白佛、若發大乘心者、復云何。佛言、若發大乘心、求一切智、不墮數不修業、不得利、能受供養。比丘驚問、云何是人能受供養。佛言、是人受衣、用敷大地、受摶食、若須彌山、亦能畢報施主之恩。當知、小乘之極果、不及大乘之初心。

又如來密藏經說、若人父爲緣覺而害、盜三寶物、母爲羅漢而汚、不實事謗佛、兩舌間賢聖、惡口罵聖人、壞亂求法者、五逆初業之瞋、奪持戒人物之貪、邊見之癡、是爲十惡者。若能知如來說因緣法、無我人衆生壽命、無生無滅、無染無著、本性清淨、又於一切法、知本性清淨、解知信入者、我不說是人趣向地獄及諸惡道果。何以故、法無積聚、法無二集惱一、一切法不レ生不レ住、因緣和合、而得二生起一、起已還滅。若心生已滅、一切結使亦生已滅。如レ是解、無二犯處一。若有レ犯有レ住、無レ有二是處一。如下百年闇室、若然レ燈時、闇不レ可レ言二我是室主、住レ此久而不一レ肯去一、燈若生闇卽滅上。其義亦如レ是。此經具指二前四菩提心一。若知三如來說二因緣法一、卽指二初菩提心一、若無レ生無レ滅、指二第二菩提心一、若本性淸淨、指二第三菩提心一、若於二一切法一、知二本性淸淨一、指二第四菩提心一。初菩提心、已能除二重重十惡一、況第二第三第四菩提心耶。行者聞二此勝妙功德一、當二自慶幸一。如三闇處伊蘭得二光明栴檀一。問因緣語通、何意初觀獨當二其名一。答以二最初一、當レ名耳。又因緣事相、初觀爲レ便。若言二生滅一者、卽別。後三例有二通別一、而從レ別受レ名耳。

もしこの心を解せば任運《にんぬん》に止観に達す。発《ほっ》なく礙《げ》なきはすなわちこれ観、その性《しょう》寂滅なるはすなわちこれ止なり。止観はすなわち菩提、菩提はすなわち止観なり。宝梁経《ほうりょうきょう》にいわく、「比丘《びく》にして比丘の法を修せざれば、大千に唾《つば》する処なし、いわんや人の供養を受けんをや。六十の比丘、悲泣《ひきゅう》して仏に白《もう》す、『我等は乍《たちま》ちに死すとも、人の供養を受くること能わず』と。仏いわく、『汝、慚愧《ざんぎ》の心を起こす、善いかな善いかな』と。一の比丘、仏に白す、『なんらの比丘かよく供養を受けん』と。仏いわく、『もし比丘の数に在りて、僧の業を修し僧の利を得ん者は、この人よく供養を受けん。四果《しか》、四向《しこう》はこれ僧の数なり、三十七品《さんじゅうしちほん》はこれ僧の業なり、四果はこれ僧の利なり』と。比丘、重ねて仏に白す、『もし大乗の心を発するは、またいかん』と。仏いわく、『もし大乗の心を発して一切智を求むれば、数に堕せず、業を修せず、利を得ざるも、よく供養を受く』と。比丘、驚いて問う、『いかんがこの人よく供養を受くるや』と。仏いわく、『この人は、衣《え》を受けもって大地に敷き、摶食《たんじき》を受くること須弥山《しゅみせん》のごとくなるも、またよくことごとく施主の恩に報いん』と。まさに知るべし、小乗の極果《ごくか》は大乗の初心に及ばざることを。

また如来密蔵経《にょらいみつぞうきょう》に説く、「もし人ありて、父の縁覚《えんがく》となれるをしかも害し、三宝物《さんぼうもつ》を盗み、母の羅漢《らかん》となれるをしかも汚し、不実の事をもって仏を謗《そし》り、両舌《りょうぜつ》して賢聖《けんじょう》を間《へだ》て、悪口《あっく》して聖人《しょうにん》を罵《のの》り、求法の者を壊乱《えらん》す、五逆の初業の瞋《しん》、持戒の人の物を奪うの貪《とん》、辺見の癡《ち》、これを十悪の悪なるものとなす。もしよく如来が因縁の法は我人・衆生・寿命なく、生《しょう》なく滅なく、染《ぜん》なく、著《じゃく》なく本性清浄《ほんしょうしょうじょう》なりと説くことを知り、また一切の法において本性清浄《ほんしょうしょうじょう》なりと知り、解《げ》知し信入せば、われ、この人は地獄および諸の悪道の果に趣向《しゅこう》すと説かず。なにをもっての故ぞ、法に積聚《しゃくじゅ》なく、法に集悩なし、一切の法は生ぜず住せず、因縁和合して生起することを得、起りおわればかえって滅す。もし心生じおわって滅すれば、一切の結使《けっし》もまた生じおわって滅す。かくのごとく解《げ》すれば犯すところなし。もし犯《ぼん》あり住あらば、この処《ことわり》あることなし。百年の闇室にもし燈を然《もや》すとき、闇は、『われはこれ室の主なり、ここに住すること久し、肯《あ》えて去らず』というべからず、燈もし生ずれば闇すなわち滅するがごとし。その義もまたかくのごとし」と。

この経は具《つぶ》さにまえの四の菩提心を指す。もし如来が因縁の法を説きしを知らば、すなわち初めの菩提心を指し、もし生なく滅なしとは、第二の菩提心を指し、もし本性清浄なりとは、第三の菩提心を指し、もし一切の法において本性清浄なるを知らば、第四の菩提心を指すなり。初の菩提心にすでによく重重の十悪を除く。いわんや第二第三第四の菩提心をや。行者はこの勝妙の功徳を聞きてまさにみずから慶幸《きょうこう》すべし。闇処の伊蘭《いらん》に光明の栴檀《せんだん》を得るがごとし。問う、因縁の語は通ず、なんの意ぞ初観ひとりその名に当《あ》たるや。答う、最初なるをもって、名に当たるのみ。また因縁は事相なれば初観を便なりとなす。もし生滅といわばすなわち別なり。のちの三にも例するに通別あり、しこうして別にしたがって名を受くるのみ。

《慚愧心》 罪をはじる心。**《四果・四向》** 小乗仏教における四つの向うべき修行の段階（向）と、到達した境地（果）。(1)預流向・預流果、一来向・一来果、不還向・不還果、阿羅漢向・阿羅漢果。**《三十七品》** 三十七道品の略。悟りをうるための三十七種の修行方法。四念処・四正勤・四如意足・五根・五力・七覚支・八正道の総体。**《搏食》** にぎりめし。**《十悪》** 殺生・偸盗（盗み）・邪淫・妄語・綺語（ざれごと）・悪口・両舌（二枚舌）・貪欲・瞋恚・愚癡の十の悪業。**《結使》** 煩悩のこと。人間を苦しみに結びつけ、かつこれを使わせるので、このようにいう。**《伊蘭》** Ⓢ eraṇḍa の音写。植物の名。古来悪臭ある毒草として、芳香のある栴檀に比べられる。

はじめに、『宝梁経』の文章をひきあいに出して、菩提心のもつ、仏道修行の道程のなかに占める意味深さが、のべられる。そして大乗において教えられる菩提心は、小乗の悟りの極致と比べて、はるかに深いことが、指摘される。

つぎに、『如来密蔵経』の文章を引いて、そのなかにこれまで縷説してきた四種の菩提心が説かれていることが、のべられる。生滅・無生・無量・無作の四種の菩提心が経の教えるところにはっきりとした根拠をもつ教説であり、決して独断的な見解でないことが、指摘されるのである。

もっとも低い生滅の菩提心が成立するだけで十悪が除かれる。第二、第三、第四の菩提心が確立すれば、悪の破除はさらに徹底される。菩提心の確立は、暗い場所に生えた伊蘭のなかで、光輝く旃檀を手に入れるようなものである。それほどまでに素晴らしいことである。

第三項　六即説と菩提心

(一)　その考察の狙い

約二六即一顯レ是者、爲二初心是一、爲二後心是一。答、如二論焦炷一。非レ初不レ離レ初、非レ後不レ離レ後。若智信具足、聞二一念即是一、信故不レ謗、智故不レ懼、初後皆是。若無レ信、高推二聖境一、非二己智分一、若無レ智、起二增上慢一、謂二己均レ佛。初後倶非。爲二此事一故、須レ知二六即一。謂理即、名字即、觀行即、相似即、分眞即、究竟即。此六即者、始レ凡終レ聖。始レ凡故除二疑怯一、終レ聖故除二慢大一。云云。

六即《ろくそく》に約して是《ぜ》を顕《あら》わすは、初心《しょしん》を是とせんや後心《ごしん》を是とせんや。答う、論の焦炷《しょうちゅう》のごとし。初にあらずして初を離れず、後にあらずして後を離れず。もし智信具足すれば、一念すなわち是なりと聞き、信の故に謗《そし》らず智の故に懼《おそ》れず、初後みな是なり。もし信なければ、高く聖境《しょうきょう》に推《お》し、己の智分にあらず、もし智なければ、増上慢《ぞうじょうまん》を起こし、己は仏に均《ひと》しと謂《おも》う。初後ともに非なり。このことのための故にすべからく六即を知るべし。いわく理即《りそく》、名字即《みょうじそく》、観行即《かんぎょうそく》、相似即《そうじそく》、分真即《ぶんしんそく》、究竟即《くきょうそく》なり。この六即は、凡に始まり聖に終わる、凡に始まるが故に疑怯《ぎこ》を除き、聖に終わるが故に慢大を除く。云云。

《**増上慢**》思い上がること。

天台円教の修行の進行過程を示す教えとして考えられた「六即」説と関係づけて、菩提心のことが論じられる。

ここではまず、六即説と関係づけて菩提心を説く理由がのべられる。法を信ずる心を欠くと、菩提心は自分の智恵の及びえない高い境地であると解する態度に陥りやすい。また智恵を欠くと、おごりの心を起こして、仏とひとしいと思いあやまったりしがちである。智恵と信ずる心がそなわると、われわれのこのなにげない心が菩提を求める心と異なったものでないことが了解されるようになり、自らは菩提心と無縁な人間であると非難したり、また菩提を求める心は自らの手のとどかない高い境地であるとおそれたりするようなことはなくなる。そこで、菩薩の行位のはじまりから終わりまでの全過程を示し、菩提を求める心がそのはじめに芽生え、その後、階位を重ねるに従ってより堅固なものとなってゆく関係を知らしめるために、六即説と関連づけて菩提心の問題をみてゆこうとするのである。

(二) 六即説の構成

理即者、一念心即如來藏理。如故即空、藏故即假、理故即中。三智一心中具、不可思議。如二上説一。三諦一諦非レ三非レ一、一色一香具二一切法一、一切心亦復如レ是。是名二理即是菩提心一。亦是理即止觀。即寂名レ止、即照名レ觀。

名字即者、理雖二即是一、日用不レ知、以レ未レ聞二三諦一、全不レ識二佛法一、如二牛羊眼不レ解二方隅一。或從二知識一、或從二經卷一、聞二上所レ説一實菩提一、於二名字中一、通達解了、知二一切法皆是佛法一。是爲二名字即菩提一。亦是名字止觀。若未レ聞時、處處馳求、既得レ聞已、攀覓心息名レ止、但信二法性一、不レ信二其諸名爲觀。

觀行卽是者、若但聞名口說、如蟲食木偶得成字、是蟲不知是字非字。既不通達、寧是菩提。必須心觀明了、理慧相應、所行如所言、所言如所行。華首云、言說多不行。我不以言說、但心行菩提。此心口相應是觀行菩提。釋論四句、評聞慧具足。如眼得日照了無僻、觀行亦如是。雖未契理、觀心不息、如楞嚴中射的喩。是名觀行菩提、亦名觀行止觀。恒作此想名觀、餘想息名止。云云。

相似卽是菩提者、以其逾觀逾明、逾止逾寂、如勤射鄰的、名相似觀慧。一切世間治生產業、不相違背、所有思想籌量皆是先佛經中所說。如六根淸淨中說。圓伏無明名止、似中道慧名觀。云云。

分眞卽者、因相似觀力、入銅輪位、初破無明見佛性開寶藏顯眞如、名發心住。乃至等覺無明微薄智慧轉著。如從初日至十四日、月光垂圓闇垂盡。若人應以佛身得度者、卽八相成道、應以九法界身得度者、以普門示現。如經廣說。是名分眞卽菩提。亦名分眞止觀分眞智斷。

究竟卽菩提者、等覺一轉、入于妙覺、智光圓滿、不復可增、名菩提果。大涅槃斷、更無可斷、名果果。等覺不通、唯佛能通。過茶無道可說。故名究竟菩提、亦名究竟止觀。

總以譬譬之、譬如貧人家有寶藏而無知者、知識示之、卽得知也、耘除草穢而掘出之、漸漸得近、近已藏開、盡取用之。合六喩可解。云云。

理即《りそく》とは、一念の心すなわち如来蔵《にょらいぞう》の理なり。如《にょ》の故に即空《そっくう》、蔵《ぞう》の故に即仮《そっけ》、理の故に即中《そくちゅう》なり。三智一心のなかに具して、不可思議なり。上に説くがごとし。三諦一諦は三にあらず一にあらず、一色一香《いっしきいっこう》に一切の法を具す、一切の心もまたまたかくのごとし。これを理即の是《ぜ》の菩提心と名づく。またこれ理即の止観なり。すなわち寂なるを止と名づけ、すなわち照なるを観と名づく。

名字即《みょうじそく》とは、理はすなわち是《ぜ》なりといえども、日に用いて知らず、いまだ三諦を聞かざるをもってまったく仏法を識らず、牛羊《ごよう》の眼《まなこ》、方隅《ほうぐう》を解《げ》せざるがごとし。あるいは知識に従い、あるいは経巻に従って上に説くところの一実の菩提を聞き、名字のなかにおいて通達、解了《げりょう》して、一切の法みなこれ仏法なりと知る。これを名字即の菩提となす。またこれ名字の止観なり。もしいまだ聞かざるときは処処に馳求《ちぐ》するも、すでに聞くことを得おわれば、攀覚《はんべき》の心息《や》むを止と名づけ、ただ法性を信じてその諸を信ぜざるを名づけて観となす。

観行即《かんぎょうそく》の是《ぜ》とは、もしただ名を聞いて口に説くは、虫が木を食ってたまたま字を成すことを得れども、この虫はこれ字なるか字にあらざるかを知らざるがごとし。すでに通達せず、なんぞこれ菩提ならんや。必ずすべからく心観明了《みょうりょう》にして理と恵相応し、行うところは言うところのごとく、言うところは行うところのごとくすべし。華首《けしゅ》にいわく、「言説《ごんせつ》多きは行ぜず。われは言説をもってせず、ただ心に菩提を行ずるのみ」と。この心口相応はこれ観行の菩提なり。釈論《しゃくろん》に四句もて聞恵具足することを評せり。眼は日を得れば照了するに僻《へき》なきがごとく、観行もまたかくのごとし。いまだ理に契《かな》わずといえども観心息まず、楞厳《りょうごん》のなかの射的の喩えのごとし。これを観行の菩提と名づけ、また観行の止観と名づく。恒《つね》にこの想をなすを観と名づけ、余の想息むを止と名づく。云云。

相似即《そうじそく》の是《ぜ》の菩提とは、そのいよいよ観じいよいよ明らかに、いよいよ止いよいよ寂なるをもって、射を勤むるに的《まと》に鄰《ちか》きがごとくなるを、相似の観恵と名づく。一切の世間の治生《ちしょう》産業もあい違背《いはい》せず、所有の思想籌《ちゅう》量《りょう》もみなこれ先仏の経のなかに説くところなり。六根清浄《ろっこんしょうじょう》のなかに説くがごとし。円かに無明《むみょう》を伏するを止と名づけ、似の中道の恵を観と名づく。云云。

分真即《ぶんしんそく》とは、相似の観力によって銅輪《どうりん》の位に入り、初めて無明《むみょう》を破して仏性を見、宝蔵を開いて真如《しんにょ》を顕《あら》わすを発心住《ほっしんじゅう》と名づく。乃至、等覚《とうがく》は無明微薄《むみょうみはく》にして、智恵うたた著《あら》わる。初日より十四日にいたって月の光円かなるに垂《なんな》んとし、闇尽くるに垂《なんな》んとするがごとし。もし人のまさに仏身をもって得度すべき者には、すなわち八相成道《はっそうじょうどう》し、まさに九法界の身をもって得度すべき者には、普門をもって示現す。経に広く説くがごとし。これを分真即の菩提と名づく。また分真の止観、分真の智断と名づく。

究竟即《くきょうそく》の菩提とは、等覚《とうがく》ひとたび転じて妙覚《みょうがく》に入り、智光円満してまた増すべからざるを菩提の果と名づく、大涅槃の断にしてさらに断ずべきなきを果果と名づく。等覚は通ぜず、ただ仏のみよく通ず。荼《だ》を過ぎて道の説くべきなし。故に究竟の菩提と名づく、また究竟の止観と名づく。

総じて譬えをもってこれを譬うるに、たとえば貧人の、家に宝蔵ありて、しかも知る者なく、知識これを示すにすなわち知ることを得、草穢《そうえ》を耘除《うんじょ》してこれを掘り出だし、漸漸に近づくことを得、近づきおわって蔵開かれ、ことごとくこれを取りて用うるがごとし。六喩を合して解すべし。云云。


《方隅》方角。**《攀覓》**たよりもとめること。**《銅輪位》**五十二位説のうち十住の菩薩の位のこと。十住の菩薩は銅輪王となって衆生の教化につとめるとされるので、このように呼ばれることになった。**《八相成道》**八相というのは、仏の生涯における八つの重要なことがら。すなわち一般的には、前生の釈尊が兜率天から白象に乗ってこの世に降りてくる降兜率にはじまって、第八の入滅までの八つのことがらをいう。成道はそのうちの第六番目の出来事で、さとりの完成のときのこと。**《真如》**真理のこと。**《発心住》**菩薩の十住の第一。

まず理即というのは、衆生の心を含めた一切の法が即空即仮即中の三諦として捉えられるべきものであること、それからそうしたあり方がそれらの真実のすがたであること、しかも一切法のあり方をそうしたものとして捉える智恵としての三智が衆生一人一人の心のなかに具わっていること、これらの事柄を表示するいわば概念である。ただしこれについてはもう一つの意趣が看過されてはならない。指摘されるべきは、上のような諸法のあり方なり、智恵が衆生にそなわっているという事情が、実は衆生にはいっさい知られていないということである。如来蔵という表現がこうしたことを直接教示している。如来蔵とは衆生をその存在の可能性の面から捉えた表現にほかならず、真実に触れることが、また智恵が衆生に可能性としてそなわっていることを教える言葉である。理即とは、ごく平易にいってしまえば、真理のただなかにありながら、そのことに気づいていない衆生のあり方を表わす表現ということができる。こうした内容を含む理即と菩提心が結びつけられたのは、衆生自身は気づいていなくとも、かれらには菩提心を発する可能性がそなわっていることを示そうとしてのこととみられてよい。

ここで三智についてのべておこう。三智とは、具体的には一切智《いっさいち》・道種智《どうしゅち》・一切種智《いっさいしゅち》のことであるが、これらは三諦にかかわり、空・仮・中を捉え尽くす関係にある。三諦は捉えられる所観の境であり、一方、三智は境を捉える能観の法というわけである。

つぎに名字即。仏法を識ることがなかったものが、高徳の人であるとか、経典や論書に導かれて、一切はみな仏であるということを、名字すなわちことばの上で了解する段階が、名字即である。この段階は、真実に目覚めはじめる段階であるが、菩提心をこの段階と絡めて説くのは、菩提を求める心が、そのはじめにあっては、真理の知的把握、平たくいえば、頭でそれを受けとめるという形をとって形成、確立することを教えようとしてのためであろう。ともあれ、可能性にとどまっていた真実を求める心が、ここで現実のものとなるのである。

そのつぎの観行即とは、智恵がいっそう深まり、真実がよりはっきりと捉えられるようになる段階をいう。その内なる構造を眺めてみると、ここにはきわだった特徴が認められ、それがこの段階をさきの名字即からはっきりと引き離す態度となっている。具体的にいうと、「行うところは言うところのごとく、言うところは行うところのごとくなる」態度が、観行即を特徴づける態度にほかならない。かくて菩提心を観行即と結びつけて説く狙いは、菩提を求める心がただ頭だけのものにとどまらず、人間の存在の全体に根差すものであることを知らしめんとするところにある、とみてよい。

そのつぎの相似即とは、いちだんと智恵が明らかになり、かつ煩悩がいよいよ克服されて、真実の捉え方がいっそう深まった段階をいう。その捉え方のありさまは、あたかも矢が的の中心近くを射ぬくように、かなりの正確さをもって真実を捉える状態ということができる。相似という表現は、あるべきすがたに相当程度近づいた状態を表わすことばであり、真実の把握度合の深まりを意味している。かくて菩提心を相似即と関係づけて解する狙いは、菩提心が菩提を求める心のたんなるはじまりの心としてのものにとどまらず、深化の過程を辿るべき心であることを教えんとするところにある、と解してよいであろう。

六即の第五、分真即とは、まえの相似即の姿勢をさらに一歩突き詰めた段階である。あたかも月の光が満月一歩手前の月のように円かに輝き、闇がほとんど尽きなんとするがごとく、ここでは無明がかすかに残る程度にまで克服され、智恵が全開に近くひらき、真実がほぼ十全に捉えられる。真の悟りのすぐ前の段階がこの分真即の位である。かくて菩提心がこの分真即と関係づけられた狙いは、菩提を求める心がさらにいっそう奥の深いものであることを示すことにある、とみられてよい。

最後の究竟即とは、その表現通り悟りの究極の境地を表わしている。一切の煩悩が断じ尽くされ、智恵が円満に完成し、真実が捉え尽くされる境地にほかならない。そこで究竟即のこうした性格を考えるとき、菩提心がこれと関係づけられていることの意味の深さが、正しく読みとられねばならない。さてその意味であるが、それは、菩提を求める心が、最後、悟りにつながるものであることを物語ろうとしていると解されてよいであろう。一般的には菩提心とは、仏道のはじめにあって道をきわめんと決意する心といった程度に解されがちであるが、究竟即にまで絡めて説くここでの菩提心の説明は、この心が、もちろんそうしたものでありつつ、それだけにとどまらず、さらに深まって、悟りの完成をも思念し、希求してやまぬ心であることを教示しているのである。

ここまでみてくると、この項のはじめにのべられる、菩提心とは、初心をいうのか後心をいうのか、という問いと、それにたいする、初めの心でなくして、しかもその心を離れない、また後の心でなくしてしかもその心を離れない、という答えが、意味深い説明として、あらためて読み返されるべきであろう。菩提心とは、仏道を一貫して支える悟りを求める心のことなのである。

だからたとえば一つの喩えをもって示すと、つぎのようにいうことができる。宝の蔵をもっていることに気づいていない貧しい人が、人に数えられて、その存在を知るようになり、やがて掘り出して、その扉を開き、そしてそのなかに入っている財宝を使うことができるようになった、という話に似ている。すなわち、菩提心は、貧人にとっての宝蔵のようなもので、はじめは人びとにとってほとんど意識されることのない、無縁なものと考えられがちなものである。しかし菩提を求める心は、隠された宝の蔵のようなもので、万人に具わっているのであり、なにかの折にその存在が自覚され、そしてそれを契機として、以後次第に深められてゆくものなのである。

㈢ 円教の発心と六即説

問、釋論五菩提意云何。答、論竪判二別位一、今竪判二圓位一。會レ之、發心對二名字一、伏心對二觀行一、明心對二相似一、出到對二分眞一、無上對二究竟一。又用二彼名一、名二圓位一、發心是十住、伏心是十行。問、住已斷、行云何伏。答、此用二眞道一伏、例如二小乘破レ見名レ斷、思惟名レ伏。明心是十迴向、出到是十地、無上是妙覺。又從二十住一具二五菩提一、乃至妙覺究竟五菩提。故地義云、從二初一地一具二諸地功德一、卽其義也。

問、何意約レ圓説二六卽一。答、圓觀二諸法一、皆云二六卽一。故以二圓意一、約二一切法一、悉用二六卽一判レ位。餘不レ爾。故不レ用レ之。當二其教一用レ之、胡爲不レ得。而淺近故、非二教正意一也。

然上來簡レ非、先約三苦諦升二沈世間一簡耳。次約二四諦智曲拙淺近一簡耳。次約二四弘行願一、次約二六卽位一、展轉深細、方乃顯レ是。故知、明月神珠在二九重淵内驪龍頷下一、有レ志有レ德、方乃致レ之。豈如下世人危淺浮虛、競二執瓦石草木一、妄謂爲上レ寶。末學膚受、太無レ所レ知。

摩訶止觀卷第一下

問う、釈論《しやくろん》の五菩提《ごぼだい》の意はいかん。答う、論は竪《たて》に別《べつ》の位を判じ、今は竪に円の位を判ず。これを会すれば、発心《ほつしん》は名字《みようじ》に対し、伏心《ぶくしん》は観行《かんぎよう》に対し、明心《みようしん》は相似《そうじ》に対し、出到《しゆつとう》は分真《ぶんしん》に対し、無上《むじよう》は究竟《くきよう》に対す。またかの名を用いて円の位に名づくれば、発心はこれ十住《じゆう》、伏心はこれ十行《ぎよう》なり。問う、住にすでに断ず、行にいかんぞ伏するや。答う、これは真道を用いて伏するなり、例せば、小乗に見《けん》を破するを断と名づけ、思惟《しゆい》を伏と名づくるがごとし。明心《みようしん》はこれ十廻向《えこう》、出到はこれ十地《じ》、無上はこれ妙覚《みようがく》なり。また十住より五菩提を具す、乃至妙覚は究竟の五菩提なり。故に地義《じぎ》にいわく、「初めの一地より諸地の功徳を具す」と、すなわちその義なり。

問う、なんの意ぞ円に約して六即を説くや。答う、円《まど》かに諸法を観ずればみな六即という。故に円の意をもって一切の法に約してことごとく六即を用いて位を判ず。余はしからず。故にこれを用いず。その教に当ってこれを用うれば、胡為《なんぞ》得ざらん。しかも浅近《せんごん》の故に教の正意《しようい》にあらざるなり。

しかるに上来に非《ひ》を簡《えら》ぶに、先には苦《く》諦《たい》が世間に升沈するに約して簡ぶのみ。つぎには四諦の智の曲《きよく》拙浅近《せつせんごん》に約して簡ぶのみ。つぎには四弘《しぐ》の行願に約し、つぎには六即の位に約し、展転して深細《じんさい》に、まさにすなわち是《ぜ》なるを顕わす。故に知んぬ、明月の神珠は九重の淵の内なる驪龍《りりゆう》の 頷《おとがい》 の下にあり、志あり徳あってまさにすなわちこれを致す。あに世人の麁《そ》浅浮虚《せんぷこ》にして瓦石草木《がしやくそうもく》を競い執って妄りに謂いて宝となすがごとくならん。末学の膚受《ふじゆ》は、はなはだ知るところなし。

摩訶止観巻第一下

《五菩提》発心菩提・伏心菩提・明心菩提・出到菩提・無上菩提をいう。『大智度論』巻第五十三（大正蔵二五・四三八上）に説かれている。《見》見惑のこと。理に迷う惑、つまり真理の誤識をひき起こす煩悩のこと。細かに分ければ、八十八品よりなるとされている。《思惟》ここでは思惑のこと。迷事の惑、つまり現象に迷う惑。感覚的な迷いで、細かくは八十一品より成るとされる。《驪龍の頷》宝玉を頷の下に抱きもつとされる黒い龍。なお驪龍の頷の下に玉がある、ということでの表現は、『荘子』にその典拠があるのではあるまいか。『輔行』や『私記』などには、その典拠が『大智度論』にあるとされ、その箇所がいくつかあげられているけれども、『摩訶止観』の表現は『荘子』の表現により近く、『輔行』などの指摘は正確とはいえないのでなかろうか。『荘子』雑篇に収められている「列御寇篇」第三十二、そのなかの説話の第十五に、以下のような一文がみえている。「夫千金之珠、必在九重之淵、而驪龍頷下」（『荘子』第四冊一九一頁、岩波文庫）。《膚受》うわべだけの了解。

ここでは内容的に込み入ったこと、また教学上いわば柱となるような教説がのべられているわけではないので、要点を整理して示すにとどめよう。

まず六即説は円教の階位を教示する教えである点が確認される。これをうけて、そうした六即説に従って菩提心を説く狙いがあくまでも円教の菩提心の表示にある点が、指摘される。これまで四諦、また四弘誓願に即して菩提心の問題が種々に論じられてきたが、そうしたところでは円教以外の菩提心も論及されていた。六即に即して論ずる場合、そうしたことはなく、円教の立場に立った菩提心の妙旨だけが明らかにされることが、示されるのである。なお、円教の立場に立つ菩提心とは内容的にどのようなものであるのかということについては、六即説を紹介するこの前段の部分で、六即の一つ一つを説明する過程ですでにのべられたところであるから、この点については再説されることはない。最後に、円教の菩提心こそが宝であり、したがってたとえば瓦石草木などを宝と思い込んで私のものとしようと競いあうような愚なことはしてはならないと諌められる。円教の菩提心の発起へと人々の関心を向かわせようとの配慮であろう。

菩提心についての陳述はこれで終わり、以下、五略の第二「修大行」の項の説明へと移る。

第五　大　行

はじめに

二　明下勸二進四種三昧一入中菩薩位上說二是止觀一者、夫欲レ登二妙位一非レ行不レ階。善解鑽搖、醍醐可レ獲。法華云、又見下佛子修二種種行一以求中佛道上。行法衆多、略言二其四一。一常坐、二常行、三半行半坐、四非行非坐。通稱二三昧一者、調直定也。大論云、善心一處住不レ動、是名二三昧一。法界是一處、正觀能住不レ動、四行爲レ緣觀レ心、藉レ緣調直。故通稱二三昧一也。

二に、四《し》種三昧《しゅざんまい》を勧進《かんじん》し、菩薩の位に入ることを明かさんとしてこの止観を説くとは、それ妙位に登らんと欲せば、行にあらずんば階《のぼ》らず。よく解して鑽揺《さんよう》せば、醍醐《だいご》獲らるべし。法華にいわく、「また仏子、種種の行を修し、もって仏道を求むるを見る」と。行法は衆多なるも、略してその四をいう。一には常坐《じょうざ》、二には常《じょう》行《ぎょう》、三には半行半坐《はんぎょうはんざ》、四には非行非坐《ひぎょうひざ》なり。通じて三昧《さんまい》と称するは、調直定《じょうじきじょう》なり。大論《だいろん》にいわく、「よく心を一処に住して動ぜざる、これを三昧と名づく」と。法界《ほっかい》はこれ一処なり、正観《しょうがん》はよく住して動ぜず、四行を縁となして心を観じ、縁を藉《か》りて調直なり。故に通じて三昧と称するなり。

《鑽揺》乳を熟練する方法のこと。具体的なことはわからない。《醍醐》乳を熟させて得られる最高の味の乳製品。《調直定》三昧（S samādhi）のこと。曲った心を直し、散乱している心を定めるという意味。

四種三昧が主題として取り上げられる。

四種三昧を行じて、菩薩の位に入ってゆくことを明らかにしようとして止観を説くのは、実は究極の悟りの位に登りつめようと思えば、行によらなければ不可能であるということを示したいからにほかならない。あたかも乳を特別に加工してゆくと、いろいろの味が引き出され、最後、醍醐の味が得られるのと似ている。法華経には「仏の道を歩めるものはいろいろの行を修することによって、仏道を求める意味がわかるようになる」といわれている。これからも、仏道をきわめる過程で行の占める重要さが知られる。ところで修行の方法は多くあるけれども、以下の四種の方法を取り出すことにしよう。一つは常坐、二つには常行、三つには半行半坐、四つには非行非坐という形式のものである。これらはいずれも三昧と呼ばれるのであるが、その理由はそれぞれが心の曲がりを直し、散乱している心を定めるものであるからである。『大智度論』には「心を一つの処にとどめて動かないようにする。これを三昧という」といわれている。われわれをとりまくこの現象世界、これが心をとどめる一つの処であるが、それを正しく観ずれば、心はそこにとどまって動くことがないであろう。ところで、正しい観じ方であるが、それはさきにあげた四種の方法にほかならない。それら四種の方法にしたがって心を観じてゆくと、形自体に心を調え直すいわば力がそなわっているために、心はおのずと調えられてゆく。だからこれら四種の方法は三昧といわれるのである。

第一項　常坐三昧

一常坐者、出二文殊説文殊問兩般若一。名爲二一行三昧一。今初明二方法一、次明二勸修一。方法者、身論二開遮一、口論二説黙一、意論二止觀一。

㈠　方法

一に常坐とは、文殊説・文殊問の両般若に出ず。名づけて一行三昧となす。いまはじめに方法を明かし、つぎに勧修《かんしゅ》を明かす。方法とは、身に開遮《かいしゃ》を論じ、口に説黙《せつもく》を論じ、意に止観を論ず。

はじめに常坐三昧についてのべる。この行法は『文殊説般若経』と『文殊問般若経』の教える行法にヒントを得て構想されたものである。これはまた一行三昧と呼ばれてもなんらおかしくない。以下、内容の紹介が続く。

1　身の処し方

身開二常坐一、遮二行住臥一。或可レ處レ衆、獨則彌善。居二一靜室或空閑地一、離二諸喧鬧一、安二一繩牀一、傍無二餘座一、九十日爲二一期一、結跏正坐。項脊端直、不レ動不レ搖、不レ萎不レ倚、以レ坐自誓、肋不レ柱レ牀。況復屍臥遊戲住立。除二經行食便利一。隨二一佛方面一、端坐正向、時刻相續、無二須臾廢一。所レ開

者専坐。所レ遮者勿レ犯。不レ欺レ佛、不レ負レ心、不レ誑二衆生一。

身には、常坐を開し、行《ぎょう》、住《じゅう》、臥《が》を遮《しゃ》す。あるいは衆と処《お》るべし、独《ひと》りなれば、すなわちいよいよ善し。一の静室《じょうしつ》あるいは空閑《くうげん》の地に居して、諸の喧閙《けんどう》を離れ、一縄牀《じょうしょう》を安んじ、傍らに余座なく、九十日を一期として結跏《けっか》正坐《しょうざ》す。頂脊《うなじせぼね》端直にして、動かず揺がず萎まず倚らず、坐をもって自ら誓い、肋《ろく》を牀《しょう》に拄《ささ》（―柱とあるが、この方が間違い）えず。いわんやまた屍臥《しが》し遊戯《ゆげ》し住立《じゅうりゅう》せんをや。経行《きょうぎょう》と食《じき》と便利《べんり》を除く。一仏の方面にしたがい、端坐して正しく向かい、時刻相続して須臾《しばらく》も廃することなかれ。開するところは専ら坐なり。遮するところは犯すことなかれ。仏を欺かざれ、心に負《そむ》かざれ、衆生を誑《たぶら》かさざれ。

《喧閙》騒々しいところ。《縄牀》縄を張った粗末な椅子。《屍臥》横になって死んだようにねること。《経行》ゆっくりと歩きまわること。ここでは、坐禅中の疲労をとり、眠気をさますために、一定の場所を往復して歩くことをいう。

身体の面からその特徴をいえば、坐禅つまり坐るという形式だけに従い、歩く（行）・とどまる（住）・横たわる（臥）といった形式をまったく考慮しないで行じられるのが、常坐三昧である。人の面からいえば、大勢の人びとともに行じてもよいが、一人の場合の方がさらによい。場所についていうと、静かなところでなければならない。そしてそこには粗末な縄張りの椅子一つくらいなら置いてもよいが、それ以外は置かないようにする。期間は九十日を一区切りとし、その間、つねに結跏し正しく坐ることとする。うなじ、背骨をまっすぐにのばし、身体を動かしたり、揺すったり、かがめたりしない。ともあれ、姿勢正しくひたすら坐ること以外に考えてはならない。ただし坐禅中の疲れや眠気をとるために、きまった場所を歩くとか、食事、用便に立つことは許される。仏の前に正しく向って坐り、そして一定の時刻までやめることなく坐り続ける。仏を欺くとか、自らの心に背くとか、衆生を誑かすとか、そうした心をもって坐っても意味がない。坐中の心も大事である。

2　口業の活用

口説默、者若坐疲極、或疾病所㆑困、或睡蓋所㆑覆、内外障侵、奪㆓正念心㆒、不㆑能㆓遣却㆒、當㆘專稱㆓一佛名字㆒、慚愧懺悔、以㆑命自歸㆖。與㆑稱㆓十方佛名字㆒功德正等。所以者何。如㆓人憂喜欝怫、擧㆑聲歌哭悲笑則暢㆒。行人亦爾。風觸㆓七處㆒成㆓身業㆒、聲響出㆑唇成㆓口業㆒、二能助㆑意、成㆑機感㆓佛俯降㆒。如㆘人引㆑重、自力不㆑前、假㆓傍救助㆒、則蒙㆗輕擧㆖。行人亦爾、心弱不㆑能㆑排㆑障、稱㆑名請㆑護、惡縁不㆑能㆑壞。若於㆓法門㆒未㆑了、當㆚親㆘近解㆓般若㆒者㆖、如㆑聞修學㆙。能入㆓一行三昧㆒、面見㆓諸佛㆒、上㆓菩薩位㆒。誦經誦咒、尚喧㆓於靜㆒、況世俗言語耶。

口の説默《せつもく》とは、もし坐して疲れ極《きわ》まり、あるいは疾病《しっぺい》に困《くる》しめられ、あるいは睡蓋《すいがい》に覆《おお》われ、内外の障《さわり》、侵《おか》して正念《しょうねん》の心を奪い、遣却《けんきゃく》することあたわずんば、まさに専ら一仏の名字《みょうじ》を称《とな》え、慚愧《ざんぎ》し懺悔《さんげ》して、命をもって自ら帰すべし。十方の仏の名字《みょうじ》を称《とな》うると功徳は正に等しきなり。所以《ゆえ》はいかん。人の憂喜《うき》欝怫《うっぷつ》たるに、声をあげて歌哭《かこく》し悲笑《ひしょう》すればすなわち暢《の》ぶるがごとし。行人もまたしかり。風《ふう》は七処に触れて身業を成じ、声の響きは唇を出でて口業《くごう》を成じ、二つよく意を助けて、機を成じ仏の俯降《ふごう》を感ず。人の重きを引くに、自力にして前《すす》まざるに、傍《かたわら》の救助《くじょ》を仮らばすなわち軽く挙ぐることを蒙《こうむ》るがごとし。行人もまたしかり、心弱くして障を排すること能わざるに、名を称えて護を請えば、悪縁も壊すること能わず。もし法門においていまだ了せずんば、まさに般若《はんにゃ》を解する者に親近《しんごん》して、聞くがごとく修学すべし。よく一行三昧《いちぎょうざんまい》に入らば、面に諸仏を見たてまつり、菩薩の位に上らん。誦経《じゅきょう》、誦呪《じゅじゅ》も、なお静かなるよりは喧《かしま》し、いわんや世俗の言語をや。

《慙愧》恥じ入ること。《鬱悒》心がふさがること。《七処》身体の七つの部分、すなわち頂（首）・断（歯ぐき）・歯・脣・舌・喉・胸。

行が順調に進んでいるときには黙って行に励めばよいが、妨げとなるような事情が生じてきたときには、その妨げとなるものを除くために口業すなわち語る行為が役に立つ。口の説黙とはこうした点を明らかにする一項である。

さて疲れが極度に高まるとか、病気に悩まされるとか、あるいは眠気におそわれるなどの、こうした内からの、また外からの障りがせまってきて、正念の心を奪うようなことがあっても、それをなくしてしまうことができないときには、もっぱら一仏の御名を称え、恥じ入り、悔いて、命をかけて仏に帰すべきである。実は一仏の御名を称えて得る功徳は、十方の仏の御名を称えて得る功徳となんら違いはない。どうしてか、というと、人が憂いや喜びがあって気持がふさぐようなとき、泣きながらでもうたうとか、あわれみの気持をもって笑うようなことをすると、心がほぐれてくるのと同じようなものである。修行に励む人もこれと同じことを感ずるにちがいない。一仏の御名を称えるときの息が身体の七つの部分に触れて、声を発するという身体の働き（身業）が生まれ、つぎに声の響きが唇から出るときに、そこに口の働き（口業）が伴う。この二つの働きは心の働き（意業）をよく助けるものであり、それらの助けをえて、仏を感得することのできる心をもった人間（機）が誕生する。かくてその人は、仏が降りたもうことを感ずることができるであろう。人が重いものを引いて、自分の力だけでは進まないときに、まわりのものの手助けを借りることができれば、楽に引き挙げることができるのと同じである。修行に励む人も同じで、心がよわくなると、自分の力では障害を排除することができにくくなるが、そのようなときに、仏の御名を称えて守護を願うならば、心に力が加わって、悪縁も行者の心を壊すことはできない。もしも教えをまだ了解することができなければ、般若について正しく理解を得ている人に親しみ、近づいて教えを聞くがよい。そして聞いた通り修学すべきである。そうすることによって、一行三昧に入ることができれば、諸の仏を見ることができえて、菩薩の位に入ることができる。経典や呪を誦すことでも、静寂のなかにあるのに比べると、騒々しいものである。まして世俗のおしゃべりの騒がしさはなおさらである。

3　心のかまえ

意止觀者、端坐正念。蠲二除惡覺一、捨二諸亂想一、莫レ雜二思惟一、不レ取二相貌一。但專繫二緣法界一、一二念法界一。繫レ緣是止、一レ念是觀。信二一切法皆是佛法一、無レ前無レ後、無二復際畔一、無二知者一無二說者一。若無レ知無レ說、則非レ有非レ無、非二知者一非レ不二知者一。離二此二邊一、住二無所住一、如二諸佛住一、安二處寂滅法界一。聞二此深法一、勿レ生二驚怖一。此法界亦名二菩提一、亦名二不可思議境界一、亦名二般若一、亦名二不生不滅一。如レ是等一切法、與二法界一無レ二無レ別。聞二無レ二無レ別、勿レ生二疑惑一。

能如レ是觀者、是觀二如來十號一。觀二如來一時、不下謂二如來一爲中如來上。無レ有三如來爲二如來一、亦無下如來智能知二如來一者上。如來及如來智、無二二相一無二動相一不二作相一、不レ在レ方不レ離レ方、非二三世一非レ不二三世一非二二相一非レ不二二相一、非二垢相一非二淨相一。此觀二如來一甚爲二希有一。猶如二虛空一、無レ有二過失一、增二長正念一。見二佛相好一、如下照二水鏡一自見中其形上。初見二一佛一、次見二十方佛一。不下用二神通一往見上レ佛、唯住二此處一、見二諸佛一、聞二佛說法一、得二如實義一。爲二一切衆生一、見二如來一而不レ取二如來相一。化二一切衆生一、向二涅槃一而不レ取二涅槃相一。爲二一切衆生一、發二大莊嚴一而不レ見二莊嚴相一。無レ形無レ相無二見聞知一、佛不二證得一。是爲二希有一。何以故。佛卽法界。若以二法界一證二法界一、卽是諍論、無レ證無レ得。

觀二衆生相一、如二諸佛相一。衆生界量、如二諸佛界量一。諸佛界量不可思議、衆生界量亦不可思議。衆生界住、如二虛空住一。以二不住法一、以二無相法一、住二般若中一。不レ見二凡法一、云何捨。不レ見二聖法一、云何取。生死涅槃垢淨亦如レ是。不レ捨不レ取、但住二實際一。如レ此觀二衆生一、眞佛法界。

觀二貪欲瞋癡諸煩惱一、恒是寂滅行、是無動行。非二生死法一、非二涅槃法一。不レ捨二諸見一、不レ捨二無爲一、而修二佛道一。非レ修レ道非レ不レ修レ道。是名三正住二煩惱法界一也。觀二業重者一、無レ出二五逆一。五逆卽是菩提、菩提五逆無二二相一。無二覺者一無二知者一無二分別者一。逆罪相實相相、皆不レ可二思議一、不レ可レ壞、本無二本性一、一切業緣皆住二實際一、不レ來不レ去、非レ因非レ果、是爲レ觀二業卽是法界印一。法界印四魔所レ不レ能レ壞、魔不レ得レ便。何以故、魔卽法界印。法界印云何毀二法界印一。以二此意一歷二一切法一、亦應二可解一。上所レ說者、皆是經文也。


意の止観とは、端坐《たんざ》して正念《しょうねん》す。悪覚《あくかく》を蠲除《けんじょ》し、諸の乱想を捨て、思惟《しゆい》を雑《まじ》ゆることなく、相貌《そうみょう》を取らざれ。ただもっぱら縁を法界《ほっかい》に繫《か》け、念《ねん》を法界に一《ひとし》うす。縁を繫《か》けるはこれ止《し》、念を一《ひとし》うするはこれ観《かん》なり。一切の法みなこれ仏法なりと信ずれば、前なく後なく、また際畔《さいはん》なく、知者なく説者なし。もし知なく説なければ、すなわち有にあらず無にあらず、知者にあらず知者ならざるにあらず。この二辺を離れて無所住に住し、諸仏の住するがごとくに寂滅《じゃくめつ》の法界に安処《あんしょ》す。この深法《じんぽう》を聞いて驚怖を生ずることなかれ。この法界をまた菩提《ぼだい》と名づけ、また不可思議の境界と名づけ、また般若《はんにゃ》と名づけ、また不生不滅と名づく。かくのごとき等の一切法は、法界と二なく別なし。二なく別なしと聞いて、疑惑を生ずることなかれ。

よくかくのごとく観ずる者は、これ如来《にょらい》の十号を観ずるなり。如来を観ずるときは、如来を謂《い》って如来となさず。如来の如来となすことあることなく、また如来智のよく如来を知る者なし。如来および如来智は、二相なく動相なく作《さ》の相ならず、方《ほう》に在らず方を離れず、三世にあらず三世ならざるにあらず、二相にあらず二相ならざるにあらず、垢《く》相にあらず浄相にあらず。かくのごとく如来を観ずるは、はなはだ希《け》有《う》なりとなす。なお虚空のごとく、過失あることなく、正念《しょうねん》を増長《ぞうちょう》す。仏の相好《そうごう》を見ること、水鏡を照らしてみずからその形を見るがごとし。はじめに一仏を見、つぎに十方の仏を見る。神通《じんづう》を用いて往いて仏を見るに不《あら》ず、ただこの処に住して、諸仏を見、仏の説法を聞き、如実の義を得るなり。一切衆生のために如来を見てしかも如来の相を取らず。一切衆生を化して涅槃《ねはん》に向かわしめしかも涅槃の相を取らず。一切衆生のために大荘厳《しょうごん》を発してしかも荘厳の相を見ず。形《すがた》なく相なく見聞知《けんもんち》なく、仏も証得せず。これを希有となすなり。なにをもってのゆえに。仏はすなわち法界なればなり。もし法界をもって法界を証せば、すなわちこれ諍論《じょうろん》にして証なく得なし。

衆生の相を観ずるに諸仏の相のごとし。衆生界の量は諸仏界の量のごとし。諸仏界の量は不可思議なれば、衆生界の量もまた不可思議なり。衆生界の住は虚空の住のごとし。不住の法をもって、無相の法をもって、般若のなかに住す。凡法を見ず、いかんぞ捨てん。聖法を見ず、いかんぞ取らん。生死《しょうじ》、涅槃《ねはん》、垢《く》、浄《じょう》もまたかくのごとし。捨てず取らず、ただ実際《じっさい》に住す。かくのごとく衆生を観ずれば、真の仏法界なり。

貪欲瞋癡《とんによくしんち》の諸の煩悩を観ずるに、つねにこれ寂滅《じゃくめつ》の行、これ無動の行なり。生死の法にあらず涅槃の法にあらず。諸見《しょけん》を捨てず無為《むい》を捨てずして、しかも仏道を修す。道を修するにあらず道を修せざるにあらず。これをまさしく煩悩法界に住すと名づくるなり。業《ごう》の重き者を観ずるに、五逆を出《い》ずるものなし。五逆即ちこれ菩提にして、菩提と五逆と二相なし。覚者なく知者なく、分別する者なし。逆罪の相、実相の相、みな思議すべからず壊すべからず、本《もと》より本性《ほんしょう》なし、一切の業縁《ごうえん》はみな実際に住す、来たらず去らず、因にあらず果にあらず。これを業すなわちこれ法界の印（一即とあるが、大正大蔵経本のように「印」である方が意味が通ずるので、「印」に置きかえた）なりと観ずとなす。法界の印は四魔も壊することあたわざるところ、魔も便りを得ず。なにをもっての故に、魔は即ち法界の印なり。法界の印いかんぞ法界の印を毀《やぶ》らん。この意をもって一切の法に歷《ふ》ること、またまさに解すべし。上に説く所はみなこれ経文なり。

《**悪覚**》悪い思索。《**縁**》ここでは、心の向かう対象のこと。《**相貌**》すがた。《**十号**》仏の十の称号。具体的には、(1)如来、(2)応供、(3)正遍知、(4)明行足、(5)善逝、(6)世間解、(7)無上士、(8)調御丈夫、(9)天人師、(10)仏世尊。《**実際**》究極の根拠。真実そのもの。《**四魔**》人びとを悩ますものを四種に類別して示したもの、(1)煩悩魔（身心を悩ます貪りなどの煩悩）、(2)陰魔（種々の苦しみを生じさせる五蘊）、(3)死魔（死）、(4)他化自在天魔（欲界の最高の場所である第六天魔王）

端坐したときの心のもち方が問題にされる。悪い思いを除き、いろいろの乱れた想いを捨て、あれこれ念想してはならない。また心にいろいろのもののすがたを思い浮かべるようなことがあってはならない。ひたすら心をあらゆるものの根拠、平ったくいえば真実そのものに繫《か》け、心をそれと一つの状態にすることが、肝要なのである。心を対象に繋けることは止であり、念を法界にひとしくすることは観にほかならない。

以下、心を法界に繋けて、それをどのようなものとして得知してゆくのかという、いわゆる正念の中味が、のべられる。

われわれ衆生を包む現象世界の一切は仏の教えの外に立つものではない、言いかえればどのようなものも真実ならざるものはない、と信知したとしよう。そうすれば、これがさきであれがあととか、またどこがものの外がわで、一方どこがものとものとの境界であるのかとか、あるいは知るものもなければ、説くものもないとか、こうしたことを主張しえないということが、知られるはずである。だから、たとえば有とか無というような、いずれか一方に偏る極端から離れきって、いわばとどまるところなき所に身をおくことが、あらゆるものが滅した、真実の境地に身を安住させるすがたということ。こうした身の処し方、態度は諸仏の住するすがたと同じであり、従って極端、偏向を離れて、無所住に住しようと努める態度こそ、法界に心を繋け、正念せんとするもののとるべき具体的な態度というべきである。

このような深い意味を教える教法を聞いて、驚き怖れるようなことがあってはならない。一切の極端が滅せられる真実の境界は、菩提の名で呼ばれてもよい。また不可思議の境界といわれてもよいし、さらには般若とも、また不生不滅と名づけられてもよい。ともあれ、現象世界の諸事象のどれをとってみても、真実でないものはないのである。こうしたことを教えられても、決して疑ってはならない。

さてあらゆる極端が滅せられ、一切が平等である真実の境界を正しく観じとることのできるものは、如来の十号を観じとったものに等しい。如来を観じとるとは、具体的にいうと、一切が平等であり、その前ではどのような偏った見解も成り立つものではないということを得知することである。縷々説き示されているが、いわんとするポイントはこうしたことに尽きる。如来をみて、如来を得ることがない。しかもみる智恵自身も智恵として自らを主張しえない。一切が形もなければ、また相《すがた》もなく、そして見て、聞く知もなく、仏も証得されることがない。一切が無相、平等であると得知することが、仏を観ずる態度のあるべき形、ひいては坐中の正念の内容でなければならないというわけである。

衆生の相を観ずることも、坐中の正念の一つの態度である。その場合、それはいかに観じられるのが正しいとされるのか。衆生のすがたを観じて、諸仏のそれと同じであると観ずる態度が正しい観じ方とされるものである。ところでこれら両者はどうして同じとみられうるのであろうか。実はこれらはその根本にあって、すなわち理として同じものであるからにほかならない。衆生は捨てられるべき凡法でもなければ、一方、仏は取られるべき聖法でもなく、ともに一義的に規定されうるようなものではない。そうではなくして、一切のものは固定的、限定的なすがたをもつものではない、つまり無相なるものなのである。かくみることが衆生の相を正しくみることであり、そしてこうした見方が坐中の正念の一つの内容をなしている。

それから煩悩の観察も坐中の正念の態度の重要な姿勢の一つである。それではそれはいかにみられるべきか。この場合も、仏、衆生の相を観ずる場合となんら違いはない。煩悩をよくよく観察してみると、煩悩ももと本性のないものであることが知られる。たとえば五逆を取り出してみたとしよう。これは実は菩提にほかならず、両者は相互にあい入れないすがた、かたちをそなえもったものではないのである。煩悩をみても、とらわれるべき実体をもちあわすものでないことを得知することが、それの正しい見方であり、そしてまた、煩悩を一つのよりどころとしてそれのあるべきありようを究めようとすることが、坐中の正念の一つの基本的態度でもあるのである。

(二) 行のすすめ

勸修者、稱二實功德一、奬二於行者一。法界法是佛眞法、是菩薩印。聞二此法一不レ驚不レ畏、乃從二百千萬億佛所一、久植二德本一。譬如下長者失二摩尼珠一、後還得レ之、心甚歡喜上。四衆不レ聞二此法一、心則苦惱、若聞信解、歡喜亦然。當レ知、此人卽是見レ佛。已曾從二文殊一聞二是法一。身子曰、諦二了此義一、是名二菩薩摩訶薩一。彌勒云、是人近二佛座一、佛覺二此法一故。故文殊云、聞二此法一不レ驚、卽是見レ佛。佛言、卽住二不退地一、具二六波羅蜜一、具二一切佛法一矣。若人欲レ得二一切佛法相好威儀說法音聲十力無畏一者、當レ行二此一行三昧一。勤行不レ懈、則能得レ入。如下治二摩尼珠一、隨磨隨光、得中不可思議功德上。菩薩能知、速得二菩提一。比丘比丘尼聞不レ驚、卽隨レ佛出家、信士信女聞不レ驚、卽眞歸依。此之稱譽出二彼兩經一。云云。

勧修《かんしゅう》とは、実の功徳を称《かか》げて行者に奨《すす》むるなり。法界の法はこれ仏の真法、これ菩薩の印《いん》なり。この法を聞いて驚かず畏《おそ》れざれば、すなわち百千万億の仏の所にしたがって、久しく徳本を植ゆ。譬えば長者の摩尼珠《まにしゅ》を失ない、のちにかえってこれを得て心はなはだ歓喜するがごとし。四衆《ししゅう》はこの法を聞かざれば、心すなわち苦悩するも、もし聞きて信解《しんげ》すれば歓喜することまたしかり。まさに知るべし、この人はすなわちこれ仏を見るなり。すでにかつて文殊《もんじゅ》にしたがってこの法を聞けり。身子《しんし》いわく、「この義を諦了《たいりょう》す、これを菩薩摩訶薩《ぼさつまかさつ》と名づく」と。弥勒いわく、「この人は仏の座に近し、仏はこの法を覚れるが故に」と。故に文殊いわく、「この法を聞いて驚かざるはすなわちこれ仏を見たてまつるなり」と。仏のたまわく、「すなわち不退地に住し、六波《は》羅蜜《らみつ》を具し、一切の仏法を具す」と。もし人、一切の仏法、相好《そうごう》、威儀《いぎ》、説法《せっぽう》、音声《おんじょう》、十力《じゅうりき》、無畏《むい》を得んと欲せば、まさにこの一行三昧《いちぎょうざんまい》を行ずべし。勤行《ごんぎょう》して懈《おこた》らずんばすなわちよく入ることを得ん。摩尼珠を治するに、したがって磨けばしたがって光り、不可思議の功徳《くどく》を得るがごとし。菩薩のよく知れるは速やかに菩提を得。比丘、比丘尼、聞いて驚かざればすなわち仏にしたがって出家し、信士信女《しんにょ》、聞いて驚かざればすなわち真に帰依《きえ》す。この称誉はかの両経に出でたり。云云。

《摩尼珠》 摩尼は[S] maṇi の音写。珠玉の総称で宝の珠のこと。**《四衆》** 四種の仏教徒のこと、すなわち比丘、比丘尼、優婆塞、優婆夷。前二者は出家者であり、あとの二つは在俗の男女の仏教信者のこと。**《不退地》** 十住の位の第七、二乗に再び戻ることがない位という意味。**《六波羅蜜》** 大乗仏教において説かれた、菩薩が悟りを得るために修すべき六種の徳目。布施。これに三種ある。財施（財物を施すこと）、法施（真理を与えること）、無畏施（恐れを除き、安心を与えること）。(2)持戒。(3)忍辱（苦しみに耐え忍ぶこと）。(4)精進（真実の道をたゆまず実践すること）。(5)禅定（精神を統一し、心の安定を期すること）。(6)智恵（真実の智恵を得ること）。**《十力》** 仏にそなわった十種の智恵の力。(1)処非処智力（道理にかなっているかいなかを弁別する力）。(2)業異熟智力（原因とその結果の関係を正しく知る力）。(3)静慮解脱等持等至智力（四禅・八解脱などの禅定を知る力）。(4)根上下智力（衆生の機根の違いを知る力）。(5)種種勝解智力（衆生の願いを知る力）。(6)種種界智力（衆生や諸法の本性を知る力）。(7)遍趣行智力（衆生が種々の境界に趣くことを知る力）。⑻宿住随念智力（自他の過去世のことを思い起こす知力）。⑼死生智力（衆生の死と生まれる所を知る力）。⑽漏尽智力（煩悩を断じた悟りの境地と、そこへと到達するための手段を正しく知る力）。《無為》真実そのもの。

第二項　常行三昧

ここでは、常坐三昧の功徳の多きことがのべられ、そしてこの行を懈ることなく修して悟りの完成に努めるべきことが、説かれる。この段の主題はこのことに尽きる。

㈠　方法

二常行三昧者、先方法、次勸修。方法者身開遮、口說默、意止觀。

此法出二般舟三昧經一。翻爲二佛立一。佛立三義、一佛威力、二三昧力、三行者本功德力。能於二定中一見下十方現在佛在二其前一立上、如二明眼人淸夜觀レ星、見二十方佛一、亦如レ是多、故名二佛立三昧一。十住毘婆沙偈云、是三昧住處少中多差別。如レ是種種相亦應二須論議一。住處者、或於二初禪二三四中間一、發二是勢力一、能生二三昧一。故名二住處一。初禪少二禪中三四多。或少時住名レ少、或見二世界一少、或見レ佛少、故名レ少。中多亦如レ是。

二に、常行三昧《じょうぎょうざんまい》とは、さきに方法、つぎに勧修なり。方法とは身の開遮、口の説黙、意の止観なり。

この法は般舟三昧経《はんじゅざんまいきょう》に出ず。翻《ほん》じて仏立《ぶつりゅう》となす。仏立に三義あり、一には仏の威力《いりき》、二には三昧の力、三には行者の本功徳力《ほんくどくりき》なり。よく定《じょう》中において十方現在の仏その前に在《いま》して立ちたもうを見たてまつること、明眼《みょうげん》の人の清夜《しょうや》に星を観るがごとく、十方の仏を見たてまつることもまたかくのごとく多し、故に仏立三昧と名づく。十住毘婆沙《じゅうじゅうびばしゃ》の偈にいわく、「この三昧《さんまい》の住処に少、中、多の差別あり」と。かくのごとき種種の相もまたまさにすべからく論議すべし。住処とは、あるいは初禅、二、三、四の中間《ちゅうげん》においてこの勢力《せいりき》を発し、よく三昧を生ず。故に住処と名づく。初禅は少、二禅は中、三、四は多なり。あるいは少時に住するを少と名づけ、あるいは世界を見ること少、あるいは仏を見ること少なり、故に少と名づく、中、多もまたかくのごとし。

《四禅》 欲界の迷いが克服されて生まれる色界の四つの段階的境地。精神統一の四つの段階。

常行三昧の法は『般舟三昧経』に説かれている。関連の説明がみえている箇所を示せば、同巻上（大正蔵一三・九〇四中）の部分の一連の説明が参照されたとみられる。この三昧の法は訳して「仏立三昧」の名で呼ばれる。仏立ということには三義が含まれている。一つには仏の威力、二つには三昧の力、三つには行ずるものの功徳の力、以上である。こうした力がそなわっているから、この三昧を行ずるものは、十方世界に現在する仏が眼前に立たれるのをみることができる。その見方は、ちょうどよい眼をもった人が澄みきった夜空に星をみるように、きわめてはっきりとみるというものであり、従ってこの三昧は仏立三昧と呼ばれるのである。

ところで仏立三昧が成立するにあたっては、いわば方法的なよりどころとでもいうべき実践的態度がその前提にある。それはなにか。その態度とは仏を念ずるという姿勢である。念仏を通じて仏立三昧が確立するのである。もう少し立ち入っていえば、念仏を実践することによって初・二・三・四禅がそれぞれ確立してくる。そしてこれらの禅定が仏立三昧の形成を助け、そこに仏のすがたがはっきりとみてとられる三昧の境地が確立することになるのである。

1　身の処し方

身開二常行一。行二此法一時、避二惡知識及癡人親屬鄕里一、常獨處止、不レ得下希二望他人一有上レ所二求索一。常乞食不レ受二別請一。嚴二飾道場一、備二諸供具香餚甘果一、盥二沐其身一、左右出入改二換衣服一。唯專行旋、九十日爲二一期一。須下明師善二內外律一能開中除妨障上。於下所レ聞二三昧一處上、如レ視二世尊一、不レ嫌、不レ恚、不レ見二短長一。當下割二肌肉一供中養師上。況復餘耶。承二事師一如三僕奉二大家一。若於レ師生レ惡、求二是三昧一、終難レ得。須三外護如二母養一レ子、須三同行如二共涉一レ險。須下要期誓願、使二我筋骨枯朽一、學二是三昧一不レ得、終不中休息上。起二大信一、無二能壞者一、起二大精進一、無二能及者一、所入智無二能逮者一。常與二善師一從レ事、終二竟三月一、不レ得下念二世間想欲一如中彈指頃上。三月終竟、不レ得三臥出如二彈指頃一。終二竟三月一、行不レ得二休息一。除二坐食左右一。爲レ人說レ經、不レ得レ希二望衣食一。婆沙偈云、親二近善知識一、精進無二懈怠一、智慧甚堅牢、信力無二妄動一。

身に常行を開す。この法を行ずるときは、悪知識および癡人《ちにん》、親属、郷里を避け、つねにひとり処止《しょし》して、他人に希望《けもう》して求索《ぐしゃく》するところあることを得ざれ。つねに乞食《こつじき》して別請《べっしょう》を受けざれ。道場を厳飾《ごんじき》して諸の供具《くぐ》、香餚《こうこう》、甘果《かんか》を備え、その身を盥沐《かんもく》し、左右《さう》の出入には衣服《えふく》を改換《かいかん》せよ。ただもっぱら行旋《ぎょうせん》し、九十日を一期《いちご》となす。明師《みょうし》の内外《ないげ》の律に善くしてよく妨障《ぼうしょう》を開除するを須《もち》う。三昧《さんまい》を聞くところの処において世尊を視たてまつるがごとくし、嫌わず恚《いか》らず、短長を見ざれ。まさに肌肉《きにく》をも割いて師に供養すべし。いわんやまた余をや。師に承事《しょうじ》すること僕《ぼく》の大家《たいけ》に奉ずるがごとくせよ。もし師において悪《にく》しみを生ぜば、この三昧を求むるも終《つい》に得ること難からん。外護《げご》の母が子を養うがごとくなるを須《もち》い、同行の共に険《けん》を渉《わた》るがごとくなるを須う。すべからく要期《ようご》誓願し、わが筋骨を枯朽《こく》せしむとも、この三昧を学んで得ざれば、ついに休息《くそく》せざるべし。大信を起こさば、よく壊する者なく、大精進《しょうじん》を起こさば、よく及ぶ者なく、所入の智もよく逮《およ》ぶ者なし。つねに善き師とともに事に従い、三月を終竟《おわ》るまで、世間の想欲を念ずること弾指《たんじ》の頃のごとくなることをも得ざれ。三月終竟《おわ》るまで、臥出すること弾指の頃のごとくなることをも得ざれ。三月を終竟るまで、行、休息することをも得ざれ。坐食左右《ざじきさう》を除く。人のために経を説くも、衣食《えじき》を希望することを得ざれ。婆沙《はしゃ》の偈《げ》にいわく、「善知識に親近《しんごん》し、精進して懈怠《けだい》なく、智恵はなはだ堅牢《けんろう》にして、信力《しんりき》みだりに動ずることなかれ」と。

《香餚》香りのよいそなえもの。**《盥沐》**きよめること。**《行旋》**めぐり回ること。**《要期誓願》**ちかい、ねがうこと。**《弾指頃》**指ではじくほどの短い時間。**《左右》**道場の出入り。左より出て、右より入る。

常行三昧の修し方を身体の面から縷々説き示すのがここでの主題である。

この行法を修するにあたっては、悪徳の智者や愚かな人間から遠ざかり、親属や郷里から離れて、つねに一人で暮すことが大切である。そして他人にいろいろのお願いをするようなことがあってはならない。食事は乞食だけに頼り、そのほかのどのような助けも求めてはならない。こうした生活態度を堅持した上で、道場を飾り、いろいろの供え物などを用意する。身体は洗い清めて清潔に保ち、道場の出入りの際には、かならず衣服を着がえる。こうした条件を満たした上で、本尊のまわりをひたすらめぐり歩く。なお九十日を一区切りの期間とし、その間、行道につとめるというわけである。

常行三昧を修する際、師について教えを乞うことが大切であるが、その際には、師にたいする絶対憑依の態度が不可欠である。そして一方、自らも堅固な心をもってこの三昧をやり遂げんとする姿勢を堅持し続けるべきである。この段の後半には、つよい意志力をもって、ひるまず挫けず、常行三昧を行じ通すべきことが、表現を変えて縷々のべられている。

2 口業の活用

口説默者、九十日身常行無休息、九十日口常唱阿彌陀佛名無休息、九十日心常念阿彌陀佛無休息。或唱念倶運、或先念後唱、或先唱後念、唱念相繼無休息時。若唱彌陀、卽是唱十方佛功德等。但專以彌陀爲法門主。擧要言之、歩歩聲聲念念唯在阿彌陀佛。

口の説默とは、九十日、身、常に行《あゆ》んで休息することなく、九十日、口に常に阿弥陀仏《あみだぶつ》の名を唱《とな》えて休息することなく、九十日、心に常に阿弥陀仏を念じて休息することなかれ。あるいは唱念ともに運び、あるいは先に念じ後に唱え、あるいは先に唱え後に念じ、唱念あい継いで休息するときなかれ。もし弥陀を唱うるは即ちこれ十方の仏を唱うると功徳等し。ただもっぱら弥陀をもって法門の主となす。要をあげてこれをいわば、歩歩、声声、念念、ただ阿弥陀仏にあるのみ。

常行三昧を修する際に口業をどのようにからめるのかという問題が取り上げられる。身体の面でいえば、さきにのべたように、九十日間、常に歩き続けて休むことがないというのが、この行の基本である。常行三昧は、これに加えて、九十日間、口に常に阿弥陀仏のみ名を唱えて休息しないようにする行でもある。いわゆる口業も活用されねばならないのである。しかもさらに、九十日間、心に常に阿弥陀仏を念じて休息するようなことがあってはならない。阿弥陀仏のみ名を唱えつつ、その相を念じてもよいし、またさきにその相を念じ、それからみ名を唱えるという形をとってもよいし、あるいはさきにそのみ名を唱え、しかるのち相を念ずることにしてもよい。ともあれ唱えること、念ずること、この両者を継続して休息しないということが大切である。阿弥陀仏のみ名を唱えることと十方の仏のみ名を唱えることとは、得る功徳は同じである。ただ阿弥陀仏は法門の中心に据えられべき仏である。基本は、歩くときも、み名を唱えるときも、また念ずるときも、阿弥陀仏にあるのである。

3　心のかまえ

意論二止観一者、念下西方阿彌陀佛、去レ此十萬億佛刹、在二寶地寶池寶樹寶堂衆菩薩中央一坐説上經。三月常念レ佛。云何念。念二三十二相一。從二足下千輻輪相一、一一逆縁、念二諸相乃至無見頂一、亦應下從二頂相一順縁乃至中千輻輪上。令三我亦逮二是相一。又念、我當二從レ心得レ佛、從レ身得レ佛。佛不二用レ心得一、不二用レ身得一。不三用レ心得二佛色一、不三用レ色得二佛心一。何以故。心者佛無レ心、色者佛無レ色、故不下用二色心一得中三菩提上。佛色已盡乃至識已盡。佛所二説盡一者、癡人不レ知、智者曉了。不下用二身口得佛、不用智慧得佛。何以故、智慧索不可得、自索我了不可得、亦無所見。一切法本無所有、壞本絶本。其一。

如夢見七寶親屬歡喜、覺已追念不知在何處、如是念佛。又如舍衞有女、名須門、聞之心喜、夜夢從事、覺已念之、彼不來我不往、而樂事宛然。當如是念佛。如人行大澤飢渴、夢得美食、覺已腹空、自念一切所有法皆如夢。當如是念佛。數數念莫得休息。用此念當生阿彌陀佛國。是名如相念。如人以寶倚瑠璃上影現其中、亦如比丘觀骨骨起種種光。此無持來者、亦無有是骨。是意作耳。如鏡中像不外來不中生、以鏡淨故、自見其形。行人色清淨、所有者清淨。欲見佛即見佛。見即問、問即報、聞經大歡喜。其二。

自念。佛從何所來、我亦無所至。我所念即見、心作佛、心自見心、見佛心。是佛心是我心見佛。心不自知心、心不自見心。心有想爲癡、心無想是泥洹。是法無可示者、皆念所爲。設有念亦了無所有空耳。其三。

偈云、心者不知心、有心不見心。心起想即癡、無想即泥洹。諸佛從心得解脱。心者無垢名清淨。五道鮮潔不受色、有解此者成大道。是名佛印。無所貪、無所著、無所求、無所想、所有盡、所欲盡。無所從生、無所可滅、無所壞敗。道要道本。是印二乘不能壞、何況魔邪。云云。婆沙明、新發意菩薩、先念佛色相相體相業相果相用、得下勢力、次念佛四十不共法、心得中勢力、次念實相佛、得上勢力、而不著色法二身。偈云、不貪著色身、法身亦不著、善知一切法永寂如虚空。

意に止観を論ぜば、西方《さいほう》の阿弥陀仏《あみだぶつ》はここを去ること十万億の仏刹《ぶっせつ》にして、宝地《ほうち》、宝池、宝樹、宝堂、衆の菩薩の中央に在《いま》して、坐して経を説きたもうを念ず。三月つねに仏を念ず。いかんが念ずるや。三十二相を念ずるなり。足下《そくげ》の千輻輪《せんぷくりん》の相より一一に逆に縁じて諸相、乃至、無見頂《むけんちょう》を念じ、またまさに頂相より順に縁じて、すなわち千輻輪にいたるべし。われをしてまたこの相に逮《およ》ばしめたまえと。また念ず、われまさに心にしたがって仏を得、身にしたがって仏を得べきや。仏は心を用いて得ず、身をもちいて得ず。心をもちうれば仏の色《しき》を得ず、色をもちうれば仏の心を得ず。なにをもっての故に。心ならば仏に心なし、色ならば仏に色なし、故に色心を用いて三菩提《さんぼだい》を得ず。仏は色すでに尽き、乃至、識すでに尽く。仏の説き尽くしたもうところは、癡《ち》人《にん》知らず、智者のみ暁了《ぎょうりょう》す。身口《しんく》を用いて仏を得ず、智恵を用いて仏を得ず。なにをもっての故に。智恵は索《もと》むるに不可得なり。自ら我を索《もと》むるも了《つい》に不可得にして、また所見なし。一切の法は、もと所有なく、本を壊し本を絶す。その一。

夢に七宝、親属を見て歓喜するも、覚めおわって追念するに、いずれの処に在るを知らざるがごとく、かくのごとく仏を念ぜよ。また舎衛《しゃえい》に女あり、須門《しゅもん》と名づく、これを聞いて心喜び、夜に事に従うことを夢みるも、覚めおわってこれを念ずるに、かれ来たらずわれ往かず、しかも楽事宛然《らくじえんねん》たりしがごとし。まさにかくのごとく仏を念ずべし。人、大沢を行きて飢渇《きかつ》し、夢に美食《みじき》を得るも、覚めおわって腹空《はらくう》なりしがごとし、自ら一切の所有の法みな夢のごとしと念ず。まさにかくのごとく仏を念ずべし。数数《さくさく》念じて休息《くそく》することを得ることなかれ。この念を用いてまさに阿弥陀仏の国に生ずべしと。これを如相念《にょそうねん》と名づく。人、宝をもって瑠璃《るり》の上に倚《よ》るに影そのなかに現わるるがごとく、また比丘が骨を観ずるに骨が種種の光を起こすがごとし。これ持ち来る者なく、またこの骨あることなし。これ意の作なるのみ。鏡中の像は外より来たらず中より生ぜず、鏡浄きをもっての故にみずからその形を見るがごとし。行人の色清浄《しきしょうじょう》なれば、有する所の者清浄なり。仏を見んと欲すればすなわち仏を見る。見ればすなわち問い、問えばすなわち報《こた》う。経を聞きて大いに歓喜す。その二。

みずから念ず。仏はいずれのところより来たる、われもまた至るところなしと。わが念ずるところすなわち見、心が仏となり、心みずから心を見、仏の心を見る。この仏の心はこれわが心が仏を見るなり。心はみずから心を知らず、心はみずから心を見ず。心に想あるを癡《ち》となし、心に想なきはこれ泥洹《ないおん》なり。この法、示すべきものなし、みな念のなすところなり。たとい念あるもまた無所有にして空なりと了するのみ。その三。偈《げ》にいわく、「心は心を知らず、心ありて心を見ず。心に想を起こすはすなわち癡《ち》、想なきはすなわち泥洹なり。諸仏は心に従って解脱《げだつ》を得。心、無垢なれば清浄と名づく。五道は鮮潔にして色《しき》を受けず、これを解《げ》することある者は大道を成ず」と。これを仏印と名づく。貪るところなく、著するところなく、求むるところなく、想うところなく、有するところ尽き、欲するところ尽く。従って生ずるところなく、滅すべきところなく、壊《え》敗《はい》するところなし。道の要、道の本なり。この印《いん》は二乗も壊《え》することを能わず、いかにいわんや魔をや。云云。婆沙《はしゃ》に明かす。新発意《しんぼっち》の菩薩は、まず仏の色相《しきそう》・相体《そうたい》・相業《そうごう》・相果《そうか》・相用《そうゆう》を念じて、下《げ》の勢力《せいりき》を得、つぎに仏の四十不共法《ふぐうほう》を念じて、心に中の勢力を得、つぎに実相の仏を念じて、上《じょう》の勢力を得て、しかも色・法の二身に著せずと。偈にいわく、「色身《しきしん》に貪著《とんじゃく》せず、法身にもまた著せず、よく一切の法の永く寂なること虚空のごとしと知る」と。

《**仏刹**》仏国土。浄土。《**三十二相**》仏が身体に具える三十二のよきすがた。《**千輻輪相**》仏の三十二相の一つで、足の裏にある紋をいう。千の車輻をもつ車輪のような模様とされる、輻とは車の輪のなかにある矢のような支えのこと。《**無見頂**》仏の三十二相の一つで、頂成肉髻相ともいう。頭部の頂上の肉が髻《もとどり》の形に隆起していること。《**三菩提**》阿耨多羅三藐三菩提の略。正しいさとり。《**如相念**》一切が夢のようなものであると念想すること。《**泥洹**》Ⓢ nirvāna の俗語形 nibbāna に由来する音写語。涅槃のこと、つまりさとりの境地。《五道》五趣ともいう。地獄・餓鬼・畜生・人・天の五道のこと。《新発意菩薩》新たに発心した菩薩。《不共法》仏だけがもちあわすすぐれた特質。

常行三昧を修するにあたっての心にかかわる領域の問題が取り上げられる。行中において心をいかに働かすのかという観点から常行三昧の特徴を取り出してみると、まず基本は西方浄土におわします阿弥陀仏を念ずることとして整理されうる。もう少し立ち入っていうと、娑婆世界から去ること十万億の仏国土の向うにある極楽世界には、宝の大地、宝の池、宝の樹、宝の堂があって、そこで阿弥陀仏が菩薩たちに囲まれて経を説きつつあるといわれる。そこにおわします阿弥陀仏を念ずることが、常行三昧における心的態度の基本というわけである。

ところで阿弥陀仏を念ずるといっても、念じ方が問題である。この問題が、意に止観を論ずる項、すなわち常行三昧を修する心がまえの問題の中心の問題にほかならない。いかに念じてゆくのか。まず仏だけにそなわる三十二のすぐれた特相を念じてゆく。足の裏に認められるという千輻輪の相にはじまって、順次身体の上の部分へとたどりながら三十二相を念想し、最後、無見頂を念ずる。つぎには、この逆の方向をたどって三十二相を念想する。ところで仏を念ずる態度は、さらにいっそう内面的に深められ、仏そのもののあり方を念ずるという方向へと展開されねばならない。これからが常行三昧の内面の部分として看過されてはならないところである。

仏を念じて明らかになるそのあり方は、仏として得知されうる存在はない、ということである。心の面から、また身体の面から、それぞれ仏を捉えようと試みてみても、仏はそれらをともに滅し尽くした存在であるから、得られるものではない、というのである。

しかも念想はさらに新たな局面へと踏み込み、仏を念ずる主体自身の内面へと向けられねばならない。そしてここで、仏を念ずる実践主体の智恵も、また主体者自身も、不可得なるものであることが、確認されねばならない、といわれる。かくて一切が所有なし、すなわち不可得なるものであることが、明らかになる。

常行三昧を修するにあたっては、以上みてきたように、仏の相好からはじまって、その内面へと心を向け、念想を深めてゆかねばならないのである。仏を念ずる態度の基本はこれまでの陳述の部分にすべて言い尽くされているといってよいのであるが、その一、その二としてさらに陳述が続いているので、そこにのべられている説明もみておこう。ただし上に指摘の態度と内容的に同質のものであるだけに、大綱を紹介すればよいであろう。

たとえば、夢のなかで七宝を得たと大喜びをしたとする。しかし夢のなかで得たにすぎないものであるから、覚めてしまえば、七宝などどこにもないことに気づかされる。このこととちょうど同じように、仏も夢のなかの存在のようなもので、あると思わせるものがあらしめるにすぎず、実は有なるものではないのである。心をこのような方向に沿って働かせつつ、行道に励むのが常行三昧というわけである。仏を見る目と見られる仏との関係を見究めつつ、仏の、さらには一切法の実有ならざるあり方を正しく捉えるよう努めるところに、常行三昧の基本の姿勢があることが、はっきりとのべられている。この姿勢はさきに確認した姿勢とまったく同じである。

このあと続いて、その三として同趣意の主張がみえている。仏という観念はどのようにして形づくられてくるのか。それは仏を念ずる心の所為であり、念想の結果にほかならない。ところで心の構造をたずねてみるとき、心が想をもつということ、つまり心がなんらかの対象を想い描き上げるということはまさに無知そのものといってよい。そうしたことは諸法の真実相を知らないがために陥った大いなる誤認である。いかなるものについてもどのような想念をももちえないというのが、諸法の真実のすがたにほかならない。そうであれば、仏を念じて仏のすがたを見ることがあってはならない。仏を念じつつも、一切は無所有にして空であると了知すべく常行三昧を修するのが、それのあるべき修し方であり、そのように修そうと心がける態度が、その修し方の内なる態度なのである。

ともあれいろいろにのべられているが、常行三昧を修するにあたって保持すべき内なる実践的態度は、まとめていうと、仏を念ずることにはじまって、やがてその相を求め念想する主体者自身のあり方の推究へと移り、そして一法として得られるものがない一切法のあり方を得知しようと努める態度ということができる。

(二) 行のすすめ

勸修者、若人欲ㇾ得下智慧如二大海一、令ㇾ無二能爲ㇾ我作ㇾ師者一、於ㇾ此坐不ㇾ運二神通一、悉見二諸佛一、悉聞二所說一、悉能受持上者、常行二三昧一。於二諸功德一、最爲二第一一。此三昧是諸佛母、佛眼佛父、無生大悲母。一切諸如來、從二是二法一生。碎二大千地及草木一爲ㇾ塵、一塵爲二一佛刹一、滿二爾世界中一寶用布施、其福甚多、不ㇾ如下聞二此三昧一不ㇾ驚不ㇾ畏。況信受持讀誦、爲ㇾ人說。況定心修習、如下構二牛乳一頃上。況能成二是三昧一。故無量無邊。婆沙云、劫火官賊怨毒龍獸衆病、侵二是人一者、無レ有二是處一。此人常爲二天龍八部諸佛一、皆共護念稱讃。皆共欲レ見、共來二其所一。若聞二此三昧如レ上四番功德一、皆隨喜、三世諸佛菩薩皆隨喜、復勝二上四番功德一。若不レ修二如レ是法一、失二無量重寶一、人天爲レ之憂悲。如下鱺人把二栴檀一而不上レ鱺如下田家子以二摩尼珠一博中一頭牛上。云云。

勧修とは、もし人、智恵は大海のごとくにして、よくわがために師となるものなからしめ、ここにおいて坐して、神通《じんづう》を運ばずして、ことごとく諸仏を見、ことごとく所説を聞き、ことごとくよく受持することを得んと欲せば、つねに三昧《さんまい》を行ずべし。もろもろの功徳において最も第一となす。この三昧はこれ諸仏の母なり、仏《ぶつ》眼《げん》は仏の父なり、無生《むしょう》大悲は母なり。一切のもろもろの如来はこの二法より生ず。大千の地および草木《そうもく》を砕いて塵となし、一塵《じん》を一仏刹《ぶっせつ》となして、この世界のなかに満てる宝、用《もっ》て布施《ふせ》するに、その福ははなはだ多からんも、この三昧を聞きて驚かず畏れざらんに如《し》かじ。いわんや信じて受持し読誦し、人のために説かんや。いわんや定心《じょうしん》に修習すること、牛の乳を構《つく》る頃《あいだ》のごときをや。いわんやよくこの三昧を成ぜんをや。故に無量無辺なり。婆沙《ばしゃ》にいわく、「劫火《ごうか》・官賊・怨毒《おんどく》・龍獣・衆病、この人を侵さば、この処あることなし。この人はつねに天龍八部・諸仏のためにみなともに護念称讃せらる。みなともに見んと欲してともにその所に来たる」と。もしこの三昧の上のごとき四番の功徳を聞きてみな随喜し、三世の諸仏菩薩もみな随喜せんに、また上の四番の功徳に勝《まさ》る。もしかくのごときの法を修せずんば、無量の重宝を失ない、人天はこれがために憂悲《うひ》す。鱺《おう》人の栴檀《せんだん》を把《と》りてしかも鱺《か》がざるがごとく、田家《でんけ》の子の摩尼珠《まにしゅ》をもって一頭の牛に博《か》うるがごとし。云云。

《大千》 三千大千世界の略。全宇宙のこと。**《牛の乳を構る》**「構」は「擊」のこと。牛の乳をとるの意。

《劫火》世界の終末の時の大火。《天龍八部》神々をはじめとするいわば神話的な八種の存在。(1)天 Ⓢ Derva)、超人的な鬼神。(2)龍神 (Ⓢ Nāga)、龍のこと。(3)夜叉 (Ⓢ Yakṣa)、勇健暴悪な鬼神で、空中を飛行できる。(4)乾闥婆 (Ⓢ Gandharva)、天上の楽師、半神。(5)阿修羅 (Ⓢ Asura)、闘争してやまぬ者。(6)迦楼羅 (Ⓢ Garuda)、金翅鳥のこと。(7)緊那羅 (Ⓢ Kiṃnara)、半人半獣。(8)摩睺羅迦 (Ⓢ Mahoraga)、蛇神。

常行三昧を修することによって得られる功徳の大きさを説き示すことによって、この行の修習をひろく勧めるのが、この項の狙いである。

この三昧は諸仏の母である。仏眼すなわち大いなる智恵は仏の父のようなものであり、深い慈悲は仏の母のようなものである。常行三昧は智恵と慈悲とを統一、総合した三昧にほかならず、すべての仏はこの三昧によって生まれる。常行三昧の功徳の大きいことについていえば、たとえば全宇宙の大地およびそこに生えている草木を塵のようにこなごなにして、そしてその塵の一つ一つを仏国土に仕立て上げたとしよう。しかもそして、その仏国土にあふれるような宝を布施の品として差し出したと考えよう。そうすれば得る功徳ははかり知れないものがあるといってよいが、しかしそうすることによって得られる功徳も、常行三昧を畏敬し、信受し、行じ、完成することによって得られる功徳に比べれば、比較にならない。

ともあれ無量の重宝を失わないように、また人々や神々を悲しませないように、常行三昧を修するのがよい。

第三項　半行半坐三昧――方等三昧・法華三昧

はじめに

三明二半行半坐一。亦先方法、次勸修。方法者、身開遮、口說默、意止觀。此出二二經一。方等云、旋百二十匝、却坐思惟。法華云、其人若行若立讀二誦是經一、若坐思二惟是經一、我乘二六牙白象一現二其人前一。故知、倶用二半行半坐一爲二方法一也。

三に半行半坐を明かす。またさきに方法、つぎに勧修なり。方法とは身の開遮、口の説黙、意の止観なり。これは二経に出ず。方等にいわく、「旋《めぐ》ること百二十匝《そう》にして、却いて坐して思惟《しゆい》す」と。法華にいわく、「その人、もしは行《あゆ》みもしは立ちてこの経を読誦し、もしは坐してこの経を思惟せば、われ六牙《げ》の白象《びゃくぞう》に乗りてその人の前に現ぜん」と。故に知んぬ、ともに半行半坐を用いて方法となすなり。

《六牙白象》『法華経』普賢勧発品からの引用。魔や羅刹が『法華経』の行者を悩ますことがあると、普賢菩薩は六本の牙のある白象に乗ってその前に現われ、その行者をまもるといわれている。

ここでは半行半坐三昧を取り上げる。これまでのように、まず修習の方法を示し、つぎに勧修の項を予定する。方法については、身・口・意の三面から説き示し、その全体像を示すことにする。

この三昧は、『大方等陀羅尼経』と『法華経』に説かれているところを背後にもって考えられたものである。それらの経典には、行道と坐禅を組み合わせた行法が説かれている。その点にならい、半ば行道、半ば坐禅思惟という形式をその方法の基本とする。なお、あらかじめ指摘しておけば、半行半坐の方法といわれていても、これはこれまでの常坐三昧と常行三昧とを半々に行うという形式のものではない。行道と坐禅との独自の組み合わせの上に成り立つ行法であることが、看過されてはならない。

〔方等三昧〕

(一) 方法

1 身の処し方

方等至尊、不レ可二聊爾一。若欲二修習一、神明爲レ證。先求二夢王一。若得レ見レ一、是許二懺悔一。於二閑靜處一、莊二嚴道場一、香泥塗二地及室内外一、作二圓壇一彩畫、懸二五色旛一、燒二海岸香一、然レ燈敷二高座一、請二二十四尊像一。多亦無レ妨。設二餚饌一、盡二心力一、須二新淨衣鞋屩一、無レ新浣レ故。出入著脫、無レ令二參雜一。七日長齋、日三時洗浴。初日供二養僧一。隨二意多少一。別請下一明二了内外律一者上爲レ師、受二二十四戒及陀羅尼呪一、對レ師說レ罪。要用二月八日十五日一、當下以二七日一爲中一期上、決不レ可レ減。若能更進、隨二意堪任一。十人已還不レ得レ出レ此。俗人亦許。須下辨二單縫三衣一備中佛法式上也。

方等は至尊なり、聊爾《ゆるがせ》にすべからず。もし修習せんと欲すれば、神明《じんみょう》を証となす。先に夢王を求めよ。もし一を見ることを得れば、これ懺悔《さんげ》を許す。閑静《げんじょう》の処において道場を荘厳《しょうごん》し、香泥を地および室の内外に塗り、円壇を作って彩画し、五色の旛《ばん》を懸け、海岸香《かいがんこう》を焼き、燈を燃やし、高座を敷き、二十四尊像を請《しょう》ずべし。多きもまた妨げなし。餚饌《きょうせん》を設け、心力《しんりき》を尽くす。新浄の衣《え》と鞋屩《あいきゃく》を須《もち》いよ、新しきものなくんば故《ふる》きを浣《あら》え。出入に著脱して参雑《さんぞう》せしむることなかれ。七日長斎《じょうさい》し、日に三時洗浴す。初日に僧を供養す。意の多少にしたがえ。別に一《ひとり》の内外の律に明了《みょうりょう》なる者を請じて師となし、二十四戒および陀羅尼《だらに》呪《じゅ》を受け、師に対して罪《ざい》を説く。要《かなら》ず月の八日と十五日を用いよ、まさに七日をもって一期となすべし、決して減ずべからず。もしよくさらに進むは、意の堪任《かんにん》するに随え。十人よりこのかたはこれを出《い》ずることを得ず。俗人もまた許す。すべからく単縫《たんほう》の三衣《さんえ》を弁じ、仏法の式を備うべし。

《神明》天神などの天地の神のこと、ここでは十二夢王のこと。『摩訶止観』のこの箇所の表現は『大方等陀羅尼経』巻第一（大正蔵二一・六四二上以下）の陳述に従って説かれたものであるが、経の当該箇所の説明からこうしたことが知られる。《餚饌》そなえもの。《長斎》長い期間、斎食《さいじき》すること。斎食とは正午を過ぎて食事をとらぬきまりのこと。《単縫》衣服の一重のことか?。《三衣》具体的にどのような衣服のことかわからない。註釈書を読んでみると、インドの僧団で用いられた三衣（衣服）とも異なるようである。「単縫」ということについてもはっきりしない。したがって本文のなかでは、「一重の法衣」という表現で示しておいた。

方等三昧は、滅罪の行として、これ以上ないすぐれた行法であるから、いい加減な気持で行ずるようなことがあってはならない。そこでこの行法を行じようと思えば、行を正しいものにすべくよりどころとして心に十二夢王を念じなければならない。十二夢王のうち一王でも念ずることができれば懺悔してよい。静かな場所に道場を設け、香を地面および室の内外に塗る。室の中央に円壇を作って画を描く。彩色を施す。まわりに五色の旛をかかげ、海岸香を燃し燈火をつける。高座をつくり、そこに二十四の尊像を奉安する。数はそれより多くてもよい。心をこめてお供物を飾る。新しい衣服、履物を用意する。ただし新しいものがなければ、きれいに洗った古いものを用いてもよい。道場に入るとき、そこから出るときには衣服を着がえねばならない。そのときに乱れがあってはならない。食事については、七日間は正午を過ぎて食事をとってはならない。日に三回洗浴する。行に入る初日には僧を供養しなければならない。その人数は自分の判断で決めればよい。なお、別に内外の律に精しい僧を師として一人招請し、二十四戒と陀羅尼呪を受け、そしてこの師に対して自らの罪を告白する。三昧に入るにあたっては、月の八日と十五日を開始期日としなければならない。そして七日間を一区切りの期間とする。この日数は減らしてはいけない。ただしこれ以上に三昧を深めたいと思うならば、自分の意志に従ってのばしてもよい。同行のものは十人を超えてはならない。俗人でもこの行を修してよい。当然のこととして一重の法衣を調え、仏法の定める方式にならうよう心がけねばならない。

以上が方等三昧を修するに際して整えねばならない道場なり身体上の諸条件なのである。

2　口業の活用

口説默者、預誦二陀羅尼呪一篇一使レ利。於二初日分一異口同音三遍召二請三寶十佛方等父母十法王子一。召請法在二國清百錄中一。請竟燒レ香運レ念、三業供養。供養訖禮二前所レ請三寶一、禮竟以二志誠心一、悲泣雨レ涙、陳二悔罪咎一竟、起旋百二十匝。一旋一呪、不レ遅不レ疾、不レ高不レ下。旋呪竟禮二十佛方等十法王子一。如レ是作已却坐思惟。思惟訖更起旋呪、旋呪竟更却坐思惟。周而復始、終二竟七日一。其法如レ是。從二第二時一略二召請一。餘悉如レ常。

口の説黙とは、あらかじめ陀羅尼呪《だらにじゅ》一篇を誦して利ならしむ。初日の分において、異口同音に三遍、三宝・十仏・方等父母・十法王子を召請《しょうしょう》すべし。召請の法は国清百録《こくせいひゃくろく》のなかにあり。請じおわって香を焼き念を運んで三業《さんごう》供養せよ。供養しおわってまえに請ずるところの三宝を礼し、礼しおわって志誠心《しじょうしん》をもって悲泣《ひきゅう》して涙を雨《あめふ》らし、罪咎《ざいきゅう》を陳悔《ちんげ》しおわらば起ちて旋《めぐ》ること百二十匝《そう》す。一たび旋るに一たび呪し、遅からず疾《はや》からず、高からず下《ひく》からず。旋呪しおわって十仏・方等・十法王子を礼す。かくのごとく作《な》しおわって、却《しりぞ》いて坐して思《し》惟《ゆい》せよ。思惟しおわらばさらに起《た》ちて旋呪《せんじゅ》し、旋呪しおわらばさらに却いて坐して思惟す。周《めぐ》りてまた始め、七日を終《お》竟《わ》るまでせよ。その法、かくのごとし。第二時よりは召請を略す。余はことごとく常のごとし。

《三宝》仏・法・僧のこと。

方等三昧の修し方を、主として口業の面から説き示す。

まず修行の実効を高めるために、はじめに陀羅尼呪一篇を誦す。そして晨朝のつとめ、すなわち朝のつとめに入る。その際、みなで三宝・十仏・方等父母・十法王子のみ名を三度唱和して、それら諸仏諸尊の道場への降臨を請願する。なお召請の仕方については、『国清百録』に収めた「方等懺法」

の説明に譲るとして、ここでは触れない。そこで「方等懺法」の説明(大正蔵四六・七九七中)を見てみよう。それほど詳しいものでもない。

まず三宝を奉請する。ついで宝王仏などの諸仏を奉請し、そして以下、陀羅尼方等父母、十法王子、舎利弗などの声聞、縁覚、それから十二夢王とつぎつぎに一心に奉請する。そのあと仏を讃歎し、讃歎しおわって十仏、十王子等を礼拝する。「方等懺法」の当該箇所にはこうした説明がごく簡単にのべられている。

さて請願がおわると、香を燃し、身口意の三業を供養する。仏を礼拝(身)し、讃歎(口)し、心から念(心)ずるのである。そしてそのあとさきの三宝を礼拝する。礼しおわって心をこめて自らの犯した罪を悔いる。悔いおわると、行道に移る。起ちて歩み、百二十匝する。一めぐりに一篇の陀羅尼を呪す。丁度よいはやさでめぐり、丁度よい高さの声で呪すのが、その際の要件である。旋呪しおわると十仏・方等・十法王子を礼拝する。これがおわったら、坐って思惟すなわち瞑想する。そのあとさらに起ち上がって、旋呪へと移る。また坐禅瞑想へと転ずる。こうして七日間を一期間と考えて行を修せばよい。なおそのつぎの修行の期間からは、三宝・十仏などの降臨を請願する。はじめの行は、なさずともよい。それ以外は上にのべた方法で行ずればよい。

3 心のかまえ

意止觀者、經令思惟。思惟摩訶祖持陀羅尼。翻爲大祕要遮惡持善。祕要秖是實相中道正空。經言、吾從眞實中來。眞實者寂滅相、寂滅相者無有所求。求者亦空、得者著者實者來者語者問者悉空。寂滅涅槃亦復皆空。一切虛空分界亦復皆空。其一。無レ所レ求中、吾故求レ之、如レ是空空、眞實之法、當於レ何求。六波羅蜜中求。其二。此與二大品十八空一同、大經迦毘羅城空如來空大涅槃空更無レ有レ異。以二此空慧一、歷二一切事一、無レ不レ成レ觀。方等者、或言二廣平一。今言レ方者法也。般若有二四種方法一、謂三四門入二清涼池一、卽方也。所契之理、平等大慧卽等也。

令レ求二夢王一、卽二觀前方便也。道場卽清淨境界也。治二五住糠一、顯二實相米一、亦是定慧用莊二嚴法身一也。香塗者卽無上尸羅也。五色蓋者、觀二五陰一免二子縛一、起二大慈悲一、覆二法界一也。圓壇者、實相不動地也。繒旛卽翻二法界上迷一、生二動出之解一。旛壇不二相離一、卽動出不動出不二相離一也。香燈卽戒慧也。高座者諸法空也、一切佛皆栖二此空一。二十四像者、卽是逆順觀二十二因緣一覺了智也。餚饌者、卽是無常苦酢、助道觀也。新淨衣者、卽寂滅忍也。瞋惑重積稱レ故、翻レ瞋起レ忍名爲レ新。七日卽七覺也、一日卽一實諦也。三洗卽觀二一實一修二三觀一蕩二三障一淨二三智一也。一師者、卽一實諦也。二十四戒者、逆順十二因緣、發二道共戒一也。呪者囑對也。瓔珞明二十二因緣有二十種一、卽有二一百二十支一。一呪一支、束而言レ之、秖是三道。謂二苦業煩惱一也。今呪二此因緣一、卽是呪二於三道一而論二懺悔一。事懺懺二苦道業道一、理懺懺二煩惱道一。文云、犯二沙彌戒乃至大比丘戒一、若不二還生一、無レ有二是處一。卽懺二業道一文也。眼耳諸根清淨、卽懺二苦道一文也。第七日見二十方佛一、聞レ法得二不退轉一、卽懺二煩惱道一文也。三障去卽十二因緣樹壞、亦是五陰舍空。思二惟實相一、正破二於此一。故名二諸佛實法懺悔一也。

意の止観とは、経に思惟せしむとは、摩訶祖持陀羅尼《まかたんじだらに》を思惟するなり。翻《ほん》じて大秘要遮悪持善《だいひようしやあくじぜん》となす。秘要はただこれ実相中道《じっそうちゅうどう》の正空《しょうくう》なり。経にいわく、「われ真実のなかより来たり」と。真実とは寂滅《じゃくめつ》の相なり、寂滅の相とは所求あることなし。求むる者もまた空なり、得る者、著する者、実なる者、来たる者、語る者、問う者、ことごとく空《くう》なり。寂滅涅槃《じゃくめつねはん》もまたまたみな空なり。一切の虚空、分界もまたまたみな空なり。その一。求むる所なきなかに、われはことさらにこれを求む、かくのごとき空空、真実の法、まさにいずれにおいてか求めん。六波羅蜜のなかに求むべし。その二。これは大品《だいぼん》の十八空《くう》と同じく、大経の迦毘羅城空《かびらじょうくう》・如来空《にょらいくう》・大《だい》涅槃空《ねはんくう》とさらに異なりあることなし。この空恵をもって一切の事に歴《ふ》るに、観を成ぜざることなし。方等《ほうどう》とはあるいは広平という。いま方というは法なり。般若《はんにゃ》に四種の方法あり、四門より清涼池《しょうりょうち》に入るをいう、すなわち方なり。所契の理、平等大恵はすなわち等なり。

夢王を求めしむるはすなわち二観の前方便なり。道場はすなわち清浄の境界なり。五住《ごじゅう》の糠《ぬか》を治して実相《じっそう》の米を顕《あら》わすとは、またこれ定恵《じょうえ》のもって法身《ほっしん》を荘厳《しょうごん》するなり。香塗《こうず》とはすなわち無上の尸羅《しら》なり。五色《しき》の蓋とは五陰《おん》を観じて子《し》縛《ばく》を免がれ、大慈悲を起こして法界を覆うなり。円壇とは実相不動の地なり。繒旛《そうはん》はすなわち法界の上の迷いを翻《ひるが》えして動出の解《げ》を生ずるなり。旛《ばん》と壇のあい離れざるは、すなわち動出不動出のあい離れざるなり。香燈はすなわち戒恵なり。高座は諸法空なり、一切の仏はみなこの空に栖《す》みたもう。二十四像とはすなわちこれ逆順に十二因縁を観ずる覚了の智なり。餚饌《きょうせん》とはすなわちこれ無常の苦き酢《そ》、助道の観なり。新浄衣とはすなわち寂滅忍《じゃくめつにん》なり。瞋惑重積《しんわくじゅうしゃく》するを故《こ》と称し、瞋《しん》を翻《ほん》じて忍《にん》を起こすを名づけて新となす。七日とはすなわち七覚《かく》なり、一日とはすなわち一実諦なり。三洗とはすなわち一実を観じて三観を修し三障を蕩《とろか》して三智を浄むるなり。一師とはすなわち一実諦なり。二十四戒とは逆順の十二因縁、道共戒《どうぐかい》を発するなり。呪《じゅ》とは嘱対《ぞくたい》なり。瓔珞《ようらく》は十二因縁に十種あるを明かす、すなわち一百二十支あり。一呪は一支、束ねて而してこれをいわばただこれ三道《さんどう》なり。苦・業・煩悩をいうなり。いまこの因縁を呪《じゅ》するは、すなわちこれ三道を呪して、懺悔《さんげ》を論ずるなり。事懺《じせん》は苦道と業道《ごうどう》を懺《さん》し、理懺《りせん》は煩悩道を懺す。文にいわく、「沙弥戒《しゃみかい》、乃至、大比丘戒《だいびくかい》を犯ぜんに、もし還って生ぜずといわば、この処《ことわり》あることなし」と。すなわち業道を懺するの文なり。眼耳の諸根清浄とは、すなわち苦道を懺するの文なり。第七日に十方の仏を見たてまつり、法を聞いて不退転を得るは、すなわち煩悩道を懺するの文なり。三障去ればすなわち十二因縁の樹は壊し、またこれ五陰の舎《いえ》は空なり。実相を思惟してまさしくこれを破す。故に諸仏の実法の懺悔と名づくるなり。

《六波羅蜜》 菩薩が涅槃にいたるために実践すべき六種の徳目。大乗仏教で説かれるにいたった。(1)布施([S] dāna)、(2)持戒([S] śīla)、(3)忍辱([S] kṣānti)、(4)精進([S] vīrya)、(5)禅定([S] dhyāna)、(6)智恵([S] prajñā)。**《十八空》** 空を十八の方面から示したもの(『大品般若経』問乗品、大正蔵八・二五〇中、また『大智度論』三一巻、大正蔵二五・二八五中、以下、参照)。**《五住》** われわれの煩悩のすべてを五種類にわけて示したもの。五住地惑のこと。**《尸羅》** [S] śīla の音写。戒のこと。**《五陰》** 五蘊のこと。あらゆる存在を構成している五つの構成要素。色・受・想・行・識のこと。あらゆる存在をこれら五つの要素の集まりの関係においてみる見方。蘊とは集まりのこと。色は物質面をあらわし、受以下、識は精神面をあらわす。**《子縛》** 煩悩のたね。**《七覚》** 七覚支の略、さとりを得るために役立つ七つの事がら。(1)択法覚支。真実の教えを選びとること。(2)精進覚支。一心に努力する。(3)喜覚支。真実の教えを生きぬく喜びを感ずること。(4)軽安覚支。身心をかろやかに安らかにする。(5)捨覚支。とらわれを捨てる。(6)定覚支。心を集中して乱さない。(7)念覚支。おもいを平らにする。**《三観》** 従仮入空観・従仮入空観・中道第一義諦観。**《三障》** 煩悩障(貪・瞋・癡)・業障(五逆・十悪など)・報障(苦しみの報い)。正道をさまたげる三つの障害。煩悩・業・苦の三道のこと。**《三智》** 一切智・道種智・一切種智。**《道共戒》** 無漏律儀ともいう。無漏定に入って無漏心が起こって得られる、あやまちを防ぎ、悪を阻止する力、戒体のこと。

方等三昧を行ずる際の内面的態度、心の面が解説される。

方等三昧の行も、その内面を問えば、思惟する態度を中心に保って成り立つものである。なにを思惟するのか。形式的にいうと、摩訶祖持陀羅尼を思惟するのである。このことの内面を説明しなければならない。思惟の内容に即していえば、そうした陀羅尼を思惟することは、求めても得られるものではない、空である諸法のあり方を思惟し、得知することにほかならない。寂滅の相とか、空としてあらわされる存在するものの真実のすがたを思惟、探究し、得知することが、方等三昧を行ずる内なる態度である。ところで空であるという存在するものの真実のすがたは、より内面的にはいかなる態度を通じて得知されるのか。それは六波羅蜜を通じて得られるのである。かくて方等三昧の行といっても、六波羅蜜を実践する行ということになる。

方等ということばの意味をのべれば、広くて平らかであるということを意味する。それぞれについていうと、「方」とは法の意味である。『大智度論』に、四種の方法によってさとりの境界に入ることができると説かれている、その場合の方法、方途の意味なのである。一方、「等」とは、得知されるべき真理、それから偏りのない広大な智恵を意味する。方等とはこうした意味を有することばであり、したがって、方等三昧とは、行ずるものを真理の境界へと導く方法＝行法であると解されねばならない。少し異なった言い方をすれば、それは、修するものをして平等の大恵を得て、真実の得知をかなえさせる行といいうる。

ここでのこうした説明は、方等三昧がその根本において真実の得知の実現をかなえさせる智恵の行としての性格を有するものであることを語ろうとしている、とみてよいであろう。陀羅尼の読誦が重視される方等三昧も、本質的には知的性格をもったものと解されているのである。こうした解釈は智顗に特有のものといってよいのであるが、ここには智恵を重視する観法中心のかれの教学思想の特徴が、はっきりと示されている。

以下、さきの身の開遮の項でのべられた方等三昧の一つ一つの修行動作が知的意味あいをもつものであることが、説示される。こうした解釈はまったく智顗独特のものであり、さきに指摘したかれの教学思想の特徴がより具体的に説き示されることになる。

さきに夢王を求めることを要請したが、そのことは、究極の真理の把捉をかなえる中道観(=中道第一義諦観)にいたるための、方便の観法としての、空を観ずる観法(=従仮入空観)と仮を観ずる観法(=従空入仮観)とを行ずることに相当する。つぎに道場を荘厳するという行為であるが、道場とは清浄の世界にほかならず、従って、それを荘厳することは、糠を落として白米を取り出すように、煩悩を滅却し、智恵をもって実相を会得して、法身、すなわち真実そのものを荘厳しようと試みることにほかならない。それから香を道場の内外に塗ることは無上の戒律の遵守を意味する。また五色のきぬがさを立てることは、煩悩のたねから開放されて、大きな慈悲の心を起こし、それでもって世界のすべてを覆うことを意味する。道場に設ける円壇は不動である実相のありようを表わすものである。それから絹の旛をかかげることは、迷いをひるがえして、真実を正しく捉えることのできる智恵の確立を期することといってよい。道場において旛と円壇とがともに用意されるのは、捉えられるべき実相と捉える智恵との離れえない関係を表示している。また香を燃すことと明かりをかかげることは、戒律にしたがって振舞い、智恵によって円かに真実を見ることを意味している。高座は、一切諸法の空であるありようを表わすとともに、そのところにこそ一切諸仏がおわしますことを表わすものである。二十四像を拝することは、十二因縁を順観すること、また逆観することを意味している。おそなえは、無常の苦しさ酸っぱさを意味している。だからそのことを知れば、人びとは真実の道へと近づこうと思うようになるであろう。やがて真実が得知される。おそなえをするという振舞を通じて、真実はいずれ確実に見てとられる。新しい汚れのない衣服を身につけることは、煩悩を滅し尽くして、かつなにものにも屈しないつよい心を養うことを意味している。

それから修行の一区切りとしての七日は、七覚に相当する。一日一日、智恵を深め、究極の境地へと近づいてゆく。七日間の一日一日は、一実諦すなわち捉えられるべき究極の真理にたとえられるべきものである。日に三度洗浴することは、従仮入空観以下の三観を修して、究極の真実の把捉に努める態度といいうる。これを煩悩の面からいえば、三障を蕩平することであり、また智恵の面からいえば、三智を獲得することにほかならない。一人の師匠を求めることは、一実諦の究尽を目指して努力することといいうる。つぎにこの師より二十四戒を受けることは、十二因縁を逆観、順観し、道具戒すなわちあやまちを防ぎ、悪を阻止する力を身に受けることを意味している。また陀羅尼を受けることは、自らの行い、振舞を理にかなったものにしていくということを表わしている。それから道場を百二十匝することは、『瓔珞経』に明かす十種の十二因縁の教説、すなわち百二十の法門を了解することにほかならない。

　ところで道場をひとめぐりする際に一呪を誦するのであるが、その一呪は十二因縁説の百二十の項目の一項目に相当する。そしてこの一呪・一支は内容的には煩悩と業と苦の三道にほかならず、従って一呪・一支を誦することはまさに三道を懺悔することに当る。三道の懺悔は方法的には一様ではなく、苦道と業道は儀式を通じてなされる懺悔の方法（＝事懺）にもとづいて悔い改められ、もう一つの煩悩道は内観による懺悔の方法（＝理懺）によって悔い改められる。『大方等陀羅尼経』巻第四に「沙弥戒ないし大比丘戒を犯したとしよう。その際に懺悔しても戒体が生まれはしないと主張したとすれば、それはまったく根拠のない主張である」（取意）といわれているが、この指摘は業道の懺悔についてのべたものと解される。また「眼や耳の諸根が清浄である」といわれるのは、苦道の懺悔をのべる文であり、さらにそこで「第七日目に十方の仏を見たてまつり、そして法を聞いて不退転を得る」（取意）といわれているのは、煩悩道の懺悔をのべたものにほかならない。三道を悔い改めることは、経にもこのように説かれている。ともあれ、一呪を誦しつつ道場を一めぐりする際の内面的態度の基本は、三道の懺悔を期すということにあるのである。

　さて、煩悩と業と苦の三種の障りがなくなると、十二因縁の一支一支も、また五陰の一つ一つも、すべて固定的、実体的に捉えられてはならないものであることが知られる。とらわれるべきなにものもありはしないということが一切法の真実のすがたであり、それが思惟されねばならない。そうすることによって三種の障り＝三道は滅せられる。一切がとらわれることのできないものであることを得知して、三道を悔い改めることは、諸仏が教え示された真実の懺悔の態度にほかならない。

　以上のべてきたように、方等三昧の行は、いわゆる外なる形式の裏側に、こうした内面的な深い広がりをもちあわすものなのである。

(二) 行のすすめ

勸修者、諸佛得道、皆由此法。是佛父母、世間無上大寶。若能修行、得全分寶、但能讀誦、得中分寶、華香供養、得下分寶。佛與文殊説下分寶、所不能盡、況中上耶。若從地積寶至梵天、以奉於佛、不如施持經者一食充軀。如經廣説。云云。

勧修とは、諸仏の得道はみなこの法による。これ仏の父母なり、世間無上《せけんむじょう》の大宝なり。もしよく修行すれば、全分の宝を得、ただよく読誦すれば、中分の宝を得、華香《けこう》もて供養すれば、下分《げぶん》の宝を得。仏《ぶつ》、文殊《もんじゅ》の与《ため》に下分の宝を説くも尽くすことあたわざるところ、いわんや中・上をや。もし地より宝を積んで梵天《ぼんてん》にいたり、もって仏に奉るとも、持経者に一食《いちじき》を施して軀《く》に充たさんには如《し》かじ。経に広く説くがごとし。云云。

方等三昧はさとりを開く道としてきわめて有効なものの一つである。この行法を修してさとりを得た仏の数は大変に多い。この行法は仏の父母といってよいほどである。この世で最高の宝ということも許される。従ってこの行を忠実に行ずれば、実相の理を十全に得知しえて、さとりを完全に完成することができる。たとえ陀羅尼を誦すだけにとどまっても、また華を捧げ、香を燃して供養するだけでも、さとりの完成に近づくことができる。

方等三昧はこうした大きな力を内に秘めた行である。このことを知って、行ぜよ、努めよ、というわけである。

〔法華三昧〕

㈠ 方法

約二法華一亦明二方法勸修一。
方法者、身開遮、口說默、意止觀。

法華に約してまた方法と勧修とを明かす。
方法とは、身の開遮、口の説黙、意の止観なり。

法華三昧をのべるにあたっての説明の順序、項目が示される。項目の立て方は方等三昧の場合と同じである。

1 身の処し方

身開爲レ十、一嚴淨道場、二淨身、三三業供養、四請佛、五禮佛、六六根懺悔、七遶旋、八誦經、九坐禪、十證相。別有二一卷一名二法華三昧一。是天台師所レ著、流二傳於世一。行者宗レ之。此則兼二於説黙ニ、不ニ復別論一也。

身は開して十となす。一には厳浄道場《ごんじょうどうじょう》、二には浄身《じょうしん》、三には三業供養《さんごうくよう》、四には請仏《しょうぶつ》、五には礼仏《らいぶつ》、六には六《ろっ》根懺悔《こんさんげ》、七には遶旋《にょうせん》、八には誦経《じゅきょう》、九には坐禅《ざぜん》、十には証相《しょうそう》なり。別に一巻有りて、法華三昧と名づく。これ天台師の著わすところにして、世に流伝す。行者はこれを宗とせよ。これすなわち説黙を兼ぬれば、また別して論ぜず。

法華三昧は、まず道場の設営からはじまる。定められた形に道場をつくり、それをおごそかに浄める(一)。それから身の穢れを落とし(二)、そのあと道場に入って、体全体で(身業)、またことばを通して(口業)、それから心を込めて(意業)、三宝を礼し、衆生の救いを希念する(三)。終わって仏の道場への来臨を奉請する(四)。そして続いて仏を礼拝する(五)。これが終わって、懺悔の文を誦しつつ、眼・耳・鼻・舌・身・意の六根の懺悔へと移る(六)。このあとは行道である。心に深く三宝を念じ、口に法華経を誦しつつ、道場を行旋するのである(七)。つぎの誦経というのは、この行道の際に誦す法華経の読誦のことにほかならない。法華経の全巻ないしはそのなかの「安楽行品」を読誦しなければならないと定められている(八)。このあとは坐禅である。定められた場所に戻って、坐禅し、実相を思惟する(九)。法華三昧とは、こうした実践的諸事項を修する行業なのである。なお最後の「証相」は、法華三昧を行ずるものが得る利益について明かす一段であり、行の方法についてなんらかの指摘がなされる項目ではない。この点も附言しておこう。

さて、法華三昧についてのべた著述は智顗にはここでの説明以外に別にある。『法華三昧懺儀』というのがそれであるが、この著述の方が本書の法華三昧の部分の記述よりはるかに詳しい。右の箇所の解説も上記著述を参照して、補いつつのべたものであり、法華三昧を詳しく知ろうとすれば、上記の著述を参考にしなければならない。

なお口業をいかに用いるのかという点については、上記「身の開遮」の段でのべた、三宝を供養するとか、仏を召請するとか、礼仏し、六根懺悔を行うとか、さらには行道し、『法華経』を読誦するとか、また坐禅を行ずるとか、これらの行業はみな口業にからんだ行といってよく、したがってここでは別に取り上げて論ずるようなことはしない。

2　心のかまえ

意止觀者、普賢觀云、專誦二大乘一、不レ入二三昧一、日夜六時、懺二六根罪一。安樂行品云、於二諸法一無レ所レ行、亦不レ行二不分別一。二經本爲二相成一、豈可二執レ文拒競一。蓋乃爲レ緣、前後互出、非二碩異一也。安樂行品護持讀誦解說深心禮拜等、豈非レ事耶。觀經明二無相懺悔一、我心自空、罪福無レ主、慧日能消除。豈非レ理耶。南岳師云、有相安樂行、無相安樂行。豈非下就二事理一得中如レ是名上。特是行人、涉レ事修二六根懺一、爲二悟入弄胤一、故名二有相一。若直觀二一切法空一、爲二方便一者、故言二無相一。妙證之時、悉皆兩捨。若得二此意一、於二二經一無レ疑。

今歷レ文修レ觀、言二六牙白象一者、是菩薩無漏六神通。牙有二利用一、如二通之捷疾一。象有二大力一、表二法身荷負一。無漏無染、稱レ之爲レ白。頭上三人、一持二金剛杵一、一持二金剛輪一、一持二如意珠一、表三三智居二無漏頂一。云云。杵擬レ象能行、表二慧導レ行、輪轉表二出假一、如意表レ中。牙上有レ池、表二八解是禪體、通是定用㆒、體用不㆓相離㆒故、牙端有㆑池。池中有㆑華、華表㆓妙因㆒。以㆓神通力㆒、淨㆓佛國土㆒、利㆓益衆生㆒、卽是因。因從㆑通生、如㆓華由㆑池發㆒。華中有㆑女、女表㆑慈。若無㆓無緣慈㆒、豈能以㆓神通力㆒、促㆑身令㆑小、入㆓此娑婆㆒。通由㆑慈運、如㆓華擎㆑女。女執㆓樂器㆒、表㆓四攝㆒也。慈修㆓身口㆒、現㆓種種同事利行㆒、財法二施引㆑物多端、如㆓五百樂器音聲無量㆒也。示㆓喜見身㆒者、是普現色身三昧也。隨㆑所㆓宜樂㆒、而爲現㆑之、未㆔必純作㆓白玉之像㆒。語言多羅尼者、卽是慈熏㆑口說㆓種種法㆒也。皆法華三昧之異名。得㆓此意㆒、於㆓象身上㆒、自在作㆓法門㆒也。

意の止観とは、普賢観《ふげんかん》にいわく、「専ら大乗を誦して三昧に入らず、日夜六時に六根の罪《ざい》を懺《さん》す」と。安楽行《あんらくぎょう》品《ほん》にいわく、「諸法において行ずるところなく、また不分別を行ぜず」と。二経はもとあい成ずることをなす、あに文に執して拒《こば》み競《きそ》うべけんや。けだし乃《こ》れ縁のために前後互に出すのみ、碩《おお》いに異なるにあらざるなり。安楽行品の護持・読誦・解説《げせつ》・深心礼拝等、あに事にあらずや。観経には無相の懺悔を明かす、「わが心はおのずから空なり、罪福に主なし、慧日よく消除す」と。あに理にあらずや。南岳《なんがく》師云、「有相《うそう》安楽行、無相《むそう》安楽行」と。あに事・理についてかくのごときの名を得るにあらずや。とくにこれ行人、事《じ》に渉って六根懺《ろっこんさん》を修して悟入の弄胤《ろういん》となす、故に有相と名づく。もしは直ちに一切法の空を観じて方便となす者あり、故に無相という。妙証のとき、ことごとくみな両《ふたつ》ながら捨つ。もしこの意を得れば、二経において疑いなし。

いま文に歴《わた》りて観を修せば、六牙《げ》の白象《びゃくぞう》というは、これ菩薩の無漏《むろ》の六神通《じんづう》なり。牙《げ》に利用《りゆう》あるは、通《つう》の捷疾《しょうしつ》なるがごとし。象に大力《だいりき》あるは、法身《ほっしん》の荷負《かふ》を表わす。無漏無染《むろむぜん》なる、これを称して白《びゃく》となす。頭上に三人あり、一は金剛杵《こんごうしょ》を持し、一は金剛輪《こんごうりん》を持し、一は如意珠《にょいしゅ》を持するは、三智が無漏《むろ》の頂に居《ご》するを表わす。云云。杵をもって象に擬《ぎ》するによく行くは恵が行《ぎょう》を導くを表わし、輪が転ずるは出仮を表わし、如意は中を表わす。

牙の上に池あるは、八解《はちげ》はこれ禅の体、通はこれ定用《じょうゆう》なることを表わす、体用《たいゆう》あい離れざるがゆえに牙の端に池あり。池のなかに華あり、華は妙因を表わす。神通力《じんづうりき》をもって仏国土を浄《きよ》め、衆生を利益《りやく》するは、すなわちこれ因なり。因は通より生ず、華の池に由って発《ひら》くがごとし。華のなかに女あり、女は慈を表わす。もし無縁の慈なくんば、あによく神通力をもって、身を促《ちぢ》めて小ならしめてこの娑婆《しゃば》に入らんや。通は慈に由って運ぶこと、華が女を擎《ささ》ぐるがごとし。女が楽器を執るは、四摂《ししょう》を表わす。慈は身口を修《おさ》めて種種の同事《どうじ》・利行《りぎょう》を現じ、財・法の二施が物を引くこと多端《たたん》なるは、五百の楽器の音声《おんじょう》無量なるがごとし。喜見《きけん》の身を示すは、これ普賢色身三昧《ふげんしきしんざんまい》なり。宜楽《ぎぎょう》するところにしたがってためにこれを現じ、いまだ必ずしも純《もっぱ》ら白玉《びゃくぎょく》の像をなさず。語言陀羅尼《ごごんだらに》とはすなわちこれ慈が口に熏《くん》じて種種の法を説くなり。みな法華三昧の異名なり。この意を得れば、象の身の上において自在《じざい》に法門をなすなり。

《無相》形やすがたがないこと。**《有相》**無相の反対。ここでは形を伴う修行の形式のこと。**《弄胤》**弄は音楽の調べのこと。胤は「引」、その意味は曲の出だし。そこで「悟入の弄胤」といわれるのであるから、悟りの手がかりという意味であろうか。正直なところはっきりしない。**《六牙白象》**『法華経』の行者をまもるために普賢菩薩が乗って現われたという六本の牙をもった白象のこと。『法華経』普賢勧発品（大正蔵九・六一上）。また『観普賢菩薩行法経』に、普賢菩薩が六本の牙をもった白象に乗って、この世界に生きる人びとを救うためにやってきた話が語られている。『観普賢菩薩行法経』（大正蔵九・三八九下以下）参照。なお『摩訶止観』のここでの一連の陳述は、『法華経』の記述よりも『観普賢菩薩行法経』の表現に即して進められている。**《六神通》**仏・菩薩などが具える六種の超人的能力。神足通（どこにでも行くことのできる自在の能力）、天眼《てんげん》通（あらゆるものを見ることのできる能力）、天耳《てんに》通（あらゆるものを聞くことのできる能力）、他心通（他人の心を知ることのできる能力）、宿命《しゅくみょう》通（過去のことを知る能力）、漏尽通（煩悩を断つ智を体得する能力）の六つをいう。《八解》八解脱のこと。滅尽定にいたる心静かな八種の禅定のこと。
《四摂》人びとを仏道に導き入れるための四つの方法。(1)布施、真理を教えたり（法施）、物を与えたり（財施）すること。(2)愛語、やさしいことばをかけること。(3)利行、身、口、意のそれぞれの領域で、よき行いをすることによって、人びとを利益すること。(4)同事、相手と協同すること。

法華三昧を行ずるにあたっては、動作を伴う行の形式に従って修する場合もあれば、またそうしたものを伴わないいわゆる内観を中心とする形式に従って修する場合もある。前者の修し方は、事行、あるいは有《う》相《そう》の行と呼ばれてよく、後者のそれは、理行、ないし無相の行と呼ばれうる形式である。法華三昧は方法的にはこれらの二つの形式のいずれかに従って行ぜられるものであるが、ただ修する際の心がまえという点から眺めてみると、こうした形式にとらわれない態度で修されねばならない。すなわち、有相・無相の形式に振りまわされず、形式を超えた、いわばこだわりのない心がまえで修する態度が、法華三昧を行ずる際の心であるというのである。ここではこうした点がのべられる。

本文に即してみてゆこう。『普賢観経』には「もっぱら大乗の経を読誦して、三昧には入らない。そして日夜六時に六根を懺悔する」といわれている。『法華経』安楽行品には「どのようなところにおいても心をはたらかすようなことがない。また思慮しないということもない」とのべられている。前者は有相の行についての発言であり、後者は無相の行についていったものであり、ともに意味をもっている。したがってどちらの発言が正しいのかといって論議などすべきではない。いずれの主張をさきに顧慮するかなどということは問題ではないのである。「安楽行品」をみるとまた、経（＝法華経）を護持・読誦せよ、とか、法を平等に説け、とか、さらには深い心をもってもろもろの大菩薩を礼拝せよ、といったことが説かれているが、これらは事相＝有相の行についてのべたものである。他方、『普賢観経』に目を移すと、たとえば「衆生の心は空である。したがって罪悪も福徳も固定的、実体的なものではなく、有《う》なるものといえないものであり、智恵をそれぞれが体得すれば、それらはなくなるであろう」といわれている。この経文は理行のあるべきすがたを教えたものと解される。それから南岳慧思は、その著『法華経安楽行義』のなかで、安楽行には「有相の安楽行と無相の安楽行」との二つがあるとのべている。安楽行には事と理の両面があり、こうした名称が与えられて決しておかしくないのである。修行する人が動作を伴う個々の行を修して、六根を懺悔し、悟りにつながろうと努めたとすれば、それは有相の行を修したことになるのであるし、即座に一切が空であると体得して、それによって悟りをうることができると考えたとすれば、それは無相の行を修したことにあたる。

法華三昧の修し方には、たしかに有相とか無相と呼んで類別しておかしくない修し方があるのであるが、しかしこの行を通じて真実の悟りをえようと考えたならば、有・無の両行のそれぞれにとらわれてはならない。もう少し具体的にいうと、事相の行を修しつつ、その行を事相と意識しない、また無相の行を修しつつ、それを無相の行と意識しないで、両行をそれぞれ修してゆくのである。両行がもちあわす行の形式を踏まえつつ、その形式にしばられることなく、自在な態度で修してゆく修し方が、法華三昧の修し方の、心の面での基本的態度なのである。

ここで『観普賢菩薩行法経』の文（大正蔵九・三八九下―三九〇中）に即して法華三昧の内面的特徴がさらに説き示される。『観普賢菩薩行法経』には、普賢菩薩が煩悩に苦しむ衆生を救うべく、六本の牙をもった白象に乗って出現する話が語られるのであるが、そこで説き明かされる白象についての経の描写に即して、説明が展開されてゆくのである。

まず経に紹介される六牙の白象は、菩薩がもちあわすけがれのない六種の偉大な能力を表示するものである。つぎにその牙はいろいろに利用されうる面をもちあわしているが、そうした利用の可能性の大きさは、仏・菩薩がそなえた神通力のすばやい動きに似ている。象にそなわった大力は、あらゆるものを背負いきる法身の力の大きさを表わしている。また白象の白さは真実なるもののけがれのなさを表現している。ところで経には、象の頭上には、衆生を導くべく現われた三人の化人が乗っており、一人は金剛の杵《しょ》を、一人は金剛の輪を、一人は如意珠を持っている、と説かれている。三人がそれぞれにそうしたものを持って象の上に乗っていることは、実は一切智・道種智・一切種智の三智が、煩悩が克服された状態のなかに確立するものであることを表わしている。さらに附言すれば、この光景にみられる、化人のもつ杵にあと押しされて動く象の姿は、智恵によって行が導かれることを物語り、またまわされる輪は衆生済度の活動を表わし、如意珠はすべてが着くべき道としての中道を表わしている。経はこのあと、牙の上に池があることを語っているが、これは禅定の本質としての八解脱とその作用としての神通が一体の関係に立つものであることを表現するものである。さらに経には、池に華が咲いている光景がのべられる。この光景は、水のなかで華が育つことができるように、神通力が動因となって仏国土が浄められ、衆生済度が実現されることを教えるものにほかならない。経はこのあと華のなかに女性がいると説いているが、華に抱かれた女性の姿は、慈悲の象徴的表現である。慈悲に突き動かされて、神通力も働きうるのであり、さらにはこの娑婆での利他の行も実践可能となるのである。その女性は楽器を手にしていると説かれる。この姿は衆生を仏道へと導き入れるための慈悲深い四種の態度（―布施・愛語・利行・同事）を教えるものである。こうした姿勢がいかに多くの衆生を化導するものであるか、十分に知らねばならない。続いて経には、この女性の奏でる美しい音楽と美妙な歌声に行者たちが歓喜する様子が説かれているが、このことは普賢色身三昧の内面を語るものである。さらにこのあと経には、行者が陀羅尼を得て、諸仏、菩薩の教えを深く憶持する話がのべられるのであるが、そこにいわれる陀羅尼とは慈悲の心が口を通して言葉となって現われ出るものであることを示すものである。

さて『観普賢菩薩行法経』の経文によせてこうしたことが語られるのであるが、このような陳述の狙いは一体どのようなところにあるのであろうか。筆者には、この点についてはただ推定を下すだけというしかないのであるが、思うに、法華三昧が智恵と慈悲に基礎づけられた三昧であることを教示すべく、こうした説明がなされたとみてよいのでなかろうか。

(二) 行のすすめ

勸修者、普賢觀曰、若七衆犯レ戒、欲三一彈指頃除二滅百千萬阿僧祇劫生死之罪一者、欲下發二菩提心一、不レ斷二煩惱一而入二涅槃一、不レ離二五欲一而淨二諸根一、見中障外事上、欲レ見二分身多寶釋迦佛一者、欲得法華三昧一切語言陀羅尼、入如來室、著如來衣、坐如來座、於天龍八部衆中説法者、欲得文殊藥王諸大菩薩、持華香、住立空中侍奉者、應當修習此法華經、讀誦大乘、念大乘事、令此空慧與心相應、念諸菩薩母。無上勝方便、從思實相生。衆罪如霜露、慧日能消除。成辨如此諸事、無不具足。能持此經者、則爲得見我、亦見於汝、亦供養多寶及分身、令諸佛歡喜。如經廣説。誰聞如是法、不發菩提心、除彼不肖人癡瞑無智者耳。

勧修《かんしゅ》とは、普賢観《ふげんかん》にいわく、「もし七衆にして戒を犯《ぼん》じて、一弾指《たんじ》の頃《あいだ》に百千万億阿僧祇劫《あそうぎこう》の生死《しょうじ》の罪を除滅せんと欲する者、菩提心を発し、煩悩《ぼんのう》を断ぜずしてしかも涅槃《ねはん》に入り、五欲を離れずしてしかも諸根《しょこん》を浄《きよ》め、障外《しょうげ》の事を見んと欲し、分身《ふんじん》、多宝《たほう》、釈迦仏《しゃかぶつ》を見たてまつらんと欲する者、法華三昧の一切語言《ごごん》陀羅尼《だらに》を得て、如来の室に入り如来の衣《え》を著し如来の座に坐し、天龍八部衆のなかにおいて法を説かんと欲する者、文殊・薬王の諸大菩薩、華香を持して空中に住立《じゅうりゅう》し侍奉《じぶ》することを得んと欲する者は、まさにこの法華経を修習し、大乗を読誦し、大乗の事を念じ、この空恵をして心と相応せしめ、諸の菩薩の母を念ずべし。無上の勝方便《しょうほうべん》は実相を思うことより生ず。衆罪は霜露《そうろ》のごとく、恵日《えにち》よく消除す。かくのごときの諸事を成弁《じょうべん》して具足せざることなし。よくこの経《きょう》を持する者は、すなわち我を見、また汝を見、また多宝および分身を供養し、諸仏をして歓喜せしむことを得となす」と。経に広く説くがごとし。誰かかくのごときの法を聞きて、菩提心を発せざらんや、かの不肖《ふしょう》の人、癡瞑《ちみょう》無智の者を除くのみ。

《七衆》 比丘・比丘尼・式叉摩那・沙弥・沙弥尼・優婆塞・優婆夷。**《弾指の頃》** 指ではじくほどの短い時間。《五欲》眼・耳・鼻・舌・身の五官の貪り。五官の悦楽。《分身》衆生を導くために姿を変えて現われ出た仏のこと。《多宝》多宝如来のこと。《欲得法華三昧……坐如来座》この一文は「『観普賢菩薩行法経』にいわく」といわれ、この経からの引用のようにみられるが、実は『法華経』からの引用である。

内容的に特別なことがいわれているわけではない。『観普賢菩薩行法経』および『法華経』の経文を意味をとって引用し、『法華経』ひいては法華三昧を護持、修習することの功徳の多大さを力説しつつ、法華三昧の修習を勧めるというのが、この項の中心の関心事である。

第四項　非行非坐三昧

はじめに

四非行非坐三昧者、上一向用二行坐一。此既異レ上、為レ成二四句一故、名二非行非坐一。實通二行坐及一切事一、而南岳師呼為二隨自意一、意起即修二三昧一。大品稱二覺意三昧一、意之趣向、皆覺識明了。雖二復三名一、實是一法。

今依レ經釋レ名。覺者照了也、意者心數也、三昧如二前釋一。行者心數起時、反照觀察、不レ見二動轉根源終末來處去處一、故名二覺意一。諸數無量、何故對レ意論レ覺。窮二諸法源一、皆由レ意造、故以レ意為二言端一。對レ境覺知、異二乎木石一名為レ心、次心籌量名為レ意、了了別知名為レ識。如レ是分別、墮二心想見倒中一、豈名為レ覺。覺者了下知心中非レ有レ意、亦非レ不レ有レ意、心中非レ有レ識、亦非レ不レ有レ識、意中非レ有レ心、亦非レ不レ有レ心、意中非レ有レ識、亦非レ不レ有レ識、識中非レ有レ意、亦非不レ有レ意、識中非レ有レ心、亦非レ不レ有レ心。心意識非レ一故立二三名一、非レ三故說二一性一。若知二名非レ名、則性亦非レ性。非レ名故不三、非レ性故不レ一、非レ三故不レ散、非レ一故不レ合、不レ合故不レ有、不レ散故不レ空、非レ有故不レ常、非レ空故不レ斷。若不レ見二常斷一、終不レ見二一異一。若觀レ意者、則攝二心識一、一切法亦爾。若破レ意、無明則壞、餘使皆去。故諸法雖レ多、但擧レ意以明二三昧一。觀則調直、故言二覺意三昧一也。隨自意非行非坐、準レ此可レ解。

就レ此爲レ四、一約二諸經一、二約二諸善一、三約二諸惡一、四約二諸無記一。諸經行法、上三不レ攝者、卽屬二隨自意一也。

四に非行非坐三昧とは、上は一向に行・坐を用う。これはすでに上に異なるも、四句を成ぜんがための故に非行非坐と名づく。実には行・坐および一切の事に通ず、しかして南岳師は呼んで随自意《ずいじい》となす、意起こるにすなわち三昧を修すなり。大品には覚意三昧《かくいざんまい》と称す、意の趣向、みな覚識すること明了《みょうりょう》なり。また三名《さんみょう》ありといえども実にこれは一法なり。

いま経によって名を釈す。覚とは照了なり、意とは心数《しんじゅ》なり、三昧とはまえに釈するがごとし。行者、心数起こるとき、反照観察するに、動転の根源、終末、来処、去処を見ず、故に覚意と名づく。もろもろの数は無量なり、なにが故ぞ意に対して覚を論ずるや。諸法の源を窮《きわ》むるに、みな意によって造る、故に意をもって言の端となす。境に対して覚知すること木石に異なるを名づけて心《しん》となし、つぎに心が籌量《ちゅうりょう》するを名づけて意《い》となし、了了に別知するを名づけて識《しき》となす。かくのごとく分別するは、心想見の倒のなかに堕す、あに名づけて覚となさんや。覚とは、心のなかに意あるにあらずまた意あらざるにあらず、心のなかに識あるにあらずまた識あらざるにあらず、意のなかに心あるにあらずまた心あらざるにあらず、意のなかに識あるにあらずまた識あらざるにあらず、識のなかに意あるにあらずまた意あらざるにあらず、識のなかに心あるにあらずまた心あらざるにあらず、と了知するなり。心と意と識とは一にあらざるが故に三名を立て、三にあらざるが故に一《いっ》性《しょう》と説く。もし名も名にあらずと知れば、すなわち性もまた性にあらず。名にあらざるが故に三ならず、性にあらざるが故に一ならず、三にあらざるが故に散ならず、一にあらざるが故に合ならず、合ならざるが故に有《う》ならず、散ならざるが故に空ならず、有にあらざるが故に常《じょう》ならず、空にあらざるが故に断《だん》ならず。もし常・断を見ざれば、ついに一異を見ず。もし意を観ずれば、すなわち心識を摂す、一切の法もまたしかなり。もし意を破すれば、無明《むみょう》すなわち壊し、余《よ》使《し》もみな去る。故に諸法多しといえども、ただ意を挙げてもって三昧を明かす。観ずればすなわち調直《じょうじき》なり、故に覚意三昧というなり。随自意・非行非坐というも、これに準じて解すべし。

これについて四となす、一には諸経に約し、二には諸《もろもろ》の善に約し、三には諸の悪に約し、四には諸の無記に約す。諸の経の行法にして上の三に摂せざるものは、すなわち随自意に属す。

《心数》新訳では心所。心が対象を認識する場合に起こる心のはたらき。《心想見倒》心倒・想倒・見倒のこと。倒とは顚倒のこと、迷い、道理に背く誤った見方という意味。心倒とは対象に誤ってとらわれること。想倒とは対象にとらわれ、妄想すること。見想とは対象を実体として捉えること。

まず非行非坐三昧を説く理由がのべられる。ひとつの理由は、行と坐とそれらの併修という三つの形式に、それらのいずれでもないものという形式を加えて四種として三昧の形式をまとまりのあるものに仕立てあげるために、説いたというきわめて形式的なものである。理由のもう一つは、行の実質面にかかわるものである。すなわち、行坐以外の人間の態度、振舞いをも行につなげるべく非行非坐三昧を考えるにいたった、という理由である。

こうしたこの三昧の説示の理由がのべられたあと、つづいて非行非坐三昧の方法的特徴が概説される。これまでにのべてきた三種の三昧は、人間の行動形式のうちの「歩くこと」(行)と「坐ること」(坐)を基本に据えて構想されたものであるが、これは行・坐という形式はもちろんのこと、その他のあらゆる形式を組み込んで形成される三昧である。具体的には行・坐のほかに住(住すること)・臥(ふせること)・言語・作務《さむ》(仕事・作業)などのあらゆる態度、振舞いを修行の場と考えるのが、この非行非坐三昧である。南岳慧思《えじ》は随自意三昧という三昧の形式を説き示してくれているが、これは意が起ったときに三昧を修すというものであり、ここにいう非行非坐三昧と同じといってよい。またそれをはっきりと覚知する三昧である。以上、非行非坐三昧、随自意三昧、覚意三昧と名称を異にする三つの三昧を紹介したが、名称は違っていても、実は三者は内容的には同じ三昧なのである。

そこで名称が表わす意味を示すことによって、この非行非坐三昧がもちあわす実践的態度についてのべることにしよう。ここでは覚意三昧を手掛かりとして説き示す。覚意三昧の「覚」とは光をあててあきらかにするということであり、つぎの、「意」とはいろいろの心のはたらきを意味し、「三昧」とはすでにのべたように、動揺なき心をもって、自らの心を観ずることである。だから覚意三昧とは、心の浮乱を鎮め、いろいろの心のはたらきを正しく観じとって、そのあるべきありようをはっきりとつかみとる行業ということができる。そこで踏み込んで、心のはたらきを照らし観察してみるに、心の動転の原因とか、それが辿りつく最後の姿とか、またどこから来てどこへ去るのかといった事柄については、捉えられないというのが正しい見方といってよい。たとえば心のはたらきを観察して、いわゆる対象を覚知する心の面を心《しん》と呼び、それのはかり考える面を意《い》と呼び、そして対象を個々別々に了知する側面を識《しき》と名づけて、いわゆる心を類別、整理し、捉えたとしよう。そうした心の捉え方は間違った見方にほかならない。心についての正しい捉え方というのは、心はそのはたらきの面からみて、心・意・識と三者に類別して捉えられてよい側面を有しつつも、しかしその三者は相互にまったく無関係な、独立した領域を画するものではなく、一でありつつ三であり、三でありつつ一である、と了知することである。もう少し突っ込んで整理していえば、心は有でも空無なるものでもなく、したがって常なるものとみる見方、逆に無そのものとみる見方のいずれをもってしても捉えられるものではないと了知することが、心の正しい捉え方、ひいては覚意三昧の修習態度の基本姿勢なのである。いまは覚意三昧に従ってのべてきたのであるが、それにそなわる行のこうした内面の姿勢は、覚意三昧だけを特徴づけるものではなく、随自意三昧、非行非坐三昧の行の姿勢の基本となるものでもある。要するに非行非坐三昧というのは、覚意三昧を例にのべてきた、心の趣くところに従ってそれを観察し、そしてそれが断・定の二見を超えた、有でも無でもないものとして了知する行業ということができる。

以下、四項目にわけて論述を進める。項目を示しておけば、㈠経に即して、㈡諸《もろもろ》の善に絡めて、㈢諸の悪に関係づけて、㈣諸の無記に関係づけて、これら四項目である。

(一) 経の教える非行非坐三昧

1 その方法

且約二請觀音一示二其相一、於二靜處一嚴二道場一、旛蓋香燈、請二彌陀像觀音勢至二菩薩像一、安二於西方一、設二楊枝淨水一、若便利左右、以レ香塗レ身、澡浴清淨、著二新淨衣一、齋日建首。當下正向二西方一、五體投レ地、禮中三寶七佛釋尊彌陀三陀羅尼二菩薩聖衆上。禮已胡跪、燒香散華、至心運想、如二常法一。供養已端レ身正レ心結跏趺坐、繫レ念數レ息。十息爲二一念一、十念成就已起燒レ香。爲二衆生一故三遍、請二上三寶一、請竟三稱二三寶名一、加稱二觀世音一、合二十指掌一、誦二四行偈一竟、又誦二三篇呪一。或一遍或七遍、看二時早晚一。誦レ呪竟披陳懺悔。自憶二所犯一、發露洗浣、已禮二上所レ請。禮已一人登二高座一、若唱二若誦二此經文一。餘人諦聽。午前、初夜、其方法如レ此、餘時如二常儀一。若嫌二闕略一、可二尋レ經補レ益。云云。

しばらく請観音《しょうかんのん》に約してその相を示さば、静処《じょうしょ》において道場を厳《かざ》り、旛《はん》・蓋《がい》・香・燈をもってし、弥陀《みだ》の像、観音《かんのん》・勢至《せいし》の二菩薩の像を請じて西方《さいほう》に安んじ、楊枝浄水《ようじじょうすい》を設け、もし便利左右《べんりさう》には香をもって身に塗り、澡《そう》浴《よく》して清浄にし、新浄の衣を著し、斎日《さいにち》に建首《けんしゅ》す。まさに正しく西方に向って五体を地に投じ、三宝、七仏、釈尊、弥陀、三陀羅尼、二菩薩聖衆を礼すべし。礼しおわって胡跪《こき》し、焼香し散華し、至心《ししん》に運想《うんそう》すること、常の法のごとくせよ。供養しおわって身を端《ただ》し心を正しくして結跏趺坐《けっかふざ》し、念《ねん》を繫《か》けて息《そく》を数《かぞ》う。十息を一念となし、十念成就しおわらば起《た》って香を焼く。衆生のための故に三遍、上の三宝を請ず、請じおわって三たび三宝の名を称《とな》え、加えて観世音を称え、十指、掌を合わせ、四行の偈を誦しおわって、また三篇の、呪《じゅ》を誦す。

あるいは一遍、あるいは七遍、時の早晩を看よ。呪《じゅ》を誦しおわって披陳《ひちん》し懺悔《さんげ》す。みずから所犯を憶うて発露《ほつろ》し洗浣《せんかん》し、おわって上に請ずる所を礼す。礼しおわって一人は高座に登り、もしはこの経文を唱えもしは誦す。余人は諦らかに聴け。午前（時とあるが、前の方が正しいであろう）、初夜、その方法かくのごとし、余時は常の儀のごとくす。もし闕略《けつりゃく》を嫌わば、経を尋ねて補益《ほやく》すべし。云云。

《左右》道場の出入り。《斎日》身心を清浄に保ち、自らの行為を反省する特定の日。毎月の八・十四・十五・二十三・二十九・三十日の六日を斎日と定め、六斎日といわれる。

前の三種の三昧のいずれにも取り込みえない行法が、非行非坐三昧としてひとまとめに整理されるのであるが、まずはじめに、この三昧のうちの一つの行法として、『請観音経』にもとづく行法が紹介される。

ここにいう『請観音』とは、智顗が観音懺法を構想するにあたって参考にしたと考えられる『請観世音菩薩消伏毒害陀羅尼呪経』（大正蔵二〇所収）のことではなく、かれ自身の著述「請観世音懺法」（『国清百録』所収）を指している。すなわち灌頂が『摩訶止観』をまとめ上げる過程で、この「請観世音懺法」を参照しつつ、この箇所の説明を整理していったというわけである。

そこで、この行法であるが、まず静かな場所に道場を設けねばならない。そしてのぼりを立て、天蓋をさしかけ、香を燃やし、燈をともす。道場の西側には阿弥陀仏の像および観音、勢至の二菩薩の像を安置する。手洗いの際や道場の出入りには、身に香を塗らねばならない。またいつも入浴して身をきれいに保ち、新しい浄衣を着ることを励行する。なお行は斎日からはじめることとする。

行をはじめるにあたっては、こうした事柄を整えておく必要がある。さて行は、まず西に向い、五体投地をおこなうことをもってはじまる。そして三宝、七仏、釈尊、阿弥陀仏、三陀羅尼、二菩薩の聖衆を礼拝する。礼拝しおわったら胡跪の姿勢をとる。胡跪とは右膝を地につけ左膝をたてた姿勢のことであるが、そうした姿勢を保ったのち、焼香に移る。ついで散華する。そしてほかの行法の場合と同じように、心から念想する。三宝以下、諸仏、諸尊をこうして供養しおわったら、身を真っ直ぐにし心を正しくもって結跏趺坐する。心を捉え保ち続けつつ息を数える。十息を一念とし、十念を数えたら、起き上がって焼香する。そして衆生のために三遍、三宝を招請し、招請しおわったら三度三宝の名を称える。さらに加えて観世音のみ名を称える。手のひら、指を合わせて合掌し、四行の偈を誦す。四行偈は紹介しないが、大悲が一切に及び、苦厄が除かれんことを願う短い偈であり、さきにその名を示した『請観世音菩薩消伏毒害陀羅尼呪経』にみえるものである(大正蔵二〇・三四下)。この四行偈を誦しおえたら、また三遍の呪を誦す。そのとき誦す回数は、時間が早ければ七遍、遅ければ一遍であってもよい。このあと心をひらいて自らのなせる悪業を告白し懺悔する。隠さずあらゆる悪業を思い起こし心を洗い清める。これまでに召請した三宝や諸仏、諸尊を礼拝する。礼拝しおわったら、一人が高座に登り、請観音経の経文を唱えるか、また読誦するかする。その間、ほかの人たちははっきりと聴きとるよう努めねばならない。以上は午前と初夜に行ぜられる方法である。それ以外の時は通常の行法を修せばよい。

2 内面の態度について

經云、眼與レ色相應、云何攝住、乃至意與二攀緣一相應、云何攝住者、大集云、如心住。如卽空也、此文一一皆入二如實之際一、卽是如空之異名耳。

地無レ堅者、若謂二地是有一、有卽實、實是堅義。若謂二地是無、是亦有亦無、非有非無一、是事實、皆是堅義。今明二畢竟不可得一、亡二其堅性一也。水性不レ住者、謂レ水爲レ有、有卽是住、乃至謂二水是非有非無一、亦卽是住。今不レ住二有四句一、亦不レ住二無四句中一、亦不レ住二不可說中一、故言二水性不レ住。風性無レ礙者、觀レ風爲レ有、有卽是礙、乃至謂二風非有非無一、亦無二無四句一、故言二風性無レ礙。火大不レ實者、火不二從レ自生一、乃至不下從二無因一生上、本無二自性一、賴レ緣而有。故言レ不レ實。觀レ色旣爾、受想行識一一皆入二如實之際一。觀レ陰旣爾、十二因緣如二谷響一、如二芭蕉堅露電等一、一時運念、令二空觀成一、勤須下修習使上レ得二相應一。觀慧之本、不レ可レ闕也。

経にいわく、「眼《げん》と色《しき》と相応す、いかんが摂住《しょうじゅう》せん、乃至、意と攀縁《はんえん》と相応す、いかんが摂住せん」とは、大集《だいじゅう》にいわく、「如心《にょしん》にして住す」と。如《にょ》とはすなわち空《くう》なり、この文は一一にみな如実の際《さい》に入る、すなわちこれ如《にょ》は空の異名《いみょう》なるのみ。

地に堅《けん》なしとは、もし地はこれ有《う》なりといわば、有はすなわち実、実はこれ堅の義なり。もし地はこれ無、これ亦有亦無《やくうやくむ》、非有非無《ひうひむ》なりといわば、このこと実にして、みなこれ堅の義なり。いま畢竟不可得《ひっきょうふかとく》なることを明かすは、その堅の性《しょう》を亡《もう》ずるなり。水性《すいしょう》は住せずとは、水を謂って有となさば、有はすなわちこれ住なり、乃至、水はこれ非有非無なりというも、またすなわちこれ住なり。いまは有の四句に住せず、また無の四句のなかにも住せず、また不可説のなかにも住せず、故に水性住せずという。風性《ふうしょう》に礙《さまたげ》なしとは、風を観じて有となさば、有はすなわちこれ礙なり、乃至、風は非有非無なりといわば、また無の四句なし、故に風性に礙なしという。火大《かだい》は実ならずとは、火は自より生ぜず、乃至、無因より生ぜず、本より自性《じしょう》なく、縁に頼《よ》って有り。故に実ならずという。

色《しき》を観ずることすでにしかり、受《じゅ》・想《そう》・行《ぎょう》・識《しき》も一一、みな如実の際に入る。陰《おん》を観ずることすでにしかり、十二因縁は谷響《こくきょう》のごとく、芭蕉の堅《かた》さ・露・電等のごとし。一時に運念して空観《くうがん》を成ぜしめ、勤めてすべからく修習して相応することを得しむべし。観恵の本なり、闕《か》くべからず。

《攀縁》心の対象、認識の対象、ほかに対象を認識するとか、対象にとらわれるという意味で用いられる場合もある。《堅》地の特性、かたいということ。《礙》障害、さまたげる。

この段では、非行非坐三昧が内面的にいかなる実践的態度にもとづいて修される三昧であるのかが、表詮される。

結論的にいうと、この三昧はまず六塵・五陰を観じて、空の得知を実現する三昧ということができる。

六塵をどのように観じてゆくのかという点については、たとえば経（『請観世音菩薩消伏毒害陀羅尼呪経』）および『大集経』に以下のようにいわれている。「眼根すなわち視覚作用、乃至、意識が六種の対象（＝六塵、色・声・香・味・触・法）に働きかけて、それらがどのように摂めとられるのか」（『請観音経』）ということが問われているが、このことをめぐっては、たとえば『大集経』に「如心にして住す」、すなわちありのままの心でそれらにかかわり、摂めとる、とのべられている。ところでここにいわれる、ありのままの心でかかわるとは、どのようなことなのであろうか。それはなにものにもとらわれない態度で、空を知ることといってよいであろう。

つぎに五陰の観察態度が説示される。ここではそのうちの色の観じ方が例示される。物質的世界は四大（地・水・火・風）より構成されており、従って色を観ずることは四大の観察に帰着する。そこで四大のそれぞれについて見てみるに、それらはすべて実体的な本性を有するものではない。因縁によって成立し、実有ならざるものである。

さてこうしたあり方は色だけに認められるものではなく、それ以外の四陰の上にもひとしく認められるところのものである。

五陰は以上のように観じられねばならない。ところでここでは十二因縁説が教えるところに従って観法を進めるということも、必要なことである。この教説に導かれて観法を深め、それによって明らかになることは、一切が谷の響のように、また中味のつまっていない芭蕉の葉のように、それからまた露や雷のように、もとの形をとどめえない、いわゆる非実体的なものであるということである。

以上の説明にみられるように、非行非坐三昧は内面的には、六塵、五陰等を観察して、一切が空であることを得知する観法の行なのである。なお以下に続く説明を読んでゆくと、この三昧がもちあわすそうした内的性格がよりはっきりする。

3　陀羅尼の誦呪について

銷伏毒害陀羅尼能破二報障一、毘舎離人、平復如レ本。破悪業陀羅尼能破二業障一、破二梵行一人、蕩‐除糞穢一、令レ得二清淨一。六字障句陀羅尼能破二煩惱障一、淨二於三毒根一、成二佛道一無レ疑。六字卽是六觀世音、能破二六道三障一。所謂大悲觀世音破二地獄道三障一。此道苦重、宜レ用二大悲一。大慈觀世音破二餓鬼道三障一。此道飢渇、宜レ用二大慈一。師子無畏觀世音破二畜生道三障一。獸王威猛、宜レ用二無畏一也。大光普照觀世音破二阿脩羅道三障一。其道猜忌嫉疑偏、宜レ用二普照一也。天人丈夫觀世音破二人道三障一。人道有二事理一、事伏二憍慢一、稱二天人一、理則見二佛性一故稱二丈夫一。大梵深遠觀世音破二天道三障一。梵是天主、標レ主得レ臣也。廣二六觀世音一卽是二十五三昧。大悲卽是無垢三昧、大慈卽是心樂三昧、師子卽是不退三昧、大光卽是歡喜三昧、丈夫卽是如幻等四三昧、大梵卽是不動等十七三昧。自思レ之可レ見。云云。

此經通二三乘人懺悔一。若自調自度、殺二諸結賊一、成二阿羅漢一。若福厚根利、觀二無明行等一、成二緣覺道一。若起二大悲一、身如二瑠璃一、毛孔見レ佛、得二首楞嚴一、住二不退轉一。諸大乘經有二此流類一。或七佛八菩薩懺、或虛空藏八百日塗レ厠、如レ是等皆是隨自意攝。云云。

銷伏毒害陀羅尼《しょうぶくどくがいだらに》はよく報障を破す、毘舎離《びしゃり》の人平復《へいふく》すること本《もと》のごとし。破悪業陀羅尼《はあくごうだらに》はよく業障《ごっしょう》を破し、梵《ぼん》行《ぎょう》を破する人も糞穢《ふんね》を蕩除《とうじょ》して清浄なることを得せしむ。六字章句《ろくじしょうく》陀羅尼《だらに》はよく煩悩障を破し、三毒の根《こん》を浄《きよ》めて仏道を成ずること疑いなし。六字はすなわちこれ六観世音《かんぜおん》なり、よく六道の三障を破す。いわゆる大悲観世音は地獄道《じごくどう》の三障を破す。この道《どう》は苦重し、よろしく大悲を用うべし。大慈観世音は餓鬼《がき》道の三障を破す。この道は飢渇《きかつ》す、よろしく大慈を用うべし。師子無畏《ししむい》観世音《かんぜおん》は畜生《ちくしょう》道の三障を破す。獣王威猛なり、よろしく無畏を用うべきなり。大光普照《だいこうふしょう》観世音は阿脩羅《あしゅら》道の三障を破す。その道は猜忌《さいき》嫉疑《しつぎ》あまねし、よろしく普照を用うべし。天人丈夫《てんにんじょうぶ》観世音は人《にん》道の三障を破す。人道に事・理あり、事は憍慢《きょうまん》を伏すれば天人と称し、理はすなわち仏性《ぶっしょう》を見るが故に丈夫と称す。大梵深遠《だいぼんじんのん》観世音は天道の三障を破す。梵《ぼん》はこれ天主なれば主を標して臣を得るなり。

六観世音を広うすればすなわちこれ二十五三昧なり。大悲はすなわちこれ無垢《むく》三昧《ざんまい》、大慈はすなわちこれ心楽《しんぎょう》三昧、師子はすなわちこれ不退《ふたい》三昧、大光はすなわちこれ歓喜《かんぎ》三昧、丈夫はすなわちこれ如幻等の四の三昧、大梵はすなわちこれ不動等の十七三昧なり。みずからこれを思うて見るべし。云云。

この経は三乗の人の懺悔に通ず。もし自調自度《じちょうじど》して諸の結賊《けつぞく》を殺さば、阿羅漢《あらかん》を成ず。もし福厚く根《こん》利にして無明《むみょう》・行《ぎょう》等を観ずれば、縁覚道《えんがくどう》を成ず。もし大悲を起こさば、瑠璃《るり》のごとくにして毛孔に仏を見、首楞厳《しゅりょうごん》を得て不退転に住す。諸《もろもろ》の大乗経にこの流類《たぐい》あり。あるいは七仏八菩薩の懺、あるいは虚空蔵《こくうぞう》、八百日厠《かわや》を塗る、かくのごとき等はみなこれ随自意《ずいじい》の摂《しょう》なり。云云。

《毘舎離》[S] vaiśālī の音写。インドの古代商業都市。《梵行》清き行い。

ここでは、経（『請観世音菩薩消伏毒害陀羅尼経』）が説き明かす一連の陳述の意趣を汲みとって、陀羅尼の誦呪が非行非坐三昧の一つの方法であることがのべられ、さらに踏み込んで、この行業の実践的功能が縷説される。ここでの説明では、上記二点のうちの後者の面の説明に力が注がれ、前者の点については間接的に読みとられるという形でしか説かれていないけれども、明らかにしようと意図されている事柄は、上に指摘したことにほかならない。

経の説くところに従って、銷伏毒害陀羅尼、破悪業陀羅尼、六字章句陀羅尼の三種の陀羅尼がまとめられる。これら三陀羅尼が対治するものは、報障・業障・煩悩障の三障である。まず銷伏毒害陀羅尼は、悪病にとりつかれたヴァイシャーリーの人びとが陀羅尼を誦すことによって、ことごとく平癒したという話のように、報障すなわち苦しみの報いを破し尽くす。つぎの破悪業陀羅尼は、梵行を破する悪人も陀羅尼を聞いて、穢れが除かれ、清らかな心となったといった話と同様、業障を破する。もう一つの六字章句陀羅尼はよく煩悩障を破す陀羅尼呪である。これを誦せば、貪・瞋・癡の三毒の煩悩の根が浄められ、仏道が成就されること間違いない。このように三陀羅尼によって三障が克服されるのであり、仏道修行を志すもの、これら三陀羅尼を誦すよう心がけねばならない。

なお六字章句陀羅尼についてさらに附言すれば、この陀羅尼の六字とは具体的には六観世音のことである。すなわち大悲観世音、大慈観世音、師子無畏観世音、大光普照観世音、天人丈夫観世音、大梵深遠観世音をいう。そこで六字章句陀羅尼を誦すことはこれら六観世音の名号を称えるということになるが、それらを誦すれば、大悲観世音―地獄の三障、大慈観世音―餓鬼の三障というように、六道の三障がひとつひとつ破せられ、さらに二十五王三昧が確立しもする。後者の点についていうと、大悲観世音の名号を称えれば、無垢三昧が、大慈観世音の名号を称えれば、心楽三昧が、以下、師子観世音―不退三昧、大光観世音―歓喜三昧、丈夫観世音―如幻等の四種の三昧、それから大梵観世音の名号を称えれば、不動等の十七の三昧が、それぞれ成就される、というわけである。こうした点も正しく知って、修行の過程でそれが行じられねばならない。

ともあれこの経（『請観世音経』）には、阿羅漢、縁覚、菩薩のいわゆる三乗のそれぞれにつながる懺悔の方法が説かれているが、それらは非行非坐三昧のなかに統摂されるものである。このほかいろいろの大乗経典のなかには、類別すると、この三昧に統摂されてよい行法が説かれている。たとえば『七仏神呪経』などに説かれる七仏八菩薩の懺悔法とか、『虚空蔵経』にみえる、八百日間、厠を一心に塗治して、ひたすら自らの罪咎をくいる行為など、その典型である。

㈡　善にもとづく方法

1　四運心とそれにもとづく方法

二歴ニ諸善一即爲レ二。先分ニ別四運一、次歴ニ衆善一。

初明ニ四運一者、夫心識無レ形不レ可レ見。約ニ四種相一分別。謂ニ未念欲念念念念已一。未念名ニ心未レ起、欲念名ニ心欲レ起、念名ニ正縁レ境住一、念已名ニ縁レ境謝一。若能了ニ達此四一、即入ニ一相無相一。

問、未念未レ起、已念已謝。此二皆無レ心、無レ心則無レ相、云何可レ觀。答、未念雖レ未レ起、非ニ畢竟無一、如下人未ニ作作一後便作作上。不レ可下以ニ未作作一故便言上レ無レ人。若定無レ人、後誰作作、以レ有下未ニ作作一人上、則將レ有ニ作作一。心亦如レ是、因ニ未念一故得レ有ニ欲念一。若無ニ未念一、何得レ有ニ欲念一。是故未念雖レ未レ有、不レ得ニ畢竟無レ念也。念已雖レ滅、亦可ニ觀察一。如ニ人作竟一、不レ得レ言レ無。若定無レ人、前誰作作。念已心滅亦復如レ是、不レ得レ言ニ永滅一。若永滅者、則是斷見、無レ因無レ果。是故念已雖レ滅亦可レ得レ觀。

問、過去已去、未來未レ至、現在不レ住、若離ニ三世一、則無ニ別心一、觀ニ何等心一。答、汝問非也。若過去永滅、畢竟不レ可レ知、未來未レ起不レ可レ知、現在無レ住不レ可レ知、云何諸聖人知ニ三世心一。鬼神尚知ニ自他三世一、云何佛法行人、起ニ斷滅龜毛兎角見一。當レ知、三世心雖レ無ニ定實一、亦可レ得レ知。故偈云、諸佛之所レ說、雖レ空亦不レ斷、相續亦不レ常、罪福亦不レ失。若起ニ斷滅一、如ニ盲對レ色、於ニ佛法中一、無ニ正觀眼一、空無レ所レ獲。行者既知ニ心有ニ四相一、隨ニ心所レ起善惡諸念一、以ニ無住著智一、反照觀察也。

二には、諸の善に歴《よ》るに、すなわち二となす。さきに四運《しうん》を分別し、つぎに衆善に歴るなり。

初めに四運を明かさば、それ心識《しんしき》は形なくして見るべからず。四種の相に約して分別す。未念《みねん》・欲念《よくねん》・念《ねん》・念已《い》をいう。未念は心がいまだ起こらざるに名づけ、欲念は心が起こらんと欲するに名づけ、念は正しく境を縁じて住するに名づけ、念已は境を縁ずることの謝するに名づく。もしよくこの四を了達すればすなわち一相無相に入る。

問う、未念はいまだ起こらず、已念はすでに謝す。この二はみな心なし、心なくんばすなわち相なし、いかんぞ観ずべけんや。答う、未念はいまだ起こらずといえども、畢竟《ひっきょう》無にあらず、人がいまだ作作《さき》せずして後にすなわち作作するがごとし。いまだ作作せざるをもっての故にすなわち人なしというべからず。もし定んで人なくんば後に誰か作作せん、いまだ作作せざる人あるをもってすなわちまさに作作あらんとす。心もまたかくのごとし、未念によるが故に欲念あることを得。もし未念なくんばなんぞ欲念あることを得んや。この故に未念いまだ有《う》ならずといえども、畢竟念なきことを得ず。念已は滅すといえども、また観察すべし。人の作し竟《おわ》るがごときは、無ということを得ず。もし定んで人なくんば、前に誰か作作せん。念已の心の滅することもまたまたかくのごとく、永く滅すということを得ず。もし永く滅すとせばすなわちこれ断見《だんけん》なり、因なく果なし。この故に念已は滅すといえどももまた観ずることを得べし。

問う、過去はすでに去り、未来はいまだ至らず、現在は住せず、もし三世を離るれば、すなわち別の心なし、なんらの心を観ぜんや。答う、汝の問は非なり。もし過去は永く滅せば、畢竟知るべからず、未来はいまだ起こらざれば知るべからず、現在は住することなくんば知るべからず、いかんぞ諸の聖人、三世の心を知らん。鬼神《きじん》もなお自他の三世を知る、いかんぞ仏法の行人《ぎょうにん》にして、断滅《だんめつ》・亀《き》毛《もう》兎《と》角《かく》の見《けん》を起こさんや。まさに知るべし、三世の心は定実《じょうじつ》なしといえども、また知ることを得べし。故に偈《げ》にいわく、「諸仏の説きたもうところは、空《くう》なりといえどもまた断《だん》ならず、相続すれどもまた常《じょう》ならず、罪福もまた失せず」と。もし断滅を起こさば、盲が色に対するがごとく、仏法のなかにおいて正観《しょうかん》の眼なく、空《むな》しくして獲るところなし。行者すでに心に四相あることを知らば、心の起こすところの善悪の諸念に随って、無住著《むじゅうちゃく》の智をもって、反照し観察すべし。

《断見》因果の理法を認めず、現実世界および自己の完全な滅無を主張する見解。**《亀毛兎角の見》**本来実在しないものを有りとみる見解。

種々の善に従って非行非坐三昧の方法上の形式が示される。はじめに四運心に従って考察し、つぎに種々の善に即して考察を進めてゆく。

四運心とは、いかなる心の様態をいうのか、まずこの点がはじめに説き示される。心意識というものは形があるわけではなく、見られないものであるが、働きの面から捉えれば、四種のすがたをもつものとして取り出すことができる。すなわち未念、欲念、念、念已の四種である。まず未念とは、まだ起こってはいないが、のちに必ず働く状態にある心をいい、つぎの欲念とは、いままさに働かんとする段階の心のことであり、そのつぎの念とは、まさしくいま働き続けている心のことであり、最後の念已とは、すでに滅し去った状態にある心をいう。心とはこの四種の状態を流れるように運ばれ、働き続けているものというのである。

さて、非行非坐三昧とはこの四運心といかに関係するのか。非行非坐三昧とは、方法的には一つに、心を四運心の相に類別、整理し、それらを一つ一つ観察する行業なのである。この段では非行非坐三昧がこうした方法的形式をもつものであることが、まず明らかにされる。

ややもすると衆生は、心に、未念・欲念・念・念已として取り出されうる四相があるということを知らない。しかし心には観ずることのできる四相が確実にあるのである。まず現に起きて働きつつある心＝念が観じられうる心の相であることは、だれも疑わないであろう。そこで、心の働きがまさに起きんとする状態（欲念）を考えてみよう。心にこうした状態が惹起するのは、そうした状態以前に、働く可能性を秘めた心があるからにほかならない。必ず働くべき心とは未念の状態にある心といってよく、そうであれば、未念は無とはいえない。働き出ようとする可能性が前提されているからこそ、働かんとする心の状態が現出するのであるから、未念によって欲念があることになり、未念も欲念も観じられうる心の相のひとつである。念已についてみれば、たとえば仕事をなしおわった人が、なしおわったその瞬間に無に帰したりしないのと同じように、働きをおえた心も、働き自身は認められなくなるにしても、無そのものになるわけではない。そこには観じられるべき相が、仕事をなしおえた人のように、残ってゆく。念已も観じられるべき相を保持しているのである。『大智度論』には、「諸仏が教え示されるところをみると、どのようなものも、空であるといっても無そのものでもなく、また存続し続けるといっても常なるものでもない。罪福の相をつねに伴うたぐいのものである」といわれているが、この表現が語り示すところと同じであり、心の四相は観じられうるものであり、無と考えられてはならない。

そこで、心に起こる善悪のさまざまな想いについて、なにものにもとらわれない、自在な智恵をもって、四相の観点から、よくよく観察しなければならない。こうすることが、非行非坐三昧の実践的態度の一つである。

2 六受にもとづく四運心の観察

次歷善事、善事衆多、且約六度。若有諸塵、須捨六受、若無財物、須運六作、捨運共論、有十二事。

初論眼受色時、未見欲見見已四運心、皆不可見、亦不得不見。又反觀覺色之心、不從外來、外來於我無預。不從內出、內出不待因緣。既無內外、亦無中間。不常自有。當知、覺色者畢竟空寂、所觀色與空等、能觀色者與盲等、乃至意緣法、未緣欲緣緣已四心皆不可得。反觀覺法之心、不外來不內出、無法塵無法者、悉與空等。是爲覺六受觀云云。眼根色塵空明、各各無見亦無分別。

因緣和合生眼識、眼識因緣生意識、意識生時、卽能分別。依意識則有眼識眼識能見、見已生貪。貪染於色、毀所受戒、此是地獄四運。意實愛色、覆諱言不、此鬼道四運。於色生著、而計我我所、畜生四運。我色他色、我勝他劣、阿脩羅四運。他惠我色、不與不取、於此色上、起仁讓貞信明等五戒十善、人天四運。觀四運心、心相生滅、心心不住、心心三受、心心不自在、心心屬因緣、二乘四運。

觀己四運、過患如此、觀他四運、亦復如是、卽起慈悲、而行六度。所以者何、六受之塵、性

相如レ此、無量劫來、頑愚保著、而不レ能レ捨、捨不レ能レ亡、今觀二塵非レ塵、於レ己無レ著、觀二人叵レ得、亦無二受者一。三事皆空名二檀波羅蜜一。金剛般若云、若住二色聲香味觸法一布施、是名二住相布施一。如二人入レ闇則無レ所レ見、不レ住二聲味一布施、是無相布施。如三人有レ目日光明照見二種種色一。直言レ不レ見レ相、略猶難レ解。今不レ見二色有相無相亦有無相非有無相一、若二處處著相一、引レ之令レ得レ出、不レ起二六十二見一乃名二無相檀一、到二於彼岸一、一切法趣レ檀、成二摩訶衍一、是菩薩四運。

又觀二四運一、與二虛空一等卽常、不レ受二四運一卽樂、不下爲二四運一起上業卽我、四運不レ能レ染卽淨、是佛法四運。如レ是四運、雖レ空空中具見二種種四運一、乃至徧見二恒沙佛法一、成二摩訶衍一、是爲二假名四運一。若空不レ應レ具二十法界一、法界從二因緣一生、體復非レ有、非レ有故空、非レ空故有、不レ得二空有一、雙照二空有一。三諦宛然、備二佛知見一、於二四運心一、具足明了。觀二聲香味觸法五受四運心一、圓覺二三諦不可思議一、亦復如レ是。準レ前可レ知、不二復煩記一。

摩訶止觀卷第二上

つぎに善事に歴《ふ》るに、善事は衆多《しゅた》なるもしばらく六度《ど》に約す。もし諸塵《じん》あらばすべからく六受《じゅ》を捨つべし、もし財物《ざいもつ》なくんばすべからず六作《さ》を運ぶべし、捨・運ともに論ずるに十二事あり。

はじめに、眼《げん》が色《しき》を受くるときを論ずるに、未見、欲見、見、見已の四運心は、みな見るべからず、また見ざることをえず。またかえって色を覚するの心を観ずるに、外より来たらず、外より来たらば我において預《あずか》ることなし。内より出でず、内より出ずれば因縁を待たず。すでに内外なければまた中間なし。常に自《おのず》ら有るにあらず。まさに知るべし、色を覚すれば畢竟空寂なり、所観《しょかん》の色は空と等しく、能観《のうかん》の色は盲と等し、乃至、意が法を縁ずるも、未縁、欲縁、縁、縁已の四心みな得べからず。かえって法を覚するの心を観ずるに、外より来たらず内より出でず、法塵《ほうじん》なく法者なく、ことごとく空と等し。これを六受《ろくじゅ》を覚するの観となす。云云。眼根《げんこん》、色塵《しきじん》、空《くう》、明《みょう》おのおの見なくまた分別なし。

因縁和合して眼識を生じ、眼識の因縁は意識を生じ、意識を生ずるときすなわちよく分別す。意識によってすなわち眼識あり、眼識はよく見、見おわって貪《とん》を生ず。色《しき》に貪染《とんぜん》して、受くるところの戒を毀《やぶ》る、これはこれ地獄の四運なり。意は実に色を愛すれども、覆諱《おおいかく》して不《いな》という、これは鬼道《きどう》の四運《うん》なり。色において著《じゃく》を生じて我《が》・我所《がしょ》を計するは、畜生の四運なり。我の色と他の色において、我は勝り他は劣れりとするは、阿脩羅《あしゅら》の四運なり。他が我に色を恵む、与えざれば取らず、この色の上において仁《にん》、譲《じょう》、貞《てい》、信《しん》、明《みょう》等、五戒、十善を起こすは、人天の四運なり。四運心を観ずるに、心相生滅《しんそうしょうめつ》して心心住せず、心心に三受あり、心心自在ならず、心心が因縁に属するは、二乗の四運なり。

己《おの》が四運を観ずるに、過患《かかん》かくのごとく、他の四運を観ずるも、またまたかくのごとし、すなわち慈悲を起こして六度を行ず。所以はいかん、六受の塵は性相かくのごとく、無量劫来《むりょうごうらい》、頑愚にして保著《ほじゃく》し、捨つること能わず、捨てて亡ずること能わず、いま塵は塵にあらずと観ずれば、塵において受なく、根《こん》は根にあらずと観ずれば、己《おのれ》において著するところなく、人は得ること叵《かた》しと観ずれば、また受者なし。三事みな空なるを檀波羅蜜と名づく。金剛般若《こんごうはんにゃ》にいわく、「もし色《しき》、声《しょう》、香《こう》、味《み》、触《そく》、法に住して布施するは、これを住相の布施と名づく。人、闇に入ればすなわち見るところなきがごとし、声、味に住せずして布施するは、これ無相《むそう》の布施なり。人に目あり、日の光明らかに照らすに種種の色を見るがごとし」と。直に相を見ずというは、略にしてなお解し難し。いま色の有相《うそう》、無相、亦《やく》有無相、非有無相を見ず、処処の著相《じゃくそう》の若《ごと》き、これを引いて出ずることを得せしめ、六十二見《けん》を起こさざるは、すなわち無相の檀と名づく、彼岸《ひがん》に到り、一切の法、檀に趣いて摩訶《まか》衍《えん》を成ず、これ菩薩の四運なり。

また四運を観ずるに虚空と等しきはすなわち常《じょう》なり、四運を受けざるはすなわち楽《らく》なり、四運のために業を起こさざるはすなわち我《が》なり、四運の染《ぜん》すること能わざるはすなわち浄《じょう》なり、これ仏法の四運なり。かくのごとく四運は空なりといえども、空のなかに具《つぶ》さに種種の四運を見る、乃至、あまねく恒沙《ごうじゃ》の仏法を見て摩訶《まか》衍《えん》を成ず、これを仮名《けみょう》の四運となす。もし空ならば十法界《じっぽっかい》を具すべからず、法界は因縁より生ずれば、体はまた有《う》にあらず、有にあらざるが故に空、空にあらざるが故に有なり、空有を得ずして雙べて空有を照らす。三諦《さんだい》宛然《えんねん》として仏知見を備《そな》え、四運心において具足して明了《みょうりょう》なり。声・香・味・触・法の五受の四運心を観じて、円かに三諦の不可思議を覚することもまたかくのごとし。まえに準じて知るべし、また煩わしく記さず。

摩訶止観巻第二上

《六度》彼岸に到る六つのすぐれた行践的態度。具体的には、布施・持戒・忍辱・精進・禅定・智恵。《塵》対象。境のこと。《六受》六種の感受作用。眼・耳・鼻・舌・身・意にそなわった感覚的、知的はたらき。《六作》行・住・坐・臥・語默・作務の六種の振舞。《十法界》地獄・餓鬼・畜生・修羅・人間・天界・声聞・縁覚・菩薩・仏の十の生存の領域。

ここでは善き行いを軸に据えて非行非坐三昧の内的構造、すなわちその骨組みの紹介が、おこなわれる。善なるもの、善き行いといわれるものは数々あるけれども、ここでは六波羅蜜の行為が取り上げられ、それに従って説明が展開される。あらかじめここでの説明の手順を示しておこう。六波羅蜜といっても、それを明らかにしようとすれば、それぞれの行為について内容的にこうした行為が、たとえば布施と呼ばれるに値する行為であると具体的に示す必要がある。そこでここでは六受と六作に従って六波羅蜜を説き示すという説明の方法がとられる。そして六受、六作のいかなる形態が六波羅蜜と呼ばれるに値するものであるのか、ひいては非行非坐三昧の内容をなす態度であるのか、といったことが、詳述されるのである。

まず六受に即して六度が説き明かされ、非行非坐三昧の内的構造が示される。ただしここでは主として六受については眼根を、六度については布施波羅蜜を中心として説明が展開されるという形がとられている。基本の構図が明確になればそれでよいわけであるから、六受、六度のすべてにわたって説明がなされずとも、それで十分である。

さて、眼が物質的対象を知覚する場合を例に考えてみよう。対象にかかわる眼の働きは未見、欲見、見、見已の四運心として整理することができるが、それらの四運心は見ることのできないものであると同時に、見ることができないというわけのものでもない。一語にしていえば不可得なるもの、空なるものと表わすしかないものである。また対象を知覚する心そのものについていえば、これもそれ自体で存在する有なるものでは決してなく、空というしかないものである。さらに対象自身についてみても、まさに空なるものというしかない。眼識とその対象とを取り上げて、そのありようを観察してみれば、それらはひとつとして実体的に掴みうる存在ではないのである。六受のなかの意識について以下考えてみよう。意識は法を対境にもって働くものであるが、法に向う意識の働きを整理すれば、未縁、欲縁、縁、縁已の四運心として取り出すことができる。ところでこれら四運心を観察してみるとき、どれひとつとして実体的に捉え出されうるようなものはない。みな不可得なるものである。さらに踏み込んで法を認識する心、それからそれによって捉えられる対境としての法、これらについてみても、まさに空というしかない。ともあれ六受のどれについてみても、上でのべた、それぞれの空であるありようが明らかになるだけである。六受についてこのように観察し、捉えるのが、それについての捉え方の基本である。

ただしそうはいっても、対象に働く六種の感受作用（＝六受）を観察してみると、現実にはそこに種々の態度が現出する。整理していえば、地獄から仏にまでいたる十種の態度である。まずはじめには、眼識が対象をみて、それにまったくとらわれ、そしてすでに受けた戒をこわしてしまうという態度である。これは地獄のあり方を導く態度である。つぎに現実には対象にとらわれながら、しかしあたかもそうではないかのように装い、振舞う態度である。これは餓鬼道を導く態度にほかならない。それから対象にとらわれるだけではなく、自己自身にとらわれる態度である。これは畜生の境界を導く態度といってよい。またつぎには他と競いあい、つねに自らが勝れりと主張してやまない態度である。これは阿修羅を導く態度ということができる。またこの自らの身体の上に仁などのいわゆる五常、それから五戒、十善を備えんとする態度である。こうした態度は人間、天界の領域を導く態度といいうる。さらには四運心を観じて、心は生滅し続けるものであって、とどまるところがなく、いつも楽と苦とそのいずれでもないもの（不苦不楽）の三種の感情を受け続け、決して自在を得ることがなく、滅しては亡び、滅しては亡びる因果の系列を離れえないものであると了解する態度である。この態度は二乗を導く態度にほかならない。

ところでこれまでにのべてきた四運心の観じ方、すなわち対象にかかわる心の働きを四種の観点から眺め、それらの局面をひとつひとつ観じてゆく見方は、衆生にひろく認められるものであり、しかもそれらの見方は決して正しいものではない。どうしてそうであるのかは、それらの見方が、一語にしていえば、対象も、またそれにかかわる感覚的、乃至、意識作用のそれぞれも、すべて有なるものとみる姿勢に貫かれたものであるからである。そこで慈悲の心を起こして、六度を行じなければならない。六度を行ずることによって無量劫以来、頑固に保持し続けてきたとらわれの心を克服することが大切なのである。

さて、慈悲心に支えられた六度の行とは具体的にはいかなる構造をもつものなのか。それは、さきにものべられた、対象も、感受作用も、また認識器官そのものも、一切が空、不可得なるものと了解する態度を内容とするものといってよい。四運心の観察を通してこのように一切が空であると得知する態度は、菩薩の境界へと導く態度にほかならない。

四運心の観じ方はこれだけにとどまらず、さらにいっそうのひろがりをもちあわしている。まず四運心を観じて、虚空と等しきものと解する。この観じ方は前段にのべられた菩薩の観じ方と内容的に異なっているわけではないが、仏の立場に立った観じ方として前のものと区別され、通教の菩薩ではなく、通教の仏の四運心の観じ方と見做されるものである。前者に比べて、空の得知がいっそう徹底された立場というわけである。したがってここではさとりの四種のすぐれた徳（常・楽・我・浄）が得られることになる。すなわち空である真実そのものが得知されるわけであるから、常という徳が得られる。空は不変なるものであり、それにつながる徳は常にほかならない。つぎに空を知れば界内の苦しみを受けることがなくなるから、楽という徳が得られる。それから空を知るわけであるから、六道流転の原因となる業を起こすことがない。したがって絶対不動の境地が得られるであろう。この境地は我という徳にほかならない。さらに、空の得知によって、煩悩に染まることが以後ない。煩悩に汚染されない境地は清浄の境地であり、浄という徳が得られる状態である。

ところで四運心を観じて即空を得知することが、それの観じ方のすべてではない。空を見る一方で、種々の四運すなわち相状を異にする種々の境界（＝十界）を知見しもする。こうした観じ方は、天台教学の類別方法に従えば、別教の成立を導くものであり、四運心の観じ方がいっそうひろげられたことを意味する。

最後にもう一つ、これは四運心の観じ方の究極の形態をなすものと見做されてよいものであるが、内容を示せば、空・有の両辺をひとしく観じとる態度にほかならない。もう少し詳しくいえば、因縁によって成り立つ一切諸法は、空そのもの、有そのものといったものではなく、空でありつつ、有でもある存在にほかならない。そうしたありようをできるかぎり正確に表示しようとすれば、空・有（仮）・中の三諦がそっくりそのままそなわったあり方というのがもっとも適切であろう。四運心を観ずることによって、一切諸法が空でありつつ、仮でもあること、すなわち中であると捉えられることが、それをめぐる観じ方の理想の姿ということができる。こうした観じ方は仏知見を備えた観得の態度であり、こうした態度が、声・香・味・触・法の五境にかかわる感受作用の内的構造を観察する場合にも、同じように堅持されねばならない。

以上で、六受に従って六波羅蜜を説き示し、そうした説明を通じて非行非坐三昧の内的態度を教示しようと企図された説明の項が終わるわけであるが、これら一連の説明を見渡して知られるところは、非行非坐三昧とは、――それは六波羅蜜の内容ともなる――六受のそれぞれについて四運心に分解し、それら四運心の一つ一つを観察して、一切が三諦として捉えられうるありようを有するものであることを観じとる行にほかならない、ということである。

3　六作にもとづく四運心の観察

次觀二六作一行レ檀者、觀二未念行欲行行行已一、四運遲速皆不可得、亦不レ見二不可得一。反觀二覺心一、不二外來一不二內出一不二中間一。不二常自有一、無レ行無二行者一、畢竟空寂。而由二心運役一故有二去來一、或爲二毀戒一、或爲レ誑レ他、或爲二眷屬一、或爲レ勝レ彼、或爲二義讓一、或爲二善禪一、或爲二涅槃一、或爲二慈悲一、捨二六塵一運二六作一。方便去來、擧足下足、皆如二幻化一。怳惘虛忽、亡レ能亡レ所。千里之路不二謂爲レ遙、數步之地不二謂爲レ近。凡有二所作一、不レ唐二其功一、不レ望二其報一。如レ此住レ檀、攝二成一切恒沙佛法一、具二摩訶衍一、能到二彼岸一。

又觀二一運心一、十法具足、一不二定一一、故得レ爲レ十。十不二定十一、故得レ爲レ一、非レ一非レ十、雙照二一十一、一念心中、具二足三諦一。住坐臥語默作作亦復如レ是。準レ前可レ知。故法華云、又見三佛子名衣上服以用布施、以求二佛道一、卽此義也。

前約二十二事一共論レ檀、今約二一一事一各各論レ六。

行者行時、以二大悲眼一觀二衆生一、不レ得二衆生相一、衆生於二菩薩一得レ無二怖畏一。是爲二行中檀一。於二衆生一無レ所二傷損一、不レ得二罪福相一、是名レ尸。行時心想不レ起、亦無二動搖一、無レ有二住處一、陰入界等亦悉不レ動、是名レ忍。行時不レ得二擧足下足一、心無二前思後覺一、一切法中無二生住滅一、是名二精進一。不レ得二身心生死涅槃一、一切法中無二受念著一、不レ味不レ亂、是名レ禪。行時頭等六分如レ雲、如二影夢幻響化一、無二生滅斷常一、陰入界空寂、無レ縛無レ脫、是名二般若一。具如二首楞嚴中廣說一。

又行中寂然若二定相一、若不レ察レ之、於レ定生レ染、貪二著禪味一。今觀二定心一、心尚無レ心、定在二何處一。當レ知、此定從二顚倒一生。如レ是觀時、不レ見二於空及與不空一。卽破二定相一、不レ生二貪著一。以二方便一生、是菩薩解。行者未レ悟、或計二我能觀心一、謂二是妙慧一、著レ慧自高。是名二智障一、同二彼外道一、不レ得二解脫一。卽反照二能觀之心一、不レ見二住處一、亦無二起滅一、畢竟無レ有二觀者及非觀者一。觀者既無、誰觀二諸法一。不レ得二觀レ心者一、卽離二觀想一。大論云、念想觀已除、戲論心皆滅。無量衆罪除、清淨心常一。如レ是尊妙人則能見二般若一。大集云、觀二於心心一。卽此意也。

如レ是行中具二三三昧一。初觀破二一切種種有相一、不レ見二內外一、卽空三昧。次觀能壞二空相一、名二無相三昧一。後觀不レ見二作者一、卽無作三昧。又破二三倒三毒一、越二三有流一、伏二四魔怨一、成二波羅蜜一、攝二受法界一、增二長具三足一切法門一、豈止六度三三昧而已矣。若於二行中一具二足一切法一者、餘十一事亦復如レ是。

次更歷二六塵中一、競持謹潔、如下擎二油鉢一一滴不上レ傾、又於二六作中一、威儀肅肅、進退有レ序。但名二持戒一、持戒果報、升出受レ樂、非二是三昧一、不レ名二波羅蜜一。若得二觀慧一、於二十二事一尸羅自成。謂觀二未見色欲見見見已四運心一、種種推求、不レ得二所起之心一、亦不レ得二能觀之心一。不二內外一無二去來一無二生滅一。其一。

能如レ是觀、身口七支淨若二虛空一、是持二不缺不破不穿三種律儀戒一。破二四運諸惡覺觀一卽持二不雜戒一也。不下爲二四運一所上レ亂卽持二定共戒一也。四運心不レ起卽持二道共戒一也。分二別種種四運一無レ滯卽持二無著戒一也。分二別四運一不レ謬卽持二智所讚戒一也。知三四運攝二一切法一卽持二大乘自在戒也。識四運四德即持究竟戒也。其二。
心既明淨、雙遮二邊、正入中道、雙照二諦。不思議佛之境界具足無減。其三。
色者色法受者不可得。三事皆亡即檀。於色色者安心不動名二忍。於色色者無染無間名毘梨耶。不爲色色者所亂名禪。色色者如幻如化名般若。色色者如虛空名空三昧、不得此空名無相三昧、無能無所名無作三昧。何但三諦六度三空、一切恒沙佛法皆例可解。觀色塵既爾、餘五塵亦然。六受六作亦如是。法華云、又見佛子威儀具足以求佛道、即此義也。
次歷忍善者、還約作受、皆有違順、順是可意、違不可意。於違不瞋、於順不愛、無見無見者、無作無作者。皆如上說。
次歷精進善、舊云、精進無別體、但篤衆行。義而推之、應有別體。例無明通入衆使、更別有無明。今且寄誦經勤策其心以擬精進。晝夜不斷、乃得滑利、而非三昧慧。今觀氣息觸七處和合、出聲如響、不內不外、無能誦所誦、悉以四運推檢、於塵不起受者、於緣不生作者、煩惱不間誦說、念念流入大涅槃海。是名精進。云云。
次歷諸禪、根本九想背捨等但是禪、非波羅蜜。觀入定四運、尙不見心、何處有定。即達禪實相、以禪攝一切法。故論第五解八想、竟、明十力四無所畏一切法。諸論師不達玄旨、咸謂論誤、未應說此。此是論主明八想作摩訶衍相故、廣釋諸法耳。云云。
次歷智慧者、釋論八種解般若。云云。今且約世智、用觀六受六作。四運推世智叵得、皆如上說。約餘一切善法亦如是。
問、若一法攝一切法者、但用觀即足、何須用止。一度即足、何用五度耶。答、六度宛轉相

成。如二被レ甲入レ陣、不レ可レ不レ密。云云。観如レ燈止如二密室一、浣レ衣刈レ草等。云云。又般若爲二法界一徧攝二一切一、亦不レ須二餘法一。餘法爲二法界一亦攝二一切一、亦不レ須二般若一。又般若卽諸法、諸法卽般若、無レ二無レ別。云云。

つぎに、六作《さ》を観じて檀を行ずるとは、未念行、欲行、行、行已を観ずるに、四運の遅速みな不可得にして、また不可得を見ず。反《かえ》って覚心を観ずるに、外より来たらず内より出《い》でず中間《ちゅうげん》にもあらず。常に自ら有るにあらず。行なく行く者なく、畢竟空寂なり。しかも心が運役《うんやく》するに由るが故に去来あり、あるいは毀戒《きんかい》のため、あるいは他を誑《たぶら》かすため、あるいは眷属《けんぞく》のため、あるいは彼に勝たんがため、あるいは義譲《ぎじょう》のため、あるいは善禅のため、あるいは涅槃《ねはん》のため、あるいは慈悲のために、六塵《ろくじん》を捨て六作を運ぶ。方便去来《こらい》、挙足下足《こそくげそく》、みな幻化《げんけ》のごとし。悦惝虚忽《こうりようここつ》として能《のう》を亡《もう》じ所《しょ》を亡ず。千里の路も謂って遙かなりとなさず、数歩の地も謂って近しとなさず。およそ所作あれば、その功《こう》を唐《むなし》うせず、その報を望まず。かくのごとく檀に住して一切恒沙《いっさいごうじゃ》の仏法を摂成《しょうじょう》し、摩訶衍《まかえん》を具してよく彼岸に到る。

また一運の心を観ずるに、十法具足す、一も定んで一ならず、故に十となすことを得。十も定んで十ならず、故に一となすことを得、一にあらず十にあらず、雙《なら》べて一十を照らし、一念の心のなかに三諦《さんだい》を具足す。住・坐・臥・語黙・作作《ささ》もまたまたかくのごとし。まえに準じて知るべし。故に法華にいわく、「また仏子が名衣《みょうえ》上服《じょうぶく》、もって用いて布施し、もって仏道を求むることを見る」と、すなわちこの義なり。まえには十二事に約してともに檀を論ず、いまは一一の事に約しておのおのに六を論ぜん。

行者行《あゆ》むとき、大悲の眼をもって衆生を観るに、衆生の相を得ずんば、衆生は菩薩において怖畏《ふい》なきことを得。これを行のなかの檀となす。衆生において傷損《しょうそん》するところなく、罪福の相を得ざるを、これを尸《し》と名づく。行《あゆ》むとき心想起こらず、また動揺なく住処あることなく、陰入界等もまたことごとく動ぜざるを、これを忍と名づく。行むとき挙足下足を得ず、心に前に思い後に覚することなく、一切法のなかに生《しょう》・住・滅なきを、これを精進《しょうじん》と名づく。身心に生死涅槃《しょうじねはん》を得ず、一切法のなかに受と念と著となく、味わわず乱れざるを、これを禅と名づく。行むとき頭等の六分は雲のごとく、影・夢・幻・響・化《け》のごとく、生《しょう》・滅《めつ》・断《だん》・常《じょう》なく、陰入界空《おんにゅうかい》寂にして、縛《ばく》なく脱なきを、これを般若と名づく。具《つぶ》さに首楞厳《しゅりょうごん》のなかにひろく説けるがごとし。

また行のなかに寂然《じゃくねん》として定相《じょうそう》あり、もしこれを察せずんば、定《じょう》において染《ぜん》を生《しょう》じて禅味に貪著《とんちゃく》す。いま定心《じょうしん》を観ずるに、心になお心なし、定いずれのところにかあらん。まさに知るべし、この定は顚倒《てんどう》より生ずることを。かくのごとく観ずるとき、空とおよび不空とを見ず。すなわち定相《じょうそう》を破して貪著を生ぜず。方便をもって生ずるは、これ菩薩の解《げ》なり。行者いまだ悟らずんば、あるいはわが能観の心を計してこれを妙恵と謂《おも》い、恵に著して自ら高うす。これを知障と名づけ、かの外道《げどう》に同じく、解脱《げだつ》することを得ず。すなわち反《かえ》って能観の心を照らすに、住処を見ず、また起滅なく、畢竟して観者および非観者あることなし。観ずる者すでになし、誰か諸法を観ぜん。心を観ずる者を得ざれば、すなわち観想を離る。大論にいわく、「念想の観すでに除かれ、戯論《けろん》の心みな滅す。無量の衆罪除かれ、清浄の心、常に一なり。かくのごとき尊妙の人すなわちよく般若《はんにゃ》を見る」と。大集にいわく、「心心を観ず」と。すなわちこの意なり。

かくのごときの行のなかに三三昧《さんざんまい》を具す。初めの観は一切の種種の有相《うそう》を破し、内外《ないげ》を見ず、すなわち空三昧なり。つぎの観はよく空相を壊す、無相三昧と名づく。のちの観は作者を見ず、すなわち無作三昧なり。また三倒《さんとう》・三毒を破し、三有《さんぬ》の流を越え、四魔の怨を伏して波羅蜜を成じ、法界を摂受して一切の法門を増長《ぞうちょう》し具足す、あにただ六度・三三昧のみならんや。もし行のなかにおいて一切の法を具足せば、余の十一事もまたまたかくのごとし。

つぎに、さらに六塵のなかに歴《へ》て競持《きょうじ》して謹潔なること、油鉢《ゆはつ》を擎《ささ》げて一渧《いったい》をも傾けざるがごとく、また六作のなかにおいて威儀粛粛《いぎしゅくしゅく》として進退に序あり。ただ持戒と名づくるは、持戒の果報は升出して楽を受くるも、これ三昧にあらず、波羅蜜と名づけず。もし観恵を得れば、十二事において尸羅《しら》おのずから成ず。いわく未見色・欲見・見・見已の四運心を観じて種種に推求するに、所起の心を得ず、また能観の心を得ず。内外にあらず去来なく、寂として生滅なし。その一。

よくかくのごとく観じて、身口七支《し》の浄きこと虚空のごとくなるは、これ不欠《ふけつ》・不破《ふは》・不穿《ふせん》の三種の律儀戒《りつぎかい》を持《たも》つなり、四運の諸の悪覚観《かくかん》を破するはすなわち不雑戒《ふぞうかい》を持つなり。四運のために乱されざるはすなわち定共《じょうぐ》戒《かい》を持つなり。四運の心の起らざるはすなわち道共《どうぐ》戒を持つなり。種種の四運を分別して滞ることなきはすなわち無著戒《むぢゃくかい》を持つなり。四運を分別して謬《あやま》らざるはすなわち智所讃戒《ちしょさんかい》を持つなり。四運、一切の法を摂すと知るはすなわち大乗自在戒《じざいかい》を持つなり。四運の四徳を識るはすなわち究竟戒《くきょうかい》を持つなり。その二。

心すでに明浄《みょうじょう》にして雙べて二辺を遮《しゃ》し、まさしく中道に入って雙べて二諦を照らす。不思議の仏の境界具足して滅ずることなし。その三。

色者《しきしゃ》・色法《しきほう》・受者《じゅしゃ》は不可得なり。三事みな亡ずるはすなわち檀なり。色と色者において心を安んじて動ぜざるを忍《にん》と名づく。色と色者において無染無間《むぜんむけん》なるを毘梨耶《びりや》と名づく。色と色者のために乱されざるを禅と名づく。色と色者は幻のごとく化《け》のごとくなるを般若《はんにゃ》と名づく。色と色者が虚空のごとくなるを空三昧《くうざんまい》と名づけ、この空を得ざるを無相三昧《むそうざんまい》と名づけ、能なく所なきを無作三昧《むさざんまい》と名づく。なんぞただ三諦《さんだい》・六度《ろくど》・三空《さんくう》のみならんや、一切の恒沙《こうじゃ》の仏法もみな例して解すべし。色塵《しきじん》を観ずることすでにしかり、余の五塵もまたしかり。六受六作もまたかくのごとし。法華にいわく、「また仏子の威儀具足して、もって仏道を求むるを見る」と、すなわちこの義なり。

つぎに、忍の善に歴るとは、かえって作受《さじゅ》に約す、みな違順《いじゅん》あり、順はこれ可意《かい》、違は不可意なり。違《い》において瞋《いか》らず、順において愛せず、見なく見者《けんしゃ》なく作なく作者《さしゃ》なし。みな上に説けるがごとし。

つぎに、精進の善に歴るに、旧のいわく、「精進に別の体なし、ただ衆行を篤《あつ》うす」と。義をもってこれを推するにまさに別体あるべし。たとえば無明《むみょう》は通じて衆使《し》に入れども、さらに別に無明あり。いましばらく誦経《じゅきょう》してその心を勤策《ごんさく》するに寄せてもって精進に擬《ぎ》す。昼夜に虧《か》かざればすなわち滑利《かつり》なることを得るも、しかも三昧《さんまい》の恵にあらず。いま、気息が七処に触れて和合して声を出だすこと、響《ひびき》のごとく、内にあらず外にあらず、能誦所誦なしと観じ、ことごとく四運をもって推検して塵《じん》において受者を起こさず、縁において作者を生ぜず、煩悩間《まじ》わらずして誦説し、念念に大涅槃海《だいねはんかい》に流入す。これを精進と名づく。云云。

つぎに、諸の禅《ぜん》に歴るに、根本《こんぽん》・九想《くそう》・背捨《はいしゃ》等はただこれ禅《ぜん》にして、波羅蜜にあらず。入定《にゅうじょう》の四運を観ずるに、なお心を見ず、いずれのところにか定《じょう》あらん。すなわち禅の実相《じっそう》に達し、禅をもって一切の法を摂す。故に論の第五に八想《はっそう》を解しおわって、十力《じゅうりき》・四無所畏《しむしょい》、一切の法を明かす。諸の論師は玄旨《げんし》に達せずして、ことごとく、論は誤まれり、いまだこれを説くべからずという。これはこれ、論主は八想が摩訶衍《まかえん》の相となるを明かす故に広く諸法を釈すのみ。云云。

つぎに、智恵に歴るとは、釈論には八種に般若《はんにゃ》を解す。云云。いましばらく世智に約してもって六受六作を観ず。四運をもって世智を推するに得がたきことみな上に説けるがごとし。余の一切の善法に約するもまたかくのごとし。

問う、もし一法に一切法を摂せば、ただ観を用うればすなわち足る、なんぞ須らく止《し》を用うべけん。一度にしてすなわち足る、なんぞ五度を用いんや。答う、六度《ろくど》は宛転《えんてん》してあい成ず。甲《よろい》を被《き》て陣に入るがごとし、密《きび》しくせずんばあるべからず。云云。観は燈《ともしび》のごとく止は密室のごとし、衣を浣《そそ》ぎ草を刈る等。云云。また般若《はんにゃ》を法界となすにあまねく一切を摂す、また余法を須《もち》いず。余法を法界となすもまた一切を摂す、また般若を須いず。また般若すなわち諸法、諸法すなわち般若にして、二なく別なし。云云。

《怳悀》形状および内実を有していないことの表現。**《尸》**尸羅の略。[S] śīla の音写。戒のこと。**《陰入界》**五陰（五蘊）と十二入（十二処）と十八界。われわれの存在をその構成要素にしたがって類別的に示したもの。われわれの存在を物質面と精神面とに分けて説き示す教説。**《戯論》**無益な論議。**《三倒》**三顚倒のこと。すなわち、自己の心の真相を知らず、対象について主・客対立の立場に立ってかかわる心の顚倒、対象を実体的なものと見ようとする見の顚倒、対象について妄想し執着する想の顚倒の三種をいう。**《三毒》**貪（むさぼり）・瞋（いかり）・癡（迷いまどうこと）の三煩悩のこと。**《三有》**三種の生存。すなわち、欲界・色界・無色界の三界における生存。**《四魔》**人びとを悩ませるものを四つに類別して示したもの。(1)煩悩魔（身心を悩ます貪りなどの煩悩）、(2)陰魔（五蘊が種々の苦しみの原因となるということで魔とみた）、(3)死魔（死のこと）、(4)他化自在天魔（欲界の第六天の魔王）。**《身口七支》**十悪のなかの七つ。身体で犯す殺生・偸盗・邪婬と、口（ことば）でそこなう妄語・綺語・悪口《あっく》・両舌の以上七悪。**《色者》**見るもの。対象に向って働く認識作用の主体。主観のこと。**《色法》**見られるもの。捉えられる客観、客体のこと。**《受》**対象を捉えること。認識作用。**《塵》**対象。境のこと。眼・耳・鼻・舌・身・意の六種の感覚機官の対象となるもの、この見方にもとづいて六塵が立てられる。六塵とは色・声・香・味・触（ふれられるもの）・法（思考の対象）をいう。**《根本》**根本四禅のこと。**《九想》**(1)脹想（死屍の膨張する様を観ずる）、(2)青瘀想（風や日光によって死屍の変色する様を観ずる）、(3)壊想（死屍の壊れる様を観ずる）、(4)血塗想（死屍の血肉が地を塗らす様を観ずる）、(5)膿爛想（死屍の腐敗する様を観ずる）、(6)噉想（鳥獣が死屍を食らう様を観ずる）、(7)散想（鳥獣に食われて筋骨がばらばらになる様を観ずる）、(8)骨想（白骨だけが散らばる様を観ずる）、(9)焼想（白骨が焼かれ、灰土に帰することを観ずる）。こうしたことを観じて、貪欲を除き、人びとを惑業からひきもどすための行。《**背捨**》八背捨。三界の煩悩から解放されるための八種の禅定。四禅と四無色定を修して完全な無となる境地（滅尽定）に至る行。

以下、行、住、坐、臥、語黙、作作の六作に従って、六波羅蜜、ひいては非行非坐三昧のいわば内なる姿勢――実践的態度が説示される。なおここでの説明の手順をのべれば、乱れはあるにしても、一応、六作のうちの「行」を軸として、それと絡めて六波羅蜜、さらに非行非坐三昧の実践的態度を説き明かす、という構成となっている。以下、説明を追いながらみてゆこう。

六作に従って檀波羅蜜、すなわち布施について考えてみるとしよう。そのために、ここでそのなかの行に即してみてゆくとすると、その吟味は、方法的に、未念行、欲行、行、行已の四運を観察するという形式に従うことになるであろう。それではその観察の結論はどのようなことか。四運のどれも不可得というのが正しい。そこでさらに四運を観察する心にまで踏み込んでそれを見てみるに、それも実はそれ自身で存在しうる実体的なものではなく、空寂なるものにほかならない。行《あゆ》む動作も行む主体もともに有《う》ならざるものであって、一切が空寂であるというのが、あらゆるものの真実のすがたである。かくて一切が空であることを得知し尽くすことが、檀波羅蜜の完成である。檀波羅蜜を行ずるとは、まず以上のように、一切の空であるありようを観じとることなのである。

ところで檀波羅蜜の成就は、上の点を満たすだけでこと足れりというわけではない。心の働きに応じて種々の境界が現出することを知り、そしてそれらを余すところなく観じ尽くさねばならない。心の働きとそれに導かれて現出する種々の境界の関係を示せば、たとえば戒を毀る行為は地獄を、それから他を誑《たぶら》かす態度は餓鬼を、また仲間に肩入れする態度は畜生をそれぞれ導く。つぎに他に遅れをとることを徹底して嫌う態度は修羅を、そして正義をまわりにわかち与えようとする態度は人間を、それから十善を守り、四禅を行じようと努める態度は天界を、また涅槃を求めて修行に励む態度は二乗をそれぞれ現出せしめるのである。実は一切が空であることを知りつつ、しかも一方で、差別の相を現にそなえてそこにある現象世界のありようを観じとることも肝要なことである。天台のいわゆる型にはまった表現で示せば、空を得知するだけではなく、仮をも見てとらねばならない、というわけである。かくて檀を行ずる態度とは、仮をも観じとる態度を一つの重要な柱として形づくられるものでなければならない、ということになる。

さて、檀波羅蜜の完成は、以上のべてきた二つの実践的態度が確立しさえすれば、実現されるというのではない。それには、さらにもう一つの実践的態度の確立がまたれると考えられている。それでは求められるもう一つの実践的態度とはどのようなものなのか。一語にしていえば、中道観ということができる。一運の心、すなわち一念の心を観察してみると、それは十法界を具足している。もう少しわかりやすくいえば、心は無量のすがた、形をとって展開し、あらわれ出るものである。その面からみれば、心は有なるもの、無量の相を整理して十法界を具足するものといわれうる。しかし心は因縁によって成り立つものであって、有そのものとみられえないものである。まさに空なるもの、ここでの表現をもってすれば、一なるものである。かくて一念の心は空であって空にあらず、また有であって有でもないものと捉えられねばならないものということになる。さて空でもなければ有でもないもの、裏をかえしていえば、空でありつつ有なるものとは、いかに表わされうるのか。中として表示されるのがもっともふさわしい表現であろう。かくて一念の心は空・仮・中の三諦を具えたものとして示されうる。

以上みてきたように、一念の心（広くは四運の一つ一つの場面で）が三諦によって捉えられねばならないことをみてとって、有・無の極端を超え出た境地に立つことが、実は檀波羅蜜の完成である。ここでは六作のうちの行を手掛かりとして、それを四運にひらいて六波羅蜜のなかの檀波羅蜜の内なる態度についてみてきたわけであるが、上に指摘した、檀波羅蜜のそうした態度は、なにも「行」だけにそなわった態度ではなく、「住」以下の六作全体を貫く檀波羅蜜の態度にほかならない。さらに踏み込んでいえば、ここでの説明の構成、仕方から考えて、檀波羅蜜を行ずる態度として教示されるさきの態度は、たんに檀波羅蜜のそれにとどまらず、広く六作のすべてにおいて六波羅蜜を行ずる際の基本の態度となるものということになるであろう。そうであれば、六波羅蜜を行ずる態度の基本が三諦の得知という一点に絞られるわけであるから、非行非坐三昧は方法的には三諦の究尽、得知を実践的目標に据えて修せられる行ということになる。

これからの説明では、六波羅蜜の一つ一つが取り上げられ、それぞれがもちあわす実践的態度、ひいては非行非坐三昧の実践姿勢がのべられる。

行者は行《あゆ》みつつ、大悲の眼でもって衆生を見ながら、しかも偏ることがない。こうした行者の態度に接して、衆生は大きな安らぎを得たとする。行者のこうした態度は行のなかの檀と呼ばれるものである。つぎに理にかない、極端に走ることがなく、衆生を傷つけるようなことはしない、また結果として、罪悪、福徳の相を得るようなことはしない。こうした態度は行のなかの尸羅波羅蜜が満足された状態ということができる。行むとき、心が極端に傾かず、動揺せず、それでいてあらゆるところに自在にかかわり、しかもいかなる場面においても動ずることがない。行者のこうした態度は忍が実現された状態にほかならない。つぎに、行むとき、その思いが理にかない、なにものにもとらわれない。行者のこうした態度は精進波羅蜜がかなえられた態度といいうる。それから行みつつ、悟るということもなければ、迷うということもない。一切法のいずれについても、認識するとか、念想するとか、とらわれるとか、ということがない。こうした態度は禅波羅蜜が実現された態度である。最後に、行むとき、行者の両手両足、それに身体と頭、これらがいずれも自由でないものはなく、なにものにもとらわれない。例えば生・滅・断・常といった極端に陥ることなく、肉体も認識作用も空寂として、あらゆるとらわれから解放されて、まさに縛もなく脱もない状態に身をおく。行者のこうした態度は般若波羅蜜が実現された態度といってよい。

六作のなかの「行」につなげて六波羅蜜の実践的態度を説き示すここでのこうした説明は、非行非坐三昧がひたすらとらわれの克服を目指して修せられる行法、いっそう整理していえば、中道の得知を方法の基本として修せられるべき行法であることを示そうとしてのものであろう。

以下、さらに六波羅蜜を行ずる態度がいろいろ紹介され、最終的に非行非坐三昧のなんたるかが示される。それの説明に沿ってみてゆこう。

六作のなかの「行」と絡めてなされる説明がまだ暫く続くのであるが、まずはじめに禅波羅蜜が取り上げられる。行《あゆ》むという態度のなかにもじつは禅定の要素がそなわっているのであるが、行と定とのこうした関係を見落してしまうと、禅定においてとらわれの心が働くことになってしまい、禅定を通じて得る味わいに貪著しかねない。だから禅波羅蜜についての吟味が必要となるのであるが、この場合肝要なことは、禅定の心、禅を修する心を観察して、その心自身あるものではない、と得知することである。また禅定そのものを修せられるべき行《ぎょう》と特定し、そしてそれにとらわれないということである。あらゆる貪著を超えることが禅波羅蜜の内にそなわった実践的課題なのである。つぎに般若波羅蜜が取り上げられる。悟りの境地に到達していないときには、観法を行ずる心、いいかえれば、真理に向う心がつよければつよいほど、そうした心がそなわったことに安心し、かつその心を妙なる智恵と思いこんで、自己自身を非常に高く評価してしまう。こうした態度は、智恵の障りと呼ばれてよく、解脱からほど遠いすがたである。ここでは真理に向う心を観察する態度が求められる。ところでそうした心を観察することによって明らかになる事態はどのようなことであるのか。真理に向って働く心のよって立つ根拠、よりどころもなければ、またそうした心が生起したり消滅したりするということもないというのが、真相である。さらにつきつめていえば、そうした心をもって真理の得知を期する主体自身がないというのが、本当のところである。そこで、こうした事柄を全体的に了知すれば、当然のこととして、対象を認識し、捉えようとする表象作用そのものから自由になることができる。かくて安易な自己肯定は破られ、一切のとらわれが解消する。般若波羅蜜が成就するということはこうしたことが実現されることなのである。『大智度論』には、「真実を念じ想う態度そのものが除かれ、たわむれの心がすべて滅し尽くす。そうすることによって無量の罪障が除かれ、清浄円満な心が確立して消えることがない。このような尊き妙なる人は般若を見た人ということができる」といわれているが、この一文にはさきにのべたことがもらさず語られている。『大集経』に「観じられる心と観ずる心との両者を観察し尽くす」といわれているのも、同じことを語る表現にほかならない。ともあれ行《あゆ》むという態度のなかに三種の三昧の姿勢がそなわっているのである。すなわち、一つには、現象世界を実有なるものとみる態度を徹底して破し、それが空無なるものであることを得知せしめる実践的態度である。これは空三昧と呼ばれてよい態度である。つぎには、空無とみる態度を否定する実践的態度である。これは無相三昧と呼ばれてよいものである。第三には、真理に向う心、つまり能観の心そのものから自由ならしめる実践的態度である。これは無作三昧と呼ばれてよい態度にほかならない。またさらに以下のような面がそなわっていることが指摘されねばならない。行むという態度は、その内面において、行者をして心・見・想の三倒および貪・瞋・癡の三毒を破せしめ、欲界・色界・無色界の三界を越え出でしめ、四魔の怨みを伏させ、波羅蜜を成就せしめ、そして法界をくまなく摂め取って一切の法門を増長せしめるといった、深くかつ広いいわば実践的功徳を内包させているものなのである。これが有する実践的機能は、六度や三三昧の範囲にとどまるものではない。いまは「行む」という態度を手掛かりとしてのべてきたわけであるが、「住」以下の実践的態度も、これと同じ実践的機能を内包させているのである。

つぎに尸羅波羅蜜についていえば、たとえば油の鉢から一滴といえども油をこぼさないように持ち続けたある家臣の話のように、対象にまどわされないように心をつよくもったとしても、またその振舞が慎み深く、順序立ってきちんとしたものになったとしても、それで尸羅波羅蜜が実現されたとはいえない。そうした身のこなし、立居振舞は持戒の態度と呼ぶことはできても、波羅蜜すなわちさとりの道に合致した態度にまでは深まってはいない。そうした振舞のなかに真実を観《み》ようとする智恵がそなわると、尸羅波羅蜜が成就する。智恵が観じとるところは、観察される対象としての心も、また観察する心もともに不可得なるものであるということである。慎み深く振舞いつつ、そのなかにあって、とらわれるものなき一切諸法の真実のありようを得知して、極端に陥ろうとする自らの態度の克服に努めることが、尸羅波羅蜜の完成を用意する態度なのである。（その一）

ところで心、より具体的には四運心を観察するにあたっては、その観じ方に違いがみられる。その観じ方を整理して示すと十種にまとめることができるが、それらはそれぞれ特定の持戒の相を表示するものとして示すことができる。すなわち、身業、口業にかかわる七悪も、本来虚空のごとく浄らかであると得知すれば、その態度は不欠・不破・不穿の三種の律儀戒を遵守していることに相当する。つぎに四運心を観ずることによって惹起するよこしまな心の働きを破するとすれば、不雑戒を守ることにあたり、四運心を観察して、それに攪乱されるようなことがなければ、定共戒を守ることにあたる。それから四運心を観察しても、四運心が観境として生起することがないとしよう。こうした態度は、道共戒が守られている状態にほかならない。また種々の四運心を観察しても、その場面、場面でまったくこだわるようなことがないとすれば、この態度は無著戒の遵守といってよい。そしてまた四運心を観察、分別して、正しく捉えることができれば、その態度は智所讃戒を持する態度にあたり、四運心を観察して、それに一切の法が統摂されていることを看破すれば、大乗自在戒が遵守された状態に相当する。最後に四運心を観察して、その四徳を識ることができれば、その態度は究竟戒が守ら

れている状態ということができる。（その二）

持戒といっても、内面的に眺めてみるとこのようにその態度に異相がみられるものなのである。ところで尸羅波羅蜜について考えるとき、内面的にさらにいっそう深い境位が存在することを看過すべきではない。いっそう深い境位とは空・仮の二辺をともに照らしつつ、中道一実の理を得知する境位のことである。この境位は仏の境界にひとしく、この境位に踏み入ることによって尸羅波羅蜜は完成する。（その三）

さて尸羅波羅蜜をめぐって展開されるこうした一連の議論を眺めてみて注目される点は、そのほかの波羅蜜の場合と同様、心の観察を通じて企図される、とらわれなき心の確立、さらには三諦の把捉といった事柄を中心として、戒の内容が考究されているという点である。こうした理解は天台智顗に独自のものであるだけに、とくに注意されてよい。なお、ここでのこうした議論と考え方をまったく同じくする議論が、本書の第四巻いわゆる「方便章」のなかで、二十五方便の一つとして持戒のことが問題にされる際に導入され、展開されている。そこでの説明ははるかに詳細なものであり、参照されるとよい。ついでながら、そこでの説明を借りてこの箇所の論述を整理すれば、定められた戒律を守るよう求める通常の戒の領域は事戒の領域であり、一方、心の観察をいわば通路として、とらわれなき心の確立、さらには三諦の得知を目指す戒の領域は理戒の領域と示されるのが、適切であろう。傍論であるが、こうした点をも一応指摘しておこう。

以下、さらに個々の波羅蜜が論及されるが、議論の骨格は同じであるので、それを示すことによって、全体の説明に替えることにしよう。

檀波羅蜜（布施）であれ、尸羅波羅蜜（戒）であれ、また忍波羅蜜（忍辱）・精進波羅蜜・禅波羅蜜であれ、それから般若波羅蜜であれ、それらが自らにおいて、檀以下のそれぞれの波羅蜜たりうるためには、それぞれを成り立たしめると考えられる心を観察して、見る心、知る心、修する心などいわゆる能観・能作の心も、またそれらの趣く対象すなわち所観・所作も、それから心の働きそのものも、一切が不可得なるものであると得知しなければならない。六波羅蜜の修し方とは、このようでなければならない。色者すなわち認識主体＝能観、色法すなわち認識の対象＝所観、それに受者すなわち認識作用の三者がすべて不可得であると得知することが、檀波羅蜜の修し方である、と説く説明にはじまる以下の部分での論述の骨子は、こうしたことであろう。

以上で六作にしたがって非行非坐三昧の修し方を説き示す段が終わるのであるが、ここでの論点を整理すれば、ここでは、六作の一場面、一場面において六波羅蜜を行ずることが非行非坐三昧を行ずるということであり、そしてそれらの具体的な修し方は、心を観じてその不可得なるさまを得知して、それによって一切のとらわれから自由になることにほかならず、したがって非行非坐三昧はまさにそうした修し方を方法的基調として修されるべき行法である、といったことが、のべられていると解されてよいであろう。

三　悪にもとづく方法

1　悪の諸相

三以隨自意、歷諸惡事者、夫善惡無定。如諸蔽爲惡、事度爲善、人天報盡、還墮三塗。已復是惡。何以故。蔽度俱非動出、體皆是惡。二乘出苦、名之爲善。二乘雖善、但能自度、非善人相。大論云、寧起惡癩野干心、不生聲聞辟支佛意。當知生死涅槃俱復是惡。六度菩薩、慈悲兼濟、此乃稱善。雖能兼濟、如毒器貯食、食則殺人。已復是惡。三乘同斷、此乃稱好、而不見別理、還屬二邊。無明未吐、已復是惡。別教爲善。雖見別理、猶帶方便、不能稱理。

大經云、自此之前、我等皆名邪見人也。邪豈非惡。唯圓法名爲善。善順實相名爲道、背實相名非道。若達諸惡非惡、皆是實相、卽行於非道、通達佛道。若於佛道生著、不消甘露、道成非道。如此論善惡、其義則通。

今就別明善惡、事度是善、諸蔽爲惡。善法用觀、已如上說。就惡明觀、今當說。前雖觀善、其蔽不息、煩惱浩然、無時不起。若觀於他、惡亦無量。故修一切世間不可樂想時、則不見好人、無好國土。純諸蔽惡、而自纏裹。縱不全有蔽、而偏起不善、或多慳貪、或多犯戒、多瞋多怠、多嗜酒味、根性易奪、必有過患。其誰無失。出家離世、行猶不備、白衣受欲、非行道人、惡是其分。羅漢殘習、何況凡夫。凡夫若縱惡蔽、摧折俯墜、永無出期。當於惡中、而修觀慧。

三に、随自意《ずいじい》をもって諸の悪事に歴《ふ》るとは、それ善悪に定めなし。諸蔽《へい》を悪となし、事度《じど》を善となすがごとき、人天《にんでん》の報尽くれば、還って三塗《さんず》に堕す。すでにまたこれ悪なり。なにをもっての故ぞ。蔽《へい》・度《ど》ともに動出《どうしゅつ》にあらず、体はみなこれ悪なり。二乗が苦を出ず、これを名づけて善となす。二乗は善なりといえども、ただよくみずから度すのみ、善人の相にあらず。大論にいわく、「むしろ悪癩野干《あくらいやかん》の心を起こすとも、声聞《しょうもん》・辟支仏《びゃくしぶつ》の意を生ぜざれ」と。まさに知るべし、生死、涅槃《ねはん》ともにまたこれ悪なることを。六度《ど》の菩薩の慈悲もて兼済《けんさい》するは、これすなわち善と称す。よく兼済すといえども毒器に食を貯《たくわ》うるがごとく、食すればすなわち人を殺す。すでにまたこれ悪なり。三乗同じく断ず、これすなわち好《こう》と称す、しかも別理を見ざれば、かえって二辺に属す。無明《むみょう》いまだ吐かざれば、すでにまたこれ悪なり。別教《べっきょう》を善となす。別理を見るといえども、なお方便を帯して、理に称《かな》うこと能わず。

大経にいわく、「これより前は、われ等みな邪見《じゃけん》の人と名づく」と。邪はあに悪にあらざらんや。ただ円の法のみ名づけて善となす。よく実相に順ずるを名づけて道《どう》となし、実相に背くを非道《ひどう》と名づく。もし諸の悪も悪にあらず、みなこれ実相なりと達すれば、すなわち非道を行じて仏道に通達す。もし仏道において著《じゃく》を生ずれば、甘露《かんろ》を消せず、道も非道となる。かくのごとく善悪を論ずるは、その義すなわち通《つう》なり。

いま別《べつ》について善悪を明かさば、事度《じど》はこれ善、諸蔽を悪となす。善法に観を用うることすでに上に説けるがごとし。悪について観を明かすはいままさに説くべし。まえには善を観ずといえどもその蔽息まず、煩悩浩然《こうねん》として時として起らざることなし。もし他を観ずれば、悪また無量なり。故に一切世間不可楽想《ふかぎょうそう》を修するときは、すなわち好人《こうにん》を見ず好国土もなし。純《もっぱ》ら諸の蔽悪のみにしてしかもみずから纏裹《てんか》す。たといまったく蔽あらざるも、しかも偏に不善を起こし、あるいは慳貪《けんどん》多く、あるいは犯戒《ぼんかい》多く、瞋《いかり》多く、怠《おこたり》多く、酒味を嗜《たしな》むこと多く、根性《こんしょう》易奪《やくだつ》して必ず過患《かげん》あり。それ誰か失なからん。出家して世を離るるも、行なお備わらずして、白衣《びゃくえ》が欲を受くるは、行道の人にあらず、悪これその分なり。羅漢すら残習《さんしゅ》あり、いかにいわんや凡夫をや。凡夫もし悪蔽を縦《ほしいまま》にすれば、摧折俯墜《さいせつふつい》して永く出ずる期《とき》なし。まさに悪のなかにおいて観恵を修すべし。

《蔽》清らかな心を覆う悪心のこと。六種の悪心としてまとめられ、六蔽として整理されている。具体的にいうと、慳貪（むさぼり）・破戒・瞋恚（いかり）・懈怠（なまけ）・散乱（心の統一の乱れ）・愚癡（おろかさ）。《三塗》地獄・餓鬼・畜生の三悪道のこと。《辟支仏》[S]pratyekabuddha の音写。その意味は「孤独なるブッダ」ということであり、独覚・縁覚と漢訳される。ひとり修行する人のこと。師から教えを受けることなく、自分ひとりで真理をさとり、その体験を人に説こうとしない聖者をいう。中国・日本の仏教では、このような了解の上に、さらに縁覚は声聞よりも上位の修行者で、十二因縁を観じてさとりをひらく聖者であるとの解釈が成立し、それが一般に受け入れられている。《著》執着。《羅漢》[S]arhat に由来する音写語。応供・応と漢訳。尊敬されるべき人のこと。大乗仏典では、小乗の聖者を指し、大乗の修行者より劣るものとされている。ここでは小乗仏教における最高の聖者のこと。

悪と関連づけて非行非坐三昧を説くにあたって、悪のいわば内面的構造とでも呼ぶべき事柄が、まず論及される。

善悪を区別するはっきりとした基準のようなものは立てがたい。たとえば、平素の生活のなかで、清らかな心を覆う悪心を悪と見て、一方、さとりを得ようと励む具体的な行い——たとえば五戒の遵守——を善と見倣したとしよう。しかし善と思われるそうした行いも、衆生を人間、天界のレベルにとどめるかぎりのものであって、かりに質的に密度の薄いものにとどまってしまえば、行うものをして三悪道に堕さしめるものである。そうであれば、善き行いと思われるものも悪といわざるをえない。心を覆う煩悩はもとより、またさとりにつなげようと考えて行われる行為も、この段階では、真のさとりへと衆生を超え出でしめるものではなく、結局はそれらの本質は悪といわざるをえないものである。つぎに声聞・縁覚の二乗が苦しみから超え出ることを善と見做すとしよう。しかしこの場合、二乗の目指すところは自分一人のさとりの完成ということであって、これでは利他の面を欠き、決して完全とはいえない。『大智度論』に「邪悪な心を起こし、肉体が蝕まれる病に冒されたとしても、またきつねのような狡猾《こうかつ》な心を起こすようなことがあったとしても、声聞や縁覚の心を発《おこ》してはならない」といわれているのと同じで、むしろ二乗の場合の善は災いの面を多く含んでいる。これも一見善に見えて、善とはいえないものである。それから、六波羅蜜を実践しつつ、慈悲の心をもってひろく衆生を救わんと活動する菩薩の態度を善と見做すとしよう。しかしこれとても善とはいえない。菩薩は煩悩を清算しきった存在ではなく、したがって菩薩の身はたとえていうと毒の器のようなものである。煩悩に包まれた教えを与えられても、毒を含む食べものを口にするようなもので、本当の救いはそれによって得られるものではない。というよりも、その毒によって殺されることになる場合も予想される。そうであれば、菩薩の救済も悪に転じかねないものといわざるをえない。それからまた、三乗がともに同じく煩悩を断ずる態度をみて、そうした態度は好しと見做すに値する態度と認定したとしよう。しかしこの態度が無明を清算しておらず、したがって究極の真理を得知していなければ、それは低次の真理につながるものにすぎず、決して善とは称することはできないものである。つぎに別教の立場を善と認定したとしよう。しかしこの立場にあっては、あらゆる真理を超絶した唯一絶対の真理がみてとられるだけであって、衆生の機に応じて利益を巧みに得させる教法は、いっさい切り棄てられている。そうであれば、この立場も邪見の域を出ておらず、善とは呼びえない。

このようにみてくると、善と見做しうる立場は、円の法だけということになる。ところで円の法だけが善であるというとき、それは具体的にいかなることを示そうとしているのか。一般的には、実相に順うことが道＝善であり、それに背くことが非道＝悪にほかならず、実相への従順、それからの背反が善悪をわかつ基準であるということを示さんとするものと解されてよい。このことをさらに踏み込んでいえば、悪を観て、悪は固定的、実体的な、悪そのものとしてのものではなく、いわゆる空なるものであり、したがって悪も悪ではなく、実相にほかならないと観じとる態度が、実相に達する態度、順う態度、すなわち善であり、逆に仏道をきわめんとするにあたって、とらわれの態度を保つこと、固定的、実体的にものを観じてゆく態度が、実相からの背反の態度、すなわち悪にほかならない、というわけである。非道＝悪を、また道＝善を固定的、実体的に観ることなく、両者を相即的に捉えてゆくことが、凡夫の立場を越えた、円の法のもとでの善悪の捉え方であり、これこそ正しい捉え方なのである。

これからは、悪が個別に取り上げられ、縷々論及される。論点を整理してのべよう。まず六蔽に包まれている衆生の現実のありさまが指摘される。煩悩がたえず起こり、とどまるところがないのが衆生である。むさぼりの心多く、戒を犯してなんらはばかるところがない。そして他を憎み憤り、かつ怠惰にときを過ごす。酒を好んで心を乱し、智恵なきゆえに、心がたえず揺れ動き、おろかなことこの上ない。これが衆生の現実のすがたであってみれば、悪を観境と定め、深く観察してゆかねばならない。悪を観ずることは、非行非坐三昧の方法的態度の一つでもあるのである。

2　悪の観察の根拠と意義

如㆓佛世時在家之人㆒、帶㆑妻挾㆑子、官方俗務、皆能得㆑道。央掘摩羅、彌殺彌慈。祇陀末利、唯酒唯戒。和須蜜多、婬而梵行。提婆達多、邪見即正。若諸惡中、一向是惡、不㆑得㆑修㆑道者、如㆑此諸人、永作㆓凡夫㆒。以㆓惡中有㆑道故、雖㆑行㆓衆蔽㆒而得㆑成㆑聖。故知惡不㆑妨㆑道。又道不㆑妨㆑惡。須陀洹人、婬欲轉盛、畢陵尚慢、身子生㆑瞋、於㆓其無漏㆒、有㆓何損益㆒。譬如㆔虚空中明暗不㆓相除㆒、顯㆓出佛菩提㆒、即此意也。若人性多㆓貪欲㆒、穢濁熾盛、雖㆓對治折伏㆒、彌更増劇、但恣㆓趣向㆒。何以故、蔽若不㆑起、不㆑得㆑修㆑觀。譬如㆘綸釣、魚強繩弱、不㆑可㆓爭牽㆒、但令㆓鉤餌入㆑口、隨㆓其遠近㆒、任㆓縱沈浮㆒、不㆑久收獲㆖。於㆑蔽修㆑觀、亦復如㆑是。蔽即惡魚、觀即鉤餌。若無㆑魚者、鉤餌無㆑用。但使㆓有㆑魚多大㆒唯佳。皆以㆓鉤餌㆒隨㆑之不㆑捨、此蔽不㆑久、堪㆓任乘御㆒。

仏世の時の在家の人のごとき、妻を帯し子を挾《さしはさ》み、官方俗務《かんぽうぞくむ》あるも、みなよく道を得たり。央掘摩羅《おうくつまら》はいよいよ殺していよいよ慈あり。祇陀《ぎだ》・末利《まり》はただ酒にしてただ戒なり。和須蜜多《わしゅみった》は婬にしてしかも梵行《ぼんぎょう》なり。提《だい》婆《ば》達多《だった》は邪見《じゃけん》にしてすなわち正《しょう》なり。もし諸の悪のなかに、一向にこれ悪にして道を修することを得ずんば、かくのごとき諸人は永く凡夫とならん。悪のなかに道あるをもっての故に、衆蔽を行ずといえども、しかも聖《しょう》となることを得るなり。故に知んぬ、悪も道を妨げざることを。

また、道も悪を妨げず。須陀洹《しゅだおん》の人が婬欲うたた盛んなりしも、畢陵《ひつりょう》がなお慢《まん》なりしも、身子が瞋《しん》を生ぜしも、その無漏《むろ》においてなんの損益《そんやく》かあらん。たとえば虚空のなかにおいて明暗《みょうあん》あい除かざるがごとし。仏・菩提を顕出するは、すなわちこの意なり。もし人、性《しょう》として貪欲《とんにょく》多く、穢濁熾盛《えじょくしじょう》にして、対治《たいじ》し折伏《しゃくぶく》すといえども、いよいよさらに増劇《ぞうげき》せば、ただ趣向を恣《ほしいまま》にせよ。なにをもっての故ぞ蔽《へい》もし起らずんば、観を修することを得ざるなり。たとえば綸釣《いとつり》するに、魚強く縄《いと》弱ければ、争い牽《ひ》くべからず、ただ鉤餌《つりばりえさ》をして口に入れしめ、その遠近《おんごん》にしたがって、縦《ほしいまま》に浮沈するに任せば、久しからずして収獲するがごとし。蔽において観を修することもまたかくのごとし。蔽はすなわち悪魚、観はすなわち鉤餌なり。もし魚なくんば鉤餌も用なからん。ただ魚あること多大ならしむればただ佳なり。みな鉤餌をもってこれにしたがって捨てざれば、この蔽久しからずして乗御《じょうぎょ》に堪任《かんにん》す。

《央掘摩羅》 [S] Aṅgulimāla 釈迦の弟子。初め外道を信奉していた。つねに人を殺し、その指を切り取って首かざりをつくることに一生懸命であった。千人を殺さんがために最後に自分の母親を害しようとしたとき、釈尊の教化に出会うも、今度は沙門を殺害すれば、天に生まれることができるという邪な師のことばに従って、釈尊の殺害を考えた。しかしその思いはかなえられず、かえって釈尊の教悔を聞いて、以前の非を悔い、釈尊の弟子となってついに阿羅漢果を得たと伝えられる人物。このエピソードは『央掘魔羅経』の冒頭にみえている。『央掘魔羅経』巻第一（大正蔵二五・一二下以下）参照。**《祇陀》** 不飲酒《おんじゅ》戒を破り、酒を飲みはしたが、そのことによってかえって悪を働くこと少なく、釈尊よりその態度を善哉善哉と認められた人物。舎衛国波斯匿《はしのく》王の太子。**《末利》** 波斯匿王の夫人で、祇陀と同じタイプの人物。ともに『未曾有因縁経』巻下（大正蔵十七・五八五上―下）に紹介されている。**《和須蜜多》** 湛然などの注釈書によれば、『華厳経』巻第六十八（大正蔵十・三六五上以下）に説かれる、善財童子が訪ねた婆須蜜多のこととされる。婆須蜜多という女性はおよそ悟りの境界に身をおく女人とは思えぬほど美貌で、またその住まいも壮大で、厳麗であって、近づくものをして迷わせずにおかない存在のようであるが、しかしその暮らし、容貌とは逆に、あらゆる衆生を即座に悟りの境地へと導き入れずにおかない女性として描かれている。《提婆達多》[S] Devadatta 釈尊の従兄とも、また義弟ともされる。アーナンダ（阿難）の兄弟。極悪人の代表格のように伝えられてきた人物。それゆえ生きながらにして地獄に堕ちたとさえ伝えられている。ただし『法華経』は、「提婆達多品」で、かれは過去無量劫の昔、釈迦仏が求道に励んでいた時代、師として釈迦を導いた人物として描いている。こうした『法華経』の記述を念頭において、ここでの「提婆達多は邪見の持主でありながら、正しい人間である」という表現は、説示されているのであろう。《須陀洹》声聞の修道の四階位のなかの初位。三界の見惑を断じてこの位を得る。これに向と果とがある。すなわち須陀洹向と須陀洹果である。《畢陵》[S] Pilinda-vatsa 比丘の名。畢陵伽婆《ひつりょうがば》蹉《しゃ》・畢陵伽とも表わす。憍慢で、他人を軽蔑することのすきな人物であったとされる。たとえば『大智度論』巻第二（大正蔵二五・七一上）に記されている。

与えられた紙数にそれほど余裕がないので、論述の主旨を取り出し、のべてゆくことにする。

ここで主張される中心の事柄は、まずひとつには、いかなる悪もさとりへの道の妨げとなるものではない、ということである。そのことを示すために、央掘摩羅《おうくつまら》や提婆達多などの、悪人の代表格と目されるなん人かの人が取り上げられ、これらの人びとといえども最後さとりをひらくことができたことが、説示される。

もうひとつは、上の点とは逆の、さとりへの道も悪を拒否、排斥するものではない、ということの表明である。魚がいるからこそ、鉤・餌の使い道も生まれてくる。ちょうどこの関係のように、燃えさかる煩悩が現実に存在するから、それを観ずることが必要となってくる。煩悩を予想して、観法も修されうるのであり、さとりへの道も悪を拒否するものではないのである。悪を観ずることの根拠と意義が示されるのである。

3　悪の観察

云何爲レ觀。若貪欲起、諦觀二貪欲一、有二四種相一、未貪欲欲貪欲正貪欲貪欲已。爲レ當二未貪欲滅、欲貪欲生一、爲レ當二未貪欲不レ滅、欲貪欲生一、亦滅亦不滅、欲貪欲生、非滅非不滅、欲貪欲生。若未滅欲生、爲レ卽爲レ離、卽レ滅而生、生滅相違、若離而生、生則無レ因。未貪不レ滅而欲生者、爲レ卽爲レ離、若卽卽二生相並、生則無レ窮、若離生亦無レ因。若亦滅亦不滅而欲生者、若從レ滅生、不レ須二亦不滅一若從二不滅一生、不レ須二亦滅一、不定之因、那生二定果一。若其體一、其性相違、若其體異、本不二相關一。若非滅非不滅而欲貪欲生、雙非之處、爲レ有爲レ無、若雙非是有、何謂二雙非一、若雙非是無、無那能生。如レ是四句、不レ見二欲貪欲生一。還轉二四句一、不レ見二未貪欲滅、欲貪欲生不生亦生亦不生非生非不生一、亦如二上說一。觀二貪欲蔽一、畢竟空寂、雙照分明。皆如二上說一。是名二鉤餌一。若蔽恒起、此觀恒照。亦不レ見レ起、亦不レ見レ照、而起而照。其一。

又觀二此蔽一、因二何塵一起、色耶餘耶。因二何作一起、行耶餘耶。若因二於色一、爲二未見欲見見見已一。若因二於行一、未行欲行行行已。爲二何事一起。爲二毀戒一耶、爲二眷屬一耶、爲二虛誑一耶、爲二嫉妬一耶、爲二仁讓一耶、爲二善禪一耶、爲二涅槃一耶、爲二四德一耶、爲二六度一、爲二三三昧一耶、爲二恒沙佛法一耶。其二。

如レ是觀時、於レ塵無二受者一、於レ緣無二作者一、而於二塵受根緣一、雙照分明、幻化與レ空、及以法性、不二相妨礙一。所以者何。若蔽礙二法性一、法性應二破壞一、若法性礙レ蔽、蔽應レ不レ得レ起。當レ知蔽卽法性、蔽起卽法性起、蔽息卽法性息。無行經云、貪欲卽是道。恚癡亦如レ是。如レ是三法中、具二一切佛法一。若人離二貪欲一而更求二菩提一、譬如二天與レ地。貪欲卽菩提。淨名云、行二於非道一、通二達佛道一。一切衆生、卽菩提相、不レ可二復得一。卽涅槃相、不レ可二復滅一。爲二增上慢一、說下離二婬怒癡一名爲中解脫上。無二增上慢一者、說二婬怒癡性、卽是解脫一。一切塵勞、是如來種。山海色味、無レ二無レ別。卽觀二諸惡一、不可思議理也。其三。

常修二觀慧一、與二蔽理一相應、譬如二形影一、是名二觀行位一。能於二一切惡法世間產業一、皆與二實相一、不二相違背一、是相似位。進入二銅輪一、破二蔽根本一、本謂二無明一。本傾枝折、顯二出佛性一。是分證眞實位。乃至、諸佛盡二蔽源底一、名二究竟位一。於二貪蔽中一、竪具二六卽一、橫具二諸度一。一切法例如レ上。云云。

次觀二瞋蔽一、若人多レ瞋、欝欝勃勃、相續恒起、斷不レ得レ斷、伏亦不レ伏、當下恣二任其起一、照以中止觀上。觀二四種相一、瞋從レ何生。若不レ得二其生一、亦不レ得二其滅一。歷二十二事一、瞋從レ誰生、誰是瞋者、所レ瞋者誰。如レ是觀時、不レ得二瞋處一、來去足跡、相貌空寂。觀二瞋十法界一、觀二瞋四德一、如二上說一。云云。是爲下於二瞋非道一、通中達佛道上。觀二犯戒懈亂邪癡等蔽一、及餘一切惡事一、亦如レ是。云云。

いかんが観をなすや。もし貪欲《とんにょく》起こらば、諦《あきら》かに貪欲を観ずるに四種の相あり、未貪欲《みとんにょく》・欲貪欲《よくとんにょく》・正貪欲《しょうとんにょく》・貪欲已《とんにょくい》なり。未貪欲滅して欲貪欲生ずべしとせんや、未貪欲は滅せずして欲貪欲生ずべしとせんや、亦滅亦不滅《やくめつやくふめつ》にして欲貪欲生ずるや、非滅非不滅にして欲貪欲生ずるや。もし未《み》が滅して欲生ぜば、即《そく》とせんや離《り》とせんや、滅に即して生ぜば、生滅は相違す、もし離して生ぜば、生《しょう》すなわち因《いん》なからん。未貪が滅せずして欲生ぜば、即とせんや離とせんや、もし即ならばすなわち二生あい並び、生すなわち窮まりなけん、もし離せば、生また因なからん。もし亦滅亦不滅にして欲生ずれば、もし滅より生ぜば、亦不滅を須《もち》いず、もし不滅より生ぜば、亦滅を須いず、不定の因なんぞ定果《じょうか》を生ぜん。もしその体一《たいいつ》ならば、その性《しょう》は相違し、もしその体異ならば、本よりあい関わらず。もし非滅非不滅にして欲貪生ずれば、雙非《そうひ》のところは有とせんや無とせんや、もし雙非これ有ならば、なんぞ雙非といわん、もし雙非これ無ならば、無なんぞよく生ぜん。かくのごとく四句をもってするに欲貪欲の生ずるを見ず。かえって四句を転ずるに、未貪欲滅して欲貪欲の生・不生・亦生亦不生・非生非不生を見ざることも、また上に説くがごとし。貪欲の蔽を観ずるに、畢竟《ひっきょう》空寂《くうじゃく》にして雙べ照らすこと分明《ぶんみょう》なり。みな上に説くがごとし。これを鉤《こう》・餌《じ》と名づく。もし蔽が恒に起こらば、この観は恒に照らす。また起こるを見ず、また照らすを見ず、しかも起こりしかも照らす。その一。

またこの蔽を観ずるに、なんの塵《じん》によってか起こるや、色《しき》なりや余なりや。なんの作《さ》によってか起こるや、行《ぎょう》なりや余なりや。もし色によらば未見・欲見・見・見已なりとせんや。もし行によらば、未行《みぎょう》・欲行・行・行《ぎょう》已《い》なりや。いかなることのためにか起こるや。毀戒《きかい》のためなりや、眷属《けんぞく》のためなりや、虚誑《こおう》のためなりや、嫉《しっ》妬《と》のためなりや、仁譲《にんじょう》のためなりや、善禅《ぜんぜん》のためなりや、涅槃《ねはん》のためなりや、四徳《しとく》のためなりや、六度《ろくど》のためなりや、三三昧《さんざんまい》のためなりや、恒沙《ごうじゃ》の仏法のためなりや。その二。

かくのごとく観ずるとき、塵《じん》において受者なく縁において作者《さしゃ》なし、しかも塵・受・根《こん》・縁において雙《なら》べ照らすこと分明なり、幻化《げんけ》と空《くう》とおよび法性《ほっしょう》、あい妨礙《ぼうげ》せず。所以はいかん。もし蔽が法性を礙《さまたぐる》ぐれば、法性はまさに破壊《はえ》すべし、もし法性が蔽を礙ぐれば、蔽はまさに起こることを得ざるべし。まさに知るべし、蔽すなわち法性《ほっしょう》なれば、蔽起こるはすなわち法性起こるなり、蔽息《や》むはすなわち法性息むなり。無行経にいわく、「貪欲すなわちこれ道なり。恚《い》・癡《ち》もまたかくのごとし。かくのごとく三法のなかに一切の仏法を具す。もし人、貪欲を離れてさらに菩提《ぼだい》を求むれば、たとえば天と地とのごとし。貪欲すなわち菩提なり」と。浄名にいわく、「非道を行じて仏道に通達す」「一切衆生はすなわち菩提《ぼだい》の相にして、また得べからず。すなわち涅槃《ねはん》の相なり、また滅すべからず」「増上慢《ぞうじょうまん》のために婬《いん》・怒《ぬ》・癡《ち》を離るるを名づけて解脱《げだつ》となすと説く。増上慢なき者には、婬・怒・癡の性《しょう》すなわちこれ解脱と説くなり」「一切の塵労はこれ如来の種なり」と。山海色味《さんかいしきみ》に二なく別なし。すなわち諸悪を観ずるに不思議の理なり。その三。

つねに観恵を修して、蔽の理と相応すること、たとえば形《かたち》と影《かげ》のごとし、これを観行位《かんぎょうい》と名づく。よく一切の悪法と世間の産業《さんごう》において、みな実相とあい違背《いはい》せざるは、これ相似《そうじ》の位なり。進んで銅輪《どうりん》に入りて、蔽の根本を破す、本《ほん》とは無明《むみょう》を謂う。本傾けば枝折れ、仏性を顕出す。これ分証《ぶんしょう》真実の位なり。乃至、諸仏が蔽の源底を尽くすを究竟位《くきょうい》と名づく。貪蔽《とんぺい》のなかにおいて、竪《たて》に六即を具し、横に諸度《しょど》を具す。一切の法、例して上のごとし。云云。

つぎに、瞋蔽《しんぺい》を観ずるは、もし人の瞋多くして、鬱鬱勃勃《うつうつぼつぼつ》として相続《そうぞく》してつねに起こり、断ずれども断ずることを得ず、伏《ぶく》すれどももまた伏せざれば、まさにその起こるを恣任《ほしいまま》にして、照らすに止観をもってすべし。四種の相を観ずるに、瞋はいずれより生《しょう》ずるや。もしその生《しょう》を得ざれば、またその滅を得ず。十二事に歴《ふ》るに、瞋は誰にしたがって生ずるや、誰ぞこれ瞋《いか》る者ぞ、瞋らるる者は誰ぞや。かくのごとく観ずるとき、瞋の処を得ず、来去《らいこ》、足跡《そくせき》、相貌《そうみょう》は空寂《くうじゃく》なり。瞋の十法界を観じて、瞋の四徳を観ずること、上に説けるがごとし。云云。これを瞋の非道において仏道に通達すとなす。犯戒《ぼんかい》・懈乱《げらん》・邪癡《じゃち》等の蔽および余の一切の悪事を観ずるも、まただかくのごとし。云云。

《貪欲》むさぼりの心。ここで取り上げる六蔽の一つ。《塵》対象、境のこと。詳しくは、色・声・香・味・触（ふれられるもの）・法（思考の対象）の六塵（＝六境）をいう。《受者》ここでは、感受の主体。《縁》対象のこと。《作者》行為主体。《恚》瞋恚の略。いかり憎むこと。《癡》愚癡のこと。おろかさ。無明に同じ。《増上慢》思い上がること。《塵労》心を疲れさせる心の塵。煩悩をいう。詳しい解釈を示せば、塵とは上記の六塵。眼・耳・鼻・舌・身・意の六根がこの六塵を感受して六識を起こし、そして種々の労苦を起こすことをいう。

悪の観察の方法とその進め方がのべられる。

ここでは悪を六蔽として整理し、取り上げてきた関係で、悪の観察の方法を説示するにあたっては、主として貪欲の観察を手掛かりとして、その説明が展開されている。

さて貪欲をはじめとする悪の観察の方法であるが、それは、まえにみてきた善における場合と同様、四運心にひらいて、それらをひとつひとつ観察し、そのありようを究尽する、という形式に従うものでなければならない。具体的にみてゆけば、貪欲は未貪欲・欲貪欲・正貪欲・貪欲已の四種の相に分けられ、そしてそれらがひとつひとつ観じられてゆく。

以下、その観じ方が説示される。なおここでは、説明の材料として、未貪欲と欲貪欲の二つが取り上げられ、前者から後者への移行の過程に即して説明が進められる。観察はいわゆる四句推検という形式に従って行われるのであるが、具体的には以下のようである。(i)未貪欲が滅することによって欲貪欲が生ずるのか、(ii)未貪欲が滅しないで欲貪欲が生ずるのか、(iii)未貪欲が滅しており、また滅していないという状態のもとで、欲貪欲が生ずるのか、(iv)未貪欲が滅しているのでもなく、また滅していないのでもないという状態のもとで、欲貪欲が生ずるのか。以上が四句であるが、これらを一つ一つ吟味し、貪欲が不可得なるものであることを証明してみせようとするのである。

まず(i)に従う推論を追ってみよう。未貪欲が滅して欲貪欲が生ずるとする場合、未貪欲と欲貪欲とは不二なるもの(即)であるのか、それとも相互に関係のないもの(離)であるのか、どちらであろうか。かりに前者であるとしよう。とすれば、不二なるものの一方が滅し去って、もう一方が生ずるということになり、滅と生との間になんのつながりもないことになってしまうであろう。滅するということと生ずるということとはそもそも方向をまったく異にするいわゆる運動にほかならない。そうであれば、こうした条件のもとでは、未貪欲が滅して欲貪欲が生ずるということは主張されえない。つぎに未貪欲と欲貪欲が離れて生ずると考えたとしよう。とすれば、欲貪欲の生は原因なくして生ずるということになってしまい、これまた不合理である。

(ii)に従って考えてみよう。未貪欲が滅しないで欲貪欲が生ずるとする場合、未貪欲と欲貪欲は不二なるもの(即)であるのか、それとも相互に関係のないもの(離)であるのか、どちらであろうか。かりに不二なるものであるとすれば、未貪欲と欲貪欲の二つはあい並んで生ずるということになり、結局のところ生の起点が不明となってしまう。一方、両者が別なるものであるとすれば、原因なくして欲貪欲が生ずるということになるであろう。このようであれば、こうした条件のもとでは、第二句の立言は成立しえない。

つぎに(iii)について検討してみよう。未貪欲が滅しており、また滅していない状態のもとで、欲貪欲が生ずるとする場合、未貪欲が滅して欲貪欲が生ずると主張すれば、後半の「滅しない状態のもとで生ずる」という理由は、まったく無関係なものとなってしまう。今度は逆に、未貪欲が滅することなくして欲貪欲が生ずるものだといってしまえば、前半の「未貪欲が滅して生ずる」という理由は、なんの意味ももちあわさなくなるであろう。ともあれ「未貪欲が滅して」という理由と、「未貪欲が滅しないで」という理由とは、共通の立言を支える根拠とはなりえない、正反対の理由である。内容的に相互に否定しあう理由を共通の根拠として、一つの定まった結論が導き出されるようなことは、論理的にはありえないことである。そうであれば、第三句の立言も成立しえない。

最後に第四句についてみてみよう。これは実質的には第三句に等しくなるのであるから（——第三句はPかつ非Pと表わしうる。一方第四句は非Pかつ非非Pと表わしうるが、このうちの非非PはPに等しいから、非Pかつ Pの意味となり、内容的に第三句に同じくなる）、これ以上推検を続けずともよいということにもなろうが、一応、その解説に従ってみておこう。未貪欲が滅するでもなく、また滅しないでもなくして、欲貪欲が生ずるとする場合、滅と不滅とをともにそれぞれ否定する雙非の句は、有を予想して立言されているのか、それとも逆に無を予想して立言されているのか。もし前者であれば、雙非の意味が失われることになり、不合理である。一方、後者であるとすると、無が欲貪欲を生ぜしめるということになってしまい、これまた不合理というしかない。

以上のように四句に従って、欲貪欲が生ずる関係を検索してみるに、結局のところ、それをみることができない。四句を、また異なった形式に組みかえて検索してみても、得られる結論は、これまでと同様、欲貪欲が生起する関係を見出しえないということである。かくて、この推検のたどりつく最終の結論は、貪欲の蔽すなわちむさぼりの煩悩そのものが空寂にして不可得なるものであるということにほかならない。

今度は推検の角度を少し変えて尋ねてみる。蔽＝煩悩の生起の仕組みを問うという観点に立って尋ねてみようというわけである。具体的にいえば、蔽はなにを対境として生ずるのか、色であるのか、それ以外の五塵であるのか。それからまた、それは六作のうちのいずれによって起こるのか、行であるのか、それ以外のものであるのか、このように観察をめぐらすのである。この場合、さらに詳しくいえば、たとえば色を対境として起こるのかどうかを見極めようとするときには、色にかかわる眼根の働きであると見ること、つまり見を四運に整理し、それらのいずれであるかを検索してゆくのである。また行によって蔽が起こるのかどうかを見極めようとするときには、行を未行・欲行・行・行已の四運にひらき、そしてそれらのいずれによるのかを観察し、確認してゆかねばならない。またそれから、蔽がいかなることを契機として起こるのかを観察することも肝要である。たとえば戒を毀すことによってか、眷属のためであるのか、だまそうと試みるためなのか、あるいは嫉妬のためなのか、なさけ深く譲りあおうとする心のためであろうか、また、すぐれた禅のゆえなのか、涅槃のためであろうか。常・楽・我・浄の四徳のためなのか、六度のためであろうか、あるいは三三昧のためであろうか、ガンジス河の沙の数ほどもある仏法のためなのか、このように幅広く、かつ木目細かくひとつひとつ問うてみなければならない。そうすれば、蔽＝煩悩の生起の現実のすがたが正しく得知される。

さて、貪欲の不可得・空であるありようを得知しつつ、一方で現実に生起している貪欲の諸相を見きわめ尽くすと、ここに対象を感受する感受主体も、また対象に働きかける行為主体も存在せず、したがって貪欲も空無にほかならないと見る立場と、現に生じてある貪欲の諸相を正しく見てとる立場とを、はっきりと雙べ照らしうる地平がひらけてくる。ここにひらける地平は、中を知る立場といってよい。もっと立ち入っていえば、空と仮（＝幻化）と中（＝法性）のいわゆる三諦が相互に妨礙しあうことなく、いわゆる円融の関係にもとづいて存在している一切法のあり方が観じ取られる立場である。

一切法のそうしたあり方が観じとられれば、蔽と法性とはその本質はなんら異なるものではなく、不二であるということが、明らかになる。法性と蔽とはたとえていうと、水と波のようなもので、両者は、波の面で眺められれば異なってみえても、本質としての水の面から眺められれば同じである。『無行経』に「貪欲すなわちこれ道にほかならない。瞋恚も愚癡もまさにそのとおりである。云々。」といわれていたり、また『維摩経』に「道にあらざる道を行じて仏道をきわめる」とかあるいは「一切の煩悩が如来の種である」などといわれているのは、その背後に、法性と蔽についての上のような見方が横たわっているからにほかならない。

このあと瞋蔽の観じ方が簡単にのべられるが、その態度は貪欲についての観じ方となんら変わらない。悪は整理すれば、いろいろに取り出されうるが、それらの観じ方の基本は、いかなる悪も衆生の思議を超えた真実そのものであると観じ取る態度といってよい。諸悪を観察して、悪がすなわち菩提にほかならないと得知してゆくことが、もう少し詳しくいえば、三諦にあらざるはなしと得知することが、非行非坐三昧の修し方の基本なのである。

なお、悪の観じ方の深まる過程も六即位に対応させて説き示す説明が以下に続くが、ごく形式的な説明であるので、ここでは触れない。

㈣ 無記にもとづく方法

四観二非善非悪一、即是無記䔬瞢之法。所二以須レ観レ此者、有二人根性、性不レ作レ善、復不レ作レ悪。則

無二隨自意出世因緣一奈二此人一何。大論云、無記中有二般若波羅蜜一者、卽得レ修レ觀也。觀二此無記一與二善惡一異耶同耶、同則非二無記一、異者爲二記滅無記生一、記不レ滅無記生、記亦滅亦不滅無記生、記非滅非不滅無記生。求レ記不可得、何況無記與レ記同異耶。非レ同故不レ合、非レ異故不レ散、非レ合故不レ生、非レ散故不レ滅。又歷二十二事中一、爲下何處生二無記一、爲レ誰故生中無記上。誰是無記者。如レ此觀時、同二虛空相一。又無記一法、生二十法界及一切法一。又無記卽法性。法性常寂、卽止義、寂而常照、卽觀義。於二無記非道一、通二達佛道一、無記爲二法界一。橫攝二諸法一、豎攝二六位一、高廣具足。例如二上說一。云云。

四に、非行非悪を観ずるとは、すなわちこれ無記《むき》臺瞢《とうもう》の法なり。これを観ずることを須《もち》うる所以《ゆえ》は、人の根性《こんじょう》には、性として善を作《な》さず、また悪を作さざるあり。すなわち随自意《ずいじい》の出世の因縁なし、この人をいかんせん。大論にいわく、「無記のなかにも般若波羅蜜《はんにゃはらみつ》あり」とは、すなわち観を修することを得るなり。

この無記を観ずるに、善・悪と異なりや同じきや、同じならすなわち無記《むき》にあらず、異ならば記《き》滅して無記生ずとなすや、記滅せずして無記生ずるや、記は亦滅亦不滅《やくめつやくふめつ》にして無記生ずるや、記非滅非不滅《ひめつひふめつ》にして無記生ずるや。記を求むるに不可得《ふかとく》なり、いかにいわんや無記と記との同異をや。同にあらざるが故に合《ごう》ならず、異にあらざるが故に散《さん》ならず、合にあらざるが故に生ぜず、散にあらざるが故に滅せず。また十二事のなかに歴《ふ》るも、いずれの処《ところ》より無記を生じ、誰がための故に無記を生ずとやせん。誰かこれ無記なる者ぞ。かくのごとく観ずるとき、虚空《こくう》の相に同じ。また無記の一法より十法界および一切の法を生ず。また無記すなわち法性《ほっしょう》なり。法性のつねに寂《じゃく》なるはすなわち止の義なり、寂にしてしかもつねに照らすはすなわち観の義なり。無記の非道において仏道に通達し、無記を法界となす。横に諸法を摂し竪《たて》に六位を摂し、高広《こうこう》具足す。例して上に説けるがごとし。云云。

《無記》善でも不善（悪）でもないもの。《十法界》十の生存の領域。地獄・餓鬼・畜生・阿修羅・人間・天上・声聞・縁覚・菩薩・仏の十の世界をいう。迷えるものからさとれるものにいたるあらゆるものを十種の境界に分けた教え。《記》ここでは善か悪のいずれかの意。

ここでは、非行非坐三昧が善でも悪でもない無記を観ずる行法でもあることが、教示される。人によっては性格的に、善とも悪ともいいがたい振舞い、態度をとりがちな人、またとるような場合がある。こうしたときには、意そのものが善や悪のように、はっきりと自覚的に意識されにくいので、意を観じてさとりの道につながる随自意三昧を修する条件が確保されがたいと考えられるかもしれないが、たとえば『大智度論』に「無記のなかにも般若波羅蜜あり」といわれているように、決してそうとはいいきれない。無記心について観を修することも可能である。

そこでその観じ方が以下説示される。無記の心を観ずる場合にも、善・悪の心を観察するのと同様、その有無を吟味、推検するという方法的態度がとられる。具体的には、無記の心は、善ないし悪の心が滅して生ずるのか、またそれが滅せずして生ずるのか、それから善・悪の心が滅し、かつ滅するでもなくして生ずるのか、最後、その心が滅するでもなく、滅しないでもなくして生ずるのか、というかたちで、いわゆる四句推検の形式に従って観察されねばならない。さてこうした一連の観察を通じてえられる結論はいかなることか。それは、記もまた無記もともに不可得にして、虚空のごときものということである。

ところでそうしたあり方に加えて、無記の心は様々に展開し、十法界を現出せしめる。そこでこの点が見定められねばならない。ここには具体的に表示されていないが、無記の心のあり方のこの面は、天台の慣用的な表現でいえば、仮として表示されるべきあり方にほかならない。無記の心を観察して、それが自らそなえもつ、仮としてのあり方も正しく得知されねばならない。

もうひとつ、無記の心は法性以外のなにものでもないという点が、正しく観じ取られねばならない。法性とは三諦説に従っていえば、中にほかならないが、そのように解されていることは、止と観に寄せて説示される法性についての説明から読みとられる。法性は寂にして（―空の辺）、しかもつねに自らを照出しきっているもの（―仮の辺）といわれているが、この表現は空と仮のいわば統一されたあり方が法性であるということを語るものにほかならない。空と仮が統一されたあり方とは中である。無記の心を観察して、それが中として捉えられねばならないものであることも、正しく得知されねばならないことなのである。

かくて無記の心を観察して非行非坐三昧を行ずるということは、三諦として捉えられるべきその心のあり方を観じ取り、そうしたものゆえにその心は法界そのものであると了知することということができる。

(五) 四種三昧——その総括

復次但約最後善、明隨自意、此是次第意。若善惡倶明隨自意、卽是頓意。若約襵牒之善、明隨自意、此則不定意。云云。

復次四種三昧、方法各異、理觀則同。但三行方法、多發助道法門、又動障道。隨自意既少方法、少發此事。若但解方法所發助道事相、不能通達、若解理觀、事無不通。又不得理觀意、事相助道亦不成、得理觀意、事相三昧、任運自成。若事相行道、入道場得用心、出則不能。隨自意則無間也。方法局三、理觀通四。云云。

またつぎに、ただ最後の善に約して随自意《ずいじい》を明かすは、これはこれ次第《しだい》の意なり。もし善悪ともに随自意を明かすは、すなわちこれ頓《とん》の意なり。もし襵牒《せっちょう》の善に約して随自意を明かすは、これすなわち不定《ふじょう》の意なり。云云。

またつぎに、四種三昧は、方法はおのおの異なるも、理観《りかん》はすなわち同じ。ただ三行《さんぎょう》の方法は、多く助道《じょどう》の法門を発し、また障道《しょうどう》を動かす。随自意はすでに方法少なく、この事《じ》を発すること少なし。もしただ方法・所発《しょほつ》・助道・事相《じそう》を解《げ》するのみならば、通達すること能わず、もし理観を解すれば、事として通ぜざることなし。また理観の意を得ざれば、事相の助道また成ぜず、理観の意を得れば、事相の三昧《さんまい》、任運《にんうん》におのずから成ず。もし事相の行道《ぎょうどう》は、道場に入りて用心《ゆうじん》することを得るも、出ずるときはすなわち能わず。随自意はすなわち無間《むけん》なり。方法は三に局《かぎ》り、理観は四に通ず。云云。

《禳牒の善》『止観輔行』などの解説書の説明を手掛かりとして示せば、漸次止観および円頓止観において考えられている善のこと。不定止観が善法にしたがって行じられる場合、その善は不定止観に固有のものではなく、漸次止観および円頓止観において考えられている善にしたがう点をのべたもの。《理観》真理を静かに観ずること。

随自意三昧を修するにあたって、種々の善を予想し、かつそのなかの価値的にもっとも高次の善にしたがわなければ悟ることができないとみるとすれば、これは漸次止観の立場に立って随自意三昧を考えているということになる。つぎに善なら善、悪ならば悪において、そのなかにちがいをみるようなことがなく、そのときどきの善・悪にしたがって究極の理に達しうると説けば、これは円頓止観の立場に立って随自意三昧を教え示すことになる。また上記二種の止観において考えられている善をよりどころとしつつも、法規や次第にかかわりなく行を修する道があると考えて随自意三昧を解してゆくとすれば、これは不定止観の立場に立って随自意三昧をみていることになる。

つぎには四種三昧の方法的特徴が整理してのべられる。四種の三昧は、方法の面からみれば、それぞれに異なっているが、理観すなわち真理の究尽の態度の面ではみな同じである。常坐・常行・半行半坐の三種の行法はいろいろの補助的な修行方法を伴って構成されており、それだけにまた、それらが原因となって仏道修行の障りをひき起こす場合もある。これにたいして随自意三昧の方は、方法は単純で、したがってそれに伴って起きる障害というようなものはきわめて少ない。仏道を極めようとするとき、たんに修行方法であるとか、その過程に現出するもろもろの現象、補助的な修行法、さらには作法のことなどを理解するだけでは十分ではない。真理についての正しい了解が形成されれば、そうした方法、作法の面の諸事項がすべて円満に機能する。そして三昧の全形式、全行程がなんの障害もなく、なめらかに展開することになる。修行の作法の面は道場においては保たれうるが、道場を出ると保持しにくい。随自意三昧の場合は道場の内と外とを区切るようなことがないから、そうした面の問題は一切ない。修行の方法が問題になるのは、随自意三昧以外の三種の三昧であるが、理観は四種三昧の全体にひとしくかかわる事項である。

問、上三三昧皆有二勸修一、此何獨無。答、六蔽非道、卽解脫道、鈍根障重者、聞已沈沒。若更勸修、失レ旨逾甚。淮河之北、有下行二大乘空一人上。無レ禁捉レ蛇者、今當說レ之。其先師於二善法一作レ觀、經久不レ徹、放レ心向二惡法一作レ觀、獲二少定心一、薄生二空解一。不レ識二根緣一、不レ達二佛意一、純將二此法一、一向敎レ他。敎レ他既久、或逢二一兩得レ益者一。如二蟲食レ木偶得一レ成レ字。便以爲レ證、謂二是事實一、餘爲二妄語一、笑二持戒修善者一、謂二言非一レ道、純敎二諸人一、遍造二衆惡一。盲無レ眼者、不レ別二是非一、神根又鈍、煩惱復重、聞二其所說一、順二其欲情一、皆信伏隨從、放二捨禁戒一、無二非不一レ造、罪積山岳、遂令二百姓忽レ之如一レ草。國王大臣、因滅二佛法一。毒氣深入、于レ今未レ改。

史記云、周末有下被レ髮祖レ身、不レ依二禮度一者上、遂大戎侵レ國、不レ絶如レ綖、周姫漸盡。又阮籍逸才、蓬頭散帶、後公卿子孫皆斅レ之、奴狗相辱者、方達二自然一、撙レ節競持者、呼爲二田舍一。是爲二司馬氏滅相一。宇文邕毀廢、亦由二元嵩魔業一。此乃佛法滅之妖怪、亦是時代妖怪。

問う、上の三の三昧にはみな勧修《かんしゅ》あり、これなんぞ独《ひと》りなきや。答う、六蔽《ぺい》の非道《ひどう》即ち解脱《げだつ》の道なれども、鈍《どん》根《こん》にして障重き者は聞きおわって沈没《ちんもつ》す。もしさらに勧修せば、旨を失うことといよいよ甚《はなは》だしからん。淮河《わいが》の北に大乗の空《くう》を行ずる人あり、禁なくして蛇《へび》を捉《とら》うる者なり、いままさにこれを説くべし。その先師は、善法《ぜんぽう》において観《かん》をなすに、経ること久しうして徹せず、心を放って悪法に向って観をなすに、少の定心《じょうしん》を獲、薄く空解《くうげ》を生ぜり。根縁《こんえん》を識らず、仏意に達せず、もっぱらこの法をもって、一向《いっこう》に他に教う。他に教うることすでに久しくして、あるいは一両の益を得る者に逢う。虫が木を食《は》んでたまたま字を成すことを得たるがごとし。すなわちもって証となし、この事は実なりといって、余は妄語《もうご》となし、持戒修善《じかいしゅぜん》の者を笑って、いって道にあらずといい、純《もっぱ》ら諸人に教えて、あまねく衆悪を造らしむ。盲にして眼なき者、是非を別《わか》たず、神根《しんこん》また鈍にして煩悩もまた重く、その所説を聞くに、その欲情《よくじょう》に順ずれば、みな信伏随従《しんぷくずいじゅう》し、禁戒も放捨し、非として造らざることなく、罪積んで山岳のごとく、ついに百姓をしてこれを忽《ゆるがせ》にすること草のごとくならしむ。国王大臣、よって仏法を滅ぼす。毒気《どっけ》深く入りて、いまにしていまだ改まらず。

史記にいわく、「周の末に髪《かみ》を被《こうむ》り身を袒《はだぬ》ぎて礼度《れいど》に依らざる者あり、ついに大戎《だいじゅう》、国を侵《おか》して、絶えざること綖《いとすじ》のごとく、周姫《しゅうき》ようやく尽きぬ」。「また阮籍《げんせき》は逸才にして蓬頭散帯《ほうとうさんたい》なり、のち公卿《こうけい》の子孫みなこれに斅《まな》び、奴狗《どく》あい辱かしむる者はまさに自然に達すとし、節に撙《したが》いて兢持《きょうじ》する者、呼んで田舎《でんしゃ》となす。これを司《し》馬氏《ばし》の滅ぶるの相《そう》となす」と。宇文邕《うぶんゆう》が毀廃《きはい》すること、また元嵩《げんすう》の魔業《まごう》に由る。これすなわち仏法滅するの妖怪なり、またこれ時代の妖怪なり。

《周姫》周は国名、姫は周王室の姓。周の国のこと。《阮籍》三国の魏の詩人。竹林七賢のひとり。老荘の学を好み、酒と琴を愛し、世俗の生活習慣を冷やかに眺めた人物。《司馬氏》晋のこと。司馬氏はその姓。《宇文邕》北周の武帝。《元嵩》衛元嵩、武帝に廃仏を進めた人物。

随自意三昧を除くほかの三種の三昧を説くにあたっては、それぞれの三昧の修習を勧める「勧修」の項を一項設け、縷々説き示すのに、この随自意三昧の段ではそれを説かないのはどのような理由からなのか、直接には、この点に答えつつ、さらに天台智顗《ちぎ》のいわば時代観とでもいうべき事柄が記されている。

随自意三昧の段で「勧修」を説かないのは、もともと非道つまり悪が解脱への道であるにもかかわらず、しかし宗教的資質を欠き、煩悩重き衆生に、そうしたことを教え示そうものなら、逆に悪の道に沈み込んで、本当の意味を理解しようとはせず、より大きな混乱に陥りかねないと考えられるからである。

まずこの点をはっきりさせた上で、つづいて智顗のみた当時の仏教をとりまく情勢が紹介される。

淮河の北に大乗の空観を修行している者がいた。かれははじめ善き教えに従って観法を行じてきたが、長い年月を経てもなかなか徹底することができなかった。そこで思いをあらため悪法にしたがって観法を修し、禅定の境地を少し経験することができた。そして空の体験らしきものを感じとることができたが、もちろんさとりからほど遠いものであった。さとりへと促す力(根)であるとか、仏法との関係(縁)についてなにも識るところなく、仏の意《こころ》などまったく理解していない。それでいてみずからの得たよこしまなさとりの体験をひたすら他人に教えひろめようと努力した。その結果さとりらしきものを得た人間がいく人か現われることになったが、しかしそのことは、たとえば虫が木を食い刻んでたまたま字にみえる食べあとをつくり出したのと同じであって、本当のさとりを得たものが誕生したことを意味しない。それにもかかわらず、自分こそさとりを得たものであり、真実そのものであると思いこみ、ほかを偽りの教えときめつけて、真っ当の持戒修善の人間をあざけ笑う。それらの人びとの行ずる道を真実の道ではないと宣伝して、いろいろの悪を行わせた。真実を見定める力をもちあわせない人びとは、なにが本当で、逆になにが偽りであるかを識別することができないだけに、その教えを聞いて信伏し、ありとあらゆるよこしまな振舞いを行うことになった。そうした光景をみて、一般の人びとは軽蔑し始めたが、それだけにとどまらず、国王、大臣も放置できないことと考え、ついに仏法そのものを禁ずるにいたった。よこしまな教えが人びとの間に深く浸透している様子は、現在の時点でもまだ改まっているとはいえない。

よこしまな教えがひろまった情勢を『史記』も書き記しているので、それをひとつここで紹介しておく。すなわち、周の末に、髪をふり乱し衣を脱いで肩を出し、礼節を尊ぶ態度微塵もなし、といった生活を理想とする人たちが現われるようになり、国が乱れはじめた。その結果、大戎の侵入を招き、ほそぼそと続いたものの、やがて周は滅亡へと追いやられた。また『晋書』にも同じような記事がみえている。阮籍《げんせき》は逸材ではあったが、蓬《よもぎ》のようにぼさぼさに髪を乱し、帯をだらりと解いて暮していたという。のちに公卿の子孫がこれを見倣うようになった。そして賤しい男女や小犬のはじ知らずな振舞いこそ自然に達した態度であるともてはやし、礼節を尊ぶものを田舎者と蔑んだ。このような狂った風潮が司馬氏（西晋）の滅亡を引き起こさせたのである。それからまた、宇文邕すなわち北周の武帝は、衛元嵩の魔業に感化されて、讖緯《しんい》を信じ、仏教を排斥するという愚行をやってのけた。

ここに紹介したこうした出来事は、仏法の滅亡、さらには時代の滅亡をも引き起こさせた妖怪の話といってよい。

さて天台智顗の目に映った時代の悪しき様相がこのように記されているが、この記述をみて、注意すべきは、天台においては北周の廃仏が意識されていたということ、それから、このあとに続く記述ともつなげて考えてみると、その出来事が正しい路につくべきことを迫る、自らに向けられた一つの反省材料として自覚されたのではなかろうかということ、こうした点である。このあと、道を勧めて聴いて思修し休息することなかれと強調されるだけに、そのように思われてならない。

何關二隨自意意一。何以故。如レ此愚人、心無二慧解一、信二其本師一、又慕二前達一、決謂二是道一、又順レ情爲レ易、恣レ心取レ樂、而不レ改レ迷。譬如下西施本有二心病一、多喜嚬呻、百媚皆轉、更益美麗、隣女本醜、而斅二其嚬呻一、可レ憎彌劇、貧者遠徙、富者杜レ門、穴者深潛、飛者高逝上。彼諸人等、亦復似レ是。狂狗逐レ雷、造二地獄業一、悲哉可レ傷。既嗜二欲樂一、不レ能二自止一、猶如二蒼蠅爲レ唾所一レ黏。浪行之過、其事略爾。

其師過者、不レ達二根性一、不レ解二佛意一。佛説二貪欲卽是道一者、佛見二機宜一、知乙一切衆生、底下薄福、決不レ能下於二善中一修上道、若任二其罪一、流轉無甲已、令下於二貪欲一修中習止觀上。極不レ得レ止、故作二此説一。譬如下父母見二子得レ病、不レ宜二餘藥一、須二黄龍湯一、鑿レ齒瀉レ之、服已病愈上、佛亦如レ是。説當二其機一。快馬見二鞭影一、卽到二正路一。貪欲卽是道、佛意如レ此。

なんぞ随自意《ずいじい》の意《こころ》に関《かか》わらんや。なにをもっての故ぞ。かくのごときの愚人は、心に恵解《えげ》なくその本師《ほんし》を信じ、また前達《ぜんだつ》を慕って、決《きだ》めてこれ道《どう》なりと謂い、また情に順ずるを易となし、心を恣《ほしいまま》にして楽《らく》を取って、しかも迷を改めず。たとえば西施《せいし》はもと心の病あり、多く喜んで嚬呻《ひんじん》するに、百の媚《こび》みな転じて、さらにますます美麗《ひれい》なり、隣女《りんにょ》はもと醜《しゅ》にして、しかもその嚬呻を斆《まな》び、憎むべきこといよいよ劇《はげ》しく、貧しき者は遠く徙《うつ》り、富める者は門を杜《ふさ》ぎ、穴ある者は深く潜《ひそ》み、飛ぶ者は高く逝《ゆ》くがごとし。かの諸人等もまたまたこれに似たり。狂狗《く》が雷《いかずち》を逐《お》うて地獄の業《ごう》を造る、悲しきかな、傷むべし。すでに欲楽を嗜《たしな》んでみずから止《とど》むることあたわず、なお蒼蠅《そうよう》が唾のために黏《ねん》せらるるがごとし。浪行《ろうぎょう》の過《とが》、その事略してしかり。

その師の過《とが》は、根性に達せず、仏意を解《げ》せざるなり。仏が貪欲即ちこれ道なりと説きたまえるは、仏は機宜《きぎ》を見て、一切の衆生は底下《ていげ》薄福《はくふく》にして、決《さだ》んで善のなかにおいては道《どう》を修すること能わず、もしその罪に任《まか》せば、流転《るてん》してやむことなからんことを知り、貪欲において止観を修習《しゅじゅう》せしむ。きわめて止むことを得ず、故にこの説をなしたもう。たとえば父母が子の病を得るを見て、余薬に宜しからざれば、黄龍湯《おうりゅうとう》をもちい、歯を鑿《うが》ってこれを瀉《そそ》ぐに、服しおわって病愈《い》ゆるがごとく、仏もまたかくのごとし。説けばその機に当たる。快馬は鞭の影を見てすなわち正路《しょうろ》に至る。貪欲即ちこれ道なりとは、仏意かくのごとし。

《西施》『荘子』に出ず、ここに記されているように、胸を病んだ彼女が、手を胸にあてて悩んでいる姿を、ほかの女たちがみて、自分たちもあのようなポーズをすれば美人に見えるにちがいないと思い、まねたという故事を引きあいに出しての説明である。《嚬呻》顔をしかめてうめく。《蒼蠅》おおばえ。《機宜》ここでは衆生の意。

ところで、随自意三昧は方法的には、悪の観察を一つの方法として修せられるものであることは、すでに示してきたことであるが、しかしそうはいっても、右にのべてきたようなよこしまな行状は、随自意三昧とかかわりのない事柄である。

悪が随自意三昧と関係してくる場合、悪についての自覚が衆生の内面に成立していなければならない。悪が自覚されてこそ、そこにそれを観察する道がひらかれてくるのであり、それなしには三昧は成り立つわけがない。ところが、さきのような悪行を仕出かす愚かな人間は、智恵なく、理解力なく、そして師と仰ぐ人を無批判に信じて、先達の教え示す道を正しいものと思い込んで疑わない人たちである。またかれらは情感に従って行動しやすく、勝手気ままに振舞って、楽しみだけを追いかけ、決して迷いを改めようとしない人間である。かれらの悪行は、悪に沈みきったそれであり、かれらにおいて悪行として自覚されている類いのものではない。まさにでたらめそのものといってよい悪行であって、こうしたものは、随自意三昧の対象からはずされてよい。

　仏がむさぼりの心が道であると説かれたのは、衆生を見渡して見ると、そのなかの一部はきわめて卑しく、福うすくして、かりにかれらに善にもとづいて道を極めることをのぞんでみてもとうてい不可能であり、もしもかれらをしてなすがままにさせておけば、永久に迷い続けるであろうと見てとって、そうしたかれらを救うべく、むさぼりの心に従って、止観を修する途がひらかれていることを教えようとしてのことなのである。悪の観察が随自意三昧の一方法として確立されたのは、悪の近くに身をおく衆生を導くためのいわば教育的な狙いからといってよい。

若有㆓衆生㆒不㆑宜㆔於㆑惡修㆓止觀㆒者、佛說㆓諸善㆒、名㆑之爲㆑道。佛具㆓二說㆒。汝今云何呵㆑善就㆑惡。若其然者、汝則勝㆑佛、公於㆓佛前㆒、灼然違反。復次時節難起、王事所㆑拘、不㆑得㆑修㆑善、令㆘於㆓惡中㆒而習㆗止觀㆖。汝今無㆑難無㆑拘、何意純用㆓乳藥㆒、毒㆓他慧命㆒。故阿含中、放牛人善知㆓好濟㆒、令㆓牛

群安穩一、若好濟有レ難、急不レ獲レ已、當レ從ニ惡濟一、惡濟多レ難、百不レ全レ一、汝今無レ事、幸於ニ好濟一、善道驅レ牛、何爲惡道自他沈沒。破ニ壞佛法一、損ニ失威光一、誤累ニ衆生一、大惡知識、不レ得ニ佛意一、其過如レ是。

もし衆生ありて悪において止観を修するに宜しからざる者には、仏は諸の善を説いて、これを名づけて道《どう》となす。仏は二説を具したもう。汝いまいかんぞ善を呵《か》して悪に就くや。もしそれしからば、汝はすなわち仏に勝れり、公《おおやけ》に仏前において、灼然《しゃくねん》として違反す。またつぎに時節の難起こって、王事に拘《かか》わられて善を修することを得ずんば、悪のなかにおいて止観を習わしむ。汝はいま難なく拘《かか》わることなし、なんの意ぞ純ら乳薬を用いて、他の恵命《えみょう》を毒するや。故に阿含のなかに、「放牛の人はよく好済《こうさい》を知りて、牛の群をして安穏ならしむ、もし好済に難ありて急に已《や》むことを獲ざれば、まさに悪済に従うべきも、悪済には難多くして百に一を全《まっと》うせず、汝、いま事なくして、幸いに好済において善道に牛を駆《か》る、なんすれぞ悪道に自他沈没《ちんもつ》するや」と。仏法を破壊《はえ》し威光を損失し誤って衆生を累《わざわい》するは、大悪知識なり、仏意を得ざるは、その過《とが》かくのごとし。

《済》川の渡し場のこと。

一方、悪に従って止観を修するのが好ましくない者には、仏は種々の善を教示し、それらに従って止観を行ずる道があることを説き示されている。

かくて、仏は二とおりの教え方を用意しておられるということになる。たとえば時局多難で、政治の動向に関心を注がねばならず、どうしても善を修しえないようなときには、悪に従って止観を修してよいが、善を修しうる環境にあるのであれば、善に背を向け悪に従うようなことがあってはならない。善の観察、修習を通じて、道を極めるよう努めねばならないのであり、善を修しうる環境にありながら、それを修そうとしないものは、仏説に違反し、仏法を破壊するものである。また仏法の威光を失わせ、衆生を誤って導く大悪人といってよい。

復次夷險兩路皆有二能通一、爲レ難從レ險、善惡倶通。審レ機入レ蔽。汝棄レ善專レ惡、能通二達非道一、何不下蹈二躡水火一穿中逾山壁上。世間險路尚不レ能レ通、何況行レ惡、而會二正道一、豈可レ得乎。又不レ能レ知二根縁一。直是一人、卽時樂レ善、卽時樂レ惡、好樂不定、何況無量人邪。而純以二貪欲一化レ他。淨名云、我念、聲聞不レ觀二人根一、不レ應レ說レ法。二乘不レ觀、尚自差レ機、況汝盲瞑、無レ目師レ心者乎。自是違レ經、不レ當二機理一、何其愚惑、頓至二於此一。若見下有レ人不レ識二機宜一行中說此上者、則戒海死屍、宜二依レ律擯治一。無レ令三毒樹生二長者宅一。云云。

またつぎに、夷《い》・険《けん》の両路みなよく通ずることあり、難のために険《けん》にしたがうも、善悪ともに通ず。機を審《つまび》らかにして蔽《へい》に入る。汝、善を棄てて悪を専らにし、よく非道に通達せば、なんぞ水火を蹈躡《とうしょう》し山壁を穿《うが》ち逾《こ》えざるや。世間《せけん》の険路《けんろ》すらなお通ずること能わず、いかにいわんや悪を行じてしかも正道《しょうどう》に会すること、あに得べけんや。また根縁《こんえん》を知ること能わず。ただこれ一人なるも、すなわち時に善を楽《ねが》いすなわち時に悪を楽い、好楽不定《こうぎょうふじょう》なり、いかにいわんや無量の人をや。しかも純ら貪欲をもって他を化《け》せんや。浄名《じょうみょう》にいわく、「われ念ず、声聞《しょうもん》は人根《にんこん》を観ぜざれば、まさに法を説くべからず」と。二乗すら観ぜざれば、なおおのずから機に差《たご》う、いわんや汝は盲瞑《もうみょう》にして目なく、心《しん》を師とする者なるをや。おのずからこれ経に違し、機理に当たらず、なんぞそれ愚惑にして頓にここにいたるや。もし人ありて機宜《ぎぎ》を識らずしてこれを行説《ぎょうせつ》するを見れば、すなわち戒海の死屍《しし》なり、よろしく律によって擯治《ひんじ》すべし。毒樹をして長者《ちょうじゃ》の宅に生ぜしむることなかれ。云云。

《機》衆生の機根のこと、すなわち性質。《根縁》人の機根と環境。《人根》人間の機根のこと。《機宜》衆生のこと。

ここでは、いかなる道も菩提につながる道として開かれていることをのべつつも、悪に従って仏道を極めることの至難さを訴え、善に目を向け、善を観じて菩提を求めることの自然さが、説かれる。善を顧みることなく、悪のみに関心を注ぎ、その根源を極めれば、いかなる妨げをも乗り越えて、仏道を極めうるであろう。しかし現実にはわれわれ衆生にとっては、この日常生活のなかでの険しい道を乗り切ることさえも至難である。そうしたわれわれ衆生が悪を働き、それによって正しい道に出会いうるというようなことは、とうていのぞまれないことである。そうであるだけに、律に自らをしばり、悪を斥け、正しい道を歩みつつ、仏道を極める方が自然である。

復次検二其悪行一、事即偏邪。汝謂二貪欲即是道一、陵二一切女一、而不レ能三瞋恚即是道、害二一切男一。唯愛二細滑觸一是道、畏二於打拍苦澁觸一、則無レ有レ道。行レ一不レ行レ一、一有レ道一無レ道。癡闇如レ漆、偏行二汚損一。譬如三死屍穢二好華園一。云云。難二其偏行一如レ前。或將二水火刀杖一向レ之、其即默然。或答云、而汝不レ見、我常能入。此乃違レ心、無二慚愧一語。亦不レ得二六即之意一。所三以須レ説レ此者、上三行法、勤策事難、宜レ須二勤修一。隨自意和レ光入レ惡、一往則易、宜レ須二誡忌一。如丁服二大黄湯一、應丙備二白飲一而補乙止之甲。云云。

またつぎに、その悪行を検するに、事《じ》はすなわち偏邪なり。汝は、貪欲《とんによく》は即ちこれ道《どう》なりといって一切の女を陵《おか》し、しかも瞋恚《しんに》即ちこれ道なりといって一切の男を害すること能わず。ただ細滑《さいこつ》の触《そく》を愛するはこれ道なりとし、打《だ》拍苦渋《はくくじゆう》の触を畏《おそ》るればすなわち道あることなし。一を行じて一を行ぜず、一には道ありて一には道なし。癡闇《ちあん》なること漆《うるし》のごとく、ひとえに汚損《おそん》を行ず。たとえば死屍の好華園《こうけえん》を穢すがごとし。云云。その偏行《へんぎよう》を難ずること前のごとし。あるいは水火刀杖《じよう》をもってこれに向かえば、それすなわち黙然す。あるいは答えていわく、「しかして汝は見ずや、われ常によく入る」と。これすなわち心に違い、慚愧《ざんぎ》なきの語なり。また六即の意を得ず。これを説くことを須《もち》うる所以は、上の三行の法は勤策《ごんさく》すること難ければ、よろしくすべからく勧修すべし。随自意は光を和《やわ》らげて悪に入る、一往はすなわち易ければ、よろしくすべからく誡《いまし》め忌《い》むべし。大黄湯を服するには、まさに白飲《きゆ》を備えてこれを補止すべきがごとし。云云。

《慚愧》罪のはじらい。罪を恥じること。愧は自らの罪を心に恥じること、慚は人に自らの罪を告白して恥じること。

ここでは、とかく偏向した態度に陥りやすい人間の内的構造をみてとった上で、それと絡めて、四種三昧のそれぞれがもちあわす方法上の特徴が語られる。

人びとが仕出かす悪行を検点してみると、現象面から眺めて、それらは偏っており、よこしまであることが、はっきりする。貪欲すなわちむさぼりの心はさとりにつながる道であると教えられても、手あたり次第、女性を襲うようなことはできるものではない。また瞋恚すなわちいかりの心がさとりの道につながるといわれても、すべての男性をきずつけるというようなこともできはしない。実際に見られる人びとの振舞いは、こまやかで滑らかな触れ合いなら積極的に求め、そしてそれを道に適っていると見做し、他方、打ち叩かれるような、また苦しさを感ずるような触れ合いであれば尻込みして拒否し、しかもそれには道がないと思い込む、というものである。ひとつを行えば、ひとつを行わない、またひとつには道があるけれども、ひとつには道がないと受けとめる。そうした偏った判断、行動に陥りやすいのが、普通の人間のごく一般的なすがたなのである。たとえていえば真っ黒の漆のように、もちあわす智恵はくらく、偏った判断、振舞いに陥るのが、われわれ人間である。

かくてこうした不徹底な人たちに四種三昧の修習《しゅじゅう》を勧めるわけであるから、つぎのようなことには注意した方がよいであろう。すなわち、常坐・常行・半行半坐の三者には方法的に勤め励むことが難しいという面がそなわっているので、これらについては、積極的にその修習を勧める、ということが必要であろう。さきにそれぞれの項で「勧修」の段が設けられたのは、こうした理由からである。一方、随自意三昧、すなわち非行非坐三昧の場合は、ただ厳しさだけを求めるようなものではなく、悪に従って仏道を極める道をも容認する立場に立つものであるから、これはもともと修するのが易しい形式の三昧である。だから勧め修めさせるようなことはこれについては考えなくともよい。ただしこの場合は悪に従うことをも許すわけであるから、それにのみ込まれ、かえってあやまちを犯すことにならないよう注意しなければならない。

問、中道正觀、以㆓一其心㆒、行用卽足、何須㆘紛紜四種三昧、歷㆓諸善惡㆒、經㆗十二事㆖。水濁珠昏風多浪鼓、何益㆓於澄靜㆒耶。答、譬如㆘貧窮人、得㆑少便爲㆑足、更不㆖㆑願㆓好者㆒。若一種觀㆑心、心若種種、當㆓奈之何㆒。此則自行爲㆑失。若用化㆑他、他之根性、舛互不㆑同、一人煩惱、已自無量、何況多人。譬如㆘藥師集㆓一切藥㆒、擬㆓一切病㆒、一種病人、須㆓一種藥㆒、治㆓一種病㆒、而怪㆗藥師多㆖㆑藥。汝問似㆑是。煩惱心病、無量無邊、如㆑爲㆓一人㆒、衆多亦然。云何一人。

問う、中道の正観《しょうかん》はもってその心を一にすれば、行用《ぎょうゆう》すなわち足る、なんぞ紛紜《ふんうん》たる四種三昧をもって諸の善悪に歴《へ》て十二事を経《ふ》ることを須《もち》いん。水濁れば珠昏《たまくら》く、風多ければ浪鼓《うご》く、なんぞ澄静《ちょうじょう》に益《やく》あらんや。答う、たとえば貧窮《びんぐ》の人は少を得てすなわち足れりとなし、さらに好きものを願わざるがごとし。もし一種をもって心を観ずるに、心もし種種なれば、まさに奈《いか》んぞこれをいかんがすべきや。これすなわち自行に失をなす。もし用いて他を化せば、他の根性《こんじょう》は舛互《しょうご》にして同じからず、一人の煩悩すでにおのずから無量なり、いかにいわんや多人をや。たとえば薬師は一切の薬を集めて一切の病に擬《ぎ》するも、一種の病人には一種の薬をもちいて一種の病を治す、しかも薬師の薬多きことを怪しむがごとし。汝の問はこれに似たり。煩悩の心の病は無量無辺なり、一人のためにするがごとく、衆多にもまたしかり。いかんが一人のみならん。

《根性》機根に同じ、宗教的素質・能力。

ところで、四種三昧を一つ一つ行ずるというわずらわしい行じ方をせずとも、「中道正観」を行ずるだけで、実践業としての機能、働きがすべて円満に展開し、菩提の道が成就されることになるのではないのか。こうした問いのもと、四種三昧として行が修せられねばならない理由が、のべられる。実践業が四種三昧として修せられた方がよいとされる理由は、一つの修行方法ではとうてい対応しえない、煩悩の多様さという点にある。一人をとってみても、内に秘められた煩悩は無量である。一人の人間が行を修して導かれてゆく場合でも、無量の煩悩をかかえるがゆえに、それらに応じた克服の方法が考えられねばならない。まして引導されねばならない存在は数かぎりない。そうであれば、一つの方法に従って行ずるというだけでは対応しきれない。かくて実践業は方法的には四種三昧として整理されるのが妥当なことであり、衆生はそれらを修してこそ支障なく菩提の完成を実現することができる。

若人欲レ聞二四種三昧一、聞レ之歡喜、須二徧爲説一、是爲二世界一。以レ聞二四種一、次第修行、能生二善法一、卽具説レ四、是各各爲レ人。或宜二常坐中治二其諸惡一、乃至隨自意中治二其諸惡一、是名二對治一。是人具須二四法一、豁然得レ悟、是第一義。秖爲二一人一、尚須二四説一、云何不レ用耶。若爲二多人一者、一人樂二常坐一、三非レ所レ欲、一人欲二常行一、三非レ所レ樂。徧赴二衆人之欲一、卽世界悉檀也。餘三悉檀亦如レ是。

又約二一種三昧一、亦具二四悉檀意一。若樂レ行卽行、樂レ坐卽坐。行時若善根開發、入二諸法門一、是時應レ行、若坐時心地清涼、喜悦安快、是時應レ坐。若坐時沈昏、則抖擻應レ行、行時散動疲困、是則應レ坐。若行時怳焉虚寂、是則應レ行、若坐時湛然明利、是時應レ坐。餘三例爾。云云。

もし人、四種三昧を聞かんと欲し、これを聞いて歓喜せば、すべからくあまねくために説くべし、これを世界

（＝世界悉檀）となす。四種を聞くをもって次第に修行してよく善法を生ずるには、すなわちつぶさに四を説くべし、これ各各為人《かくかくいにん》（＝為人悉檀）なり。あるいは常坐《じょうざ》のなかにその諸悪を治するに宜しく、乃至、随自意のなかにしてその諸悪を治するは、これを対治《たいじ》（＝対治悉檀）と名づく。この人つぶさに四法を須《もち》いて豁然《かつねん》として悟ることを得るは、これ第一義（＝第一義悉檀）なり。ただ一人のためにすらなお四説を須《もち》う、いかんぞ用いざらんや。もし多人のためにせば、一人は常坐を楽《ねが》い、三は欲するところにあらず、一人は常行《じょうぎょう》を欲し、三は楽《ねが》うところにあらず。あまねく衆人の欲に赴くは、すなわち世界悉檀なり。余の三悉檀もまたかくのごとし。

また一種の三昧《さんまい》に約するもまた四悉檀の意を具す。もし行《ぎょう》を楽《ねが》わばすなわち行《あゆ》み、坐を楽わばすなわち坐す。行《あゆ》むときもし善根開発《かいほつ》して諸の法門に入らば、このときはまさに行むべく、もし坐するとき心地清涼《しんじしょうりょう》にして喜《き》悦安快《えつあんけ》ならば、このときまさに坐すべし。もし坐するとき沈昏《ちんこん》ならば、すなわち抖擻《とそう》してまさに行むべく、行むとき散動《さんどう》し疲困《ひこん》せば、これすなわち坐すべし。もし行むとき悦焉《こうえん》として虚寂《こじやく》ならば、これすなわちまさに行むべく、もし坐するとき湛然《たんねん》として明利《みょうり》ならば、このときはまさに坐すべし。余の三も例してしかり。云云。

《四悉檀》前出、一五二頁参照。《豁然》さとるさとり方。からりとさとるという意味。《抖擻》[S] dhūta の訳。煩悩をふり払い、貪りを去ること。《恍焉》うっとりとするような状態。

ここでは、前段での陳述につなげる形で、常坐・常行・半行半坐・非行非坐の四種三昧のそれぞれが、行ぜられるに相応しい時、ともにその条件をそなえていることが語られ、さらに踏み込んで、いずれのとき、どのような条件のもとで、それらのうちのどれが修されるのがよいのかということが、具体的に教示される。修されるに相応しい三昧と修されてよい時との関係は、本文を読まれればすぐに読み取られると思われるので、ここではその点について立ち入っては示さない。

問、善扶レ理可レ修二止觀一、惡乖レ理、云何修二止觀一。答、大論明二根遮一有レ四、一根利無レ遮、二根利有レ遮、三根鈍無レ遮、四根鈍有レ遮。初句、上品佛世之時之身子等、是其人也。行人於二善法中一修二止觀一者以レ勤二修善法一、未來無レ遮、常習二止觀一、令二其根利一。若過去具二此二義一、今生薄修、卽得二相應一、從二觀行位一入二相似眞實一。今生不レ得レ入者、昔無二二義一、今約レ善修、令二未來疾入一。

次句得道根利、而罪積障重、佛世之時闍王央掘、示二其人一也。逆罪遮重、應レ入二地獄一、見レ佛聞レ法、豁然成レ聖。以二根利一故、遮不レ能レ障。今時行人、於二惡法中一修二止觀一者卽此意也。以レ起レ惡故、未來有レ遮、修二止觀一故、後世根利。若遇二知識一、鞭入二正道一。云何而言二惡法乖レ理、不レ肯修二止觀一耶。

次根鈍無レ遮者、佛世之時周利槃特卽是其人。雖二三業無レ過、根性極鈍、九十日誦二鳩摩羅偈一。智者身口意不レ造二於諸惡一、繫レ念常現前、不レ樂二著諸欲一、亦不レ受二世間無益苦行一。今時雖二持レ戒行一レ善、不レ學二止觀一、未來無レ遮、而悟レ道甚難。

後句者、卽一切行惡之人、又不レ修二止觀一者是也。不レ修二止觀一故不レ得レ道、根鈍千遍爲說、兀然不レ解、多造二罪惡一、遮障萬端。如下癩人身痺、針刺徹レ骨、不レ知不上レ覺。但以二諸惡一而自纒裹。以二是義一故、善雖レ扶レ理、道由二止觀一、惡雖レ乖レ理、根利破レ遮。唯道是尊、豈可三爲レ惡而廢二止觀一。大經云、於レ戒緩者、不レ名爲レ緩、於レ乘緩者、乃名爲レ緩。應下具明二緩急四句一、合中上根遮義上。云云。又經云、寧作二提婆達多一、不レ作二欝頭藍弗一、卽其義也。云云。應三勤聽思修初無二休息一。如二醉婆羅門剃レ頭、戲女披ニ袈裟ー云云。

問う、善は理を扶《たす》くれば止観を修すべし、悪は理に乖《そむ》く、いかんぞ止観を修せん。答う、大論に根遮《こんしゃ》を明かすに四あり、一には根は利《り》にして遮なく、二には根は利にして遮あり、三には根は鈍《どん》にして遮なく、四には根は鈍にして遮あり。初めの句は、上品《じょうぼん》にして、仏世のときの身子等、これその人なり。行人が善法のなかにおいて止観を修せば、善法を勤修するをもって、未来に遮なく、つねに止観を習ってその根をして利ならしむ。もし過去にこの二義を具するは、今生に薄く修してすなわち相応することを得、観行《かんぎょう》の位より相似《そうじ》・真実《しんじつ》に入る。今生《こんじょう》に入ることを得ざる者は、昔に二義なし、いま善に約して修し、未来に疾《はや》く入らしむ。

つぎの句は、得道《とくどう》の根利《こんり》にして、しかれども罪は積《つも》り障《さわ》りは重し、仏世の時の闍王《じゃおう》・央掘《おうくつ》はその人なるを示す。逆罪あり遮《しゃ》重くして、まさに地獄に入るべきも、仏を見、法を聞きて、豁然《かつねん》として聖《しょう》と成る。根は利なるをもっての故に遮も障《さ》うること能わず。今時《こんじ》の行人《ぎょうにん》、悪の法のなかにおいても止観を修するは、すなわちこの意なり。悪を起こすをもっての故に未来に遮あり、止観を修するが故に後世《ごせ》には根は利なり。もし知識に遇わば、鞭《むち》って正道《しょうどう》に入る。いかんがして悪法は理に乖《そむ》くといって肯《あ》えて止観を修せざらんや。

つぎに根は鈍にして遮なしとは、仏世のときの周利槃特《しゅりはんどく》すなわちこれその人なり。三業に過《とが》なしといえども根性きわめて鈍にして、九十日にして鳩摩羅《くまら》の偈《げ》を誦《じゅ》す。智者は身口意に諸悪を造らず、念を繋《か》けつねに現前して、諸欲に楽著《ぎょうちゃく》せず、また世間の無益《むやく》の苦行を受けず。今時は戒を持ち善を行ずといえども止観を学ばざるは、未来に遮なきも、道を悟ることははなはだ難からん。

のちの句は、すなわち一切の行悪の人なり、また止観を修せざる者これなり。止観を修せざるが故に道を得ず、根は鈍にして、千遍、ために説くとも、兀然《こつねん》として解せず、多く罪悪を造って遮障《しゃしょう》万端《ばんたん》なり。癩人《らいにん》の身痺《しんしび》れて針刺《さ》して骨に徹《てつ》すれども、知らず覚《さと》らざるがごとし。ただ諸悪をもってみずから纏裹《てんか》す。この義をもっての故に、善は理を扶《たす》くといえども、道は止観に由り、悪は理に乖《そむ》くといえども、根利なれば遮を破す。ただ道のみこれ尊し、あに悪のために止観を廃すべけんや。大経にいわく、「戒において緩《かん》なるは、名づけて緩となさず、乗《じょう》において緩なるは、すなわち名づけて緩となす」と。まさにつぶさに緩急の四句を明らかにし、上の根遮の義に合すべし。云云。また経にいわく、「むしろ提婆達多《だいばだった》となるも欝頭藍弗《うずらんぼつ》とならざれ」とは、すなわちその義なり。云云。まさに勤めて聴いて思修《ししゅ》して初めより休息《くそく》することなかるべし。酔いたる波羅門《ばらもん》が頭を剃り、戯女《けにょ》が袈裟《けさ》を披《き》たがるごとし。云云。

《遮》さえぎるもの。《闍王》阿闍世王のこと。Ajātaśatru 釈尊に反逆したデーバダッタ（提婆達多）にそそのかされ、父ビンビサーラ(頻婆沙羅)王を幽閉して王位を奪い、死に至らしめた人物。しかし、のちに罪を悔い、仏教に帰した。《央掘》央掘摩羅 Aṅgulimāla のこと。人を殺すこと夥しく、千人目に母を殺そうとしたが、釈尊に導かれ、仏弟子となった人物。《周利槃特》Cūda＝panthaka or Śuddipanthaka 周利槃陀迦・周陀半託迦などとも表わす。兄とともに釈尊の弟子となるも、聡利な兄と異なって、愚鈍であったという。しかしその一途な態度によって最後、阿羅漢となることができたと伝えられている。《鳩摩羅》S Kumāra 童子のこと。童子とは、少年僧とか有髪の少年のことをいう。《三業》身と口と意のなす行為。《欝頭藍弗》S Udrakarāma-putra 優陀羅羅摩とも記す。釈尊が師事したこともある外道仙人。伝えられるところによると、非想非非想処をもって真の解脱と考えていたとされる。

ここでは、悟りの実現に直接道をひらくものとしての行＝止観が衆生のどのような側面をいわば思想的根拠として、その修習が要請されうるものとなるのかという点が、のべられている、といってよいであろう。

この種の問題を理解するのには、悪にのめり込みながらも、その悪を契機として止観を修し、悟りを得るケースを例に考えてみるのがよい。善は理に順うものであるから、それに即して止観を修することは、だれしも納得のゆく方法と考えられ、したがってこのケースを例に上記の問題を考えてみても、焦点がぼやけがちである。しかし悪に従って止観を修す場合に注目すれば、悪が理に乖くものであるだけに、止観の修習がなにをよりどころとして可能とされうることになるのかという問題が、修そうとする行者自身においてよりはっきりと意識されやすい。そうした理由からであろう、悪に即して止観を修するケースを手掛かりとして説明が進められることになるが、まず説明の枠組みを示せば、『大智度論』にみえる四種の根・遮の説を引きあいに出して説明が展開される。その説とは、衆生にそなわった、仏道をきわめるための素質、能力（＝根）とそれを「遮るもの」との関係を四種に整理して示したものであるが、具体的には、㈠根は利にして、遮なし、㈡根は利なるも、遮あり、㈢根は鈍であるが、遮なし、㈣根は鈍、しかも遮あり、こうした見方を教示するものである。

さて右の四種の根・遮の説のうち、ここでもっとも参考にされるのは、第二句目であるが、ほかの句に絡めてのべられる事柄をもみてゆくことによって、さきの問題についての天台智顗の見方が、いっそうはっきりしてくる。

まず初句に関係づけてのべられる点は、仏在世当時の舎利弗などのような、特別すぐれた資質の持主の、止観の修習の内なる関係である。もちあわす資質がすぐれた行人が、善法にしたがって止観を勤修するケースであるから、いかなる「遮るもの」も現われるわけがない。加えてそうした形で止観が修されるのであるから、資質そのものはさらにすぐれたものとなる。そして、その経緯は異なることがあっても、この部類の行人はなんの問題もなく真実の位に入ることができる。ここには、ことさら強調されていないが、仏道を行じようとする秘められたすぐれた能力がよりどころとなって止観が修されるにいたる関係が、説示されている、と読みとってよいであろう。

つぎの第二句絡みの一連の説明は、この段の主題と解してよい、衆生における行の根拠についてもっともはっきりと説き示してくれている部分である。罪が積もり障り重くして、地獄に堕ることがあってもおかしくない悪しき衆生が、悪法のなかにおいて止観を修しうるのは、もちあわす資質が仏道修行になじまない、愚鈍そのものではなく、逆にそれを勤修しうるだけのすぐれたものであるからにほかならない。悪を働くがゆえに、修道の妨げとなる障りをもつことになるが、止観を修しうる能力を資質的に有するがゆえに、いずれ仏道をきわめうる。だから悪法は理に乖くといっても、それを通じて止観の修習へとつながる道が塞がれているということにはならないのである。止観を修しうる能力・素質をもちあわしておれば、悪法のただなかにあっても、悪に即しつつ、自らを鞭打って正道に入ることができる。こうした説明を通して知られることは、根が利であるという点こそ、修行を修しうる思想的根拠にほかならないということであろう。

後半の二句に目を移すそう。これら両句は止観の修習を促す思想的よりどころとなる事柄について積極的に語ろうとするものとは解されない。第三句につながる衆生についていえば、身・口・意の三業において悪をつくらず、戒を保って善を行ずるといえども、もともと有する素質・能力(=根)がきわめて劣れるもの（＝鈍）であるから、止観を学ぼうとしない。だからこの部類の衆生はさとりの道を完成することがなかなかむずかしい。

第四句につながる衆生となると、ことはさらに深刻である。もともともちあわす素質・能力が劣っている上に、あらゆる悪を行ずる人が、これに該当する人である。しかも加えて、止観を修することがまったくない。こういうわけで、この種の人はさとりを得ることがまったくのぞまれない。

さて、さとりの道の完成、いいかえれば、さとりの実現は、もっとも直接的には止観の修習をまつしかない。止観の修習こそが衆生をさとりへと導くいわゆる切札、きめ手であり、それへの直接の契機は善を修することでも、悪を働くことでもないのである。だから大切なことは、人それぞれがもちあわす資質いかんということになる。資質・能力がすぐれておれば、すなわち利であれば、悪を行ずるということになっても、止観の修習の妨げとなるものではない。その場合、悪にのめり込むことになっても、止観を行ずることをゆめゆめ断念し、放棄してはならない。

『大智度論』の四種の根・遮の説を引きあいに出してこうした説明が与えられているが、そうした一連の説明をみて、一つ指摘しておきたい点があるので、そのことをのべておこう。指摘したい点とは、上の説明をみるかぎり、天台智顗においては、根鈍なるものには止観の修習の道が閉されていると解されているのではなかろうか、ということである。衆生のすべてがさとることができると教える法華一乗の立場に立って自らの教学思想を構築する天台智顗の教学的態度を考えたとき、上のような解釈がそれとどのように結びつくのか、疑問が残る。

この点については、それほど厳密に考えなくてもよいのかもしれない。ここでの主題は、止観の修習の問題であって、衆生のさとりの問題ではないのであるから、上のような説明がみえているからといって、智顗においてさとることのできない衆生の存在が承認されている、ということにはならないであろう。

以上で四種三昧に関する説明の部分の紹介を終えるが、「解題」の部分で指摘しておいたように、ここに披瀝の諸主張は、『摩訶止観』のもっとも中心の章をなす「正修止観」章での論述と内容的に深く重なりあう関係にある。この点に注意を払ってこの段を読んでゆくことは、『摩訶止観』の全体の構成およびその内容の核心の部分の理解に一歩近づくことになり、意味のあることといってよい。

第六 果報

第三為㆑明㆓菩薩清淨大果報㆒故、説㆓是止觀㆒者、若行違㆓中道㆒、卽有㆓二邊果報㆒。若行順㆓中道㆒、卽有㆓勝妙果報㆒。設未㆑出㆓分段㆒、所㆑獲華報、亦異㆓七種方便㆒。況眞果報邪。香城七重、橋津如㆑畫、卽其相也。此義在㆓後第八重中㆒、當㆓廣分別㆒。問、次第禪門明修證與㆓此果報㆒云何同異。答、修名㆓習行㆒、證名㆓發得㆒。又修名㆓習因㆒、證名㆓習果㆒。皆卽生可㆑獲。今論㆓果報㆒、隔在㆓來世㆒。以㆑此爲㆑異。二乘但有㆓習果㆒、無㆑有㆓報果㆒。大乘具有。云云。

第三に、菩薩の清浄《しょうじょう》の大果報《だいかほう》を明かさんがための故にこの止観を説くとは、もし行が中道《ちゅうどう》に違すれば、すなわち二辺の果報あり。もし行が中道に順ずれば、すなわち勝妙《しょうみょう》の果報あり。たといいまだ分段《ぶんだん》を出でざるも、獲る所の果報はまた七種の方便《ほうべん》に異なる。いわんや真の果報をや。香城《こうじょう》は七重にして橋津《きょうしん》は画のごとしとは、すなわちその相なり。この義は、のちの第八重のなかにありて、まさに広く分別すべし。問う、『次第禅門』に明かす修証とこの果報とは、いかんが同異あるや。答う、修は習行《しゅぎょう》に名づけ証は発得《ほっとく》に名づく。また修は習《しゅ》因《いん》に名づけ証は習果《しゅか》に名づく。みな即生に獲べし。いま果報を論ずるは、隔《へだ》てて来世にあり。これをもって異なりとなす。二乗はただ習果のみありて報果あることなし、大乗はともにあり。云云。

《果報》前に行った行為の結果として受ける報いのこと。《七種方便》人・天・二乗（声聞・縁覚）の四者に蔵教、通教、別教のそれぞれ菩薩の三者を加えた七者のこと。《香城七重》『大智度論』九七に紹介されている、ここから東方、五百由旬離れたところにあるすばらしく立派な城のこと。ここでは、見思の惑を断じてえられる果報のすばらしさを示すための喩えとして用いられている。《『次第禅門』》智顗の若い時代の著述のなかでもっとも大きなもの、全十巻より成る。ここでは四禅以下、おびただしい数の禅法を修することが要請されている。浅き禅法から順次深い禅法へと修禅を深めることによって、最後さとることができると教えられる。《習因》同じ本性のものを結果として生ぜしめる、同類の因のこと。《習果》同類の因から生まれた同類の果のこと。

この部分は五略のなかの第三「果報」にあたるが、ここでの主題は、止観を修して得られる果報、報いのことである。止観を修せば、その結果としてかならず果報が得られるが、止観の修し方いかんで、得られる果報に違いがみられる。これ以上ないすぐれた果報、すなわち真の果報は、止観が中道正観として修されるとき得られることになるが、かりに止観が極端に堕するような形で修されると、その果報は空の辺、仮の辺のどちらかに傾くものとならざるをえない。この意味で、止観の修習は中道に即するものであることが理想であり、そして得られるべきは真の果報でなければならない。実際、止観が中道の得知につながる形で修されれば、たとえばその修習の進み具合が、まだ見思の惑の克服をはたしおえていない段階にあっても、そこで得られる果報は、人・天・二乗、さらには蔵教以下の三教の菩薩のそれよりも超えたものとなるのである。真の果報がえられたならば、どんなにすばらしいものであろうか。見思の惑を断じただけでも、『大智度論』にいう「香城」以上の境界を果報として得られる。

つぎに『次第禅門』に説く、禅法を修して得られる証果と、ここにいう止観を修して得られる果報との同異が簡単にのべられる。禅法の修習の場合には、それぞれの禅法に応じた証果が獲得され、そこに同類因―同類果の関係がみられるのに対し、止観の修習の場合には、得証との間にそうした関係がみられない。内容の理解を容易ならしめるために、筆者なりの了解にもとづいて具体的な説明事例をあげてのべれば、たとえば三観三諦の教えにみられるように、空を観じながら(＝因)、空だけを得知するのではなく、空と異なった仮・中をも同時に把握する(＝果)というごとく、止観の修習にあっては、同類の因が同類の果を導くという関係とはなっていないのである。この意味で、止観の修習を通じて得られる得証は、「修証」ではなく「果報」と呼ばれるのが、正しく、また『次第禅門』の「修証」と止観の「果報」とは必ずしも同じではない。

もう一つ両者の相違点をのべれば、「習果」すなわち禅法を修して得られ証果はあくまでも現世においてのこととされるのに比し、止観に導かれる「果報」は来世にかかわることとされる点である。

ところで、ここにいわれる「果報は来世にあり」という見方が具体的にはどのようなことを念頭においていわれているのかを、これまた筆者なりに考えてみよう。

「果報は来世にあり」というこの見方は、いわゆる「四種の仏土説」を念頭において主張されている、と考えられる。少し立ち入ってのべておこう。四種の仏土説というのは、衆生が自らの悟りの内容に応じて、それに見合った国土に生まれる、と教える教説である。四種の仏土とは、凡聖同居土《ぼんしょうどうごど》・方便《ほうべん》有余土《うよど》・実報無障土《じつぽうむしょうど》・常寂光土《じょうじゃっこうど》をいうのであるが、はじめの凡聖同居土とは人天の凡夫と声聞・縁覚の聖者とが同居する仏土のことであり、つぎの方便有余土とは見思の惑を断ち切って、三界の迷いを超え出た人が住む世界であり、そのつぎの実報無障土とは中道の理をさとった菩薩の住む所である。最後の常寂光土とは、一切の煩悩を断ち、真の智恵をもって、究極の真理をさとったもの、すなわち諸仏如来の住む所のことである。

止観をきちんと修してゆくと、衆生は、その修し方の徹底度に応じて、このような四種の仏土のいずれかへ生まれることになると考えられるわけであるから、止観を修して得られる果報は、未来＝来世につながると表現せざるをえない。

なお、この「果報」の部分はのちに一章として別立てされ、広説されることになっているが、実際にはそのことはなされてはいない。

第七　大網を裂く

第四爲レ通下裂二大網一諸經論上故說二是止觀一者、若人善用二止觀一觀レ心、則內慧明了、通二達漸頓諸教一、如下破二微塵一出中大千經卷上、恒沙佛法、一心中曉。若欲下外益二衆生一逗レ機設上レ教者、隨二人堪任一、稱レ彼而說。乃至成佛化レ物之時、或爲二法王一、說二頓漸法一、或爲二菩薩一、或爲二聲聞天魔人鬼十法界像一、對揚發起。或爲レ佛所レ問、而廣答二頓漸一、或扣レ機問レ佛、佛答二頓漸法輪一。此義至二第九重一、當二廣說一。攝法中亦略示耳。

第四に、大網《だいこう》を裂《さ》く諸の経論に通ぜんがための故にこの止観を説くとは、もし人、善《よ》く止観を用いて心を観ずれば、すなわち内恵明了《ないえみょうりょう》にして、漸頓の諸教に通達《つうだつ》すること、微塵《みじん》を破して大千の経巻を出だすがごとく、恒《ごう》沙《じゃ》の仏法、一心のなかに暁《あき》らかならん。もし外には衆生を益《やく》し、機《き》に逗《とう》じて教を設けんと欲せば、人の堪任《かんにん》に随って、彼に称《かな》えて説く。乃至、成仏《じょうぶつ》して物を化《け》するの時は、あるいは法王となって頓漸の法を説き、あるいは菩薩《ぼさつ》となり、あるいは声聞《しょうもん》・天《てん》・魔《ま》・人《にん》・鬼《き》・十法界《じゅっぽうかい》の像となりて、対揚《たいよう》し発起《ほっき》す。あるいは仏のために問われて広く頓漸を答え、あるいは機を扣《たた》いて仏に問い、仏が頓漸の法輪を答えたもう。この義は第九重《くじゅう》にいたってまさに広く説くべし。摂法《せっぽう》のなかにもまた略して示さん。

この一節は五略のなかの第四の「裂大網」である。「網」とは衆生をおおい尽くす煩悩を比喩的に表わした表現であるが、それら数々の煩悩も、大行である止観の行を修することによって、「裂破」される関係にあることが、簡潔にのべられている。

止観を修して、心を深く観じてゆけば、智恵がますますとぎすまされ、数かぎりない教えが明らかになり、それに通達できるようになる。それからさらに、この止観を修する結果として、その人に、衆生に対して相応しい教法を説き、相応しい教化をなしうるいわゆる能力がそなわることにもなる。止観を修し、煩悩を裂破する結果として、このようなすぐれたいわば利益を、止観の行者＝実践主体ひとりひとりが得られることを識知せよ、というのである。

なお、この段はのちに、第九章として別立てにして詳しくのべられるということになってはいるが、実際には説示されないまま終わっている。

第八　帰すべき処

第五歸二大處諸法畢竟空一故說二是止觀一者、夫膠手易レ著、寱夢難レ醒。封レ文齊レ意、自謂爲レ是、競執二瓦礫一、謂二瑠璃珠一。近事顯語、猶尚不レ識、況遠理密教、寧當レ不レ惑。爲二此意一故、須レ論二旨歸一。旨歸者文旨所レ歸也。如二水流趣レ海、火炎向レ空、識レ密達レ遠、無レ所二稽滞一。譬如三智臣解二王密語一、聞レ有二所說一、皆悉了知、到二一切智地一。得二此意一者、卽解二旨歸一。旨者自向二三德一、歸者引レ他同入二三德一、故名二旨歸一。又自入二三德一名レ歸、令三他入二三德一名レ旨。故名二旨歸一。

第五に、大処《たいしょ》の諸法畢竟空《ひっきょうくう》に帰するが故にこの止観を説くとは、それ膠手《こうしゅ》は著き易く、寱夢《ひむ》は醒《さ》め難《がた》し。文《もん》に封ぜられて意《い》を斉《かぎ》り、自《みずか》ら謂《おも》って是《ぜ》なりとし、競《きそ》うて瓦礫《がりゃく》を執《と》って瑠璃珠《るりしゅ》と謂う。近事《こんじ》顕語《けんご》、猶尚《なお》識らず、いわんや遠理《おんり》密教《みっきょう》、なんぞ惑《まど》わざるべけんや。この意のための故にすべからく旨帰《しき》を論ずべし。旨帰とは、文旨《もんし》の帰するところなり。水流《すいる》が海に趣き、火炎《かえん》が空に向うがごとく、密《みつ》を識り遠きに達し、稽滞《けいたい》するところなし。たとえば智臣が王の密語を解《げ》するがごとく、所説あるを聞いてみなことごとく了知して、一切智地に到る。この意を得るものすなわち旨帰を解す。旨とは自《みずか》ら三徳《どく》に向かい、帰とは他を引いて同じく三徳に入らしむ、故に旨帰と名づく。また自《みずか》ら三徳に入るを帰と名づけ、他をして三徳に入らしむるを旨と名づく。故に旨帰と名づく。

《三徳》ここでは解脱・般若・法身として示される。

旨帰とは教意の趣く所、修証の帰する所、もう少し違った表現でいえば、根本の趣旨のことであるが、まず止観と関係づけて旨帰を説く理由が、はじめにのべられる。

衆生の現実のすがたを眺めてみると、教学思想の根本を正しく理解することなく、それでいて自らの了解が確実で、正しいものと思い込み、お互い自らを是とし、他を非として、対立排除しあっているというのが、偽らざるところである。かれらは、たとえていうと、かわら、小石を手にして、瑠璃の珠だと思い込んでいるような人たちであり、身近な事柄、ことばで表わしうるようなことについてさえ知ってはいない。高遠な真理、深遠な教法となれば、まったく識知することのない人たちである。これが普通の人々の現実のすがたであるわけであるから、修証の帰する所、帰すべき真理を示しておかないと、たとえば川の水が広大な海に流れ込んで、その流れ着く先がわからなくなると同じように、また炎が空中に舞い上がって四方に拡散するように、かれらは迷い、とまどうだけである。こうしたわけで、旨帰、すなわち自らも入り、また他をも入らしめる究極の境地、いいかえれば帰着すべき真理について論及するのである。ところでその旨帰とは、具体的に示せば、法身・般若・解脱の三徳として示すことができる。

今更總別明二旨歸一、諸佛爲二一大事因緣一、出二現於世一、示二種種像一、咸令三衆生同見二法身一、見二法身一已、佛及衆生俱歸二法身一。又佛說二種種法一、咸令三衆生究二竟如來一切種智一、種智具已、佛及衆生俱歸二般若一。又佛現二種種方便神通變化一、解二脱諸縛一。不レ令三一人獨得二滅度一、皆以二如來滅度一而滅二度之一。既滅度已、佛及衆生俱歸二解脱一。大經云、安二置諸子祕密藏中一、我亦不レ久、自住二其中一。是名二總相旨歸一。

別相者、身有二三種一。一者色身、二者法門身、三者實相身。若息化論レ歸者、色身歸二解脱一、法門身歸二般若一、實相身歸二法身一。般若說有二三種一、一說二道種智一、二說二一切智一、三說二一切種智一。若息化論レ歸、道種智歸二解脱一、一切智歸二般若一、一切種智歸二法身一。解脱有二三種一、一解二無知縛一、二解二取相縛一、三解二無明縛一。若息化歸レ眞、解二無知縛一歸二解脱一、解二取相縛一歸二般若一、解二無明縛一歸二法身一。以二是義一故、別相旨歸亦歸二三德祕密藏中一。

いまさらに総別に旨帰を明かさば、諸仏は一大事《いちだいじ》因縁《いんねん》のために世に出現し、種種の像を示してことごとく衆生をして同じく法身《ほっしん》を見せしめ、法身を見おわって、仏および衆生ともに法身に帰す。また仏は種種の法を説いてことごとく衆生をして如来の一切種智《いっさいしゅち》を究竟《くきょう》せしめ、種智、具わりおわらば、仏および衆生ともに般若《はんにゃ》に帰す。また仏は種種の方便《ほうべん》・神通《じんづう》・変化《へんげ》を現じて、諸の縛《ばく》を解脱《げだつ》せしむ。一人をして独り滅度《めつど》を得せしむるのみならず、みな如来《にょらい》の滅度をもってこれを滅度す。すでに滅度しおわれば、仏および衆生ともに解脱に帰す。大経にいわく、「諸子を秘密蔵《ひみつぞう》のなかに安置す、われもまた久しからずして自らそのなかに住せん」と。これを総相《そうそう》の旨帰と名づく。

別相《べっそう》とは、身《しん》に三種あり、一には色身《しきしん》、二には法門身《ほうもんしん》、三には実相身《じっそうしん》なり。もし息化《そっけ》に帰《き》を論ずれば、色身は解脱に帰し、法門身は般若に帰し、実相身は法身に帰す。般若、説くに三種あり、一には道種智《どうしゅち》を説き、二には一切智《いっさいち》を説き、三には一切種智《いっさいしゅち》を説く。もし息化に帰を論ずれば、道種智は解脱に帰し、一切智は般若に帰し、一切種智は法身に帰す。解脱に三種あり、一には無知の縛《ばく》を解《と》き、二には取相《しゅそう》の縛を解き、三には無明《むみょう》の縛を解く。もし息化に真に帰すれば、無知の縛を解いて解脱に帰し、取相の縛を解いて般若に帰し、無明の縛を解いて法身に帰す。この義をもっての故に別相の旨帰もまた三徳秘密蔵のなかに帰す。

《一大事因縁》仏のただ一つの任務という意味。『法華経』の表現で有名である。**《変化》**仏が衆生済度のために、いろいろにすがた・形を変えて現われること。**《縛》**煩悩の異名。束縛するものの意。**《滅度》**ニルヴァーナのこと。さとりの意。**《息化》**仏が教化を終えて、涅槃すなわちさとりの境界に入ること。

ここでは帰すべき究極の境地のいわば内なる構造が、三徳に即して、総括的な観点と個別的な観点との両面から、整理してのべられる。

まず総括的な観点からのまとめとして以下のようにいわれる。行者の帰すべき究極の境地は、内面的に整理していうと、仏が世に出現したもう究極の狙いであるとか、仏の説法の真の目標、それから仏の教化活動の究極の課題といった事柄に合致する。ところでこれら三局面をその内容に即してより具体的にのべれば、はじめの仏の出世の狙いは衆生をして法身に帰せしめることにあり、そのつぎの説法の狙いはかれらをして一切種智を極めさせることにあり、最後の教化活動の狙いはかれらの解脱の実現にある、ということができる。かくて行者の帰すべき究極の処＝境地とは、仏の目指すところ、すなわち法身・般若・解脱の三徳にほかならない。

つぎにいわば個別的な観点に立って、行者の帰すべき究極の境地がより詳細に論及される。行者の帰すべき処は三徳として示されるにしても、その内面に立ち入ってより木目細かく眺めてみると、それは内容的にそれぞれ三者より構成される三徳として表示されうるものであることが、知られる。すなわち、一口で法身といっても、実は色身と法門身と実相身の三身として類別、整理されうるものの総体にほかならない。色身とは三十二相など姿・形を具体的に有するものとしての仏身の内面的性格を表わし、つぎの法門身とは数々の法門の功徳を内包したものとしての仏身を意味し、それから第三の実相身とは真如そのものとしての仏身をいう。これら三身を三徳と対照させれば、色身は解脱に、法門身は般若に、そして実相身は法身に対応するということになるが、ともあれ衆生の帰すべき究極の境界を、法身に絞って、しかも個々に木目細かく眺めてみると、色身、法門身、実相身の三身として示されねばならない。

つぎに般若の面についていえば、智恵も道種智、一切智、一切種智の三智の総体にほかならず、したがって行者の趣くところはこれら三智の獲得でなければならない。

第三の解脱についてみても、事情はまったく同じで、三種の立場が認められる。現象世界を有なるものと了解してはばからないとらわれ（無知）、空無へのとらわれ（取相）、根源的な極端へのとらわれ（無明）、こうした三種のとらわれの態度が衆生には避けがたくみられるのであり、そこで解脱は、これら三種のとらわれの心の対治を通じて実現されることになる。かくて解脱の実現は、いわゆる煩悩を個々別々に捉え出してみてゆくと、無知・取相・無明の縛の三者の克服という形をとらざるをえない。

以上のべてきたように、行者の帰すべき究極の境地を表示する三徳は、その内面に立ち入って眺めてみれば、すべて三種に整理、類別されるべきものなのである。そうした三徳が行者において実現されるときが、逆に帰すべき究極の境地への転入、つまり悟りが完成されるときということができる。

復次三徳非レ三非レ一、不レ可二思議一。所以者何。若謂二法身直法身一者、非二法身一也。當レ知法身亦身非身非身非非身。住二首楞嚴一、種種示現、作二衆色像一、故名爲レ身、所作辦已、歸二於解脱一。智慧照二了諸色非一レ色、故名二非身一、所作辦已、歸二於般若一。實相之身、非二色像身一、非二法門身一、是故非身非非身、所作辦已、歸二於法身一。達三此三身無二一異相一、是名爲レ歸、説三此三身無二一異相一、是名爲レ旨、倶入二祕藏一、故名二旨歸一。若謂二般若直般若一者、非二般若一也。當レ知般若亦知非知非知非非知。道種智般若、遍知二於俗一、故名爲レ知、所作辦已、歸二於解脱一。一切智般若、遍知二於眞一、故名二非知一、所作辦已、歸二於般若一。一切種智般若、徧知二於中一、故名二非知非非知一、所作辦已、歸二於法身一。達三三般若無二一異相一、是名爲レ歸、説三三般若無二一異相一、是名爲レ旨、倶入二祕藏一、故名二旨歸一。若謂二解脱直解脱一者、非二解脱一也。當レ知解脱亦脱非脱非脱非非脱。方便淨解脱、調二伏衆生一、不二爲所レ染、故名爲レ脱、所作辦已、歸二於解脱一。圓淨解脱、不レ見二衆生及解脱相一、故名二非脱一、所作辦已、歸二於般若一。性淨解脱、則非脱非非脱。所作辦已、歸二於法身一。若達三若説四如レ此三脱非二一異相一、倶入二祕藏一、故名二旨歸一。

またつぎに、三徳は三にあらず一にあらず、思議《しぎ》すべからず。所以はいかん。もし法身《ほっしん》直《ただち》に法身なりと謂わば、法身にあらざるなり。まさに知るべし、法身もまた身・非身・非身非非身なり。首楞厳《しゅりょうごん》に住して、種種に示現《じげん》して衆の色像《しきぞう》と作《な》る、故に名づけて身となし、所作《しょさ》弁《べん》じおわれば解脱《げだつ》に帰す。智恵は、諸の色《しき》は色にあらずと照了《しょうりょう》す、故に非身と名づけ、所作弁じおわれば般若《はんにゃ》に帰す。実相の身は、色像の身にあらず、法門の身にあらず、この故に非身非非身なり、所作弁じおわれば法身に帰す。この三身《さんじん》に一異の相なしと達するを、これを名づけて帰となし、この三身に一異の相なしと説くを、これを名づけて旨となし、ともに秘蔵に入る、故に旨帰と名づく。

もし般若《はんにゃ》を直《ただち》に般若なりと謂わば般若にあらざるなり。まさに知るべし、般若もまた知・非知・非知非非知なり。道種智《どうしゅち》の般若はあまねく俗を知る、故に名づけて知となし、所作弁じおわれば解脱に帰す。一切智《いっさいち》の般若はあまねく真を知る、故に非知と名づけ、所作弁じおわれば般若に帰す。一切種智の般若はあまねく中《ちゅう》を知る、故に非知非非知と名づけ、所作弁じおわれば法身に帰す。三の般若に一異の相なしと達するは、これを名づけて帰となし、三の般若に一異の相なしと説くは、これを名づけて旨となし、ともに秘蔵に入る、故に旨帰と名づく。

もし解脱《げだつ》直《ただち》に解脱なりといわば解脱にあらざるなり。まさに知るべし、解脱もまた脱・非脱・非非脱なり。方便《ほうべん》浄《じょう》の解脱は衆生を調伏《ちょうぶく》して染《ぜん》せられず、故に名づけて脱となし、所作弁じおわれば解脱に帰す。円浄《えんじょう》の解脱は衆生および解脱の相を見ず、故に非脱と名づけ、所作弁じおわれば般若に帰す。性浄《しょうじょう》の解脱はすなわち非脱・非非脱なり。所作弁じおわれば法身に帰す。かくのごとき三脱は一異の相にあらずともしは達しもしは説くは、ともに秘蔵に入る、故に旨帰と名づく。

《首楞厳》 [S] Śūraṅgamaの音写。健相・健行・一切事竟と漢訳される。よこしまな心をくだき破する勇猛なここでは、前段の説明につなげつつ、三徳として表示した、行者の帰すべき極処の内的性格のこと、立場をかえてそれに対面する行者の側からいえば、それの正しい受けとめ方、理解の態度の問題が、さらに突っ込んでのべられる。

行者の帰すべき極処を表わす表現としての三徳のそれぞれは、たとえば法身を例にのべれば、それは、あくまでも法身であってそれ以外のなにものでもないとか、逆に色身・法門身・実相身の三身として類別されるべきものであるとか、というように、形式的に了解されるべきではなく、三徳のそれぞれについて「三でもなければ、一でもない」というように、いずれか一方に片寄るような形で解されてはならないものである。もう少し整理して示せば、帰すべき極処は、法身を例にいえば、色身・法門身・実相身の三でなければならないとか、法身として示されればそれで尽きるとか、というように、規定的に判然と表示されうるような境地ではないのである。衆生の思議、分別を超えた、規定しがたい境地なのである。それを規定できるかのように解してしまえば、極端に堕することになり、止観の行者は帰すべき極処を正しく捉えきることは決してできない。

この段で論及されている中心の問題はこうしたことといってよいが、さらにここでこの段の中心の論点を一言でいうとすれば、それは、あらゆる規定を排除するもの、すなわち無規定なものとしての帰すべき極処の内的性格を明示しようとする点にある、といってよいであろう。一方、止観の行者の側に立っていえば、帰すべき極処を、無規定なものとして、極端に陥ることなく見定め、捉えきることが、それの十全な捉え方であるということを示す点にある、ということができる。迷路に導かれ、止観の行が途中で頓挫することを避けるために、この一段で教示される、帰すべき極処についての論及は、きわめて重要である。

復次三德非レ新非レ故、而新而故。所以者何。三障障二三德一。無明障二法身一、取相障二般若一、無知障二解脱一。三障先有、名レ之爲レ故、三德破二三障一、今始得レ顯、故名爲レ新。三障卽三德、三德卽三障。三障卽三德、三障非レ故、三德卽三障、三德非レ新。非レ新而新、則有二發心所得之三德乃至究竟所得之三德一。非レ故而故、則有二發心所治之三障乃至究竟所治之三障一。新非レ新故非レ故、則有二理性之三德一。若總達三三德非レ新非レ故而新而故、無二一異相一、爲レ他亦然、卽是旨二歸祕密藏中一。

又說者、無明先有、名爲レ故、法身是明、破二於無明一、名爲レ新。無明卽明、明卽無明。無明卽明、無明非レ故。明卽無明、明則非レ新。取相先有、名レ之爲レ故。無明破レ相、無相名レ新。相卽無相、無相卽相、何新何故。無知先有、名レ之爲レ故。知破二無知一、知名爲レ新。無知卽知、知卽無知、何新何故。

若達三總別新故無二一異相一、若爲レ他說、亦復如レ是。是名三旨歸入二祕密藏一。縱橫開合始終等例皆如レ是。

またつぎに、三徳《さんどく》は、新《しん》にあらず故《こ》にあらず、しかも新しかも故なり。所以はいかん。三障《さんしょう》は三徳を障《ささ》う。無《む》明《みよう》は法身を障え、取相《しゅそう》は般若《はんにゃ》を障え、無知《むち》は解脱《げだつ》を障う。三障は先にあり、これを名づけて故《こ》となす、三徳は三障を破して、いまはじめて顕わるることを得、故《ゆえ》に名づけて新となす。三障はすなわち三徳、三徳はすなわち三障なり。三障すなわち三徳なれば、三障は故《こ》にあらず、三徳すなわち三障なれば、三徳は新《しん》にあらず。新にあらずしてしかも新《しん》なれば、すなわち発心所得《ほっしんしょとく》の三徳、乃至、究竟所得《くきょうしょとく》の三徳あり。故《と》にあらずしてしかも故《こ》なれば、すなわち発心所治《しょち》の三障、乃至、究竟所治の三障あり。新《しん》は新《しん》にあらず、故《こ》は故《こ》にあらざれば、すなわち理性《りしょう》の三徳あり。もし総じて、三徳は、新《しん》にあらず故《こ》にあらず、しかも新《しん》しかも故《こ》にして、一異の相《そう》なしと達し、他のためにすることもまたしかれば、すなわちこれ秘密蔵《ひみつぞう》のなかに旨帰《しき》するなり。

また説かば、無明《むみょう》は先にあり、名づけて故《こ》となし、法身《ほっしん》はこれ明《みょう》にして無明《むみょう》を破するを名づけて新《しん》となす。無明はすなわち明《みょう》、明はすなわち無明なり。無明はすなわち明なれば、無明は故《こ》にあらず。明すなわち無明なれば、明はすなわち新にあらず。取相《しゅそう》はさきにあり、これを名づけて故《こ》となす。無相《むそう》は相《そう》を破す、無相《むそう》を新《しん》と名づく。相はすなわち無相、無相はすなわち相なり、いずれが新《しん》いずれが故《こ》ならん。無知《むち》ははじめにあり、これを名づけて故《こ》となす。知は無知を破す、知を名づけて新《しん》となす。無知はすなわち知、知はすなわち無知なり、いずれが新《しん》いずれが故《こ》ならん。

もし総別、新故《しんこ》に一異の相《そう》なしと達し、もしは他のために説くも、またまたかくのごとくす。これを旨帰、秘密蔵に入ると名づく。縦横《じゅうおう》、開合《かいごう》、始終《しじゅう》等も例してみなかくのごとし。

《三障》正道を妨げる三つの障害。ここでは無明・取相・無知の三者として示される。

ここでも、前段に続いて、帰すべき究極の境地が衆生の思議、分別を超えた、不思議としてしかも表わしようのない境界であることが、教示される。なおここでは、そうしたことが不二・相即の関係にある一切法のありようを示す仕方で、説示されている。

論点を整理して示すことにしよう。真実そのものと解されてよい法身・般若・解脱の三徳と、それを妨げ、否定するものとしての無明・取相・無知の三障を対照してみるとき、「事」の面すなわち現実的な見方からすれば、それら両者の間に、「新しい」とか「古い」とか、また「始まり」であるとか「終わり」であるとか（――ほかに総別、縦横、開合といった軸も用意される）という、いわゆる教理上の位置の違いが認められるが、「理」の面すなわち真理に照らしてみれば、対極の位置に立つはずのそれら両者が、いずれも自己限定的に他と異なれるものとして自らを主張しえず、相即する関係に立っているのである。実は自己自身を限定的に主張しえず、不二・相即の関係においてある、存在するもののそうしたあり方こそ、帰すべき極処、すなわち真実なる境界の根源的なすがたなのである。止観の行者たるもの、根源的すがたと呼ばれるべきそうしたあり方を、観法を通じて、得知しなければならない。

右の点を確認する意味で、具体的に説明の一文を紹介することにしよう。この箇所の冒頭の部分を挙げる。

三徳は新しい(新)ともいえないし、古い(故)ともいえない。しかし新しいものであり、また古いものである。どうしてそのようにいえるのか。三徳の否定者としての三障と三徳とを対照してみよう。無明は法身を妨げ、取相は般若を妨げ、無知は解脱を妨げる関係にあり、したがって三障は三徳に先がけてあるものということができる。この点をみれば、三障は三徳の前にあり、古いといわれておかしくない。また三徳は前に位置する三障を破することによって顕われるものであるから、したがって新しいものにほかならない。いわゆる事の面、すなわち現実的な見方からすれば、三徳と三障との間には、新・古、前・後の関係が横たわっているといってよい。しかし理の面、すなわち真実に照らしていえば、三障は三徳であり、三徳は三障であるといわれるべきである。こうした見地に立って両者の関係をみてみると、三障は古く、三徳は新しいものと一方的に極めつけることはできなくなる。かくてこうした見方の全体をまとめていうとすると、三徳は、新でもなく故でもなく、しかも新しかも故、と表わされるしかない。一方、三障についても、同様のことがいわれうる。三徳も三障も、相互に対者を排除し、自己限定的に自らを主張しうるものではなく、不二なるものとして、相即の関係にあるものなのである。

以下、内容的に同様の陳述が続く。

この一段で語られる事柄は、前段同様に、衆生の分別、すなわち常識的な判断では理解しがたい、存在するものの究極のありようのことである。ここでの説明は三徳とその否定者としての三障を軸に展開されているが、その主題は存在するもののあり方を示すことにあり、これら両語はそのことを示すためのいわゆる「かぎことば」として使用されている。三徳と三障という対極に立つはずの両者が不二・相即の関係にあるように、実は一切の存在はそうしたあり方を自らの根源的なあり方としてもちあわしているというのである。

かくて衆生にとって帰すべき極処、すなわち止観の行を修して得知されるべき究極の境界とは、不二・相即の関係にあり、他と異なって自己限定的に自らを主張しえない諸法のありようということになる。

復次旨歸亦復如レ是。謂旨非旨非旨非非旨、歸非歸非歸非非歸。一一悉須レ入二祕密藏中一。例レ上可レ解。旨自行故、非旨化他故、非旨非非旨無二自他一故。旨歸三德寂靜若レ此、有二何名字一、而可二說示一。不レ知何以名レ之。强名二中道實相法身非止非觀等一、亦復强名二一切種智平等大慧般若波羅蜜觀等一、亦復强名二首楞嚴定大般涅槃不可思議解脫止等一。當知種種相種種說種種神力一一皆入二祕密藏中一。何等是旨歸、旨歸何處、誰是旨歸。言語道斷、心行處滅、永寂如レ空、是名二旨歸一。至二第十重中一、當二廣說一也。

摩訶止觀卷第二下

またつぎに旨帰《しき》もまたまたかくのごとし。いわく旨《し》・非旨《ひし》・非旨非非旨《ひしひひし》、帰《き》・非帰《ひき》・非帰非非帰《ひきひひき》なり。一一に ことごとく秘密蔵《ひみつぞう》のなかに入るべし。上に例して解すべし。旨は自行《じぎょう》の故に、非旨は化他《けた》の故に、非旨非非旨は自他なきが故なり。旨帰の三徳の寂静《じゃくじょう》なることかくのごとし、なんの名字《みょうじ》ありてか説示すべけん。知らず、なにをもってかこれを名づけん。強いて中道《ちゅうどう》・実相《じっそう》・法身《ほっしん》・非止非観《ひしひかん》等と名づく、またまた強いて一切種智《いっさいしゅち》・平等大恵《びょうどうだいえ》・般若波羅蜜《はんにゃはらみつ》・観《かん》等と名づけ、またまた首楞厳定《しゅりょうごんじょう》・大般涅槃《だいはつねはん》・不可思議解脱《ふかしぎげだつ》・止《し》等と名づく。まさに知るべし、種種の相《そう》、種種の説《せつ》、種種の神力《じんりき》は、一一みな秘密蔵のなかに入る。なんらかこれ旨帰なるや、旨帰はいずれの処《ところ》ぞ、誰かこれ旨帰なる。言語《ごんご》の道は断え、心行《しんぎょう》の処は滅し、永く寂《じゃく》なること空《くう》のごとき、これを旨帰と名づく。第十重のなかにいたってまさに広く説くべし。

摩訶止観巻第二下

ここでは、まずひとつに、旨帰という文字に即して、帰すべき極処の内面的性格が語られる。「旨」

という文字は、意味的には旨と非旨と非旨非非旨として表わされる三面を包含しており、一方、「帰」という文字は、それに対応するように、帰と非帰と非帰非非帰の三面を包含している。ところでそのうちのまず旨(帰)は自行すなわち真理に向う態度、悟りを目指す姿勢、慣用の表現でいえば自利の態度を意味し、つぎの非旨(非帰)は化他すなわち衆生教化の態度を意味し、最後の非旨非非旨(非帰非非帰)は自利利他が成就された状態を意味している。かくて旨帰すなわち帰すべき極処とは自利利他の二つの態度が円満に実現された境地のことにほかならない。

さて、旨帰すなわち帰すべき極処を三徳に従って表現するということは可能であり、こうした表わし方はすでに示したところである。ただしこれまたすでに指摘したことであるが、三徳に従ってその境界を表わしきることができるかとなると、それにも限界があり、この点からすると、三徳にこだわることが帰すべき極処の十全な表現の妨げとさえなる。そこで帰すべき極処を表わすことができそうな、それ以外の表現をここで二、三考えてみることにしよう。強いて挙げるとすると、中道・実相・法身・非止非観、それからまた一切種智・平等大恵・般若波羅蜜・観、さらに首楞厳定・大般涅槃・不可思議解脱・止など、こうした表現を挙げることができる。

実際、帰すべき極処を表詮しようとすればいろいろに示しうる。たとえば種々の像を示すことによって衆生をして法身を見せしめるとか、また種々の法を説いて般若をきわめさせるとか、それから種々の方便、神通力を現じて解脱させるとかして、究極の境地を教え、人々をそこへと導き入れることができる。しかしもっと踏み込んで究極にまでつきつめてみると、帰すべき極処は、ことばでは表現しえない、いわば論理を超えた境地であり、また心行が滅するところ、わかりやすくいえば思議すなわち分別的な思惟が通用しなくなる境地、それをもってしては捉え尽くしえない境地なのである。

この最後の一文の意味するところをもう少し考えてみよう。ここにみてきた「旨帰」の一節での説明の流れを追ってみてゆくと、まずはじめに「帰すべき究極の境地」は三徳によって表詮されうることがのべられる。しかしそうした論調の説明が完結したすぐあと、三徳に従うだけでは表示されえない「帰すべき極処」の内的性格が説かれはじめる。そしてそうした論述の締め括りとして、上の一文「言語の道は断え、心行の処は滅し、永く寂なること空のごとき、これを旨帰と名づく」と表現が与えられるのである。この一節での説明のこうした流れを摑みとった上で、如上の一文の意味するところを考えてゆくと、ここに「帰すべき極処」、天台になじみの表現で示せば、「諸法の実相」がもちあわす内的性格が、明らかになるように思えてならない。

そのように辿ることによって得られる結論を示すことにしよう。「帰すべき究極の境地」すなわち「諸法の実相」はまずことばによって、すなわち論理的に表詮されうるものである。三徳に従う一連の説明はこの領域での作業にほかならない。しかしそれに従うかぎり言い尽くしえない部分が出てくる。つまりことばの限界ということである。ところでことばの限界を主張することの裏の意味はなにか。それが意味するところは、帰すべき究極の境地、すなわち実相の極処はとぎすまされた宗教的実践を通じてしか得知されえないものであるということといってよいであろう。さきの最後の一文の狙いは、論理的に説き示されうる面を十分にそなえており、したがってその面の作業に触れうるならば、十分な理解をもちうるようにみえて、実はそうともいいきれず、より十全には宗教的実践を通じてしか得知されえない「帰すべき極処」の内的性格を教示することにある、といってよいであろう。

なおこの「旨帰」で概説した事柄は、十広すなわち十大章の第十章で詳述する予定である、と本文ではのべられているが、第十章は不説の部分の一章であって、現実には詳述された章は『摩訶止観』のなかにはない。

ただしかし、この「旨帰」の部分でのべられる事柄は、内容的に精査してみると、「解題」の部分で指摘しておいたように、『摩訶止観』中もっとも重要な部分をなす章——第七章「正修章」のなかの、それももっとも重要な部分とみてよい十境の第一「陰入界境」について論及する箇所、より具体的にはそのなかの「観不思議境」すなわち「不思議境を観」じて得知されるべき了得内容、つまりさとりの内容として教示される部分の説明と趣意を同じくしている。第七章の当該箇所には、有名な一念三千説が説かれるわけであるが、この教説が教えるところは、一切法を究極にまでつきつめてみれば、それは不二・相即の関係においてあり、一法として自らを他とちがえて主張しうるようなものはありはしない、ということである。諸法の「実相」として一念三千説が表示してみせる事柄はこうしたことであるが、このことは、すでにみてきたように、「旨帰」の部分で説示されている事柄とまったく同じである。

このようにみてくると、「旨帰」の部分での説明はきわめて簡潔ではあるが、しかしそこには、『摩訶止観』の重要な結論の部分の一つ、すなわち正修の止観を修して、止観の行者が最終的に得るさとりの内なる真相が語られていることが知られる。この意味で、この一節は、簡潔であるからといって、軽んじられてはならない。この一節は、止観の行者が得知する究極の境地=実相の極処の内なるすがたが読みとられるように書かれているのである。

参考文献

単行本関係

一　摩訶止観を対象とする研究

関口真大『天台止観の研究』（岩波書店　一九六九年）
池田魯参『摩訶止観研究序説』（大東出版社　一九八六年）
村中祐生『摩訶止観』（口語訳）〈大乗仏典〉中国・日本篇6（中央公論社　一九八八年）
中国仏教研究会編『摩訶止観』引用典拠総覧（中山書房仏書林　一九八七年）

関連のものとして、天台小止観を対象とする研究書

関口真大『天台小止観の研究』（山喜房仏書林　一九五四年）
山内舜雄『禅と天台小止観―坐禅儀と『天台小止観』との比較研究』（大蔵出版　一九八六年）

二　止観の思想にかかわる研究書

石津照璽『天台実相論の研究』（弘文堂書房　一九四七年）
安藤俊雄『天台学―根本思想とその展開』（平楽寺書店　一九六八年）
安藤俊雄『天台学論集―止観と浄土』（平楽寺書店　一九七五年）

関口真大編『止観の研究』（岩波書店　一九七五年）
新田雅章『天台実相論の研究』（平楽寺書店　一九八一年）
村中祐生『天台観門の基調』（山喜房仏書林　一九八六年）

三　天台思想に関する研究書および関係の単行本

島地大等『天台教学史』（中山書房　一九七八年〔復刊・初版　一九三三年〕）
佐々木憲徳『天台教学』（百華苑　一九五一年）
佐々木憲徳『天台縁起論展開史』（永田文昌堂　一九五三年）
安藤俊雄『天台性具思想論』（法蔵館　一九五三年）
福田尭頴『天台学概論』（文一総合出版　一九五四年）
安藤俊雄『天台思想史』（法蔵館　一九五九年）
玉城康四郎『心把捉の展開』（山喜房仏書林　一九六一年）
佐藤哲英『天台大師の研究』（百華苑　一九六一年）
新田雅章『天台哲学入門』（第三文明社　一九七七年）
田村芳朗・新田雅章『智顗』《人物　中国の仏教》（大蔵出版　一九八二年）

編著本に含まれる関係論文

宇井伯寿「諸法実相論の法門」（『仏教汎論』下巻第十章　岩波書店　一九四八年）

横超慧日「初期の天台思想」(『講座東洋思想6　仏教思想Ⅱ』東京大学出版会　一九六七年)
多田厚隆「実相の哲学」(『講座仏教Ⅱ　仏教の思想2』大蔵出版　一九六七年)
玉城康四郎「天台教学における菩薩道観」(『大乗菩薩道の研究』平楽寺書店　一九六八年)
新田雅章「智顗における三観・三諦説の形成をめぐる一考察」(中村元博士還暦記念論集『インド思想と仏教』春秋社　一九七三年)
日比宣正「智顗による法華経解釈の問題点」(金倉圓照編『法華経の成立と展開』平楽寺書店　一九七四年)
新田雅章「天台性具思想―智顗における人間の構造とその超克―」(『講座仏教思想Ⅲ　倫理学・人間学』理想社　一九七五年)
新田雅章「智顗の禅定思想の構造と形成」(関口真大編『仏教の実践原理』山喜房仏書林　一九七七年)
安藤俊雄「法華経と天台教学」(横超慧日編『法華思想』平楽寺書店　一九八〇年)
坂本幸男「智顗」(『仏教―倫理と実践』大東出版社　一九八一年)
三友健容「天台教学における三惑論形成の一考察」(塚本啓祥編『法華経の文化と基盤』平楽寺書店　一九八二年)
福島光哉「天台思想における空観―円融三諦としての空を中心に―」(仏教思想研究会編　仏教思想7『空下』平楽寺書店　一九八二年)
新田雅章「天台学派の解脱思想」(仏教思想研究会編　仏教思想8『解脱』平楽寺書店　一九八二年)
塩入良道「天台智顗の法華経観」(平川彰・梶山雄一・高崎直道編『講座大乗仏教4　法華思想』春秋社　一九八三年)

新田雅章「天台教学と縁起の思想」（平川彰博士古稀記念論文集『仏教思想の諸問題』春秋社　一九八五年）

雑誌所収の関係論文

関口真大「四種三昧論」（『天台学報』一五　一九七三年）
村中祐生「天台観門の基調」（『大正大学紀要』五九　一九七四年）
福島光哉「天台止観と業相」（『仏教学セミナー』二〇　一九七四年）
大野栄人「四種三昧における結跏正坐について」（『曹洞宗研究紀要』八　一九七六年）
大野栄人「四種三昧の典拠とその考察(上)—常坐三昧・常行三昧について—」（『禅研究所紀要』六・七合
一九七六年）
池田魯参「天台観心の基本構造」（『駒沢仏教論集』八　一九七七年）
多田孝正「十乗観法と十地について」（『東方学』五六　一九七八年）
多田孝正「十乗観法と十地」（『天台学報』二〇　一九七八年）
大野栄人「四種三昧の典拠とその考察(中)—半行半坐三昧〈方等三昧〉—」（『禅研究所紀要』八　一九七
九年）
多田孝正「十乗観法成立の一背景」（『天台学報』二一　一九七九年）
福原亮厳「摩訶止観の業相観の意味」（『叡山学院研究紀要』四　一九八一年）
大野栄人「天台智顗における行体系の変遷—方便と真実—」（『東海仏教』二九　一九八四年）
塩入良道「天台智顗禅師における懺悔の展開」（『大正大学大学院研究論集』九　一九八五年）

藤井教公「天台智顗のアビダルマの教学—四運心を中心として—」（『印度学仏教学研究』三五—二　一九八七年）
大野栄人「天台智顗における観心の形成」、『愛知学院大学人間文化研究所報』一二　一九八七年）
新田雅章「天台実相観の一断面—『一念三千説』の解釈をめぐって—」（『松ヶ岡文庫研究年報』一　一九八七年）
塩入法道「慧思・智顗における随自意三昧について」（『印度学仏教学研究』三六—二　一九八八年）
大野栄人「『摩訶止観』における十境の形成—陰入界境を中心として—」（『印度学仏教学研究』三七—一　一九八八年）

索　　引

ア　行

愛語　317
悪　402
悪の観察　374
阿修羅の心　141, 145
阿難　59
阿弥陀仏　286, 326
阿羅漢果　230
安楽行　315
意　322, 323
意業　273
一行三昧　269, 273
一実　248
一実諦　306
一諦　196
一大事因縁　245
一念三千説　32, 36〜38, 428
一切種智　29, 259, 316, 417, 426
一切智　29, 259, 316, 417
一心三観　31
為人悉檀　154, 156, 157
因縁　246
有　277
有相(の)行　68, 314, 315
宇文邕　387
有・無　155
有余涅槃　230
衛元嵩　387
慧思　68, 70, 74
衣食具足　18
慧文禅師　70
縁覚　365
縁起の関係　236
円教　208
円教の断惑　233
円教の菩提心　264
円頓止観　73, 74, 80, 82, 84, 107, 212, 215, 383
円の位　91
円の行　90
円の信　87, 88
円の法　85, 366
円融の三諦　30
円融の立場　207
央掘摩羅　369
王舎城　58
陰入界境　21

カ　行

我　344
瓦官寺　107
餓鬼　354
餓鬼の心　141, 145
餓鬼の三障　332
覚　322
覚意三昧　322
覚者　57
鶴林　58
鶴勒夜那　63
果報　123, 408
観　14, 83, 277, 426
歓喜三昧　332
観行即　260
灌頂　107
観心　23, 25
観心論　70
貫穿の義　15

観達の義　15
感応道交　153
観普賢菩薩行法経　315
観不思議境　27, 428
疑　18
起教　123
毱多　60
帰すべき究極の境地　427
隔歴の三諦　30, 207
九次第定　108
九想　108
教団　59
行道　296
行道三昧　25
脇比丘　61
金陵の仏教　68
苦　169
空　29, 87, 206, 224, 292
空・仮・中の三諦　88, 186
空三昧　358
空無　195, 201
空無の理　192
究竟即　261
口業　272, 273, 286, 299
クシナガラ　58
苦諦　241
鳩摩羅駄　62
仮　29, 87, 206, 236, 381
荊州玉泉寺　107
華厳経　84
灰身滅智　230
解脱　85, 86, 414, 416, 417, 422
下智観　177
結集　59
下天　56
化法の四教　113, 184
見　171
閑居静処　18
見・思　197
見思の惑　27, 230
賢首菩薩　84
阮籍　387
見惑　27
五因縁　155
降魔　56, 57
五縁　18, 159
五陰　21, 82, 329
五逆　278
国清百録　299
極楽世界　290
五事　18
業障　332
業相境　21
五復次　154, 159
五品弟子位　69
五欲　18
金剛の杵　316
金剛の輪　316
根・遮の説　402

サ　行

西方浄土　290
坐禅　296
坐中の正念　278
三界　76, 212, 358
三観智　68
三三昧　68
三十二相　290
三種(の)止観　73, 74, 161
三障　306, 332, 423
三乗　365
三乗共の十地　231
三善道　76, 79
三諦　71, 196, 206, 236, 344, 355

三諦偈　71, 205
三陀羅尼　326
三智　29, 259, 306
三倒　358
三道　307
三徳　414, 416, 423
三毒　358
三毒の煩悩　141
三宝　326
三昧　322
三悪道　76, 79, 365
三惑　27
止　14, 83, 277, 426
思　171
四運　377
四運心　335, 341
持戒清浄　18
「止観」の行　20, 133
史記　387
旨帰　123, 414
識　323
識陰　21
色界　76
色者　361
色身　417, 420
色法　361
色・無色の道を行ずる梵心　145
四句推検　33, 35, 374
四句推検の形式　380
四弘誓願　242
四句分別　33
地獄　354
地獄の心　141, 145
地獄の三障　332
師子　63
四悉檀　154, 155
師子奮迅三昧　108
四州　95
四種三昧　23, 135, 268, 395, 396
四種の苦　212
四種の仏土説　409
四随　153, 155
四禅　76, 108
事相　315
事相の行　315
四大　329
四諦　169, 176, 241
次第禅門　107
次第の行・次第の学・次第の道　102
次第の三観　30
次第の三諦　30
七賢七聖　79
七賢の位　230
七聖　230
七仏　326
実為　426
十界　344
十想　108
実相　88, 155, 306
実相身　417, 420
質多　138
集諦　241
実報土　175, 176
実報無障土　410
事と理　213
司馬氏　387
四不可説　113
四無色定　76, 108
四無量心　108
舎衛城　58
釈尊　57, 326
釈尊の舎利　58
釈名　122

析空観　205
寂光土　175, 176
析法観　171
差別の相　354
沙弥戒　307
闍夜那　63
沙羅雙樹林　58
シャーラ林　58
舎利弗　114
十波羅蜜　57
集　169
十一切処　108
従空入仮観　28
従仮入空観　28
十乗観法　26, 74, 135
十二因縁　109, 176, 326
十二門禅　109
十二入　21, 82
十八界　21
十四変化　108
十法界　354
十六特勝　108
受者　361
取相　417, 422
出家　56
出世間禅　108
修羅　354
首楞厳定　426
浄　344
常　343
勝応身の相好　189
証果　408
常行三昧　24, 25, 284, 285, 290, 291, 294
定共戒　359
掉悔蓋　18
常坐三昧　24, 270
常寂光土　410
正修　123
正修止観　16
正修(の)行　19, 74
上々智　248
上上智観　177
精進波羅蜜　356, 361
常啼菩薩　97
上智観　177
成道　56
商那和修　59
正念　277
銷伏毒害陀羅尼　338
摂法　122
生滅の四諦　169, 183
青目　71
声聞　365
常・楽・我・浄　377
初依の菩薩　70
諸行無常　58
諸見境　21
初住　91
初住成仏説　91
初随喜品　69
初転法輪　57
諸法の実相　20, 29, 35, 71, 122, 427
尸羅波羅蜜　356, 358, 361
思惑　27
心　323
瞋　170
信楽　156
心楽三昧　332
心具一切法　33, 34
身口意の三業　300
心具三千　32, 34
身業　272
真実の法　216
塵沙の煩悩　199

塵沙の惑 27,171
晋書 387
心生一切法 33
瞋恚蓋 18
随自意三昧 322,380,383,386,390
随対治 157
随便宜 156,157
睡眠蓋 18
随楽欲 156
推理発心 215
世界悉檀 154,156
世間禅 108
説法 56
漸教 102〜104
善財童子 97
漸次の形式 160
漸次止観 73,74,76,79,80,107,107,108,213,214,383
禅定 283
禅定境 21
禅波羅蜜 356,361
千輻輪 290
僧法難提 62
僧法耶奢 62
相似即 260
増上慢境 21
息諸縁務 18
息の義 15
即空即仮即中 30,71,207,235,237

タ 行

大意 122
第一義 160
第一義悉檀 155
第一結集 59
提迦多 60
醍醐の味 268
第五品の位 69
対治悉檀 157
大乗自在戒 359
大荘厳寺の法慎 107
体相 122
体法観 171
大智度論 70,110,380,402
提婆 62
提婆達多 369
大般涅槃 426
大比丘戒 307
大方等陀羅尼経 249
大魔王の心 144
陀羅尼の誦呪 331
誕生 56
檀波羅蜜 353,355,361
癡 170
畜生 354
畜生の心 141,145
智所讃戒 359
中 30,87,381
中智観 177,305,354
中道 82,205,316,426
中道一実の理 360
中道実相 202
中道第一義観 28
中道正観 396
中論 71,178
超越三昧 108
陳王室 69
通教 206
通教の断惑 231
通明観 108
停の義 15
天界 354
天界に生きるものの心 142
天台山 69

天人の心　145
道　170
同居土　175, 176
同事　317
道共戒　359
道種智　29, 259, 316, 417
貪　170
頓覚・不次第の形式　160
頓教　102～104
貪欲　374
貪欲蓋　18

ナ　行

難・易　155
尼犍の道を行ずる世智の心　145
二十五方便　16, 18, 74, 135, 360
二乗　354
二乗境　21
二乗の心　144
二乗の道を行ずる無漏の心　145
入胎　56
入滅　56
如意珠　316
如来蔵　259
如来の十号　278
人間　354
人間の心　145
忍波羅蜜　361
念　335
念已　335, 336

ハ　行

破悪業陀羅尼　332
白象　64
八解脱　316
八念　108
八背捨　108
八相示現　56
八相成道　56
半行半坐三昧　24, 25, 249
般舟三昧経　282
盤駄　63
般若　85, 86, 273, 277, 414, 416, 422
般若波羅蜜　356, 357, 361, 426
非行非坐三昧　24, 25, 322, 353
非三非一　248
非止非観　426
非世間非出世間禅　108
人の道を歩めるものの心　141
非なる心　148, 149
平等　218
病患境　21
平等大慧　426
毘羅　61
不可説　113
不可思議解脱　426
不可思議の境界　277
不可得　35, 291
不思議の是　248
不定教　102, 103, 160, 215
不定止観　73, 74, 78～80, 107, 108, 383
不生不滅　277
不生滅　195
布施　317
布施波羅蜜　341
不雑戒　359
不退三昧　332
仏陀　57
仏陀難提　60
仏陀蜜多　40
仏の神変　191
仏の相好　189
仏典の編集会議　59
仏立三昧　282, 283

不動の理 192
富那奢 61
不二 35
不二相即 192,197
不二相即の関係 241
分真即 260
分段生死 215
蔽 376,378
別教 207
別教の断惑 232
偏円 122
変易生死 215
北周の廃仏 389
法華経 295
法華経安楽行儀 315
菩薩 199,201,365
菩薩境 21
菩提 138
菩提心 138,183
方等 304
方等呪 25
方等三昧 297,304,305
方等懺法 299
方便 123
凡聖同居土 409
方便土 175,176
方便の法 216
法門身 417,420
法華三昧 310,314,315
法華三昧懺儀 310
法華三昧の前方便 68
法性 212,214,216,378,381
報障 332
法身 86,414,416,422,426
法身の力 316
法身仏の相好 190
本生物語 56
方便有余土 410
梵天 57
煩悩 212,216
煩悩境 21
煩悩障 332

マ 行

魔王 57
摩訶迦葉 58
魔事境 21
末田地 63
円かな自在の境地 93
摩奴羅 63
魔羅道を行ずる欲界主の心 145
慢 170
弥遮迦 60
未念 335,336
名字即 259
無 277
無学道の位 230
無記 380
無垢三昧 332
無見頂 290
無作 201,248
無作三昧 358
無作の四諦 172,185
無作の法 197,200
無色界 76
無生 197,199
無所有 292
無所住 277
無生の四諦 170
無生の法 197
無相 278
無相(の)行 68,314,315
無相三昧 358
無知 417,422

無著戒　359
無明　171, 197, 200, 417, 422
無明の惑　28
無余涅槃　230
無量　197, 199
無量の四諦　170, 185
無量の諸事象　227
無量の法　201
滅　170
滅罪の行　297
馬鳴　61
毛喜　107

ヤ　行

亦無間亦出世間禅　108
遺誡　58
欲界　76
欲念　336
欲望を絶とうと働く心　144

ラ　行

楽　344
羅睺羅　62
理　183
理観　383, 384
利行　317
理行　314, 315
理懺　307
理即　259
利他の行　316
律儀戒　359
龍樹　61, 70, 71
霊鷲山　57
慮知の心　138, 140
劣応身のすがた　189
裂大網　412
練禅　109
六牙の白象　316
六作　341, 353
六字章句陀羅尼　332
六受　341, 342
六塵　328
六神通　108
六即説　255, 264
六天　95
六道　344
六道の三障　332
六波羅蜜　109, 304, 353, 365
六蔽　366, 374
六妙門　108
六妙法門　107
鹿野苑　57

著者略歴

新田《にった》雅章《まさあき》

昭和11年1月29日　石川県に生まれる。
昭和34年　学習院大学文学部哲学科卒業。
昭和41年　東京大学大学院人文科学研究科印度哲学専攻博士課程修了。文学博士。
現在　福井県立大学名誉教授。
<現住所>　石川県白山市美川北町　〒929-0223
〔著　書〕『天台実相論の研究』（平楽寺書店），『智顗』（共著，大蔵出版），『天台哲学入門』（第三文明社），『天台小止観』（春秋社）。

一九八九年九月二〇日　初版発行
二〇〇二年四月二〇日　新装初版

《仏典講座25》
摩訶止観

検印廃止

著者　新田雅章
発行者　石原大道
印刷所　富士リプロ株式会社
〒150-0011　東京都渋谷区恵比寿南二-十六-六　サンレミナス二〇二
発行所　大蔵出版株式会社
TEL〇三(六四一九)七〇七三
FAX〇三(五七二四)三五〇三
http://www.daizoshuppan.jp/

ISBN 978-4-8043-5438-5 C3315

仏典講座

遊行経〈上〉〈下〉	中村元
律蔵	佐藤密雄
金剛般若経	梶芳光運
法華経〈上〉〈下〉	田村芳朗・藤井教公
維摩経	紀野一義
金光明経	壬生台舜
梵網経	石田瑞麿
理趣経	宮坂宥勝・福田亮成
楞伽経	高崎直道
倶舎論	桜部建
唯識三十頌	結城令聞
大乗起信論	平川彰
浄土論註	早島鏡正・大谷光真
摩訶止観	新田雅章
法華玄義	多田孝正
三論玄義	三枝充悳
華厳五教章	鎌田茂雄
碧巌集	平田高士
臨済録	柳田聖山
一乗要決	大久保良順
観心本尊抄	浅井円道
八宗綱要〈上〉〈下〉	平川彰
観心覚夢鈔	太田久紀